天津博物馆 TIANJIN MUSEUM 论丛

2017—2018

暨中国博物馆协会区域博物馆专业委员会 2018 年会论文集

天津博物馆　编

科 学 出 版 社
北　京

图书在版编目（CIP）数据

天津博物馆论丛. 2017-2018：暨中国博物馆协会区域博物馆专业委员会2018年会论文集 / 天津博物馆编. —北京：科学出版社，2018.6

ISBN 978-7-03-057559-3

Ⅰ. ①天…　Ⅱ. ①天…　Ⅲ. ①博物馆学—文集　Ⅳ. ① G260-53

中国版本图书馆 CIP 数据核字（2018）第 100462 号

责任编辑：李　茜　张睿洋　闫广宇 / 责任校对：邹慧卿
责任印制：肖　兴 / 封面设计：北京美光制版有限公司

科学出版社 出版
北京东黄城根北街 16 号
邮政编码：100717
http://www.sciencep.com

三河市春园印刷有限公司 印刷
科学出版社发行　各地新华书店经销

*

2018 年 5 月第　一　版　开本：787 × 1092　16
2018 年 5 月第一次印刷　印张：24 3/4
字数：575 000

定价：198.00 元

（如有印装质量问题，我社负责调换）

编委会

目　　录

一、天博百年

二、文博探索

三、文博工作巡礼

四、策展交流

五、史海钩沉

六、文物研究

一、天博百年

天津博物院成立大会上的武林盛会

陈　克
（天津博物馆）

1918年6月天津博物院成立大会在天津河北公园举行。大会除布置了文物陈列馆外，还布置了演说坛、武术馆、游艺馆等附属项目。其中武术馆的设置主旨是“提倡吾国固有之绝学，为社会之指导。”严智怡在“临时日刊发刊词中说”：“正馆之外，附设机关，有游艺馆，伏故有之艺术也；有武术馆，振前代尚武之精神也。”孙中山先生赞扬霍元甲“欲使国强，非人人习武不可”之信念，曾亲笔写下了“尚武精神”赠精武体育会。1917年，毛泽东在《新青年》杂志的第3卷第2号上，发表了《体育之研究》的论文，指出：“国力恭弱，武风不振，民族之体质，日趋轻细。此甚可忧之现象也。”南开大学校长张伯苓先生也提出“强国必先强种，强种必先强身。”严智怡是南开校父严范孙之子，对于教育救国，体育强国的理念也是一脉相承的。

1918年，天津博物院的成立，以及设立武术馆等提倡传统文化具有特殊意义。民国以后，中国是第一次世界大战参战国，二是中国参加了巴拿马赛会。这两件事强烈地刺激了国内的民族主义情绪，国人需要新的国家认同和民族形象，中国人特别希望成为国际社会平等一员。弘扬传统武术，特别是一些中拳手擂台赛获胜的故事都被当做雪洗国耻的话题。

天津是一座武术传统深厚的城市。近代以来，经济发展，人口逐渐增加，成为华北地区武术文化荟萃的地方。随着近代义和团运动的失败和清政府废除武举的改革，武术团体受到限制，但是民间练武之风始终未断。清政府倒台后，民国政府开始提倡尚武精神，天津出现了重振武风的机会，特别是中华武士会的成立，成为天津武术界的领袖，天津又重新成为武术大码头。

清宣统二年（1911年），武术家深县人李存义、杨村人李瑞东、河间人张占魁等在天津三条石创办了民间武术团体“中华武术会”。直隶教育家北洋法政专门学校校长张恩绶与实业家杜晓峰，深县籍退役军人在津创立了一个同乡会组织——“军人会”，中华武士会就是这两个组织发起的。1912年6月5日、6日，“中华武士会”登报成立。1912年6月5日、13日，天津《大公报》先后发布了《中华武士会公启》和《中华武士会简章》，公布中华武士会的宗旨就是“发展中国固有武术，振起国民尚武精神”。

中华武士会成立后，京津各校纷纷到中华武士会聘请老师教授武术，除了传武授徒外，还组织了多次武林大会，如1912年10月18日，在河北区讲习所举行的全国秋季大会，1916年4月2日在河北公园举行的讲习专科班首届毕业典礼等。

1918年6月1日在河北公园召开天津博物院成立大会，设武术展览会场。武术展览以中华武士会为主体，由李星阶协助李存义先生，召集了北方各省六十多个门派、三百多位武术家参会。据天津博物院成立展览会临时日刊报道，上场表演的有名有姓的武术家至少有176人。其中军警的有督军署卫队教练、连长、武术连士兵，有省公署卫队武术教练、士兵，天津警察厅武术教练，北区预备巡长等；教育界有法政专门学堂武术教员、学员，北洋大学武术教练、学员，南开学校武术教练、学员，省一中教员，还有西方庵学校教员、觉民小学教员、民立第二学校学生、工业学堂学生等；来宾方面有北京武术研究社教员程海亭（原报道如此）、前北京尚武研究学社教员李呈祥等57人，另有南宫县武士会分会教员6人，特邀嘉宾10人。这次大会持续了近一个月，从登场的武术家来看基本上囊括了天津武术界大部分精英，表演的招数也能反映天津地区的主要武术流派和特点。中华武士会是东道主，除教员李星阶、李春海外，还有49名学员参加表演。武士会的学员每天都有20人左右穿插登场，为会场攒底，来宾和教头们的表演都是重头戏。学员们练的都是武士会的基本套路：形意门的五行拳，即劈拳（金）、钻拳（水）、崩拳（木）、炮拳（火）和横拳（土），十二形拳，即龙形、虎形、熊形、蛇形、猴形、马形、鸡形、燕形、鹞形、鹰形等。还有五行连环拳、杂式捶、四把拳、八式拳、十二洪捶、出洞入洞、五行相生、龙虎斗、八字功等。有的学员还能练器械，如六合钩、连环棍、迷砂刀、五花刀、金刚锤、梅花剑、四式枪、进步六剑、五郎锤、断门枪、齐眉棍等。这与中华武士会几位形意大师李存义、郝恩光、李星阶、李呈章等对形意拳的继承发扬有关。虽然仅凭拳名无法判断功夫水平，但有几位大师展示的套路十分丰富，可以反映其拳路之宽。如法政专门学校的武术教练秦月如是深县人李存义的同乡，每天都出场，他表演了燕行六合枪、朴刀、形意刀、四式拳、春秋刀、站身枪、四式枪、八卦枪、小六合枪、蛇形、燕形、三式剑、连环刀、鹿形朴刀、梅花剑、把拳（对击三合剑）、张飞断门枪、五花朴刀、虎头钩、四把、龙形朴刀、燕形、八式、崩枪等形意套路，功夫比较全面。他的两名学生齐厉学、张子腾都上场表演。前南开中学武术教练韩慕侠表演了连环剑、八式、进步剑、八卦刀、连环枪等。南开学校学生刘荫枢、刘绍曾、岳润东和毕业生黄国瑞参加了表演。北洋大学武术教练李子扬（李耀亭）是李存义的徒弟，也是中华武士会的创始人，1913年就被聘为北洋大学武术教员，执教四十余年。他在大会上表演了八式拳、杂式捶、进步六剑、三合剑、龙形剑、连环剑、八式锤、头合剑、行步剑、二合剑、锁口枪（对击三合剑）、头段二合剑、十二洪锤、连环拳、八式枪、锁口枪等功夫，他的学生陈峻峰、李炳良、崔诵芬、赵寿颐、陈一峰五人也出场表演。中华武士会的教练李云阶表演了拦门拳、金刚捶、形意四把拳、三合剑、硬四蹚拳、迷沙刀、连环拳、十二洪锤、头合枪、拦门枪、五郎锤、龙形剑、进退连环等套路。另一位上场的教练李春海曾任镇江关武术教练，他表演了罗汉拳、母子锤、连环钩、五花单刀、杂式锤、三合剑、八式、六合鹿角钩、五花双刀、形意出洞入洞、龙形枪、八式等。武士会的学员中有一些人很有名气，如俞品三就是天津博物院的创办人之一，也是这次省会的主办方，是天津有名的文化人。他表演了五行相生拳、连环拳、炮拳、钻拳、横拳虎形、鹞形。天津总商会会长卞月亭是中华武士会的会长，他的六个侄孙都是武士会学员。尤其是老二卞柏年、老三卞松年天天出场，表现出色。六个侄孙后来都是名人。老大卞鬣年就读于清华大学，后赴美国留学，回国后成为科学家；卞柏年和卞松年都是留美化学博士，20世纪20年代曾参加由实业家范旭东创办的设于天津塘沽的黄海化学工业研究社；老四卞万年毕业于天津新学书院，与友人创办天津恩光医院，任院长；老五卞凤年，就读于复旦大学，后旅居澳大利亚，任中国银行澳洲悉尼分行总经理；老六卞美年毕业于燕京大学地质系，是地质学家，古脊椎动物学家、石油地质学家，曾与贾兰坡在周口店工作，是北京人头盖骨的发掘者之一。他们是武士会学员中的佼佼者。其他学员中的翘楚还有李子扬之子李春芳、天津人刘雁秋、天津新学书院学生广东人刘楚轩（刘世忠）、广东商人张天普、李存义弟子胡子高、罗仲贤、东方汇理银行司账韩怡庵、“郭天成”机器厂的郭有恒（铸山），其他表现出色的还有李春华、杨松泉、杨良璜、王殿忠、杨书绅、杨良颐、单宝书、刘鸿翩、张天普、阎子阳、白荫兰、罗成立、王亦韩、杨明漪等。

来宾的表演也十分精彩，如督军署卫队武术教练高紫云展示了七寸枪、虎头钩、七节鞭、翻少林拳、行者拳等。高紫云是北京的武术大师，祖籍河北景县、后来在北京开办中华武馆、善太极，戏剧界的梅兰芳、程艳秋都跟他学过武术。督军署参演的教练有孙锡五、刘普臣、杨振江。督军署卫队连长李梧亭带领武术连15名队员分别上场。其中付嘉功、付延禄两人表演了对打梨花枪对扎枪、大刀对双钩，王有达、陈清玉表演了对打拳，王升奎、钱得胜表演了绵拳对单刀。天津警察厅武术教练王凤章表演了春秋刀、六合查拳。省公署武术教练王子翩带领6名省公署卫队队员参加了表演。王子翩几乎每场都参加，他表演了功力拳、青龙拳、梅花双刀、群羊棍、八面锤、燕青拳、普华剑、少林双刀、二郎拳、连环拳、鹰熊、五行棍、八式、形意八字、金刚剑、四门龙形、六合拳、五行相生、八卦枪、四门枪、八拳、八式功、杂式拳、虬颜棍、双头棍、四门双刀、龙形枪，拳路广，器械精，十分抢眼。三名北区预备巡长参加了表演，其中表现不俗的王连仲表演了六合八截拳、六合单刀、截拳、跑刀、八节拳、连环刀、六合架、撒手拳、五花拳、单刀、头二蹚弹腿、六合二路刀。北京武术研究社的程海亭表演了站身枪、八卦掌、八仙剑、龙形剑、四把、四式枪、八卦刀、连环枪、方天戟、二十四式枪、二合剑、龙形双剑。此人是京津地区有名的八卦掌传人，尽得其父程廷华真传，享誉武林，1925年程海亭在天津净业庵成立“净业国技研究社”并任社长。前北京尚武学社教员李呈章先后表演了四把拳、连环双锤、鸡形、盘龙翻掌、拦门拳、琵琶棍、连环双刀、龙形、金刚锤、六合枪、三合剑、拦门枪、鹰熊斗智、拦门枪后段、熟铜锏、双翅铙、迷砂剑、八式、五花刀、连环拳、方天戟、连环棍、迷砂刀、月牙铙。李呈章号称定兴三杰之一，据说在天津李善人家教过武术。在来宾中较突出的还有李云书，他表演了连环拳、连环刀、八式、阴手棍、龙门枪、八卦刀、杂式锤、十枪、四把、十二洪锤、鹰熊、蛇形杂式锤、拐子锤、钻八翻手连环拳、连环枪、春秋连环刀、二蹚罗汉拳；董文有的二路联手拳、二路劈刀、五虎拳、截门枪、头路联手拳、六合单刀、六合八把拳、太祖拳、六合停风刀、春秋刀、杀鸡拳、单打三节棍、对劈闪势刀；唐润辉的五岳剑六蹚、春秋刀、后六蹚截拳、六家势短拳、二十四式行拳；王翼的通背拳、万胜双刀、六合大枪、七贯锤、自锤、双钩、通背拳；胡景玉的七贯锤、五花断门枪、反锤、六合双钩、单剑、双剑；徐翼臣的截打拳、提炉枪、六家式行拳、春秋大刀八卦双刀、开盂拳、六合枪、通背拳、燕形刀、六家合编大枪、追形还影捷打；唐东恻的吴越宝剑、截门短打、龙门双钩、关西拳，春秋大刀、老架子、六合刀、雌雄双股连环锏、吴白虹飞舞流行剑、宋太祖文武关西拳、方天画戟；唐东恻与徐翼臣对打二十四式行拳对手、花枪进手；朱元明的昆吾剑、八极拳、行钩、小花刀、七节鞭、行刀、六合双刀、昆吾剑二段、单刀夹鞭；造币厂武术教员侯云汉的对打单扎枪大洪拳、关东拳、八卦刀、八门双刀、三四路洪拳、上六合刀；刘振文与侯云汉的对打春秋刀破花枪、三节棍破花枪；宋易山与侯云汉的对打单刀破花枪；焦士杰与侯云汉的对拆杂拳、单刀拐子对花枪，这些对打为大会增加了实战气氛。大会仅有两位女宾参演，乔泳荷女士表演了十二洪锤、龙形剑、双头棍、燕形，乔泳菊女士表演了形意式、五行剑、连环拳、进步六剑。

这次武林大会无论是在规模还是在参加者的水平上，在天津历史上都是非常少见的，此次大会是一次对北方武术的大检阅，提振了天津武术界士气。“临时日刊”为我们提供了这次大会的细节，参赛者的身份体现了武术在天津的普及程度，展示的套路异常丰富，反映出北方武术虽然以内家形意门为主流、也有其他门派传入的格局，是珍贵的武术史资料。河北公园这次大会说明出，当时的武术已在某种程度上向体育项目转化，成为学校体育课程和军队的操练内容，从战场搏击向套路表演转化，成为娱乐游艺内容。博物院的成立以及武术大会还反映了新文化运动时期国家意识和民族意识的高涨，是五四运动前夕国内文化氛围的组成部分。

作者简介：陈克，天津博物馆，研究馆员，天津市河西区平江道62号，300201。

周学熙与天津近代博物馆事业的起步

郭　辉

（天津博物馆）

摘要：作为我国近代著名实业家，周学熙早在1903年就东渡日本，对日本的博物馆事业进行了深入考察，在回国后不久，他便以直隶工艺总局为依托，仿照日本博物馆模式，在天津创办具有博览会性质的天津考工厂和专门博物馆性质的天津教育品陈列馆，成为天津近代博物馆事业的重要开拓者。

关键词：周学熙　天津考工厂　天津教育品陈列馆

周学熙（1865—1947年），字缉之，号定吴，60岁后号止庵，安徽至德（今东至县）人，我国近代著名实业家。周学熙出生于清末官僚家庭，其父为周馥曾任山东巡抚、两江总督、两广总督等职。1900年，周学熙入袁世凯幕下，主持北洋实业，成为袁世凯推行新政的得力人物。1903年赴日本考察工商业回国后任直隶工艺总局总办。1905年出任天津道，1906年创办启新洋灰公司、滦州煤矿公司，1907年任长芦盐运使，1908年创办京师自来水公司，1912年和1915年两次任财政总长。1918年任华新纺织公司总理，先后创办华新所属的天津、青岛、唐山、卫辉四家纱厂。1919年创办中国实业银行，任总经理。1922年与比利时商人合办耀华玻璃公司。1924年成立实业总汇处，任理事长。1947年病逝。在人们的印象中，周学熙以兴办实业成绩卓著，与南方实业家张謇齐名，有“南张北周”之说，但却不知道他同时也是天津近代博物馆事业的重要开拓者。

一、周学熙对日本博物馆事业的考察

1902年8月，直隶总督兼北洋大臣袁世凯代表清政府从外国人建立的都统衙门手中接管天津，遂在天津开始实施清末新政，全面推进天津的近代化进程。中国人在天津自办近代博物馆事业就此拉开序幕。1903年4月4日至6月4日，在袁世凯的委派下，周学熙赴日参加大阪博览会并对日本的博览和博物馆等场馆进行了考察。周学熙在其《东游日记》中有如下相关记载：

1903年4月20日，入大阪博览会场，观日皇亲临开幕式。

1903年4月22日，晚观水族馆。五钟火车回赛会场，观夜景。

1903年4月25日，火车赴博览会场，观机械馆，有原动力电机。凡纺织、制茶等机皆演使人观，奥国、美国别馆各陈列其本国出品。通运馆陈轮车、铁路、传播之类。工业馆陈本国各种器物，中以漆货、瓷货、七宝烧为最。冷藏室有制冰机、藏鱼鲜水果之类。教育馆凡学校用品陈之。

1903年4月26日，赴会场观工业馆、参考馆，各国出品，中国占地甚少，出品难制胜。美术馆凡雕刻绘画类陈之。

1903年4月29日，观学校教育品展览会各科，实绩仪器及学徒服物皆列之。午后到西京，观京都物产陈列所，凡日用所需器皿甚精，价甚廉。

1903年5月2日，往大仓家晤喜八郎，导观博物馆，家藏释氏肖像最多，他如古代铜器，及雕漆等件，皆珍品。

1903年5月3日，观帝室博物馆，凡内府所藏珍物悉胪列之，以公众好，多唐代墨迹经帙。又观动物园，熊虎狮象皆备，又甲午中东之役阵亡某将所乘马，及辽东所获驴马等悉置此，观商品陈列所。

1903年5月25日，往商品陈列所，晤事务长，赠大阪府工业概览、陈列所十年纪要。其半大分四部：一见本部，广搜内外国制品，标其价目，常年纵览无禁，有愿购者听；一调查部，本国制作家或令呈其制品，或时巡视其制法，与国外比较，凡工作之精粗，成本之贵贱，以及销场之衰旺，时价之涨落，运费之多寡，种种利害关系悉为考究确实，务为劝导诱掖，以启其心志，振其精神，有能依新法制品者，给奖牌以褒嘉之，或准专利以保护之；一试验部，设化学器具以待工业上之咨询，凡关化学品物及矿产均为分析、试验，使制作家知其原质，明其理化，因而晤其方法，乃能精益求精；一图书部，凡工业上紧要内外书籍、报告、新闻、杂志以及商品目录、特许商标、公报等件，时时搜罗，以备来者观览，得咨考证。此四事外尚有通商月报，博访海外贸易情形，每月一刊发，略取资焉，该所创办费金三万数千元，现常年费万余元[①]。

通过以上记录资料可以发现，周学熙对日本的博览和博物馆事业进行了考察，特别是他也对大阪商品陈列所十分有兴趣。在1903年5月25日的日记中，他详细记载了该所的详细情况，并称赞该所“自明治二十三年（1890年）倡立后，他府县多仿行之，事简而效速，洵莫此若。今日本通国无一人不需洋货，而无一洋货非出自本国仿造者，此所以区区小国能自立于列强商战之世也。”[②]对大阪商品陈列所给予了高度评价。

周学熙作为袁世凯天津新政的核心成员和重要幕僚，先后对日本博览和博物馆事

① 周学熙：《东游日记》，《周学熙集》，华中师范大学出版社，1999年，第25～50页。

② 周学熙：《东游日记》，《周学熙集》，华中师范大学出版社，1999年，第48页。

业的考察，使他们成为天津乃至全国较早系统了解日本近代博览和博物馆事业的重要官绅。这直接影响了后来天津近代博物馆事业的发展。

二、周学熙与天津考工厂的建立

周学熙考察日本回国后首先“以考察所得于日本者，欲以施诸我国。”并认为“欲兴工艺，非设专局不能收效，于是于六月条陈教养局、工艺学堂、考工厂三事之宜。请辞教养局总办，建议设工艺总局于天津。”[①]计划设立直隶工艺总局，以为全省工学界之枢纽，以创兴工艺提倡实业。1903年7月，周学熙首先上书袁世凯，提议设立工艺总局，并要求附设学堂及考工厂。《工艺总局周道等酬拟办法章程经费数目缮呈图折禀并批》中特别强调：“酌采日本成法，参以本省现情”，“迅将工艺学堂、考工厂章程重加商定，先行开办。”“以学堂习其技能，以考工生其感观，大要在开导商情，使之奋发。”[②]袁世凯又批复，“据禀并图折均悉，所拟工艺局暨考工厂大致办法均尚妥当，应准照行。”[③]周学熙随后被委任为总办直隶工艺总局事务，将日本的强国经验来指导天津的新政建设。

周学熙在袁世凯的支持下首先将建立天津考工厂作为工作重点，先后拟定《工艺总局禀酌拟创设考工厂办法四条》、《天津考工厂试办章程》、《天津考工厂各项规则》等文件。1903年9月10日（八月初一日），在周学熙的努力下，天津考工厂正式对外开放[④]。

天津考工厂初设的宗旨是“开通民智，提倡工商之进步，必须罗列多品启人智慧。”[⑤]随后又确定为“考察本国外国商品，以激发工业家之感观。”[⑥]在组织机构上设庋设、考察、化验、图书四司，并辅以文牍、会计、庶务三司。庋设司负责搜集、管理、更换庋设物品及标签，管理寄赠、寄售品账目；考察司负责答复工商业家咨访事件，演示工商新法，演说工商要理，授工艺方法并拟示标本，辨别商品器物，访查本地进

① 周学熙：《周止庵先生自叙年谱》，《周学熙集》，华中师范大学出版社，1999年，第688页。

② 周学熙：《工艺总局周道等酌拟办法章程经费数目缮呈图折禀并批》，《周学熙集》，华中师范大学出版社，1999年，第55、56页。

③ 周学熙：《工艺总局周道等酌拟办法章程经费数目缮呈图折禀并批》，《周学熙集》，华中师范大学出版社，1999年，第56页。

④ 周学熙：《工艺总局详报考工厂开办情形并批》，《周学熙集》，华中师范大学出版社，1999年，第62页。

⑤ 周学熙：《工艺总局详报考工厂开办情形并批》，《周学熙集》，华中师范大学出版社，1999年，第62页。

⑥ 周学熙：《天津考工厂试办章程》，《周学熙集》，华中师范大学出版社，1999年，第64页。

出口货情形和销滞情形；化验司负责分析化验，答复关于化验的咨询，管理化验器具和账目；图书司负责管理图书及商品标本等件，编纂目录，搜集图书及商品标本，摹绘图样，借贷图书及商品标本等事，翻译工商业书报等。并对外开放，凭票参观。天津考工厂完全就是日本商品陈列所在中国的复制和翻版。

对于天津考工厂的定性。1987 年，陆惠元先生发表《天津考工厂是中国第一个博物馆》一文，从天津考工厂成立的历史背景、概况、宗旨、组织机构、参观章程、办事条例、陈品内容等多方面出发，结合现代博物馆的定义，提出 1903 年在天津成立的“考工厂无论从性质规模上，都应该是一个很正规的官立博物馆。”并且“是中国官办的最早的博物馆”①。此文一发，顿时引起学界的关注。梁吉生先生首先对这一观点提出质疑，发表《〈天津考工厂是中国第一个博物馆〉质疑》一文，该文其焦点的中心并不在谁是最早，而是对天津考工厂是不是博物馆表示怀疑，指出：考工厂虽然有收藏，但其物品并不是具有代表性的人类和自然环境见证物；虽公开陈列，却是集中外商品的展销活动；它的“为社会发展服务”，是通过罗列工商货物及样品，提供商品信息，激发工业家观感，促进工商业生产，而不是以教育为目的，给人以知识性文化和思想性文化。认为天津考工厂是一个博览会性质的机构，而不是博物馆②。随后，陆惠元先生又发表《天津考工厂之争与近代博物馆概念》一文，结合日本近代博物馆发展模式和日本劝业型博物馆的特点，以天津早期博物馆实践为学习日本经验出发，认为天津考工厂应该为工商产业型博物馆或称劝业型博物馆，并对传统观念中学界对博物馆概念定义的理解提出了疑问③。那么天津考工厂到底是博览会性质的机构还是博物馆？1904 年 9 月，袁世凯在《天津工艺总局详报考工厂开办情形文并批》中指出：“该局兴办考工厂布置甚善，仰仍督率司员，广搜商品，以为博览会之初阶，并候咨明商部查照。”④在《明信片中和老天津》和《邮筒里的老天津》两本图录中，其收录的有多张明信片，也同样都标注“天津考工厂，Tianjin Exhibition”字样，“Exhibition”也是展览会或博览会的意思。由此看来，袁世凯的初衷是用考工厂的建设来奠定开办博览会的基础。契合了梁吉生先生以现代博物馆概念去反驳陆惠元先生的观点，认为天津考工厂更像一个博览会性质的机构。

但是我们也要承认，中国早期博物馆理论和实践经验都从日本泊来。日本早期博物馆就从博览会脱胎而来，具有与博览会混同在一起的性质、与殖产兴业政策相适应。

---

① 陆惠元：《天津考工厂是中国第一个博物馆》，《中国博物馆》1987 年第 1 期。

② 梁吉生：《〈天津考工厂是中国第一个博物馆〉质疑》，《博物馆研究》1988 年第 1 期。

③ 陆惠元：《天津考工厂之争与近代博物馆概念》，《中国博物馆》1988 年第 4 期。

④ 周学熙：《工艺总局详报考工厂开办情形并批》，《周学熙集》，华中师范大学出版社，1999 年，第 63 页。

日本博物馆学界也将商品陈列所作为博物馆被纳入到劝业型博物馆的行列[①]。因此，早期国人对博览会和博物馆的认知往往存在混淆。1905 年张謇上《上南皮相国请京师建设帝国博览馆》和《上学部请设博览馆议》向清政府倡议发展博物馆事业时，也称博物馆为“博览馆”。1936 年中国博物馆协会出版《中国博物馆一览》一书将全国博物馆分为普通博物馆、专门博物馆和植物园、动物园及水族馆三个门类[②]。河北省国货陈列馆等各省国货陈列馆被归为专门博物馆[③]。而天津考工厂、天津劝工陈列所、直隶商品陈列所、河北省商品陈列所是一个机构在不同时期的不同名称[④]。因此，也有学者认同陆惠元先生的观点，认定天津考工厂为博物馆性质的场馆[⑤]。但本文综合考虑各种因素，结合现代博物馆理论，厘清近代中国博物馆与博览会相混淆的概念，认为天津考工厂具备更多的博览会的特征，仍坚持梁吉生先生的学说，认定天津考工厂为博览会性质的场馆。

三、周学熙与天津教育品陈列馆的建立

直隶工艺总局总办周学熙在建立天津考工厂的同时，又开始积极筹建天津教育品陈列馆。1904 年 10 月，周学熙在与学务处严修会商拟定的教育品陈列馆章程后，正式上书袁世凯提出创办天津教育品陈列馆。周学熙在《直隶工艺总局酌拟教育品陈列馆试办章程并约估经费详文并批》中指出：“学堂为人才根本，工艺为民生至计，二者固宜并重，而讲求之道亦属和资，工艺非学不兴，学非工艺不显。查各国学校，各科课程皆有教育物品，各种仪器具备，以供指授，故学堂工厂日新月异，竞出心裁。伏思天津为总汇之区，已立蒙小学、中学堂、高等专门学堂，似宜设立教育品陈列馆，购置仪器、图画、任人纵观，以资启发。”[⑥] 并建议派人赴日本选办陈列品。袁世凯批复：“设立教育品陈列馆为文明进化最要关键，日本各学校暨会社工厂出品日新月异。……

① 〔日〕伊藤寿朗、森田恒之编著：《博物馆概论》，吉林教育出版社，1986 年，第 99 页。

② 中国博物馆协会：《中国博物馆一览》，1936 年，第 1 页。

③ 中国博物馆协会：《中国博物馆一览》，1936 年，第 125 页。

④ 天津考工厂于 1907 年迁入劝业会场，改名为天津劝工陈列所。1913 年又改名直隶商品陈列所。1928 年，迨北伐成功，始改定为河北省国货陈列馆。见宋蕴璞：《天津志略》，民国二十年铅印，第 219 页。

⑤ 徐玲：《博物馆与近代中国公共文化事业（1840—1949）》，科学出版社，2015 年，第 79 页。

⑥ 周学熙：《直隶工艺总局酌拟教育品陈列馆试办章程并约估经费详文并批》，《周学熙集》，华中师范大学出版社，1999 年，第 87 页。

仰即照章试办，随时改良。”[①]

1905 年 1 月，曾赴日本留学、专攻速成师范科的陈宝泉受周学熙派遣再赴日本，考察教育博物馆并购置相关展品。1905 年 2 月，陈宝泉向周学熙上《天津教育品陈列馆议绅陈宝泉上周总办意见书》，对考察日本教育博物馆事宜进行了详细汇报，并提出了天津教育品陈列馆的建设规划。3 月 15 日，经过一番紧锣密鼓的筹备，在周学熙、严修、陈宝泉等的通力合作下，以“濬发学识，教育实验为宗旨，罗列中外各种教科书籍、仪器、标本、模型、图标，分科陈设，标签贴说，以备各学校管理者考览、咨询”[②]的天津教育品陈列馆在天津旧城东门外的玉皇阁开馆。16 日，开始对外售票。

根据《直隶工艺总局教育品陈列馆试办章程》中规定：教育陈列品之设，专搜集中外应用之教育物品标签系说，以冀教育普及改良。陈列教授用品及各种图形，理科仪器标本及图形，各学堂建筑图形及学堂桌凳、函架原式及图形之类，关于学龄就学诸表，各学堂生徒成迹品与赏赉品及卒业证书之类。该馆还附设藏书楼，陈列各种科学应用之书籍，以便阅览[③]。

在展厅设置上该馆分为楼上楼下两个展场，共六个陈列室。入门，楼下为第一陈列场第一室，内陈列家庭玩具及幼稚园各学校用标本、模型、图书等类。由第一场出门左转登楼为第一陈列场第二室，内陈列人体解剖模型及动植物标本、算学用具等。第二陈列场第一室，其中尚未陈列。下楼到第二陈列场第二室，内陈列物理、化学实验器具等。第二陈列场第三室，内陈列本国各学堂各种教科图书、章则、表簿、证书、学生用具及手工制品等。第二陈列场第四室，内陈列各学堂各学科成绩品等[④]。

天津教育品陈列馆的初衷是：“系罗列大中小学堂各项教育用品，及各种学科成绩书籍，以备参观，购取有所师承。”但是自 1905 年“又附设教育品制造所，竭力研究仿造，出品日多，而且进步之速异乎寻常，上年（1906 年）曾将所制造物品选择多种，咨送京师劝工陈列所，交纳陈列。旋奉农工商部咨复，以所送各物均系料实工坚，适于人用，而制作所所出教育军用各品，精美尤甲于他省，成绩卓著，咨由宪台行知到局，现拟专注制造，已将教育品陈列馆名目，改并教育品制造所，以定趋向。”[⑤]可见，由于教育品制造所制造的教育军用各品甲于他省，又料实工坚，适于人用，袁世凯决

① 周学熙：《直隶工艺总局酌拟教育品陈列馆试办章程并约估经费详文并批》，《周学熙集》，华中师范大学出版社，1999 年，第 88 页。

② 《直隶工艺志初编》第一册，清光绪三十三年北洋官报局排印本，第 2 页。

③ 周学熙：《直隶工艺总局教育品陈列馆试办章程》，《周学熙集》，华中师范大学出版社，1999 年，第 89、90 页。

④ 《大公报》1905 年 3 月 17 日。

⑤ 周学熙：《详直督袁复陈筹办工艺情形文》，《周学熙集》，华中师范大学出版社，1999 年，第 172 页。

定专注制造，将教育品陈列馆改并教育品制造所。

天津教育品陈列馆存在2年多后即告终结。虽然存在时间不长，但对于天津教育品陈列馆性质的定位，有学者提出：它是中国人建的第一个完整意义上的现代博物馆[①]。也有学者结合相关史料的发掘、分析，从创办目的、过程、运营和展馆性质出发，认为其是我国最早的专门博物馆——教育博物馆[②]。还有学者指出其即为我国最早的教育博物馆之一，也被学界认为是中国博物馆事业初步建立的重要标志[③]。无论“第一”与“最早”与否，学界对天津教育品陈列馆定性为博物馆性质的场馆是没有异议的。

四、结　语

周学熙作为直隶工艺总局总办虽只有两年多，但是他对日本博物馆事业的考察，使他成为天津乃至全国较早系统接触日本近代博物馆事业的重要官绅。他借鉴日本博物馆发展模式，依托直隶工艺总局，以创建博览会性质的场馆——天津考工厂为开端（日本称劝业型博物馆），并积极与严修、陈宝泉等共同创办天津近代较早专门博物馆性质的天津教育品陈列馆，在天津迈出了中国人自办博物馆事业的重要一步，周学熙同样是天津近代博物馆事业的重要开拓者。

作者简介：郭辉，天津博物馆，馆员，天津市河西区平江道62号，300201。

① 陈克：《天津教育品陈列馆与中国人早期的博物馆实践》，《天津文博》第七辑，科学出版社，2010年，第43页。

② 岳宏：《浅析天津教育品陈列馆》，《天津博物馆论丛2014》，科学出版社，2015年，第1页。

③ 李军：《晚晴时期教育博物馆的引入与发展——以天津教育品陈列馆为例》，《科学教育与博物馆》2015年第1期。

与世相接：严智怡与天津博物院的诞生*

余慧君
（台湾省东华大学）

摘要：本文的研究主题，是以严智怡为首的天津博物院团队，其规划、策展、研究等专业能力与文化视野的养成过程。在“实业救国”与“文化救国”的脉络下，如何逐一建构出包括直隶省商品陈列所、天津博物院、天津市立美术馆等在天津北洋新区内的博物馆群，并在典藏、展示之外，为城市大众设计教育推广活动。本论文将从巴拿马赛会对严智怡的影响为起点，探究世界博览会与中国博物馆兴起之间的关系、文物捐赠者与博物馆的互动、天津博物院的展示特点等。严智怡在参与巴拿马赛会过程中，实地与日方参展团队较劲之后体会到的各项挫折，在他回到天津之后，藉由创造常设性的展示场域，寻求解决之道。他担任直隶商品陈列所所长，推动直隶实业发展；建立天津博物院，以解决中国文明虽有大量累积却缺乏科学整理的问题；并促成天津市立美术馆的成立，以面对中国美术落后日本甚多的困境。本文将特别针对天津博物院的建制历程，探讨20世纪早期中国第一代博物馆专业管理者，如何藉由博物馆展示，进行具现代性的、有效率的、可持续衍生的社会关系生产与文化知识生产。

关键词：严智怡　巴拿马赛会　天津博物院

一、引　　言

20世纪上半叶，在中国出现的众多博物馆，从建制目的、资金赞助、藏品来源、行政管理团队的脉络来看，可大致分成三大类。第一类，是围绕着逊清皇室收藏品的众展示机构，包括满清遗老主持的“盛京故宫”（即现在的沈阳故宫博物院）、北洋政府支持的“古物陈列所”、以及南方国民政府主导的北京“故宫博物院”。第二类，是以“国立中央博物院”为代表。南北统一之后的国民政府教育部在1933年始筹备“国立中央博物院”，集结中央研究院的学术界菁英，建立中华民国的国家博物馆（national museum），类同于美国的Smithsonian Institution，典守并展演国族文化认同与国家主导下的现代科学发展。第三类，是以南通博物苑，和本文的焦点——天津博物院——为代表，属于地方自治概念下，士绅菁英自主发起并筹资兴建的城市型博物馆。其主事

---

* 本文乃节录版，原文发表于《新史学》，第27卷3期（2016/09），第63～121页。

者在公部门或有担任职务，但是博物馆的主要经费一部分来自于私人募款赞助，一部分来自公部门经费挹注。此类城市型博物馆，标志着20世纪初期中国现代城市的文化生产，由地方绅商、文人、教育文化官僚等为行动主体，以个人名义赞助而形成的新兴文化场域，并成为城市居民日常游憩的公共空间。

城市博物馆的逐一出现，养成了中国第一代专业博物馆管理及策展人才，并成为培育未来博物馆专业所需人才的温床。策展专业（curatorship）不只铺陈人与物之间的关系，同时是连结人与人、人与文化的具体社会实践。本文的研究主题，是天津博物院的创办者兼第一任院长严智怡，其规划、策展、研究等专业能力与文化视野的养成过程，以及天津博物院的建制历程，探讨20世纪中国第一代的博物馆专业管理者，如何在“实业救国”并“文化救国”的风潮之下，藉由博物馆展示，进行具现代性的、有效率的、可持续衍生的社会关系生产与文化知识生产。

严智怡可代表清末新政至民国、后科举时代新式教育下新一代的专业文化官僚。其主导的策展工作大致可分为三个阶段：一为主持直隶省商品陈列所，二为策划并执行直隶代表团在美国旧金山巴拿马赛会的所有展出活动，三为创办天津博物院并担任院长一职。严智怡是民国初期一个极为成功的文化能动者，以博览会与博物馆聚拢津沽地区丰富的文化资源。在他近30年的官职生涯里，最主要的贡献便是结合一批理念相近的文化官僚，包括陆文郁、乐嘉藻、李裕增、严智开等人，推动商品博览会、商品陈列所、博物馆、美术馆规划与策展，一步步建构出天津北洋新区内的城市博物馆群。本文将藉由研究严智怡，来梳理中国新式专业文化官僚是如何建构并利用博物馆机制展示中国的过去并创造未来，从而成为知识的转译者的。

二、天津博物院的诞生

严智怡是中国20世纪初，少数同时具有世界博览会策展经验与博物馆管理经验的专业人才。在建立天津博物院之前，他最重要的策展资历，是率领中国直隶省代表团全程参与巴拿马赛会之筹备布展，并以此次参与博览会过程所累积的策展经历、文化视野与社会资源，投注在博物馆场域中，缔造出天津博物院。当然，三十岁出头的严智怡，其能力与视野并非凭空而来，乃奠基于其显赫盐商家族跨世代累积的文化资本与社会资本。

1902年，刚满二十岁的严智怡伴随其父严修与其兄严智崇第一次东游日本，短期考察日本的现代教育[①]。1903年，严智怡随即进入东京高等工业学校应用化学科就读，

① 严修：《严修东游日记》，天津人民出版社，1995年，第3页。严智崇后来担任中国驻日使馆秘书，于1918年病逝于东京。

1907 年毕业后至业界实习，1909 年回到中国。因为其应用化学的专业背景，回国后的第一份公职是担任直隶劝工陈列所的“南洋劝业会出品审查员”，这份工作提供他参与商品博览会的首次机会。1912 年中华民国建立之后，严智怡担任直隶省实业厅工商科科长，兼商品陈列所所长。这个职务提供严智怡在推动实业以扶持具市场竞争性的商品之余，有机会深入思考“展示”对商业营销的重要性。

1914 年 10 月至 1915 年 11 月，严智怡以直隶赛会代表身份，担任旧金山巴拿马赛会期间美术馆中国部主任，实地参与了巴拿马赛会的布展工作，并藉此机会考察美国各主要城市的博物馆与城市建设，对国外博物馆陈列展示设计有进一步的认识。严智怡团队成员将赛会期间的旅行考察，留下详实的记录，集结成为《巴拿马赛会直隶观会丛编》一书，这些考察记录说明了严智怡团队在美国经历的文化冲击、对西方文明的评价、中日两国现代化的国际竞争，以及对中国未来的规划愿景。

和创办南通博物苑的前辈张謇比较起来，严智怡未经历科举教育，自幼便是在西式现代科学教育环境下养成，以发展实用并有效率的行政管理模式为目标；而张謇是进士出身，在中国本有的文人政治与文化框架之中寻思革新突破。从张謇到严智怡，两代博物馆规划者对博物馆经营理念的异同，某个程度上体现了中国新式教育在废科举之后产生的快速且巨大改变。张謇创立的“南通博物苑”，就某个程度而言，是一个具博物馆展示功能的园囿（苑），仍带有相当浓厚的传统文人雅集遗风，藉文化活动织就社会人际网络，但是尚未形成专业分工的现代博物馆管理与策展团队。而严智怡则有一群与之合作多年、一起东西洋闯荡、并能复制经验的专业团队，共同执行各式策展与行政事务，包括搜集、展示、典藏、维修保存、研究、执行社会教育活动等。

三、巴拿马赛会——博物馆馆长的职前训练

巴拿马赛会参展经验，是严智怡建构天津博物院的直接动力，同时让他有机会厘清，在实业救国与文化救国的脉络下，公共博物馆如何发挥社会教育功能？该展示什么？如何展示？

1914 年 4 月，严智怡亲率直隶代表团参加在东京举办的大正博览会，并身为大正博览会直隶赛会事务局的主持人。严智怡团队似乎并未对大正博览会投入太多资源，因为真正的国际战场是在美国的巴拿马赛会上。不过，大正博览会让严智怡团队有了第一次国际博览会的参展实务经验，并且考察日本为参与巴拿马赛会的各项准备工作。大正博览会结束之后，严智怡团队随即在 1914 年 6 月 14 日至 7 月 17 日，于天津公园举行直隶地区巴拿马赛会的预展，即“出品展览会”。这是严智怡团队策划的第二个大型展览，工作内容包括征集展件、展品审查分类、展场规划、会场布置与上展、公关宣传、展览期间各式演出活动安排、与场地时程控管等。为期一个月的预展，参观人

数几近十万，严智怡团队有了实际的博览会策展以及与大量观众互动的经验①。

巴拿马赛会期间，严智怡更重要的任务是新大陆旅行考察，作为博物院建制的准备。为期近一年的美国经验，加深了严智怡对于“现代化展示”（modernized exhibition）以及“展示现代化”（exhibiting modernization）的信念。身为直隶实业厅的主管之一，严智怡参观了许多大型制造业工厂与商业组织，包括肥皂厂、屠宰厂、农业机械厂、钢铁厂、银行、证券交易所、报馆、小学、商品陈列所及电影厂。他在美国期间的另一个观察面向，是包括芝加哥、匹兹堡、费城、纽约等各主要城市的博物馆。他详细记录美国著名博物馆的人事组织架构、经费来源、会员制度、导览状况、展览空间安排、陈列手法、展件来源、藏书空间及音乐表演厅设施等等。且严智怡还与美国钢铁大王卡内基所创设的卡内基博物馆之馆长进行了短暂晤谈，以了解博物馆内部的运作与经营理念，也参观了一些工业学校，艺术学校等等。这一趟旅行下来，他对未来如何经营天津博物院有了较具体的蓝图，并留下完整的考察记录，可以视为一个博物馆馆长的职前训练日志。

四、“阐明文化，发扬国光”的天津博物院

巴拿马赛会结束之后，严智怡从美国返回中国，1916年升任直隶实业厅长，天津博物院筹备处也在他的主导下，正式在直隶商品陈列所内成立。筹备两年之后，1918年6月，严智怡与其团队在天津公园举办了“天津博物院成立博览会”，仿照巴拿马赛会模式，为博物馆的正式开幕与募款热身。1923年，天津博物院正式开放，分“天然部”与“历史部”展示区，严智怡是第一任院长。

严智怡对天津博物院的想象，是具强烈社会教育功能的一般型博物馆，传输能“阐明文化，发扬国光”的科普知识。他在《河北第一博物院半月刊》的发刊辞上提到“本院乃普通之博物院，而非专门之博物院，其天职，盖在阐明文化，发扬国光，以辅助学校教育社会教育之不逮，所负之使命至重且大也。”②作为现代学校教育之辅助，天津博物院的参观者，至少三分之二以上是免购票入场参观的学校机关团体。

那么，在严智怡理念中哪些物品能向大众展演“文化”与“国光”呢？天津博物院筹备处对外征集物品的种类包括：动物、植物、矿物及岩石、化石、礼器、货币、简书、符牌、玺印、陶瓷、武器、舟车、建筑、日用器、衣服、配饰、农器、渔猎器、工用器、方伎用器、宗教用器、丧葬婚娶用器、古迹风景相片、风俗相片、世界人种

① 严智怡：《预会志略上卷》，《巴拿马赛会直隶观会丛编》第1册，1921年，第4～17页。

② 严智怡：《发刊辞》，《河北第一博物院半月刊》第1期，1931年9月25日，第1版。

风俗、度量衡、掌故及纪念等项目[①]。从这个征集对象种类清单来看，筹备处是以一套具象化的民间日用类书或万宝全书为概念基础，借用普罗大众习以为常的对象分类系统，与观者沟通。博物院初期陈列品的分类方式，在此征集系统基础上稍作简化，仍是民间日用类书内习见的分类方式。在1917年所发行的《天津博物院陈列品说明书》中，将征集到的所有物品，分成天然部与历史部两大部分，天然部之下分动物类、植物类、矿物类；历史部之下细分为美术类、货币类、人种风俗及古迹风景类、文字类、掌故类、科举类、纪念类、礼器类、宗教类、武器类、陶瓷类[②]。

对严智怡团队而言，传统日用类书记载的知识系统，是中国过去文明的具体证据之一，而且最容易被普罗大众接受。不过，严智怡也理解传统日用类书的知识系统，虽是方便法门，但是现代社会教育机构必须超越传统日用类书的知识系统，要能有"整理"这些文明对象的能力，而博物馆的管理职责（curatorship）便是呈现整理文明之后的成果。所谓"整理"，是客观化物品可见的外部材质，以进行科学分类与客观描述。"眼见为凭"的科学观察与地方知识描述，是现代博物馆整理文明的工具。因此，天津博物院内的展示架构，逐渐发展成经过科学整理之后的日用类书。1931年9月1日，天津博物院全部展览厅终于规划策展完成并全部开放，"综计陈列物品分自然历史二部，分其类，曰植物，曰下等动物。哺乳动物、鸟、鱼、爬虫、进化、两栖、矿石、岩石、化石，皆属于自然者也。文字、宗教、掌故、科举、巨鹿出土宋代器物、骨器、石器、玉器、陶器、金器、瓷器、纪念，皆属于历史者也。"[③]很明显的，这个"自然"和"历史"两大展示分类系统，较前述日用类书式的征集分类系统，较强调展品的材质属性，而非内容或用途。从内容用途分类系统转移至材质属性分类系统，可以使对象从过往惯常的单一使用情境中被解放出来，人们会因此发现同一对象可以有多元的分类与使用方式，并产生创意的使用情境，是实业发展所必需的知识管理技术。

五、天津博物院的捐赠者网络

作为一个新兴的城市博物馆，天津博物院成立时，除了经费来源之外，最大的限制（或优势）是缺乏馆藏。初期主要是从直隶商品陈列所旧有展品中，挑选出少数具历史文化科学价值的旧藏。由于典藏品甚少，因此，馆方主动搜集并鼓励大众捐赠，以扩大典藏品数量，是博物院成立初期极重要的工作项目。物品征集的方式主要有三类，

---

① 《本院征集物品分类及手续》，《河北第一博物院半月刊》第1期，1931年9月25日，第4版。

② 天津博物院筹备处：《天津博物院陈列品说明书》，直隶教育图书局印书处印刷，1917年。

③ 严智怡：《本院沿革要略》，《河北第一博物院半月刊》第4期，1931年11月10日，第4版。

一是其他公部门将所属公物“移存”至天津博物院；二是“寄赠”，私人收藏者将对象所有权完全转移给博物馆，寄赠品经过专家鉴价超过二百元以上者，即可担任天津博物院董事；三是“寄陈”，即博物馆可以陈列展示但收藏者仍保留所有权，未来可以取回。[①] 至1931年，天津博物院的总藏品已累积至“一万六千九百余事。寄陈品得其什六，寄赠购置之品，各居其十之二焉。”[②] 馆方购置之品仅占五分之一，其余五分之四皆为收藏家“寄陈品”或“寄赠品”。亦即，天津博物院因为缺乏馆藏，而顺势建构出一个捐赠者网络，而且重要的捐赠者享有监督与指导博物院营运之权利，使收藏家得以透过捐赠进入董事会系统，进行文化资本与社会资本交换[③]。

根据《河北第一博物院半月刊》的《本院重要纪事》专栏，从民国20年至24年为止，天津博物院共累积约四百条（包括个人与机关团体）的藏品捐赠或寄陈记录；每条记录至少是捐赠或寄陈一件物品，有些记录则一次捐赠或寄陈高达50件以上的物品。从捐赠者名单以及其所赠与之物，大致可以看出天津博物馆馆藏的建立，联结哪些不同领域的捐赠者，以塑造馆藏基调。

天津博物院工作团队成员，包括严智怡、李贯三、陆文郁、华学涑、姚彤章等人，是捐赠者名单中最常见的一群。特别是严智怡，历次捐赠或寄陈的物品总和超过500件。从其捐赠物品名单看来，一部分循着过往业余金石学家的收藏实践，以对象的史料价值为重点，同时，也呈现了当代日常史料的概念，小至纪念邮票、纪念币、铁路信封、讣文等，都是搜藏并捐赠之对象。严智怡去世之后，严家便以“严宅”名义将与严智怡相关之纪念品捐出，作为天津博物院创立者之纪念。

活跃于天津的艺文界名人，是捐赠者名单上另一群主要组成人物，是天津博物院之所以能在这个城市存在的最主要赞助支持者。细究这些人物的背景，乃透过血缘、地缘、婚姻、世交、或社群团体等不同机制，与天津博物院产生赞助关系。严家其他成员，包括严台孙、严新百、严智开等人，都出现在捐赠名单内。另外，严智怡继承了严修的人际关系网络，因此捐赠名单中与严修主持的城南诗社成员多所重叠，集结了以严修为首的天津文人宿儒，包括李金藻、俞品三、陈宝泉、赵元礼、刘云生、刘云孙、罗蕴章、张果侯、张德孙、张钧孙等人。而这批诗社成员，也是其后水西庄遗址保存委员会的主要成员。

另外，有一些外地的捐赠者，似乎与严修家族旧有的人际网络关联性不大，亦非

① 《本院征集物品分类及手续》，《河北第一博物院半月刊》第2期，1931年10月10日，第4版。

② 严智怡：《本院沿革要略》，《河北第一博物院半月刊》第4期，1931年11月10日，第4版。

③ 《本院征集物品分类及手续》，《河北第一博物院半月刊》第2期，1931年10月10日，第4版。

天津既有的文化社群成员。这些捐赠者，或许出于认同天津博物馆的理念而赞助，同时亦藉此扩大个人在其专业场域之影响力。如活跃于北京美术界的湖社画会会长金开藩有五笔捐赠，包括鹦鹉卵、蛾碟标本、铜牌饰，以及其父金城过世之后的一只鼻烟壶遗物和金城墓志铭拓片；活动于上海的葛虞臣有三笔捐赠记录，包括古铜币、乡试试卷等；以及活动于广州的谈月色有5笔捐赠记录，也是唯一的女性捐赠者。

六、结　　语

一座博物馆的诞生，集结众参与者累积的社会资本与文化资本，包括馆长、策展人、董事会成员、搜集者、捐赠者、参观者、收藏家、批评家、研究者等，从建馆概念的发轫、馆址的选定、建筑空间设计、公共关系的建立、典藏品的搜集、到策展规画与布展执行等，共同展演了一部连接时间纵深、空间范畴与人的行动之历史。这一连串博物馆建构行动过程中所产生的历史文本，交织着物的历史、观念、政治、空间与个人复杂纠结的专业经历。

晚年的严智怡仕途并不如早年顺遂，最重要的成就可能是在政局纷乱的情况下，让天津博物院易名为“河北第一博物院”，并取得河北省政府的经费支持，得以顺利营运下去而未解散，同时促成天津市立美术馆的建制完成。此后，严智怡本人转而像个传统金石学者般，于1933年亲自执行河北十四县古迹古物调查工作，留下细致的田野记录，并将采集之田野标本典藏于一手创办的博物院内，作为“整理中国文明”的具体实践①。严智怡同时大力推动水西庄园林古迹保存运动，欲完成其父严修的遗愿，与天津文人士绅共同成立“天津水西庄遗址保管委员会”，设法保存天津老城外西北方的著名清代园林，以便未来辟为供市民游憩的公园②。虽然水西庄的古迹保存运动，因为1935年严智怡盲肠炎手术意外失败过世以及随之而来的战乱并没有多大进展，但是至少初步搜集了一批与水西庄相关的文物与文献，作为后世重建该园林的参考依据。从实业踏查开始搜集史料遗存，到水西庄的完整遗址保存规划，严智怡这位开创性的博物馆馆长，为当代天津的文化遗产保存，埋下了重要的伏笔。

作者简介：余慧君，普林斯顿大学艺术与考古系博士、东华大学助理教授花莲县寿丰乡大学路二段1号，974。

① 严智怡：《河北十四县古迹古物调查纪略》，《河北第一博物院画报》第79期，1934年12月25日，第1版。

② 严智怡：《天津水西庄遗址保管委员会成立记》，《河北第一博物院画报》第49期，1933年9月25日，第4版。

1930—1948 年天津市立美术馆展览研究

张　伟
（天津美术馆）

摘要：在蔡元培“美育代宗教”理论的影响下，1930 年 10 月 1 日，中国第一所市立美术馆——天津市立美术馆——对公众开放。自对外开放以来，便组织各种类型的临时展览，在抗日战争爆发前该馆举办的各种类型展览无论数量上还是艺术学术水平上均达到了高峰。此外，该馆征集各类美术艺术藏品，以丰富常设展览的内容，使该馆成为具有博物馆性质的美术馆。本文从该馆举办的展览进行研究，通过梳理文献资料还原天津市立美术馆的策展思路，以扩展天津近代地方美术史的维度、丰富中国近代公立美术馆事业的研究内容。

关键词：天津市立美术馆　美术展览　美术博物馆　严智开　美育思想

一、开中国近代市立美术馆之先河

1912 年 1 月蔡元培任教育部总长，发表关于美育的意见：“欲养成公民道德，不可不使有一种哲学上之世界观与人生观，而涵养此等观念，不可不注重美育。”[①]1916 年蔡元培任北京大学校长，在任期间通过一系列的改革措施深化美育思想。1917 年在北京神州学会发表了关于“美育代宗教”的演讲，将美育与宗教进行对比，认为宗教具有明显的局限性，强调美育是自由的、进步的、普及的。蔡元培提倡“鉴激刺感情之弊，而专尚陶养感情之术，则莫若舍宗教而易以纯粹之美育。”[②] 蔡元培在文章中专门提到了“美育代宗教”的具体方法：“至于今日，宏丽之建筑，多为学校、剧院、博物院……各国之博物院，无不公开者，即私人收藏之珍品，亦时供同志之赏览。”[③] 这表明，博物馆、美术馆要把以往欣赏艺术的私人空间转变成开放的共享空间，文人雅集式的聚会变成公众可以随时欣赏艺术的场所，使人类的精神财富公之于众，向公众推

---

① 高平叔:《蔡元培全集》(第 3 卷)，中华书局，1984 年，第 328 页。

② 高平叔:《蔡元培全集》(第 3 卷)，中华书局，1984 年，第 60 页。

③ 高平叔:《蔡元培全集》(第 3 卷)，中华书局，1984 年，第 32、33 页。

行美术教育，是践行“美育代宗教”的重要措施之一。

1928 年 5 月 15 日，中华民国大学院在南京组织召开“全国教育会议”，会议共讨论了 400 余份议案，在《艺术教育总体规划》中提到：“为增高国民艺术的兴味和欣赏，议决建设国立美术馆，并举行大规模美术展览会和音乐表演会，筹定基金，奖励艺术的作品。”① 这次会议多份关于建设公立美术馆的议案，如李毅士的《在各大都市中建立美术馆之基础案》，共同奠定了建立公立美术馆的政策基础和可行性方案。虽然建立公立美术馆是形势需要，湖南、河南、广州等地政府也出台了建立市立美术馆的政策，如广州制定的《筹设市立美术馆之规划》②、河南制定的《河南美术馆章程》③，但是公立美术馆的建设一直处于停滞状态。

严智开在 1929 年向当时的天津市长崔廷献提出在天津市建设美术馆等美育教育行为的建议（图一）。市立美术馆成立之前天津举办艺术展览主要集中在天津永安饭店、大华饭店、中原公司、大陆书局等地，展览以传统绘画为主，发起者有美术社团如城西画会、中国女子图画刺绣研究所、绿蕖画会等，也有知名画家，如邵逸轩的儿女邵逸君、邵幼轩兄妹经常在京津两地举办展览，天津民国时期知名画家黄二南、陈少梅等也经常举办个人展览。这些展览多为半展半售的形式，在《大公报》《北洋画报》等报刊登载的展览新闻，多数都有售卖的信息。

图一　天津市立美术馆全体职员合影

1930 年 10 月 1 日天津市立美术馆正式开放（图二），这是中国近代历史上第一所公立美术馆，他的成立不仅丰富了民国时期的艺术生活，保留了相当丰富的艺术史资

① 沈云龙：《近代中国史料丛刊续编》（第 43 辑），文海出版社有限公司，1977 年，第 6、7 页。

② 广州市市政公报编辑部：《筹设市立美术馆之规划》，《广州市市政公报》1928 年第 298 期，第 9 页。

③ 河南教育厅编辑处：《河南美术馆章程》，《河南教育特刊》1929 年第 2 期，第 29、30 页。

料，使公众可以共享人类的艺术成果，而且开创了中国发展美术博物馆的先河，是中国公立美术馆事业的开端。

图二　天津市立美术馆“第一次美术展览”掠影

二、天津市立美术馆的常设展览建构

在天津市立美术馆编辑的《美术丛刊》创刊号上，天津市市长崔廷献表示严智开赴日本考察美术馆各项业务时把展览工作放在首位，可以看出严智开对于美术馆发展的清晰认识。同时提出临时展览与长期展览相结合的方式，这种办展思路既能满足公众对于不同美术门类的多种多样的需求，而且提供给美术、艺术研究者对美术进行长期学习、研究的场所。

1930年天津市立美术馆成立之初，因藏品不够丰富、筹备时间短、经费不足等原因常设展览并没有与公众开放。之后天津市立美术馆便尽力搜集古今中外名家的作品，及古今雕刻模型与所能购置的副本、照片或精美的印刷品，主要分为：书画；织绣；编版；雕刻；陶瓷铜铸①。美术馆对于作品的征集和美术收藏宗旨非常明确，不仅仅是为了收藏而收藏，而是要发挥藏品的社会性，使之长期对外，公诸同好，为此制定了《天津市市立美术馆征集物品简章》。

天津市立美术馆为了便于搜集地方古物及艺术品，避免其流散到国外，于1930年12月成立“北平古物保管委员会天津支会”，并聘请天津有名的考古专家、艺术家、学者等，分任该会委员②。在支会专家的帮助下，于1930年协助海关查扣准备私运出国的74件石刻，后归市立美术馆保管，经过委员会专家鉴定这批石刻是北魏六朝文物。74件石刻在1931年1月30日开展的“第四次美术展览”（图三）、1931年10月24日开展的“第十一次美术展览”中展出，后又在常设展的古代文物部分中展出。

图三　天津市立美术馆“第四次美术展览”中展出的海关查扣的北魏六朝石刻

常设展览经过两年的筹备，于1932年10月1日天津市立美术馆成立两周年之际对外开放，展品有“书画、古代文物、雕刻、摄影”这几类，日后定期更换展品。③1933年7月2日开始每周三、周六开放，④1934年4月7日后每周六下午、周日

① 大公报编辑：《市美术馆筹备长期展览 现正征集捐赠名作》，《大公报》1932年7月21日第7版。

② 李万万：《美术馆的历史》，江西美术出版社，2016年，第305页。

③ 《美术馆长期陈列 十月一日开始》，《大公报》1932年9月12日第7版。

④ 《津市美术馆每星期三六下午展览》，《大公报》1933年7月2日第13版。

开放。[①]

三、天津市立美术馆的临时展览建构

1. 临时展览概况

根据《天津市市立美术馆历届展览统计表》记载，并结合《大公报》《北洋画报》等报刊统计，天津市立美术馆自1930年对外开放至1948年共计举办临时展览101次（表一）。临时展览的分类在《大公报》纪念建馆六周年的评论文章予以说明，包括历史文物、古代石刻、工艺美术品、建筑模型、古今书画、东西绘画、中外雕塑、美术摄影等八类，[②]在建馆初期和每逢建馆周年的纪念展览中，又有包含艺术门类较多、规模较大的综合性展览，所以在展览分类上共有九大类型的展览。天津市立美术馆在其展览职能上真正做到了尽其所能，即提高了当时民众的审美水平，深化蔡元培“美育”思想，又减少了动乱年代积累在民众心里的郁积，起到了疗伤的作用。

表一　天津市立美术馆临时展览次数趋势图

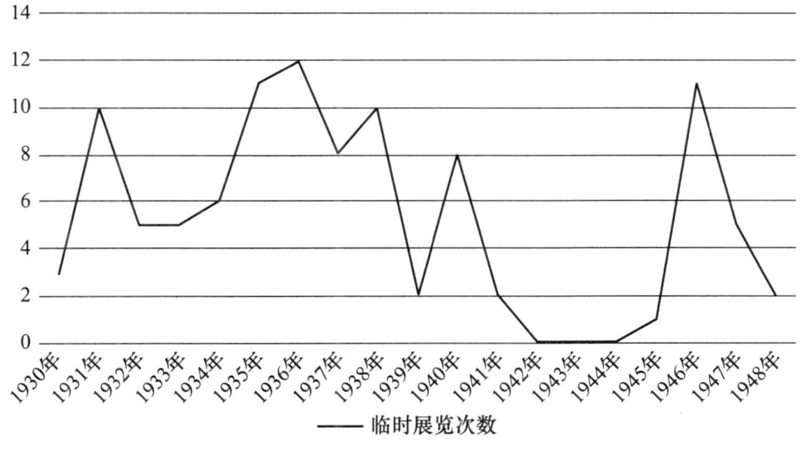

1930-1948年举办的临时展览中，综合类的8次，占同期总数的7.92%；历史文物类的7次，占总数的6.93%；古代石刻类的1次，占总数的0.99%；工艺美术类的14次，占总数的13.86%；建筑模型类的1次，占总数的0.99%；古今书画类的28次，占

① 《市立美术馆》，《大公报》1934年4月7日第13版。

② 《市立美术馆成立六周年 今日举行庆祝国庆日起开展览会》，《大公报》1936年9月30日第6版。

总数的 27.72%；东西绘画类的 27 次，占总数的 26.73%；中外雕塑类的 1 次，占总数的 0.99%；美术摄影类的 14 次，占总数的 13.86%（表二）。从数据统计来看，类型最多的是古今书画类与东西绘画类的临时展览，凸显了市立美术馆以纯绘画展览作为策展大方向，也是这个时期中国美术发展的一个缩影，即传统与现代、东方与西方、守旧与的变革的激烈碰撞，从美术馆的临时展览中就能窥见中国近代美术史的嬗变，虽旗鼓相当，但相互影响，相互包容。

表二　1930 年至 1948 年天津市立美术馆举办临时展览类型比重图

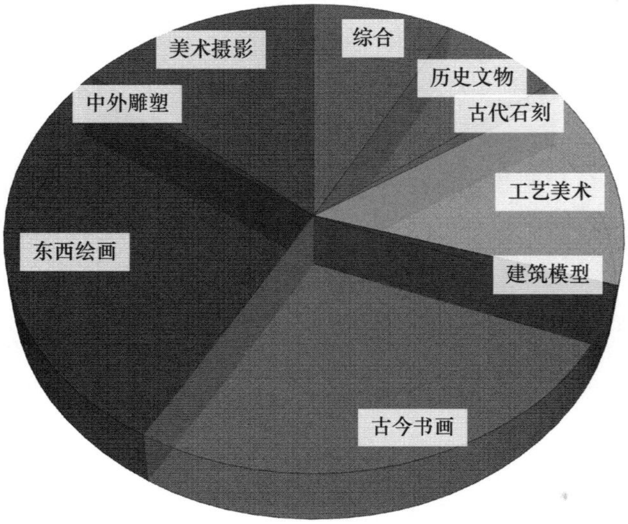

临时展览 1-5 天展期共 37 次，占总数的 36.63%；6-10 天展期共 51 次，占总数的 50.49%；11-15 天展期共 8 次，占总数的 7.92%；16-20 天展期共 1 次，占总数的 0.99%；20 天以上的共 4 次，占总数的 3.96%（表三）。天津市立美术馆的展期最短的 1 天，最长的 31 天，展期主要集中在 10 天之内，与现当代美术馆、博物馆的临时展览展期不同，天津市立美术馆临时展览的展期显得相当的短暂。展期短暂的主要原因是天津市立美术馆的日常经费有限、员工不多，无法支撑长时间、参观人数巨大的展览任务，甚至为了控制参观人数，把门票的价格提高，如 1934 年 10 月 1 日开展的“历代名家书画展览暨建馆四周年展”，此次展览除了学术团体和机关人员外，收取门票 4 铜元[①]。其次，市立美术馆临时展览以古今书画与东西绘画为主，多为向知名画家与收藏家商借，从展品安全方面的考虑，便会缩短展出的时间。

① 《历代名画市美术馆展览 自本日起举行》,《大公报》1934 年 10 月 1 日第 15 版。

表三　1930 年至 1948 年天津市立美术馆展期统计

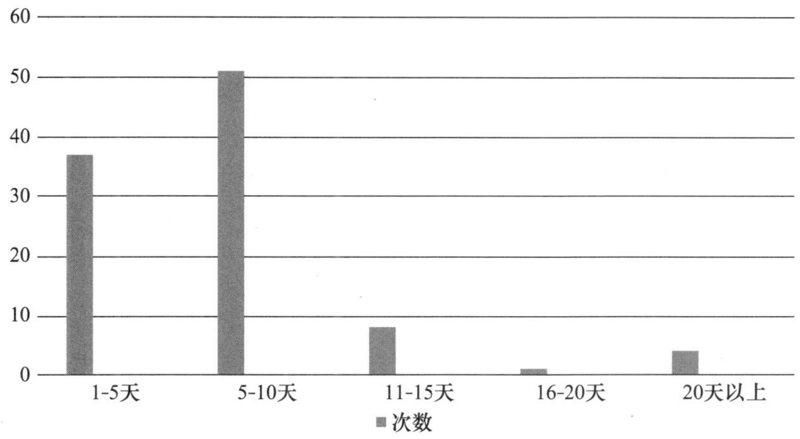

2. 临时展览的三个发展阶段

天津市立美术馆自 1930 年建馆以来，各项工作有序开展，特别是临时展览为近代公立美术馆事业留下了大量的史料。但近代中国历史发展进程曲折沉浮，特别是七七事变之后，对民国时期的文化艺术的发展具有毁灭性的打击，天津市立美术馆也历经磨难，随着时局的动荡几经更名。因此，临时展览的不同发展阶段同中华民族的国运兴衰联结在一起，总体上分为三个阶段。

（1）第一阶段——1930 年至 1937 年上半年

第一阶段从 1930 年至 1937 年上半年，这一时期是市立美术馆举办临时展览次数最多、学术水平最高、艺术门类涉及最广的时期，共举办临时展览 60 次。其中综合类的 5 次，历史文物类的 2 次（图四），工艺美术类的 12 次，古今书画类的 17 次，东西绘画类的 13 次，中外雕塑类的 1 次，美术摄影类的 10 次（表四）。1930 年、1931 年两年是美术馆开馆的初期阶段，馆内藏品无论在种类还是数量上都没有形成一定规模，举办临时展览也并未形成自己的特色，展览的形式主要是以中国传统艺术与西方艺术相结合的综合性展览为主，并没有清晰的策划组织展览的思路，甚至展览名称都用数字来表示，如 1930 年 10 月 25 日开展的“第一次美术展览”，（图五）展品内容包括中国传统绘画、西方绘画、石雕、建筑模型、美术照片及印刷品等①，展览内容相当的庞杂。这种以数字命名展览名称的展览共举办 11 次，最后一次是 1931 年 10 月 24 日开展的“第十一次美术展览”②，展品包括石膏人像、古今石刻、泥人张张明山泥塑、海关

① 《市立美术馆今日落成 明日起先举行展览会一个星期》，《大公报》1930 年 10 月 24 日第 7 版。

② 《雕刻品展览 月终在美术馆举行》，《大公报》1931 年 10 月 7 日第 7 版。

扣留刻石和中西雕刻照片等。在最后一次以数字命名的展览中，可以看到展览内容统一、主题鲜明，以古今中外雕塑、雕刻为主，这种展品的陈列组合方式，对于研究雕刻的学者有着非常好的参照与对比，可见在开馆一年的时间里市立美术馆策展水平的飞跃。

图四　1935 年 10 月 10 日开展的历史文物类临时展览“冀省文献展览”

表四　1930 年至 1937 年上半年天津市立美术馆举办临时展览类型比重图

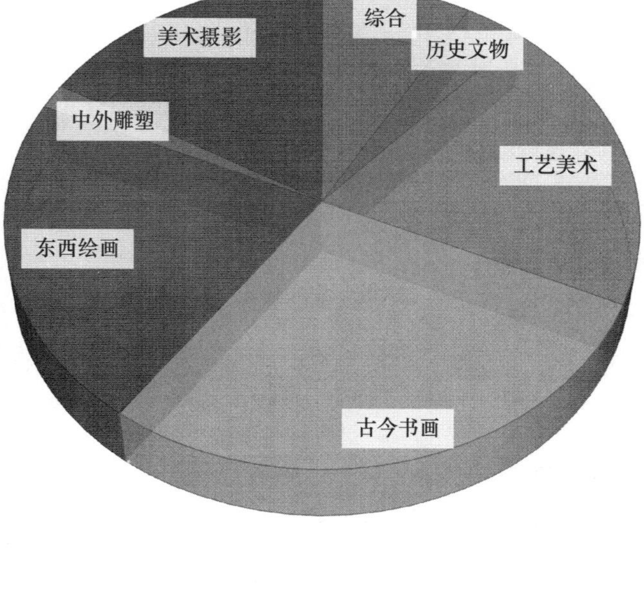

图五　1930 年 10 月 25 日开展的“第一次美术展览会”

（2）第二阶段——1937 年下半年至 1945 年上半年

1937 年下半年至 1945 年上半年为第二阶段，共举办临时展览 22 次，综合类的 2 次，历史文物类的 2 次，工艺美术类的 2 次，建筑模型类的 1 次，古今书画类的 5 次，东西绘画类的 7 次，美术摄影类的 3 次（表五）。七七事变后，严智开事先制定保护计划，馆舍附近多被掠夺，独美术馆建筑保全完整，毫发无损，使得这个时期前半段临时展览并未完全停止。1937 年 7 月天津沦陷后至 1938 年初，由于战乱等原因未举办任何展览，直至 1938 年 2 月才恢复了临时展览，举办了“古代砚石展览会”。这一时期展览数量大幅度减少（表一），共举办 22 场临时展览。由于天津沦陷和日方的控制，举办了三次关于日本东洋绘画的展览，其中有 1938 年 3 月 19 日开展的“日本近代绘画展览”、1938 年 4 月 16 日开展的“日本近代绘画展览会”、1940 年 4 月 13 日开展的“日本古今名画展览会”。此阶段虽然临时展览的举办困难重重，但还是有一些十分具有艺术含量的展览，如“德国近代木刻展览会”“郎世宁遗作展览会”等，特别是郎世宁的绘画作品对京津画派影响很大，有着广泛的群众基础，天津传统绘画名宿张兆祥、刘奎龄，文博专家及画家陆辛农等均受到了郎世宁的西方光影写实与传统工笔重彩相结合的技法影响。1939 年，天津河北公园作为日军军事区，全馆被迫于是年冬迁往西头文昌宫，至此天津市立美术馆临时展览的举办完全停滞。

（3）第三阶段——1945 年下半年至 1948 年

最后一个阶段从 1945 年下半年至 1948 年。1945 年 8 月日本投降，天津敌产甚多，后奉教育局之命，将第一区河南路 60 号妙法寺楼房拨用。1946 年 6 月，天津市立美术馆迁入妙法寺。当时馆中仅有一间大展览室，所以每次遇到临时展览时，常设展览就

表五　1937 年下半年至 1945 年上半年天津市立美术馆举办临时展览类型比重图

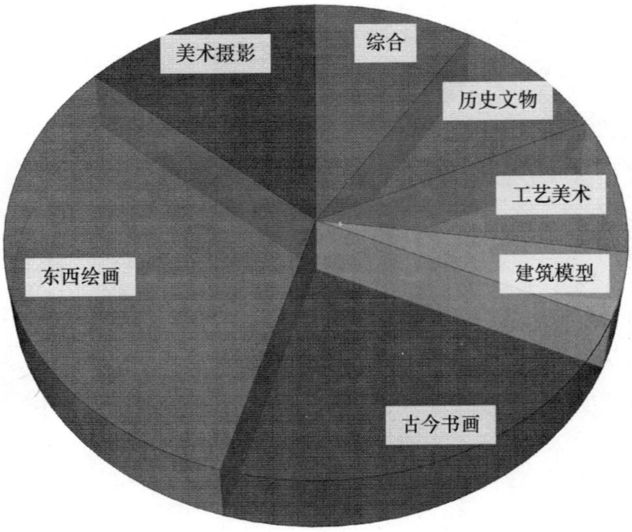

会关闭。此阶段共筹办临时展览 19 个，综合类 1 次，历史文物类 3 次，古代石刻类 1 次、古今书画类 6 次，东西绘画类 7 次，美术摄影类 6 次（表六）。

表六　1945 年下半年至 1948 年天津市立美术馆举办临时展览类型比重图

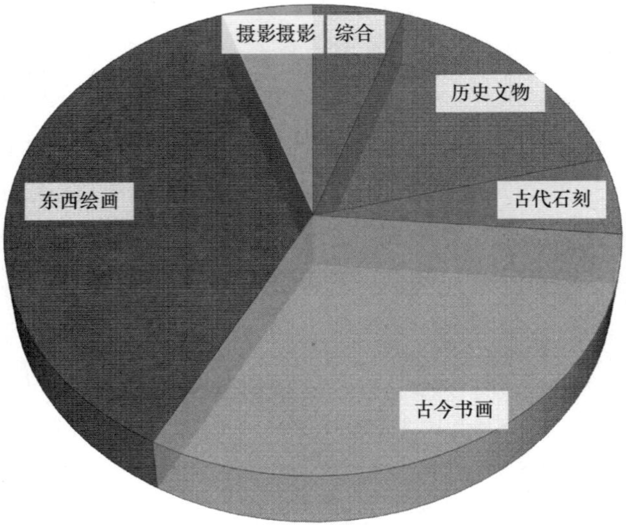

抗日战争胜利后，天津市立美术馆筹办临时展览的数量达到了第二个高峰（表一），学术水平同样达到了一定的水准，展览种类十分广泛，有古代书画展，如 1946 年 7 月 2 日开展的“唐宋元明清名人书画展览会”、1946 年 9 月 20 日“古书画真迹展览会”、1946 年 10 月 31 日开展的“庆祝蒋主席六秩华诞古今名画展”等；有历史文物、古代石刻类的展览，如 1946 年 8 月 27 日开展的“孔子圣迹图展览会”等，还有西方绘画、

摄影展览，如 1947 年 3 月 21 日开展“西洋名画图片展”、1947 年 5 月 1 日开展的“法国艺术图片展”等。

最后一个阶段市立美术馆临时展览呈现出的一大特点，是临时展览主题与当局时事政治紧密相连，明显不同于建馆初期对临时展览选题的开放与包容，展览类型只有 6 大类，甚至比抗日战争阶段的展览种类还要少。1947 年 3 月，天津市政会议上通过了“市立美术馆改组艺术馆”的提案，此项提案的起因是：“教育部督学来天津视察时，见到美术馆有扩大业务的必要，向当局教育部门提示了这一点。”①美术馆改组计划要增设戏剧及音乐两部分，使美术馆的艺术展览、教育职能向广义的大艺术教育职能转变。利用美术展览配合当局的政策、实事，蔡元培所提倡的“美育”思想逐渐淡化。这些紧扣政治局势的临时展览有 1945 年 10 月 10 日开展的“庆祝双十节古画展览会”、1946 年 1 月 1 日开展的“庆祝元旦古今名画展览会”、1946 年 3 月 24 日开展的“庆祝美术节西洋名画图片展览会”、1946 年 10 月 31 日开展的“庆祝蒋主席六秩华诞古今名画展”、1946 年 12 月 29 日开展的“庆祝三十六年开国纪念古石刻及石窟图片展”、1947 年 12 月 27 日开展的“庆祝开国纪念及行宪西画联合展”。

3. 天津市立美术馆临时展览的建构思路与特点

（1）美育思想下的美术博物馆策展思路

1922 年，蔡元培在《美育实施的方法》中，再次提出建立“美术馆”和“美术展览会”的设想②。在蔡元培的构想当中，“美术馆”是搜罗各种美术品，利用馆藏进行组织展览并对公众展出的场所，是具有博物馆典藏性质的美术博物馆，与天津当时的永安饭店、大华饭店这种类似于美术展览馆的场所不是同一概念。严智开也思考的非常巧妙：“吾人研究一事，必须旁求博采，兼收并蓄，而后融洽贯通，始得成就。故研究艺术者，美术品之参考，实为首要......故美术馆所藏，必须广搜博采，不论古今中外，均在征集之列，俾供学者之参考研究，及一般民众之浏览，而尽其考古及介绍学术之职责，此实美术馆应负之使命也。”③而“美术展览会”须有一定的建筑，每年举行几次展览，作品定位于当代美术家作品，可开明价值，在展览期间进行售卖。天津市立美术馆是把蔡元培美育思想下“美术馆”、“美术展览会”的职能进行合并，并利用自身的馆藏与征集当代作品组织临时展览，在临时展览中均有售卖画作的行为。售卖画作分为具有公益性质的“慈善义卖”和以销售为目的的“待价而沽”两种类型，例如

---

① 《天津市立美术馆》，《天津市周刊》1947 年第 3 卷第 8 期，第 2 页。

② 李万万：《美术馆的历史》，江西美术出版社，2016 年，第 255 页。

③ 天津市立美术馆：《天津特别市立美术馆概况》，天津市立美术馆编辑出版，1940 年，第 3 页。

1931 年 10 月 24 日开展的“第十一次美术展览”、1933 年 9 月 2 日开展的“救济华北灾民扇面展览”、1934 年 7 月 1 日开展的“河北省救济黄河水灾书画物品展览”、1939 年 12 月 1 日开展的“赈灾画展”均为义卖性质，担负起了美术馆的社会责任。

（2）系列化的临时展览建构

天津市立美术馆在建馆之初以综合型的美术博物馆为发展方向，在组织临时展览的艺术门类上非常广泛，包含了整个美术所涉及的内容，古今中外、无所不包。在面对纷杂的展览种类，市立美术馆在组织临时展览时便采用系列化的组织方式，某个展览主题与艺术门类的展览，每年举行一次或多次，多以第一届、第二届、第三届等来命名展览名称，这些临时展览主要有摄影展、扇面展、中小学手工艺品展览等。

从建馆开始至 1948 年，天津市市立美术馆除 1932 年以外，每年至少举行一次摄影展（图六）。1935 年，该馆除了举办常规影展外，还引进了上海黑白影社的专门影展。1936 年，刘维义个人影展、日本光阳社影展和康泰时摄影展在此举办。市立美术馆整个周期共举办摄影展 22 次，是除绘画展以外该馆举办最为频繁的临时展览，每次举办影展都会引发各种议论。据当时《北洋画报》报道：“馆长严君索评，颇以为难。盖批评所见各异，人长于摄影者，则着眼点必为摄影术。稍具绘画脑筋者，则其标准则为有否画意，又有人脱离像片而转注意于场所之布置及悬挂之方法，是更非题中应

图六　1933 年 7 月美术摄影展览会盛况（东北影片社摄）

有之义。以记者之见，从质量言，可称满意。以量言，亦不为少。”[①]1934 年 6 月 16 日开展的“第四届摄影展览”（图七）、1937 年 6 月 6 日开展的“第六届影展”（图八），《大公报》用了半个版面来报道展览的盛况。

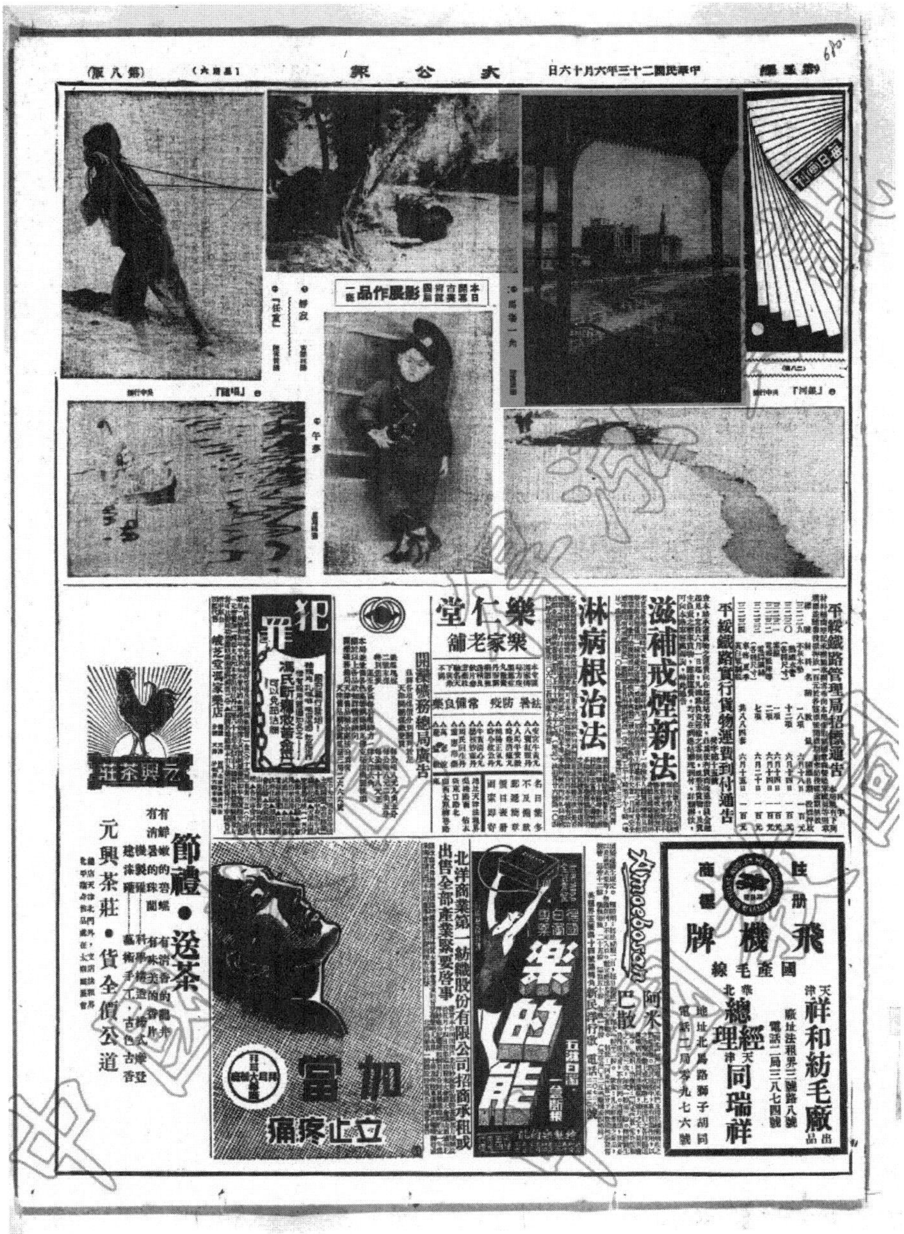

图七 “第四届摄影展”在《大公报》上的报道

① 《天津美术馆之影展》，《北洋画报》1930 年 11 月 29 日第 3 版。

图八　“第六届影展”在《大公报》上的报道

扇面展共举办 3 次，依次为 1933 年 9 月 2 日开展的“救济华北灾民扇面展览”、1934 年 9 月 19 日开展“古今扇面展览”、1935 年 7 月 11 日开展的“第三届古今扇面展”。扇面集诗、书、画、印于一体，这种形式最早产生于明代初期，是文人雅集中出现最多的艺术形式。1924 年始创于京城的杨仁雅集时贤书画扇面会，曾多次在中山公园水榭举办扇展，梁启超、溥心畬、齐白石、陈半丁等一代名流均有作品参展，开启了扇面艺术面向公众展览的历史。天津市立美术馆扇面系列的临时展览不多，且举办时间集中在建馆初期，是文人雅集模式的遗留，再一次印证了美术馆前期从文人雅集的私密空间慢慢转变为公众可以随时欣赏的开放空间。

天津市立美术馆这种系列化的临时展览建构，首先弥补了工作人员的不足，在组织展览的过程中可以积累丰富的经验，可以在同类型的展览中运用；其次，某个展览主题与艺术门类的展览每年定期举行，可以吸引对此感兴趣的观众，增加观众与美术馆的参观黏度。

（3）天津收藏氛围下的古代书画临时展览

民国时期，天津设有租界，因此吸引了很多清朝遗老、当政和下野的军政要人、商人买办、学者文人来此寓居，他们的财力和学识促成了大量文物的汇集。这个时期天津成为北方最大的文物集散地，古玩店铺林立，交易频繁，收藏家众多，闻名全国。天津浓厚的文物收藏氛围为天津市立美术馆举办古代书画的临时展览奠定了坚实的基础。

市立美术馆的古代书画收藏略显不足，严智开在组织古代书画临时展览时便向收藏家积极筹措展品。“然国内收藏家对于美术物品，类皆什袭珍藏，不轻示人；而普通民众，个人财力有限，不能遍购。”[①] 可见严智开在向收藏家借展过程中付出的巨大努力，在每次古代书画展开展之前，《大公报》都有其登门拜访收藏家的新闻。这些收藏家包括日本人渡边晨亩、天津人赵子元、严台孙、娄鲁青、天津静海李亚唐、河北博物院院长姚品侯等。

古代书画临时展览筹措的展品的艺术价值与历史价值相当高，在不计真伪的前提下，以规模最大的一次古代书画展览——1934 年 10 月 1 日开展的“历代名家书画展览”——为例，展品共计 344 件，有龚遂草书手卷、夏珪长江万里图卷、李唐山水、赵千里仙山楼阁、蓝瑛山水、赵孟頫墨梅、李公麟白描罗汉、石田翁古木幽篁图、高其佩册页等[②]。1935 年 3 月 30 日开展的“历代名家墨迹展览”是规模最大的一次古代书法展，展品共计 573 件，其中宋代作品有邵雍、程明道、苏东坡、王十朋、米芾等；元代有赵孟頫行书四幅，明代作品有方孝儒、刘宗周、刘伯温、董其昌、史可法等；清代作品最多，有王文治、袁枚、刘墉、王昶、王时敏、张之洞、成亲王、曾国藩、林则徐等。

四、结　　语

作为蔡元培美育思想影响下的天津市立美术馆，主要任务是培养民众的审美趣味，作为教育机关有“改进社会，指导社会之天职”，使“美术馆与社会相接近，社会兴美术馆以协助，二者相互发生密切之关系斯为得之。”[③] 天津市立美术馆从建馆之初，在策

① 天津市立美术馆：《天津特别市立美术馆概况》，天津市立美术馆编辑出版，1940 年，第 3 页。

② 《历代名画市美术馆展览自本日起举行》，《大公报》1934 年 10 月 1 日第 15 版。

③ 严智开：《艺术——教育——之重要》，《民教》第 1 卷第 1 期。

划组织各类展览时就采取了这样的措施，积极主动适应社会的需要，并引起社会的兴趣，以期实现这样的主旨：介绍新艺术，使社会与民众逐步接受并提高欣赏水平。在全馆工作人员的努力下，高水准的策展水平使天津市立美术馆与当时国际上通行的做法接轨，标志着中国现代公立美术馆事业的开端，为当代中国美术馆事业积累了宝贵的经验、奠定了扎实的理论基础。

作者简介：张伟，天津美术馆，助理馆员，天津市河西区平江道 60 号，300210。

二、文博探索

博物馆与社会公众之间互动关系分析

蔡　杰
（河南博物院）

摘要：随着社会快速发展与进步，博物馆的社会价值在不断得以体现，更多的公众走进了博物馆，场馆内的展览和社会教育活动不仅是学校教育以外的有益补充，也在博物馆与社会公众之间建立起了互动的关系。在二者互动的过程中，博物馆不仅要适应社会公众需求，不断增强社会服务，拓展相关服务内容，同时还要发挥博物馆社会价值的真正作用，在展览中主导积极向上的社会价值观，并在社会教育服务中正确引导公众的社会价值取向，增强社会公众的文化自信，这才是博物馆社会价值的关键所在。

关键词：博物馆　社会公众　互动关系　研究与分析

随着社会快速发展与进步，博物馆的社会价值在不断得以体现，更多的公众走进了博物馆，场馆内的社会教育活动不仅是学校教育以外的有益补充，也在博物馆与社会公众之间建立起了互动的关系。而我们要想深入分析博物馆与社会公众二者之间的互动过程中的地位和作用，就必须先从我国博物馆的产生过程及其社会价值入手，然后才能对博物馆的社会价值进行研究。

一、中国博物馆的产生及其社会价值

博物馆是人类社会发展的产物，也是大量藏品的征集和积累。我国博物馆的历史发展始于氏族社会中人们的原始收藏意识，而有文字记载的历史则开始于商代，王室官府和贵族已经重视文物的搜集和保存，汉唐是收藏的发展阶段，进入宋代，人们崇尚古物收藏，我国古代金石文物研究达到了一个高峰，金、元、明时期，文物的收藏和研究没有间断，但是收藏和研究水平不及宋代[①]。到了清代，文物的收藏和研究都超越前代，从而实现了向现代博物馆的过渡和转变。南通博物苑为晚清状元张謇于1905年所创办，是中国最早的公共博物馆，也是中国博物馆事业的发源地。

---

① 王宏钧主编：《中国博物馆学基础》，上海古籍出版社，1990年。

现代博物馆的产生与发展经历了一个漫长的过程，博物馆作为具有收藏、保护、研究、教育等职能，并为社会提供服务的公益机构，是随着人类社会的形成而产生，并且随着社会生活的变化而不断发展的一个文化机构。博物馆内的展览作为向社会公众展示和交流历史文明的平台，成为一个重要的社会组成部分，在整个社会中起到主导的作用，博物馆倡导的价值取向无不影响着社会公众的思想、价值和审美等。反之，社会是博物馆的支柱，社会公众则是博物馆之间互动的重要对象，社会公众的态度和需求影响着博物馆社会价值的实现方式，从而博物馆必须要满足社会公众的需求并对其负有责任，并以此决定博物馆在社会公众之中的地位。作为一个公益文化机构，博物馆的社会地位其实就是由它的社会价值来决定，即社会公众对博物馆的态度和需求程度。

2007 年 8 月 24 日，国际博物馆协会第二十一届全体大会在《国际博物馆协会章程》中将博物馆定义为“博物馆是一个为社会及其发展服务的、向公众开放的非营利性常设机构，为教育、研究、欣赏的目的征集、保护、研究、传播并展出人类及人类环境的物质及非物质遗产。”[①] 使博物馆再次从概念上明确地成为一个为社会及其发展服务的、非营利性常设机构。

同样，博物馆也责无旁贷地成为了整个社会历史文化传播的中心，是整个社会传承中国古代文明不可缺少的重要组成部分。而博物馆的社会价值就在于它是唯一可以全面满足社会公众对科学、历史、文化等综合信息需求的社会机构。

二、博物馆社会价值

从上述博物馆的产生，我们简单地了解了博物馆的社会价值所在。如果具体到博物馆来说，社会公益性使博物馆将社会效益放在首位，即以社会公众为中心，博物馆所倡导的价值从某种程度上对于促使社会公众的科学文化素养的提升起到了主导作用。另一方面，博物馆也为社会公众文化需求所服务，起着引导作用。

（一）博物馆的社会价值使社会公众的科学文化素养得到显著提升

博物馆各类展览是其社会价值的体现之一，社会公众在参观的过程中其科学文化素养会得到显著的提升。

---

① ICOM. Dictionary of Museology[Z]. Vienna (Austria): International Council of Museums, 2007.

1. 培育公众的爱国主义观念

爱国主义就是一种社会公众对自己祖国的最深厚感情，这与中国人民几千年来强烈的爱国主义精神是分不开的。五四运动之后，中国共产党领导全国各族人民进行了英勇斗争，推翻了帝国主义、封建主义和官僚资本主义三座大山，成立了中华人民共和国，实现了中华民族的解放①。而各类博物馆通过其内容丰富的馆藏历史文物，最大限度地展现其自身的社会教育职能，培育和增强社会公众的爱国主义观念，激发他们对祖国的热爱与忠诚。而自然博物馆中的陈列，则通过展示我国各类丰富的自然资源，使公众了解更多的地理文化和自然科学知识，同样也能培育和增强公众的爱国主义热情，从而实现博物馆社会价值的主导作用。

2. 增强公众的文化自信

在博物馆社会价值的主导下，公众的爱国主义观念得到培育和增强，同时，通过对博物馆陈列展览的参观与学习，他们对我国科学技术及历史文明有了一个全面的认识，进而增强公众的民族自豪感，树立社会公众文化自信，这也是社会公众文化素养的一个重要表现。例如地质类博物馆展览中的各类岩石标本，它们不仅形态各异，色彩斑斓，而且展现了祖国大好河山物藏丰富，使人不由地就会产生一种作为中华民族一员的自豪感。又如历史类博物馆陈列中展出的青铜器，其外观精致，纹饰精美，拥有丰富的历史文化内涵，充分彰显了古人的聪明才智，使人不自觉地也会产生一种为古代人民自豪的感觉，这同样也是民族自豪感。而在自然生物类的博物馆陈列中，物种的丰富，数量的繁多，以及独有的生物美，也会使公众感慨生物世界的奥妙，也感叹祖国的地大物博，自然就有一种民族的自豪感。随着博物馆的免费开放，越来越多的公众走进了博物馆学习参观，他们的民族自豪感就是在博物馆这样的一种文化氛围内得到了强化，而博物馆的社会价值也就得以发挥。

3. 提高公众的科学文化素养

截至 2015 年底，全国登记注册的博物馆已达 4873 家。其中国有博物馆 3576 家，非国有博物馆 1297 家。全国共有 4246 家博物馆向社会免费开放，占全国博物馆总数的 87.1%。作为公共文化服务机构，博物馆在展示人类文明、促进文化交流、提高公

① 徐东升:《中华民族精神研究》，山东人民出版社，2014 年。

众思想道德和科学文化素质等方面，一直发挥着不可替代的重要作用[①]。不论是自然博物馆，是历史类博物馆，还是综合类博物馆，随着免费开放的惠民政策，越来越多的人走进博物馆，他们从中必然会有相应的收获，从而丰富其科学文化知识，进而提高其科学文化素养。这里所说的科学文化知识，不仅包括社会科学知识，同样也包括自然科学知识。由于我国博物馆的分类和界定不是特别明确，所以在自然博物馆中观众一样可以感受到自然界历史的发展，同样在历史类博物馆中，观众也可以看到自然科学的应用和理论的实践。这样一来，公众在博物馆中所汲取的科学知识就会丰富多样，种类繁多，从而使其科学文化素养得到进一步的提高，博物馆社会价值所主导的科学知识也会被社会公众所接受并吸收。

4. 提升公众的文化遗产保护及传承历史文明的参与性能

新时期博物馆的陈列展览工作要求博物馆自身作为其社会价值的主导，担负起更多的社会责任，使社会公众对我国的文化遗产保护及历史文明有一个全面的认识和了解，从而提升社会公众的参与性能。这里所说的文化遗产不仅包括物质文化遗产，同时也包括非物质文化遗产，而历史文明则主要是指中国古人所创造的历史文明。众所周知，我国历史悠久，地大物博，全国各地的文化遗产和历史文明不尽相同，这就需要各地的博物馆结合自身的特点，开展相关的文化遗产保护和历史文明的宣传，使社会公众了解和认识文化遗产，学习古代历史文明的起源与发展，并在博物馆的主导下，教育公众树立起文化遗产的保护意识和对历史文明的传承意识，使其参与其中，由此来提升公众的文化遗产保护与传承历史文明的参与性能。

这样以来，公众在博物馆社会价值的主导下，不仅增强了爱国主义观念，强化了民族自豪感，同时也提高了文化科学素养和其文化遗产的保护及传承历史文明的参与性能，这就是博物馆社会价值的一个重要体现。

（二）为社会公众文化需求所服务

1. 满足社会公众需求

上文已经提及，博物馆是一个公益的社会文化机构，是为全社会所服务的。其不仅需要展现博物馆在保护文化遗产、传承历史文明，以及弘扬爱国主义及民族精神，开展社会教育的多种价值，同时，也要为当地的政治经济文化建设提供相应的服务，

---

① 蒋肖斌：《全国博物馆已达 4873 座 4246 座免费开放》，“中青在线”2017 年 5 月 18 日。

博物馆工作的公益性决定了其出发点和落脚点必须要为社会公众的文化需求所服务，而社会公众的满意度则是评价博物馆各项工作的主要标准。

2. 展现其社会教育服务职能

博物馆作为文化机构，其在社会教育活动中、服务方式、服务内容、服务区域等方面要展现出先进的科学技术应用，展现出其区别于其他社会文化机构的社会教育服务职能，不仅要为走进博物馆的观众提供各类服务，还要把自身的社会教育服务拓展到整个社会的公众身上，这样才能够使全体社会公众感受到博物馆社会教育、社会服务的强大社会价值。同样，也只有在这种情况下，博物馆展览所主导的社会价值，才能影响并引导公众树立正确的价值取向，进而影响社会公众的思想、审美等观念。例如早在 1999 年，河南博物院组建“爱国主义宣讲团”，不仅在展厅举办报告会，还先后深入到学校、部队、机关等地宣传河南的英雄人物和历史文化，普及爱国主义精神。同样，2006 年，伪满皇宫博物院成立了一支爱国主义宣讲团，他们以东北沦陷史为主要内容，从“九·一八”事变到东北人民不屈不挠的抗争史，以情景剧、快板、舞蹈等形式深刻揭露日本侵略者的罪行①，深受社会公众的欢迎，从而引导社会公众对“九·一八”这段历史的正确理解和认识。

3. 在公平的基础上最大限度共享文化资源

博物馆的社会价值所提供的各种产品和服务，都是在公益、公平的基础上进行的。走进博物馆的社会公众，以及博物馆外的社会公众，他们不论身处何种社会地位，也不论年龄、身高、宗教信仰，都能够在博物馆获取自身所需要的文化、知识或其他服务。并且，博物馆也会在此基础上，最大限度地共享文化资源，为社会公众服务，使他们在互联网上，在 APP 中，在其他各种媒介中获取博物馆所提供的服务，从而进一步引导社会公众的价值取向。

三、博物馆与社会公众互动关系分析

通过以上对博物馆社会价值的分析，我们可以知道，在博物馆与社会公众之间存在着一种互动关系。一方面，社会公众的态度和需求在影响着博物馆社会价值的实现方式；另一方面，博物馆倡导的价值取向无不影响着社会公众的思想、价值和审美等。但是在这一互动的过程中，正如前面我们所分析的那样，博物馆的社会价值应起主导

① 《伪满皇宫博物院打造爱国主义阵地》，《长春日报》2012 年 9 月 15 日。

作用，在展览中主导那些积极向上的社会价值观，同时在社会教育服务中正确引导社会公众的价值取向。

（一）博物馆展览中其社会价值的主导作用

博物馆作为整个社会中唯一可以全面满足社会公众对科学、历史、文化综合信息需求的社会机构，其所举办的各类展览都具有其主导思想和内容，而这些主导思想中的社会价值观，应与时俱进，是社会正能量的体现。

例如，党的十八大提出，倡导富强、民主、文明、和谐，倡导自由、平等、公正、法治，倡导爱国、敬业、诚信、友善，积极培育和践行社会主义核心价值观。博物馆作为文化机构，应以此为契机，按照社会主义核心价值观，从科学、历史、文化等角度向公众主导这一理论，适时推出各种展览和讲座，服务社会公众，从而使社会公众在参观学习中掌握核心价值观的重要内容和要求。同样，每年春节博物馆都会针对各地不同的民俗推出相关的展览，传播历史文化知识，博物馆在此时所主导的社会价值观，使社会公众了解中国传统文化，吸收其中的精髓，告别那些陋风陋习。

博物馆在与社会公众互动的过程中，展览应以主导的地位出现，使公众在这里不仅仅得到传统优秀文化的熏陶，同时也要吸收和接纳博物馆所倡导的那些积极向上的价值观，如社会主义核心价值观，春节、元宵节、端午节中的民族精神，以及国庆中的爱国主义情怀等。也只有这样，博物馆的社会价值在与社会公众的互动过程中才得以体现，才能发挥其真正的作用。

（二）博物馆社会教育服务中的引导作用

另一方面，在博物馆与社会公众的互动过程中，博物馆的社会教育活动及服务应当引导社会公众，不能只是一味地满足社会公众的需求，而为社会公众提供相应的服务。

近年来，博物馆在推出展览的同时，也会开展相应的社会教育活动，其中有些展览会出现反面教育或不良因素，在这里，就需要博物馆的工作者们，在社会教育活动中对这些内容加以引导，使公众在参与社会活动后，能够真正受到教育，从而引导公众正确的价值取向。博物馆在提供服务的过程中，也是博物馆与社会公众互动的过程，同样也需要加强对公众的引导。例如免费开放后，各博物馆的观众人数聚增，服务人员数量有限，这就需要博物馆对社会公众加以正确引导，让他们告别那些不文明的现象，尽可能保护良好的参观秩序，这样才能在公平的基础上，保障所有社会公众的参观权益。

四、结　　语

综上所述，博物馆与社会公众之间的互动关系，是建立在博物馆社会教育服务的基础上，二者在互动的过程中，在不同的条件下，存在着主导与被主导、引导与被引导两种不同的关系。

也就是说，在博物馆举办的各类展览中，博物馆的社会价值起到主导的作用，主导那些积极向上的社会价值观，使博物馆肩负起满足社会公众对科学、历史、文化综合信息需求，同时也决定了博物馆在整个社会中的地位。而在博物馆的社会教育活动服务中，博物馆的社会价值则要引导社会公众，帮助公众理解和认识科学文化知识中所存在的优与劣、对与错、好与坏，从而使社会公众树立起正确的价值取向。

总之，从博物馆社会价值的角度来看，博物馆与社会公众之间的互动关系，是博物馆社会价值得以体现的过程，也是社会公众接受和吸纳博物馆社会价值的过程。同样，在这个互动的过程中，博物馆的展览不仅要适应社会公众需求，不断增强社会服务，并拓展相关服务内容，同时还要发挥博物馆社会价值的真正作用，在展览中主导积极向上的社会价值观，并在社会教育服务中正确引导公众的社会价值取向，增强社会公众的文化自信，这才是博物馆社会价值的关键所在。

作者简介：蔡杰，河南博物院，副研究馆员，郑州市农业路 8 号，450002。

博物馆文化产业开发的制约因素及对策

李　勤
（周恩来邓颖超纪念馆）

摘要：在文化大发展的战略背景下，博物馆文化产业开发正快速发展。然而，博物馆究竟应该如何发展文化产业？针对目前博物馆文化产业开发面临的体制机制不健全、文化市场不完善等制约因素，研究探讨文化产业开发的对策，以促进博物馆文化产业的良性开发。

关键词：博物馆　文化产业　制约因素　对策

在文化大发展的战略背景下，博物馆文化产业开发正快速发展。2015 年公布的《博物馆条例》作为文创产业发展的政策“加速器”，为博物馆文化产业发展带来了崭新的机遇。但目前博物馆文化产业的开发仍存在着较多的制约因素。针对博物馆文化产业发展的瓶颈，研究探讨文化产业开发的对策，以促进博物馆文化产业的开发，现已成为博物馆亟待研究的重要课题之一。

一、博物馆文化产业开发的意义

（一）博物馆文化产业的定义

文化产业是一个涵盖文学艺术、广播影视、新闻出版、演出展览、文化娱乐、文化信息、策划创意、文化教育、文化旅游等在内的庞大的产业系统，已逐渐成为全球最具发展潜力的新兴产业之一。博物馆文化产业是指以博物馆为主要资源、从事博物馆文化产品的生产经营和服务的一种文化产业。它包括以收藏、展示、传播、研究等一系列与博物馆业务紧密相关的、或作为其外延的、或支持和补充性的活动[①]。

---

① 王际欧：《浅析博物馆文化产业的特征、结构与开发策略》，《中国博物馆》2006 年第 3 期。

（二）博物馆文化产业开发的意义

随着我国社会主义市场经济体制的逐步建立和完善，文化产业问题早已成为博物馆界讨论的热点问题之一。目前，博物馆文化产业的开发已经不是一种权宜之计，而是一种新的战略选择。那么，开发博物馆文化产业有什么意义呢?

1. 促进博物馆事业的可持续发展

博物馆作为公益性机构，创造出的无形文化财富及巨大的社会效益是至关重要的，但这并不意味着博物馆能够摆脱市场竞争和市场规律而孤立存在。博物馆发展文化产业，建立符合文化发展规律的产业机制，可以激活博物馆发展的生命力。据媒体报道，仅 2013 年台北故宫文创产品销售收入就近 9 亿新台币，直逼 10 亿新台币的门票收入。因此，博物馆将文化产业开发融入到经营中，获得的经济效益必将促进博物馆科研、展陈、文物征集、文物保护等事业的可持续发展。

2. 满足人民群众日益增长的精神文化需求

随着经济的增长和社会的进步，人们的休闲娱乐时间更加充裕，文化消费总量迅速增长，群众对文化产品的选择性日益增强。博物馆利用馆藏文物为元素进行产业开发，根据自身特点研发特色文化产品，将文化遗存与当代人的生活、审美、需求对接起来，让传统文化时尚起来。“手绣大凤披肩”“宫廷娃娃”“朝珠耳机”等系列产品一经推出就受到了观众的喜爱，满足了人们日益增长的精神文化需求。

3. 对博物馆公益事业起到经济拉动作用

2015 年公布的《博物馆条例》作为文创产业发展的政策“加速器”，为博物馆文化产业发展带来了崭新的机遇。条例规定，博物馆在不违背其非营利性属性、不脱离其宗旨使命的前提下，可以开展经营性活动。通过博物馆事业的发展带动文化产业及其他相关产业所产生的经济效益，为其他相关产业的发展提供了广阔的市场，也巩固和加强了博物馆的核心利益。因此，作为宏观管理机构的各级政府都不应忽视文化产业对博物馆公益事业的经济拉动作用。

4. 促进博物馆事业的创新发展

博物馆文化产业会随着时代变迁所带来的新文化、新思潮、新技术、新消费的变化而自发创新求变、新陈代谢，在内容和形式上实现突破和变革，从而派生出新生文化业态，不断增强文化产品的传播力、表现力、影响力和竞争力。文化产业是知识经济时代的先导性产业，已经成为提供知识、教育、审美和休闲娱乐的重要载体，它的发展对经济、政治、文化、社会生活等诸多方面产生了重要的影响，从而促进博物馆事业的创新发展。

二、博物馆文化产业开发的制约因素

随着人民收入和生活水平的提高，博物馆文化产业的开发有着巨大的发展潜力；在政府推动、政策扶持下，社会各界对博物馆文化产业的开发给予了极大的关注，注入了强大的动力；博物馆作为历史文化收藏和传承的载体，文化产业开发占有独特的资源竞争优势；高新技术的不断涌现，为博物馆文化产业创新提供必要的技术支持。但目前博物馆文化产业的开发还存在着较多的制约因素，主要有以下几方面：

（一）体制机制不健全

受传统体制的影响，我国文化产业体制目前尚未有实质的转变。博物馆缺乏应有的独立性和自主权，在很大程度上处在一个“等、靠、要”的管理模式，这种管理模式使博物馆内部运行机制难以适应现代社会和事业的要求，在很大程度上丧失了一个社会文化机构的活力与特性。不但束缚了博物馆业务的发展，还容易形成博物馆对上负责、漠视社会需求、脱离实际的官僚作风。随着市场化进程的加快，传统的管理模式、体制、机制成为影响博物馆文化产业发展的制约因素。

（二）文化市场不完善

目前，大多博物馆经营商品缺乏特色，博物馆旅游景点所经营的商品大同小异，基本上都是社会上的“大路货”，种类单调，有的商品粗制滥造[①]。对文化产品的研发重视不够，或将其仅仅定位于博物馆的附属品，处于可有可无的副业地位，或将其视为与博物馆文化无关的市场行为，购物环境不好[②]。虽然国家采取不少措施，但上述问题

① 申小红：《博物馆文化产品开发中的营销理念》，《博物馆研究》2009 年第 2 期。

② 张艺军：《论发展博物馆文化产业的几个问题》，《中国文物科学研究》2012 年第 2 期。

未能得到有效解决。

（三）资金投入不足

资金缺乏是困扰博物馆文化产业发展的突出问题，主要表现在资金投入不足，保障体系不完善。虽然近年来投入公共文化事业的发展经费在逐年增长，文化产业的投资渠道逐渐放开，但资金短缺的状况仍未得到改善，资金投入不足已经严重制约博物馆文化产业的发展进程。

（四）人才资源严重缺乏

目前，我国博物馆文化产业人才数量、结构、素质还远远不足。从事文化产业的现有人员数量不足；真正懂专业、熟悉文化产业管理的人才不多；开拓文化市场、打造文化品牌、建造文化商店的复合型人才奇缺。因此，导致博物馆文化产业的发展规划不确定、思路不明确、科技含量不高、产业规模难以扩大，创意、研发、制作水平普遍较低、文化产品和服务内容单薄，难以适应博物馆文化产业快速发展的需求。

三、博物馆文化产业开发的对策

博物馆要发展文化产业，就要针对博物馆文化产业发展的瓶颈，从思想上真正重视文化产业开发工作，改革管理体制和运行机制，发挥自身行业优势，开拓创新，不断探索文化产业发展的对策，促进博物馆文化产业的良性开发。

（一）真正重视文化产业开发

我国博物馆文化产业的发展与发达国家相比还有很大差距，仅仅处于起步阶段。要改变当前这种落后的状况，就必须改革旧有的博物馆工作管理体制，逐步建立起适应文化产业发展需要，又符合博物馆自身工作特点及规律的新的管理体制和运行机制，认真研究国家关于发展文化产业政策，制定更完善的配套政策，研究文创产业的运作模式，积极培育文化市场、加大投资融资力度，及时做好政策引导、规范和支持。从思想高度重视文化产业开发工作，从实际出发，不断探索博物馆文化产业发展的新路子，从而促进博物馆事业的全面发展。

（二）打造文化品牌

发展博物馆文化产业要打造博物馆文化品牌，把博物馆的文化资源优势转化成服务社会的优势。新颁布的《博物馆条例》鼓励博物馆挖掘藏品内涵，与文化创意、旅游等产业相结合，开发衍生产品，增强博物馆发展能力。如湖北省博物馆在文化产品开发时，发挥“曾侯乙编钟”这一文化遗产的价值，注册“曾侯乙编钟”商标，打造文化品牌，进行系列开发。故宫博物院注册“故宫”“紫禁城”商标，研发文化衍生品等。做大做强一批对外交流的文化品牌，创造出既有艺术品位又有市场需求的文化产品。

（三）建造文化商店

建立与博物馆文化产业发展相适宜的博物馆商店，打造不同层次的文化产品，推动博物馆文化的传播。一是针对普通观众，根据观众兴趣点开发中低档纪念品，如挂件、小工艺品、日用品等；围绕陈列展览的延伸提供服务，如陈列内容光盘、文物藏品的书籍等。二是针对中外游客及古玩爱好者，建立博物馆文化产品专卖店。如上海博物馆商店在浦东机场设立分店，利用青铜、陶瓷、书画等馆藏文物资源为设计元素，开发文创产品、馆藏复制品等500余款，利用机场这一窗口促进中国民族文化向世界传播。

（四）开拓文化市场

大力开拓市场，做好营销战略。文化市场是连接文化产业和文化消费的基本纽带。博物馆可以采取办节会、展销会、产品推介会和广告宣传等方式，积极主动进入市场，建立起自己的营销渠道、营销网络和营销战略，还可以在互联网上建立网店，开辟博物馆文创产品推广营销新模式。如故宫博物院、上海博物馆、北京恭王府等都在互联网上开通了网店，既扩大了博物馆的影响，也能满足那些参观了博物馆，但时间紧无暇购买纪念品的游客，让越来越多的人了解接触中国传统经典的文化，喜欢上这些以传统文化艺术元素与现代设计相结合的博物馆文创产品。

（五）广泛合作交流

博物馆文化产业与旅游联姻，突出旅游特色，开辟产业营销新途径，把博物馆打造成极具吸引力的旅游目的地。以丰富多彩的临时展览、精品陈列吸引公众，积极参与社区、乡村和校园等文化建设。加强与社会各界的联系，利用馆舍举办专题讲座、学术交流活动，丰富公众的文化生活。同时，博物馆策划开发与各项活动相配套的文化产品，扩大博物馆文化产品开发规模，建立以省级综合博物馆为中心的区域博物馆文化产品开发网络，在全国博物馆之间建立资源、创意、市场共享的合作机制，搭建博物馆文化产品的开发交流平台。

（六）培养高端人才

博物馆文化产业人才队伍的建设非常重要。第一，成立专门的文化产业开发研究部门。业务人员不但要具备一定的文博专业知识和敏锐的市场意识，而且是懂得博物馆文化产品的生产经营和服务的复合人才。第二，引进竞争机制和激励机制，鼓励博物馆专业人员（不影响主业的情况下），发挥他们在文物鉴定、文物复制等方面的优势，对成绩突出的管理人才给予重奖。第三，通过高校委培和人才引进等方式，集聚更多擅长文化创意和精通文化产业经营的高端人才。做到人才既能“引进来”为博物馆所用，也可以“走出去”参与国际文化竞争。

（七）加大资金投入

资金投入不足是影响博物馆文化产业发展的关键因素。一是各级政府要加大对博物馆文化产业开发的投入，并采取降低门槛、税收优惠、费用减免、财政补贴等形式引导民营资本，乃至外资资本积极参与博物馆文化产业建设运营；二是可以学习国外的文化政策，依托基金会对博物馆文化产业进行运营，在基金会的建设和使用过程中，逐步完善基金会法律制度，加强对基金会及其运行项目的法律监督；三是多渠道增加博物馆效益，努力提高自身获取资金和增加文化产业投入的能力；四是争取各种社会赞助，通过各种渠道和手段向个人和企业寻求对博物馆文化产业的赞助，获得广泛的资金支持。

新时期，我国博物馆文化产业开发面临的机遇与挑战并存是毋庸置疑的。针对博物馆文化产业发展的瓶颈，研究探讨对策，需要博物馆人的认真思考。博物馆人只有以新的视觉、新的理念、新的精神，积极探寻新的发展之路，才能使博物馆文化产业的开发迈向科学发展的轨道。

作者简介：李勤，周恩来邓颖超纪念馆，副研究馆员，天津市南开区水上公园北路1号，300074。

基于动态管理视角的国有博物馆预算管理实践探索

王京民
（北京汽车博物馆）

摘要：预算管理是博物馆类事业单位财务管理工作的核心，在财务管理中起着主导作用。预算是各国有博物馆事业单位根据国家的方针、政策，按照国家规定的工作任务和事业计划，依据定员定额和收支标准编制的计划期内的财务收支计划。它是国家预算的基础，是国家财政部门和事业单位之间预算资金缴拨的依据，也是事业单位开展各项财务活动的基本依据。动态管理（Dynamic Management）是指组织在经营管理活动过程中，通过外部环境预测、内部数据分析，对经营策略、管理手段进行适时调整并对计划进行修改和补充的一种管理模式。本文以北京汽车博物馆为案例，基于动态管理的视角，构建预算管理、采购管理、合同管理、支付管理、资产管理、绩效管理“六位一体”协调联动的预算资金管理体系，实现以预算管理为核心、采购管理为关键、合同管理为手段、支付管理为控制、资产管理为重点、绩效管理为导向的预算资金动态管理。

关键词：博物馆　财务　预算　绩效　动态管理

根据统计数据，截至 2016 年底，全国登记注册的博物馆已达到 4873 家。其中，国有博物馆 3576 家，非国有博物馆 1297 家，分别占全国博物馆总数的 73% 和 27%。博物馆作为公共文化服务机构，在展示人类文明、促进文化交流、提高人民群众思想道德和科学文化素质等方面发挥着十分重要的作用。2016 年 11 月 10 日，国家主席习近平向国际博物馆高级别论坛致贺信指出，博物馆是保护和传承人类文明的重要殿堂，是连接过去、现在、未来的桥梁，在促进世界文明交流互鉴方面具有特殊作用。中国博物馆事业已有 100 多年历史。近年来，中国各类博物馆在场馆设施建设、藏品保护研究、陈列展示和免费开放、满足民众需求、推动中外文化交流等方面不断取得进展。中国各类博物馆不仅是中国历史的保存者和记录者，也是当代中国人民为实现中华民族伟大复兴的中国梦而奋斗的见证者和参与者，要把博物馆工作上升到中华民族伟大复兴的中国梦的战略高度来实现博物馆的价值。当前，我国博物馆事业蓬勃发展，博物馆数量快速增长，公共文化服务和社会教育水平显著提升，博物馆事业迎来了难得的发展机遇，同时也面临着发展过程中所遇到的各种挑战。目前，我国国有博物馆基本属于事业单位性质，博物馆发展面临社会、经济等环境的巨大变化，倒逼博物馆财务管理进行改革，其中预算管理改革是核心，是新时期博物馆实现可持续发展的必要保障和支撑。

一、国内外预算管理实践与演进

1. 国外非营利组织的预算管理实践与演进

经查阅相关文献资料，从预算管理的发展历程看，预算管理制度起源于英国，发展于美国，并成熟于美国。13 世纪初，预算管理首先运用于英国政府部门，成为政府公共预算管理控制的工具。19 世纪 80 年代，随着全球化、信息化、市场化的迅速发展，以及社会经济的进步、企业规模的不断扩大和企业经营发展环境的复杂化，企业在社会经济中发挥的作用力量越来越强大，倒逼企业加强财务管理，尤其是预算管理。以预算为控制基础和以财务管理为核心的加强经营管理活动的管理理念和控制制度在企业中被广泛实践应用，并得到进一步丰富和发展，预算管理体系逐步完善。20 世纪 80 年代，企业先进的预算管理理念开始被引入政府公共预算管理，以解决公共预算管理存在的问题，由此呈现出预算管理“政府—企业—政府”的回归。从已有的文献分析看，国外预算管理演变历程大致可以分为萌芽阶段、发展阶段、成熟阶段、拓展阶段四个阶段①。

根据社会结构理论，西方国家将社会经济组织系统分为政府组织、营利组织、非营利组织三大类型。为了试图解决公共预算管理中普遍存在的资金支出效益低下，管理落后，缺乏动态性等各种问题，西方非营利组织预算管理实践在公共预算框架下进行了螺旋式的改革。主要经历了从 20 世纪 20 年代的条目预算，到 20 世纪 50 年代的旧绩效预算（PB）和 20 世纪 60 年代的规划 – 项目 – 预算（PPBS），再到 20 世纪 70 年代的零基预算（ZBB），再到 20 世纪 80 年代中期的新绩效预算管理改革。这些改革从不同侧面、不同角度，试图解决公共预算管理中存在的各种问题。这些预算管理改革实践取得了许多很有价值的经验和教训。其中很多有效的做法和思想至今仍对各国的预算管理改革产生并将继续产生深远而广泛的影响，并为新绩效预算的国际推广和实施提供了理论和实践的基础，最终催生新绩效预算管理改革实践②。

---

① 包晓岚：《基于战略导向和绩效基准的非营利组织预算研究》，华中农业大学博士学位论文，2009 年，第 33～36 页。

② 董振海：《在我国推行绩效预算的理论与实践思考》，财政部财政科学研究所博士学位论文，2010 年，第 38～46 页。

2. 国内事业单位预算管理实践与演进

（1）事业单位预算及预算管理

事业单位预算是指事业单位根据事业发展计划编制的、并经过规定程序批准的年度财务收支计划。事业单位每年都要根据事业发展计划和单位工作任务安排编制单位年度预算，并按一定程序报有关部门审批。审批之后，单位预算就成了财政部门管理各单位财务收支活动的依据。财政部门一方面根据事业单位预算向其拨付经费，另一方面，又通过预算管理，将各单位的各项财务收支纳入预算，统一核算，统一管理。从事业单位角度来看，各单位预算经有关部门审批之后，同样成了本单位办理财务收支业务及其他各项财务活动的重要依据，单位各项财务收支活动都要按预算执行，其他各项财务管理工作也主要是围绕本单位预算来展开。因此，预算管理是事业单位财务管理的核心，它在各单位财务管理中起着主导作用，要提高事业单位财务管理工作质量，必须切实加强预算管理。

目前，我国对事业单位实行“核定收支，定额或者定项补助（或上缴），超支不补，结转结余按规定使用”的财政管理体制。

（2）事业单位预算管理改革阶段

随着我国政府预算管理体制的改革、演变，事业单位的预算管理改革主要分为以下四个阶段：

第一个阶段，1949年中华人民共和国成立后，事业单位为适应高度集中的社会主义计划经济体制的要求，预算管理纳入国家财政预算管理体系，实行统收统支的预算管理模式。

第二个阶段，20世纪80年代末，改革开放初期，国家为加强事业单位管理，提高运行效率，实行全额预算管理、差额预算管理和自收自支管理等三种预算管理模式。

第三个阶段，1997年起，国家进一步加强事业单位管理，减轻政府财政负担，实行“核定收支，定额或定项补助，差额不补，结余留用”的预算管理方式，建立大收入、大支出的全收全支的预算管理模式。

第四个阶段，2000年开始，国家为规范预算收入、细化预算支出，逐步建立预算定额标准，实行财政统一的部门预算[①]。

在我国事业单位预算管理改革的四个阶段中，伴随着形成了对事业单位预算管理研究的四个热潮，国内学者在当时的背景下从不同角度提出了预算管理的改革思路，探讨在市场经济体制的基本要求下，加强预算管理改革创新的各种模式。由于国有博

① 石宏：《非营利组织预算管理研究》，山东农业大学硕士学位论文，2004年，第3、4页。

物馆类事业单位大部分运营资金均来源于财政拨款，预算管理与政府预算体制息息相关，存在的问题也较多。因此，政府预算管理的变革要求公共预算管理框架下的事业单位进行相应的预算管理改革，在当前实行部门预算的财政管理体制下，以及事业单位分类改革的背景下，如何加强事业单位预算管理改革的研究和创新就成为目前国内理论界、学术界、实践部门研究的热点。

二、传统预算管理存在的问题

1. 预算管理体制、管理理念落后

由于传统的事业单位管理体制，国家对事业单位实行大一统的预算管理模式，财政部门和预算单位之间存在委托代理关系。由于双方的目标函数不完全一致，信息不对称，形成预算申报前巧立名目谎报、瞒报、多要经费预算、预算批复后挪用、浪费经费的现象，预算经费年年递增，“预算松弛”问题较严重。多数人对事业单位的预算管理工作普遍存在认识误区，管理理念落后，从单位的高级管理层到普通员工大多认为预算管理工作只是财务工作的一部分，没有把预算工作作为指导单位整体工作的核心，形成了一年预算，预算一年，追加或调整预算现象普遍存在。在管理上，主要表现为“重决算，轻预算”“重核算，轻管理”“重预算编制，轻预算执行、监督、控制和考核”等状况，这是造成预算管理弊端的主要原因。

2. 预算管理组织机构单一

目前，大部分单位是财务部门承担预算管理工作，业务部门仅是一般性参与或提供预算编报资料，财务部门与单位的决策层和业务部门之间缺乏横向、纵向的沟通和协调，缺乏专门统一的、强有力的预算管理机构。

3. 预算管理方法陈旧

传统预算通常采用“固定基数＋增长”的预算编制方法，以投入导向编报预算，预算编报、执行与事业运行动态环境相脱离，预算管理并没有充分发挥计划、指导、控制、考核的职能，功能严重弱化，并流于形式。

4. 预算管理缺乏绩效考评与激励机制

大部分博物馆预算管理主要工作内容是预算编制和财务支付核算，对预算执行结

果的绩效考评不重视或重视不够，存在着“重编制，轻执行和宽考评”的问题，不注重预算管理激励机制建设，预算管理工作做得好的没有积极性，有时还受到惩罚，鞭打快牛；做得差，反而获得更好的资源和奖励，“棘轮效应”[①]普遍存在，导致预算资金使用效率低、违规使用资金甚至腐败等问题不断增多，无法实现事业单位应实现的经济效益和社会效益，无法履行其使命和任务。

三、北京汽车博物馆动态预算管理探索

1. 北京汽车博物馆概况

北京汽车博物馆填补了国家专题博物馆的门类空白，是集“博物馆、科技馆、展览馆”三位一体的汽车类专题博物馆，位于北京市丰台区，建筑面积为5万平方米，于2011年建成开放，连续实现全年满载开放，累计服务社会人群500万人次。博物馆以“开门办馆，融入社会”为宗旨，倡导“人—车—生活—社会”和谐发展，践行“文化、科技、教育、旅游”等方面的融合发展，先后获得国家AAAA级旅游景区、中国汽车文化推广基地、全国博物馆行业首家国家级服务业标准化示范单位、爱国主义教育基地、北京市先进基层党组织等190多项荣誉及称号，并连续4年获得“优秀全国科普教育基地”。

2.“三级”动态预算管理架构搭建

根据财政预算管理体制和预算管理工作实际，北京汽车博物馆建立了在党组会、馆长办公会领导下，主管馆长总负责，财务部门和业务部门协调联动的“三级”预算管理体制。按照“两上两下”的预算编报方法，年度预算编报前，主管业务馆长负责组织分管业务部门研究年度预算政策及预算计划任务目标，部署预算管理工作；财务部与各业务部门一起协调联动，指导预算编报，梳理年度预算任务目标计划，编制年度部门预算编报方案，报党组会、馆长办公会研究批准。财务部组织下达年度预算目标任务计划，各业务部门按照财政部门及整体预算编报方案要求，负责编制、报送本部门年度预算，经过财务部平衡、汇总、调整后，向各业务部门反馈财务意见，形成

---

① 棘轮效应（ratchet effects）一词最初来自对苏联式计划经济制度的研究。在计划经济体制下，企业的年度生产指标根据上年的实际生产不断调整，好的表现反而由此受到惩罚（因此，聪明的经理用隐瞒生产能力来对付计划当局）。这种标准随业绩上升的趋向被称为“棘轮效应”。这种现象普遍存在于经济、管理领域。

年度预算编制报告（草案），提请主管业务馆长批准，报党组会、馆长办公会研究审批后报财政部门。

经财政部门预算审批后，财务部和各业务部门按照“谁使用、谁申报、谁负责”的原则，组织年度预算执行及采购任务分解，业务部门编报本部门年度预算执行计划和采购计划安排，财务部综合平衡后，提请主管业务馆长批准，上报党组会、馆长办公会审批后正式下达年度预算执行。

预算执行过程中，以预算管理为主线，形成各部门、各岗位在职权范围内相互监督制约，纪监部门负责预算编报、下达、执行、调整、考核等全过程监督检查。通过党组会、馆长办公会、中层管理例会、部门工作例会等方式统筹解决决策层、执行层、操作层各自的预算管理目标任务，解决管理中出现的问题。通过明确领导决策责任、部门主管执行责任、具体操作人员责任三种预算资金管理责任，将预算资金管理绩效考核纳入整个博物馆绩效考核体系中，与各个岗位绩效考核挂钩，为实现预算管理目标建立良好的运行机制（图一）。

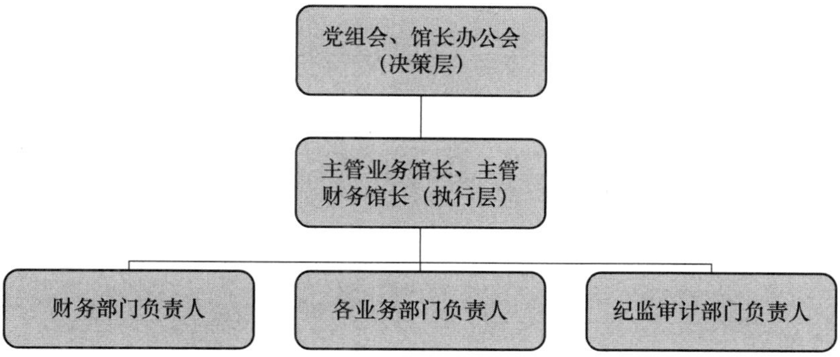

图一　预算管理架构图

3. 动态预算标准化管理体系构建

（1）“六位一体”动态预算资金标准化管理模式构建

构建以财务部为归口管理部门，以业务部门为责任单元的“统筹集中管理，部门分级负责”的预算管理体系，为保证预算编报、执行等工作完成提供保障。按照预算管理业务特点、流程以及管理规律，建立预算管理、采购管理、合同管理、支付管理、资产管理、绩效管理“六位一体”协调联动的管理机制，实现以预算管理为核心、采购管理为关键、合同管理为手段、支付管理为控制、资产管理为价值，绩效管理为导向的预算资金动态管理。即“按照预算批复形成采购计划，采购实施形成合同，合同履行形成支付计划，资金支付形成资产入库，资产验收监督预算执行（图二）。

（2）制定实施一套健全有效的财务管理标准制度

财务管理工作紧紧围绕“服务一流、展示一流、效率一流”工作目标，通过建章建

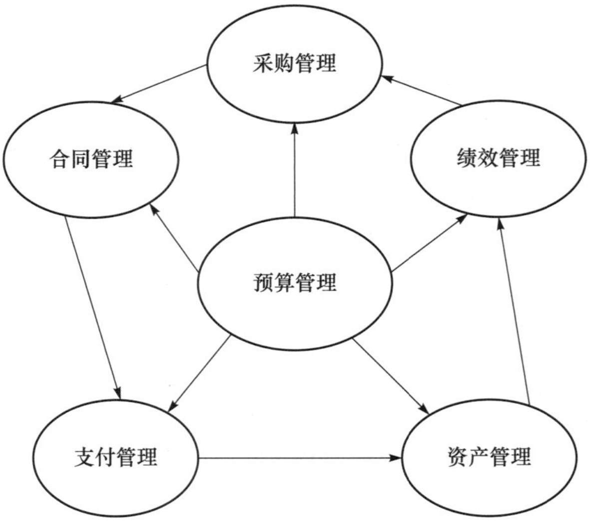

图二 “六位一体”动态预算标准化管理体系图

制，为财务管理工作立下一套规矩。2012年，北京汽车博物馆成为北京市旅游委旅游标准化试点单位和国家服务业标准化试点单位。按照北京汽车博物馆服务标准化创建工作统一部署，遵循服务业组织标准化工作指南（GB/T 24421.2）等标准要求，本着“全面统筹、整体思维、系统构建、持续改进”的管理思路，依据国家、市、区等相关财经法律法规，结合汽车博物馆馆服务和管理的实际需要，搭建了科学合理、层次分明、满足需要、体现行业特点的具有专题类博物馆特色的财务管理标准体系（BZ212），包括预算管理、其他各类收入管理、资金与账户管理、会计及核算管理、票证及印章管理、监督及专项管理、资产管理七大类21个管理标准规范，为做好预算管理提供了制度保证（图三）。

（3）采用零基预算方法，实现预算编报动态化管理

统一采用零基预算方法编报预算，在编制预算时，要全盘考虑各项支出事项，统筹全部预算，上一年度预算数不再成为下一个预算年度进行预算决策的基础，一切从“零”开始，通过项目排序，将预算资金安排到最能发挥效益作用的地方。具体就是通过建立“项目决策包”分配财政资金，相同的项目要提出不同的解决方案，并按绩效水平、性价比进行排序，挑选出最佳的方案；对不同的项目按轻重缓急、绩效水平等进行排序，选出最需要资金支持的项目，制定预算限额和标准，再按决策包优先顺序分配资金，保障总资金使用效益最大化。

（4）实施预算执行定期分析专题报告制度，实现预算执行动态管理

建立预算执行目标责任制，明确责任部门、主管馆领导和责任人相关职责，建立预算执行跟踪台账，强化预算执行过程，按月度进行预算执行分析专题报告，包括预算执行计划安排、实际执行、采购完成、支付完成、资产购置等方面指标完成情况分析，建立和完善预算执行预警机制，对预算执行过程中发现的问题做到及时发现、及

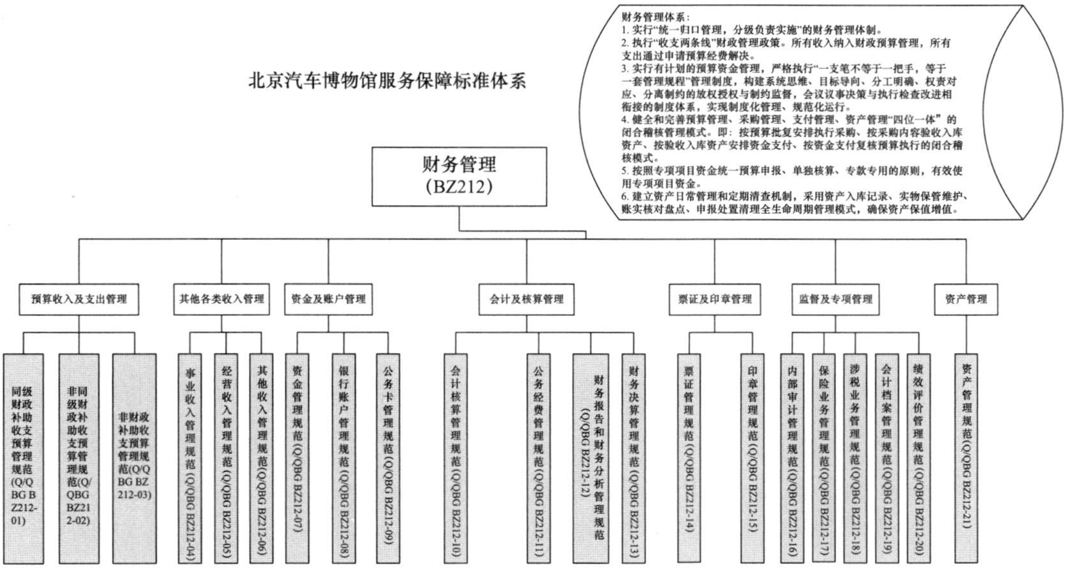

图三 北京汽车博物馆财务管理标准体系

时报告、及时处理解决。实现了预算管理标准的P—D—C—A循环，即预算执行计划、实施、检查、处理四个步骤的评价与改进标准，使预算管理全过程动态监控。

（5）加强采购和资产管理工作，实现资产动态化管理

建立统一归口管理、部门分级负责的资产管理机制，按照“谁使用、谁保管、谁维护、谁负责”的原则，根据资产预算计划和采购合同，所有采购资产经资产使用部门、资产管理部门、财务部组成的联合验收小组验收后入库，进行分类、分项保管，建立了资产配置、入库、出库、使用、维护、处置全生命周期管理机制。采购前，按照年度预算批复和年度预算执行计划方案要求，履行采购计划申报、审核、审批程序；采购中，明确实施、验收、支付相关部门责任，定期进行采购管理工作分析与报告，及时解决采购中出现的问题；采购后，对资产物资进行流程化验收、记账和定期盘点。财务部建立资产管理会计总账和明细账，业务部门为资产使用和保管部门，建立资产预算申报、采购、入库、领用、维护、处置全生命周期管理台账，定期盘点核对，及时发现问题，及时解决，保证资产账账、账实相符，件件明细。

① 推进管理信息化建设，实现资产动态管理

建立资产动态管理信息数据库。建立资产登记、配置、使用、处置、收益管理等网络化运行体系，实现对资产的全过程动态监控管理。动态数据库为配置资产提供信息来源，通过随时查看资产增减变动情况和资产占有、使用状况，为优化资产配置、合理安排支出提供决策依据。建立固定资产定期和不定期清查盘点制度，通过实施资产统计报表制度，及时更新数据，确保账卡、账实、账账相符。通过与财政部门金财工程系统的对接，完成与部门预算、政府采购、国库集中支付、财务核算等系统的联

接，实现与各资产管理部门的动态联网和数据及时上传，实现信息共享。

② 将资产管理纳入预算管理全过程

资产形成、调剂、使用、处置等增减变动管理与预算编制、执行和决算过程具有统一性。编制预算不仅只考虑资产配置这一环节，而且针对资产从配置到最终处置的全过程中各主要环节来考虑。具体地说就是要把博物馆资产的配置、购置、使用、变动、处置等各个主要环节都纳入预算管理轨道，以提高资产配置和使用的效益。

③ 实现资产绩效预算管理

制定博物馆国有资产管理评价体系、方法和评价标准，建立资产管理评价机制，以绩效管理为目标，开展资产使用的绩效评价工作。借助项目支出绩效评价，将资产使用情况作为项目支出指标体系中的主要考核指标。资产绩效评价结果作为安排资产购置预算的重要指标和对业绩的考核依据。

（6）规范支付流程管理，防范资金管理风险

按照“一切项目皆合同”的项目化管理思路，建立严格规范的合同拟定、审查、会签、流转、执行、存档等合同管理制度和流程，以财政国库集中支付系统为支付平台，健全完善“一支笔不等于一把手，一支笔等于一套管理规程”的财务审批与支付管理制度和流程，实行月度资金支付计划申报、审核、审批等有计划的预算资金管理，建立部门经办、部门主管、主管馆领导、财务预算岗、会计核算岗、财务负责人相互监督制约的支付流程动态控制机制，全面杜绝预算资金支付环节风险。支付、验收完毕后，组织对预算管理资料进行集中归集、分类、归档，把控预算执行最后收口环节。

（7）建立内部审计监督和绩效评价相结合的预算监督机制

建立馆长办公会领导、主管财务馆长负责、财务部实施的内部审计工作组织。开展实施预算执行审计、内部控制审计、专题专项审计等方面审计，建立年度内部审计工作计划与实施方案、执行有计划与有重点的审计相结合、定期汇报和专题专项汇报等内审工作机制。年度预算执行完毕，由财务部牵头联合预算执行部门开展预算管理绩效考核评价，并将考核评价结果与部门、个人年终奖酬挂钩，建立了“预算编制有目标，预算执行有监控，预算完成有评价，评价结果有反馈”的绩效管理机制。

四、结　语

在分析国内外预算管理发展演进历程的基础上，针对北京汽车博物馆预算管理的实践，运用动态管理理论，探索了预算管理、采购管理、合同管理、支付管理、资产管理、绩效管理动态标准化管理，构建了基于动态管理的以预算管理为核心的动态预算管理体系，提出了博物馆类事业单位预算管理改革的方向——绩效预算管理，希望对我国新时期博物馆预算管理改革提供一些思考和借鉴。

参 考 文 献

包晓岚:《基于战略导向和绩效基准的非营利组织预算研究》，华中农业大学博士学位论文，2009 年。

董振海:《在我国推行绩效预算的理论与实践思考》，财政部财政科学研究所博士学位论文，2010 年。

李燕:《政府预算管理》，北京大学出版社，2008 年。

石宏:《非营利组织预算管理研究》，山东农业大学硕士学位论文，2004 年。

Marion L.Henry and Willis Proctor. New York States Performance Budget Experiment. Public Administration Review. Vol. 20No.2.

作者简介：王京民，北京汽车博物馆，高级会计师，北京市丰台区南四环西路 126 号，110000。

推动社会进步的公共空间

——从博览会、劝业会到博物馆、美术馆

王伟毅
（天津美术学院美术馆）

摘要：19世纪中叶，博览会在欧美国家出现，这种展示人类社会文明成果的会展形式在整体上推进了社会的发展及全球化进程。中国第一批外交官、赴欧美的官方考察者将可以吸引大众参与社会发展的博览会带入中国，中国举办的第一个博览会是南洋劝业会。在近代中国，博览会可视为博物馆的最初形式。在南洋劝业会的场馆中设有“美术馆”，这是汉语词汇中的第一次。博览会（劝业会）、博物馆（美术馆）在近代中国的关键时段，为公众提供了公共交流空间，在传播先进文化、推动社会进步方面发挥了重要作用。

关键词：博览会　博物馆　美术馆　公共空间　社会进步

1910年6月开始，历时半年，在南京市丁家桥地区，中国规模最大的博览会——南洋劝业会对所有参观者开放[①]。百年后，上海举办世博会，很多媒体在回顾中国举办博览会历程时对当年南洋劝业会盛况有如下两段描述。一是沪上八旬老人濮宿贞在《金陵纪游》中对此的记载，这位老人携同子孙由大石桥暂住地前来参

---

① 1898年湖广总督张之洞在湖北设立“劝工劝商会所”。1902年张之洞在武昌兴建“两湖劝业场”。1906年，天津劝工展览会于河北公园开幕。随后广东、四川、江苏都由地方政府主办了商品陈列所、劝工会，与“赛会”一样，性质上就是博览会或可视为博览会的最初形式。1909年，湖广总督陈夔龙又在武昌文昌门组织了“武汉劝业奖进会”，分为天产部、工艺部、美术部、教育部、古物参考部陈列展销，其中最重要的是在古物参考部中陈列金类、石类、陶瓷、书画、杂物五项。这是最早在劝工会中出现了美术部。中国最早举办的全国范围的博览会是1910年在南京举办的“南洋劝业会”，也称江宁赛会。中设有“美术馆”，这个新的、沿用到今天的词语——美术馆第一次在中国出现。而且“南洋劝业会”中设立的“工艺馆”、“教育馆”在展出的物品中与“美术馆”的展品交叉、重叠，在博览会最后所评奖中，与“美术”概念有关的获奖展品来自于“教育馆”“工艺馆”“美术馆”。鲍永安主编：《南洋劝业会文汇》，上海交通大学出版社，2010年。

观，但见“会场广阔，游人稠密”，大门牌楼“巍峙中间，三门进出”，门票“每券小洋三角，小孩减半”。场中备有车、轿、餐馆、休息所等，“凡便客娱客，随处皆有”。全家人先后参观了教育馆、药材馆、暨南馆……“惜乎不能记忆”。美术馆除有字画、西画、雕塑等展品，还陈列许多工艺品。如人物花鸟刺绣画“绣得玲珑活泼，件件得神”，堪称艺绝；江西馆中瓷器如山，造型别致；京畿馆内展品最为珍贵，宝石、白玉、翡翠、如意等琳琅满目，熠熠生辉；湖北馆甚至把黄鹤楼、赤壁、古隆中、放鹤亭等著名景点也搬进了会场。这位老人观后感慨：“勤于工艺，可立富国之基础”，“若人人能受教育，则世界人才众多，能尽道德、建勋绩，使万物各得其所”①。二是商务印书馆出版的《东方杂志》在报道盛况时，不少学生喟叹“一日观会，胜于十年就学”②。以上寥寥数语，看似随手记录，无意中记载了一个刚刚开始的社会变革。

一

清末以降，当几千年来中国文化的核心——儒家文化与其依托的社会制度、结构已经不适应社会发展，处在“由传统向现代转变”时期，面临着“三千年未有之大变局”。金耀基曾言“鸦片战争以后，中国的士大夫集团自愿或不自愿地承认中国文化之‘不足’，以及西方文化之有‘胜于’中国者，基于这样一种心态的转变，‘现代化的工作’就不知不觉地开始了。”③新型的城市在现代化的变革中起到了关键作用。中国传统读书人在教育后代时，总是要求后代不要忘记“耕读之家”的传统，不能忘记乡土之根。这样的理念下，其活动空间是固定的，以血缘、地缘关系为交往基础。清末民初是中国社会由传统社会向现代社会变迁的过程，近代意义的都市开始出现，代表社会发展进步的城市逐渐替代传统生活的乡村，成为公共交往和社会文化的“集散”之处。所有进入城市的移民，面对的都是一个彼此陌生的社会环境。“城市是一种新的生活方式”。当来自不同地域的人口向城市聚集时，（以中国北方天津这样的城市为例，迁入城市的移民除了华北地区的农民外还有南方省份的商人和西方人、日本人）他们带来了不同的生活方式，文化习俗。他们要融入这个社会，他们需要新的生活方式，他们也需要“集会体制与论述实践”的场所。

以往，以地缘和行业为纽带的同乡会（会馆）和同业公会（行会）是近代中国城市中参与市政管理的组织，以共同的商业利益、福利为目的，开展消防、慈善、学校

① 周庆安、张宏：《上世纪初的中国博览会——南洋劝业会》，《人民政协报》2010年4月29日。

② 《南洋劝业会记事第二》，《东方杂志》1909年第4期。

③ 姜义华等编：《港台及海外学者论中国近代文化》，重庆出版社，1987年，第2页。

教育、殡葬等社会服务等公益活动，彼此形成相互依存的关系。随着交往空间的扩大，以地缘和行业关系为出发点的会馆、行会不能满足市民在交往上的需求，所有的人都要面对“远方的陌生人”。在城市中这个陌生化的社会环境，相互交往的空间与以前的社会基础有天壤之别，与“陌生人”共同生活在一个共同的城市市民，融入社会或者是在城市中生存就必须有一个公共交往的空间。福柯认为：在现代都市生活之中的人们，处于一个同时性和并置性的时代，人们所经历和感觉的世界，是一个点与点之间互相联结、团与团之间互相缠绕的人工建构的网络空间，而不是传统社会中那种经过时间长期演化而自然形成的物质存在[①]。皇权的旁落，阶层间的流动性得以加强。台湾学者吴方正研究近代展览史时发现：公共领域的扩大是20世纪初中国最值得注意的一个现象，在议题上既不仅限于艺术，在时间上也非始于1911年政体转换之后。公共领域实现在社会生活的各个层面，不仅可能重叠，也可能互相仰赖或对立。整体而言，其形成是透过集会体制与论述实践[②]。而这样的公共领域是以温和的面目出现，对统治集团不会产生威胁，在特定时期还会呈现“歌舞升平”的景象。

此时，博览会被出使欧美的外交官、考察官员发现，并引入开始步入现代的中国，可谓恰当其时，博览会——这个具备“现代”标志的公共交往空间及与其前后出现的图书馆、公园、书报出版等承担了传播新知识的重要手段。从此开始，城市市民通过图书馆、公园、书店、博物馆（美术馆）这些公共空间实现着交往和认同，中国迈上了向现代社会转型的步伐。

按照学者罗荣渠的分析，“现代”一词有两层含义：一层是作为时间尺度，它泛指从中世纪以来一直延续到今天的一个长时程；一层是作为价值尺度，它指区别于中世纪的新时代精神和特征[③]。在近代早期这个关键时刻，由域外引入的这个公共交往空间——博览会承担了如罗荣渠所讲的“现代”的价值尺度：“新时代的精神特征”——观者可以在此自由交往，无须等级所有场馆均可进入参观。现代化的“指标”所包含的基本内容除了经济上的工业化和政治上的民主化之外，思想文化和社会价值观应由传统向现代转变，这个转变过程“从历史的角度来透视，广义而言，现代化作为一个世界性的历史过程，是指人类社会从工业革命以来所经历的一场急剧变革，这一变革

---

① 福柯：《不同空间的正文与上下文》，《后现代性与地理学的政治》，上海教育出版社，2001年，第18～28页。

② 吴方正：《中国近代初期的展览会——从成绩展到美术展览会》，《中国史新论　美术考古分册》，2010年，第447～544页。作者在这篇文章中对清末以降美术展览会的形成、变化及与社会发展的关系进行了深入的研究。

③ 罗荣渠：《现代化新论》，北京大学出版社，1995年，第6页。

以工业化为推动力，导致传统的农业社会向现代工业社会的全球化大转变过程，它使工业主义渗透到经济、政治、文化、思想的各个领域，引起深刻的相应变化；狭义而言，现代化又不是自然的社会演变过程，它是落后国家采取高效率的途径（其中包括可利用的传统因素），通过有计划的经济技术改造和学习世界先进，带动广泛的社会变革，以迅速赶上先进工业国家和适应现代世界环境的发展过程。”① 在这个转变的过程中，“外力”起了关键的作用。当然，社会的发展、进步有多种形式，欧洲国家的现代化经验也绝非没有可替代性的选择，同时，也应当重视植根于本土环境及相应的知识资源，这样的资源在社会的进程中可视为“根本”的因素，外力要通过内部产生的动力发挥作用。可是当我们面对一个“普世性”意义的选择时，我们确实在自身的传统中没有与此有关联性或相似性的可继承的知识资源、政治资源、社会资源，我们面对的资源却更多是对此的限制。另一方面，从问题提出的逻辑上讲，我们谈论的“现代性”不也是“舶来”之物吗？更进一步，如果我们不纠结于“中—西”，不做人为的限定，我们应会发现我们所谈论的是社会“现代性”的共性，这个共性可以是任何传统资源（中西皆然）对“现代性”的渗透。当然，还有相互间的“时间差”，这又可以回到罗荣渠对“现代”的分析“一层是作为时间尺度，它泛指从中世纪以来一直延续到今天的一个长时程；”与罗荣渠分析“现代”的另一层含义——价值尺度相互纠缠在一起，此消彼长，一起界定了“现代”，并使“现代”成为一个开放的概念。

二

博览会的概念第一次在中文中出现应是清末随斌椿游历欧洲的外交官张德彝的旅欧游记。在其所著的《航海述奇》和《航海再述奇》中有 1866 年 4 月参观根据 1851 年伦敦万国博览会场馆水晶宫易地重建的水晶宫。“楼上前面陈列洋琴、洋画以及玩耍等物出售，后列名人油水画一千二百轴。”② 此文记载，张德彝两年间游历了六次水晶宫。在到英国前的 1866 年 3 月，张德彝曾到法国考察筹备中的巴黎农工业与艺术博览会。“至法国工程处。有大官数员，上楼饮茶。有伊姓者云：法君欲将百里较场，改建百里楼房，作‘考产厂’，又名‘炫奇会’。话毕下楼，步行数武，至其工善局。楼上层层挂细画百张，高有丈余者，山水人物，精妙之至。其神奇逼真，原系麻油所画，

① 罗荣渠：《现代化新论》，北京大学出版社，1993 年，第 16、17 页。

② 张德彝著、钟书河点校：《航海述奇》，湖南人民出版社，1981 年，第 55 页。

可远观而不可近视焉。楼下二层，列两行铜人石人，雕凿极细。”[①]“考产厂”“炫奇会”就是中国人对博览会的最初认识，笔者推断，这可能是汉语中对博览会的最早记录。“麻油”所画“细画百张，可远观而不可近视”，“雕凿极细”的铜人石人除留下了最早人类历史上第一次博览会展馆——水晶宫的文字记录外，还说明了“炫奇会”展览中与今天博物馆（美术馆）的关联性。随后，王韬1868年参观了1867年巴黎农业、工业与艺术博览会，李圭参观了1876年费城美国独立百年博览会，郭嵩焘、黎庶昌、马建忠参观了1878年第三届法国万国博览会等。这些驻外使节、政府官员对博览会产生了浓厚的兴趣。如他们对博览会的命名“炫奇会”一样，作为近代最早以官方身份走出国门的中国人，他们对博览会上的新鲜、炫奇事物的兴趣超出了对博览会本身的考察，张德彝对博览会的认识为“赏玩新奇物”之处，为休闲娱乐之处。对1851年伦敦万国工业产品博览会由英国皇家艺术学会主席阿尔伯特亲王倡议举办，由英国皇家艺术学会展览会演变而来没有任何文字记载。这应该是博览会形成最值得重视的一个来源，说明博览会的最初“血统”不仅是工商产品的陈列会。当然，到了1910年，张元济在《中国出洋赛会预备办法议》中认识到“且赛会不仅为振兴商务已也”[②]。1915年，冯自由的《巴拿马太平洋万国大赛会游记》中对博览会有了更为清醒的理解：“大赛会者，网罗文化之集合体也，亦诱导文化之催进器也。”[③]“处此时世，吾中国欲厕足于世界，不可不以赛会为先导。（张元济语）”，因此，不管是“炫奇”或娱乐，还是“兴商”而强国力，这些游历博览会的出洋使者、对西方文明仰慕欲改变中国社会的革命者、报纸派遣的驻外记者，不同身份、处在不同语境中的人物，终于看到了博览会在事实上不完全是“炫奇”重要的是传播了近代文明。这样对博览会的认识应当是近代中国社会最需要的，也是博览会之于近代中国最有意义的——创造公共文化交往空间，推进社会进步，传播先进文化。

在中国本土第一次出现严格意义的博览会是1910年6月在南京市举办的南洋劝

---

① 张德彝：《六游水晶宫》，《清末民初万国博览会亲历记》，商务印书馆，2010年，第1、2页。这本文集辑录了24篇从1851年伦敦万国工业品博览会到1926年美国费城建国一百五十周年博览会的观感。其中的《美会记略》收录自浙海关税务司文书李圭《环游地球新录》（1877年写就，1878年出版）。是李圭受海关总税务司赫德委派，参加为纪念美国独立一百周年而举办的费城万国博览会（1876年）的参观、考察实录，可能是中国人最早对博览会的考察记录。其中有“绘画石刻院”一节，记述了“五大院推为杰出”的“绘画石刻院”。从所记述内容看“绘画石刻院”也就是博览会中展示绘画、雕塑的“美术馆”。

② 张元济：《环球归来谈比利时万国博览会》，《清末民初万国博览会亲历记》，商务印书馆，2010年，第190页。

③ 冯自由：《巴拿马太平洋万国大赛会游记·序文》，《清末民初万国博览会亲历记》，商务印书馆，2010年，第296页。

业会。这个劝业会是由时任两江补用道、江宁公园办事处主任、多次游历欧美考察博览会的陈琪[①]等发起并上书南洋大臣、两江总督端方举办全国性的博览会，由官商合办。端方奏请朝廷在江宁城设立第一次南洋劝业会，成立事务所、制定了详细的《南洋劝业会出品分类纲目》（24部、444类）和参会物品税收减免等详细的条例[②]。南洋劝业会由官商合办，列入政府的“计划”，以国家意志推动；政府内部接受新事物的官员从“维护大清统治”出发，官商互动，促进了中国社会早期政府“现代”治理的实施，由政府推动现代社会发展，南洋劝业会是一个成功的案例。根据美国历史学家孔飞力对国家税收的研究所得出的结论，中央政府对社会直接、有效控制是现代国家重要标志之一[③]。南洋劝业会的举办与政府直接控制税收等相比其“分量”无法相比，但是可看作政府在社会转型的时期，用劝业会（博览会）这种方式传播现代价值观念，是从另一个方面控制国家“现代”进程的有效方式。美国历史学家周锡瑞研究，政府早期对博物馆、图书馆等公共的推广意在培养公众的“公德”。博物馆、图书馆在灌输民族历史、文化意识和公民教育的同时也在“训练”人的秩序，比如排队买票，有序参观，保持安静等[④]。而作为博物馆的“准备”和最初方式，劝业会（博览会）确实也应起到这样的作用。

作为中国历史上的第一个博览会——南洋劝业会，在社会上产生了怎样地影响？在南洋劝业会举办的近半年时间从上海出版的《申报》的报道规模可看出其影响。根据何家伟的研究，《申报》对南洋劝业会的报道有如下特点：一是持续时间长，二是对所有的场馆都有报道，三是细节问题也注意报道，四是不仅对国内有关方面有报道，对国外参观团也同样报道周全[⑤]。《申报》在南洋劝业会举办的1910年前后，每日四版，广告内容超过50%，两分一份，发行量约在20000份，是一份在市民社会中有影响的

① 林芳、谢辉：《陈琪与近代中国博览会事业》，《博览会与近代中国》，华中师范大学出版社，2010年，第412～432页。

② 南洋劝业会是第一次具备国家意义的博览会，以前的五次劝业会均由地方政府主办。鲍永安主编，苏克勤校注：《南洋劝业会文汇》，上海交通大学出版社，2010年，第17～47页。

③ 参见孔飞力著，陈兼、陈之宏译：《中国现代国家的起源》，生活·读书·新知三联书店，2013年，第73～101页。孔飞力在此研究的是1840年代耒阳的抗税事件到1950年中国政府对农村和农业的改造，政府如何控制税收进而达到对农村的控制，其已在说明任何“现代国家政权”形成过程中都要面对的根本问题。对于我们讨论的政府如何通过组织博览会推行新的社会价值观亦具参考意义。

④ 周锡瑞：《导言：重塑中国城市——城市空间和大众文化》，《近代中国城市与大众文化》，新星出版社，2008年，第1～12页 。

⑤ 何家伟：《〈申报〉与南洋劝业会》，《史学月刊》2006年第5期。

报纸[①]。清末《学部奏定劝学所章程》发布后各地兴起的阅报所，据统计全国应在220家左右。可见《申报》作为一家媒体在南洋劝业会报道上产生的社会影响。

《南洋劝业会观会指南》第二节“会场之法规”“观会须知”中规定：普通入场券小洋两角，特别入场券一角五分，童稚入场券一角五分，工役入场券铜元五枚，长期入场券（一册三十张）定价大洋五元，团体入场券小洋一角[②]。按照当时的消费水平，对于城市贫民来讲应属“高消费”，（陈明远在《文化人的经济生活》一书中分析，1099～1920年的上海，大米每斤3.4分，一斤猪肉1.2元）可是平均每日2000人的参观人数肯定有向往“新知”的城市平民阶层进入场馆参观，这样的日均参观人数不会全部是收入中等以上的城市富裕阶层。在“观会须知”中对工役还特别解释了工人和仆役的范围，仆役入场须由一枚主人普通入场券与一枚工役入场券同时使用；工厂工人、商店店员出具厂主、店主署名加盖印章的公函或其他证据即可购买优惠入场券。南洋劝业会的入场券定价意在吸引更多民众参观，说明了主办方欲扩大劝业会在社会上的影响。从4月28日～8月15日的参观人数累积30余万人，日均2000余人，也充分证明了南洋劝业会在当时的社会影响。

还可以将南洋劝业会与北京的中央公园（今中山公园）做一个比较。1914年北京中央公园由交通部、财政部、中国银行和徐世昌、张勋、黎元洪、朱启钤等私人捐赠修建，运营费用来源于私人捐赠、税收和门票，其意在为市民提供休闲、交往场所。中央公园入园门票价格两角（重大节日或重大庆典免费），与优惠后的南洋劝业会入场券有5分的差别，在当时的物价水平5分钱有很强的购买力（当时的工人日工资四角）。这样就影响了普通城市平民走进公园，将下层民众排斥在公园外，主要吸引的是城市中产阶级，缺少“公共性”[③]。南洋劝业会因为有完备的门票优惠措施，能够吸引更多普通市民参观，尽管举办时间早于中央公园的开园时间，但是在“公共性”上要做得更好。

在现代意义的公共空间——公园、剧场、劝业会等出现前，庙会是民众购物、交流信息、娱乐的场所，融文化、商业、社会功能与一体。如果说近代中国的第一个博览会——南洋劝业会有可继承的本土资源，庙会可能是唯一的。但是两者之间的内容确有天壤之别，共同性很少。

---

① 王儒年：《欲望的想像：1920—1930年代〈申报〉广告的文化史研究》，上海人民出版社，2007年。根据本书作者的研究，《申报》的受众有四个群体。1.《申报》的广告主，2. 商业从业人员，3. 文人，4. 上述三种群体外的可能成为受众的士绅、学生、政府职员。

② 鲍永安主编，苏克勤校注：《南洋劝业会文汇》，上海交通大学出版社，2010年，第98页。

③〔美〕史明正著，谢继华译：《从御花园到公园——20世纪初北京城市空间的变迁》，《城市史研究》（第23辑），天津社会科学院出版社，2005年，第159～188页。作者在这篇文章中以北京为例，分析了城市中公园的建立运营和在市民生活中的意义。

南洋劝业会在名称为何不称博览会？在陈琪的“呈文”中，举办南洋劝业会计划“择于三十五年三月，先开国内博览会，以六个月率，合农工商品蔚成巨观，而分建农业院、工艺院、美术院、教育院、军器博物院、万寿宫、人类馆、水产馆、各省官物陈列所、南洋各岛埠陈列所、劝业场、牲畜场、万生园，以备参考之模型，藉资公园之点缀。”[①]完全是按照博览会的建制设立，也明确了“先开国内博览会”。为何定名为“劝业会”呢？根据马敏的研究，在对博览会的认识上，近代中国人有一个逐步加深的过程，从政治、外交到商业竞争，过渡到文明进化、科技传播和文化交流，而思想界的领悟与博览会具体操办者之间也有认识的“时差”[②]。但是，南洋劝业会完全是按照博览会的标准操办的。

三

在南洋劝业会的商品陈列馆中出现了“美术馆”这个以往在汉语中不曾出现的词汇。

美术馆是博物馆的一种类型，即艺术博物馆。1895年，美国史密森学会助理干事长乔治·古德将博物馆分成六个基本类别，即美术博物馆、历史博物馆、人类学博物馆、自然历史博物馆、技术博物馆和商业博物馆。古德还曾经表示，他有志于“将摆满小摆设，墓地般死气沉沉的博物馆改造和重建成培育活生生思想的苗圃”。根据徐坚的研究，古德对博物馆的分类体系看似基于藏品，实则是博物馆的功能和价值判断。博物馆不是分类储藏间，是社会教育工具。古德分类体系契合于所处的19世纪博物馆发展现状，同时也具前瞻[③]。南洋劝业会中的“美术馆”以今天的标准衡量不应算作美术馆，仅勉强可称为展示艺术品（当时认识程度的）的展览空间，但是，“美术馆”（南洋劝业会中的）和全部的南洋劝业会——博览会（作为博物馆的最初雏形）这种展

---

① 鲍永安主编，苏克勤校注：《南洋劝业会文汇》，上海交通大学出版社，2010年，第18页。

② 参见：马敏：《中国近代博览会事业与科技、文化传播》，《博览会与近代中国》，华中师范大学出版社，2010年，第203～230页。劝业：努力从事其事业。《史记·货殖列传》：“故物贱之徵贵，贵之徵贱，各劝其业，乐其事，若水之趋下，日夜无休时。”

艺术家姜丹书回忆，在这个“南洋劝业会”中，“美术馆”陈列的大多是国画、刺绣和古董等类，于今天的美术馆概念不尽相同，洋画（铅、炭、水彩、油画等都有些）“因为是学校里的出品”陈列于教育馆里。笔者查阅拍摄于20世纪20年代的图片资料中发现，曾经“容纳”了河北博物院、天津市立美术馆的天津中山公园入口处，立有金属的新式牌坊，上有文字“劝业会场”。这是否沿袭“劝业会”的概念和展陈方式。（姜丹书：《艺术廿年话两头》，载《亚波罗》1928年第6期，第95页。）

③ 徐坚：《名山：作为思想史的早期中国博物馆史》，科学出版社，2016年，第17页。

示方式以看似“混乱”的展览结构在所处的那个时代确实是在做“培育活生生思想的苗圃”。

南洋劝业会的“美术馆”“教育馆”中展出了与博览会概念一起进入中国的油画、水彩画，还有中国传统的书画和被称作工艺品的刺绣、牙雕。参观的市民们在新奇之外不会想到“美术”“美术馆”这些词语、概念与博览会一道正在改变近代中国民众与美术之间的关系。博览会为市民提供了一个公共交往的空间，以往供文人把玩的书画以“美术”之名走入了市民可自由进入的公共空间，“美术”包括的范围也在扩大，不仅是传统士大夫“聊写胸中逸气”书画。当然，这里的“美术馆”还不是严格意义上的美术馆，以今天的标准衡量仅是一个展览场所。重要的是，对于正在转型的中国社会，“美术”本身就是“新的知识”、新的文化[①]，美术展览已走出文人间的“雅集”，美术作品的生产者——艺术家所面对的观众是不确定的，不是“雅集”中的特定观众。

博览会（劝业会）、博物馆（美术馆）从“根基”上改变了中国“美术”的概念。

---

① 美术一词的出现和传播途径与清末许多新的词汇一样，首先是日文汉字。

陈振濂：《近代中日绘画交流史比较研究》，安徽美术出版社，2000 年。书中（第 64、65 页）对“美术”的出现有过详细的考证：（日本的“美术”一词）作为新创造的词汇，它是从德语中翻译过来的“外来语”。明治四年（1871），奥地利维也纳准备筹办万国博览会，由博览会总督、奥地利亲王拉依纳尔出面，向世界各国政府发出邀请照会，并附上一份德文的展览分类分项的附件。当年 11 月，这份照会及附件被译成日语。其中多处出现了“美术”一词，（日文的美术译自德语 Kunstgewrde）它可以说是第一次在日本露面。但因为是官方文书的译本，“美术”一词并没有进入日本社会并形成文化效应。

郑匡民：《西学的中介：清末民初的中日文化交流》，四川人民出版社，2008 年。在书中的第二章（第 81～165 页）和第五章，（第 320～433 页），对明治维新后中日间文化交流做了详细的论述。这种交流有两个方面，一是日本人在中国办中文报纸传播新的理念，如《国闻报》和《同文沪报》；二是清末译业和中国留日学生对“新知”的转译。例如，自由主义、社会主义、无政府主义这些来源于欧洲的思潮都是从日文转译而来。

同样，教会对近代中国的文化影响也是非常重要的，中国近代美术教育出自于天主教教会主办的土山湾画馆，土山湾画馆是最早的、与中国传统“习画”方式不同的美术教育机构，中国近代的一些知名艺术家曾在土山湾画馆学艺，如：任伯年、周湘、徐咏清、张充仁、丁涑、杭犀英等。19 世纪 60 年代开始设立的上海徐家汇天主教教区土山湾画馆（孤儿工艺院），开设工场，设置有木工部、五金部、中西鞋作、印刷所、图画间照相间等部门。中国近代不少新工艺、新技术、新实物皆发源于此，如西洋油画、镶嵌画、珂罗版印刷和石印工艺等等。徐悲鸿在 1943 年曾对其有过评价：“土山湾亦有之所，盖中国西洋画之摇篮也。”土山湾工场的“产品”（绘画和工艺品）曾参加过 1900 年的巴黎世博会，1905 年的比利时列日博览会和 1915 年的巴拿马博览会。张伟、张晓依著《遥望土山湾——追寻消失的文脉》（同济大学出版社，2012 年）对土山湾画馆有详细的考证。李超著《上海油画史》（上海书画出版社，2004 年）对明清以来传教士的西方油画在中国的传播也有详细的论述。

这些随着社会发展而进入中国的展览空间，也在影响着近代中国美术的发展轨迹。鸦片战争以来，接受西方影响的中国知识分子（包括艺术家），在“冲击、回应”①的过程中思考、探究传统的中国美术如何发展、变化。在这个时期，公共展览空间、展览会、各种出版物对近代中国美术概念的形成和发展起到了决定性的影响。在这样的社会状况下，创作者的目的发生变化，艺术消费者（艺术赞助人）不仅是某个具体的人；创作者创作作品的目的是在公共空间展示，公共机构更多地承担了艺术赞助人的角色。艺术家、艺术消费者（艺术赞助人）不同以往要重新定义，艺术史所依据的叙事背景也发生了变化。社会的变化让艺术家的作品在公共文化空间中必须面对“公众”，传统概念的艺术“消费者”——购买艺术品的人群发生变化，城市发展与社会的变革，城市市民成为艺术消费的主流。这如同中国社会“三千年未有之大变局”一样，传统士大夫闲情逸致的审美趣味在以城市为主的艺术消费者和“美术革命”观念的冲击下发生着变化，新的时尚、趣味正在形成。“美术革命”不单是在受到西方意识影响下新派文化人的一个口号，在生活于城市的文化阶层中新的美术观念已经形成。以前不被认作为“艺术”的摄影、邮票进入了公共展览空间②，这些以前不被认作艺术的“艺术”与油画、中国传统水墨画一起扩展了美术的范围，组成了“美术革命”的内容。

进入公共展览空间之前的中国书画艺术，主要是作为房屋的装饰及祈福吉祥或驱邪避祸，《长物志》对每年节日和时令悬挂题材的绘画提出了建议③。书画的一个用途是作为礼物在特定的场合送给特定的人——比如祝寿、婚礼等。（美国学者高居翰认为：“中国的山水画家即曾创作表达某种与他们自身境况近乎无关的社会价值的绘画。但这类事例再次告诫我们，要提防在中国绘画研究中持续存在的一种倾向：将作品看作是简单表达了画家真实处境和心声，并以这样的方式解读他们。”）艺术的消费者（赞助人）如何获取艺术品，大多是向画家“订件”。在“雅集”上，只有特定的受邀者可以有机会欣赏到艺术品，“雅集”的场所往往是私人空间，“圈子”之外的人能够观赏到

---

① 德国学者马克斯·韦伯的挑战－回应说和美国汉学家费正清的“冲击－回应”说被有的中国学者批判。参见孔令伟：《自觉与中国美术的现代性》,《文艺研究》2008年第5期。但是批判者使用的“工具”仍然是“挑战”者和“冲击”者带来的，话语逻辑也完全是非“自觉”的，沉浸于所批判的话语逻辑中。

有的学者认为晚明已经进入资本主义社会，是清朝使中国倒退了300年。历史不可假设，有自己的发展逻辑。有些“个案”不能证明普遍原则，我们熟悉的徐渭，其绘画如何个性张扬，接近20世纪初德国的表现主义艺术，但是他是一个“疯子”，没有普遍性。

② 天津特别市立美术馆编：《天津特别市立美术馆概况》,《天津市立美术馆展览统计表》，1940年，第16～23页。

③ （明）文震亨：《长物志》，浙江人民美术出版社，2017年，第83页。在本书“卷五 悬画月令”一节中详细地讲到居室内节令的不同也要悬挂不同题材的绘画。

艺术品的机会是没有的，更遑论普通大众。美国学者高居翰研究，认为获得书画作品有三种途径：一是委托和书信，二是中间人和代理人，三是市场和画室；第四种情况“惟涂抹一山一水，一草一木，即悬于市中，以易斗米”是画家在其他途径行不通时的“下策”，如为生计所迫的徐渭在题画诗中曾经感慨“笔底明珠无处卖，闲抛闲掷野藤中”即是如此。“逸笔草草，聊写胸中逸气”的文人画被当作艺术品受到追捧和索求，这些“文人画家”处于高层，底层由职业画家占据。销售书画的地方有：庙会、古董店、扇面点、装裱店、纸笔店等，这些地方也可以看作展示作品的空间，但是不能代表当时书画艺术的最高水平，大多为生计所迫的职业画家①。用途的特定性和获取的单一途径，高水平书画是不可能在公共空间出现，而公共展览空间也还没有形成②。

私密性的文人“雅集”和不带功利性的清赏性交流，不是近代出现的在公共空间的展览。传统书画往往是置于几案或悬于壁上，三五友人静心观看，展示的空间是私人的厅堂、花园的一隅（如石桌之上），有时仅是踏青时三五友人立于荒野，长卷、册页在几个人手中依次传递观赏。传统的散点透视也是这种绘画形式的最佳体现，比如一幅手卷，景致在打开的长卷上分别出现，对于观赏者，每一个部分都是可独立观看的，卷起的部分不影响对其他部分的观看。今天在公共空间展示长卷，对于观赏者变得“不方便”。长卷全部打开后，观赏者须在移动中看。（视点随着画面移动似乎更接近“散点透视”原则，与“逐格”打开的观赏方式相较，已远离了画卷逐渐展开的传统观画方式。）这样的观赏方式，“破坏”了起承转合的传统绘画原则。因此美术史学者巫鸿说“现代博物馆助长了这种无知，将一卷卷活动画面转化成了静止的陈列品。但是这也从一个角度说明，在近代以前，传统中国书画不是做公开展示用，或者说本质上与今天在公共展示空间展示艺术品是不同的，因为公共展示空间是不存在的。

公共展览机构的出现，使艺术不再是为特定人服务或艺术家“圈子”之间互相“酬唱”“应和”的附庸风雅，艺术家的创作面对的是不确定、对艺术感兴趣的市民，对艺术感兴趣的人可能来自任何一个社会阶层。艺术在此进入了城市的公共领域，对艺术的议论、批评也从“雅集”进入了更加广泛的公共话题领域，此时的艺术与艺术家承担了“公共”的责任。

---

① 高居翰著，杨贤宗、马琳、邓伟权译：《画家生涯：传统中国画家的生活与工作》，生活·读书·新知三联书店，2012年，第35～76页。在此书的第二章“画家的生计”中作者对不同类型的画家和谋生方式进行了详细的考证和分析。

②（清）张庚编纂：《国朝画征录》卷3（下），第60页。见于安澜编：《画史丛书》第六册，上海人民美术出版社，1962年。曾记载：清代画家周璕曾将自己的画挂在黄鹤楼上，并索价一百两银子。当有人出钱买画，他又以画相赠。他解释将画挂在黄鹤楼上，只是寻找欣赏者。这可能是书画展示在公共空间的“孤案”，不具普遍意义。

艺术作品在博物馆（美术馆）这样的公共展示空间展览，许多不同的作品共陈于一室，在与观众发生关系的同时，创作时彼此无关的作品也在相互发生关系。展览的目的性也更加明确，展览的组织形式也在为着这样的目的性而构成一个交流平台，创作者之间、观众与创作者之间在此交流，观众不仅是来欣赏“美的作品”，更多的时候是接受新的意识传播，报纸记者承担了“评论家”的角色，展览在此成为一个综合的文化活动。美术展览承担了传播先进文化的社会责任，创作者不是在“孤芳自赏”，直接介入了大众文化活动，成为新文化与大众间的桥梁。

同样，20 世纪初的美术与书画相比也承担了传播先进文化的责任，或者说美术本身就是先进文化的产物。当时的学者对“美术”是怎样认识的呢？

1922 年 8 月 13 日梁启超在上海美术专门学校做了一次“美术与生活”的演讲。在演讲中提到：

> 中国向来非不讲美术——而且还有很好的美术，但据多数人的见解，总以为美术是一种奢侈品，从不肯和布帛菽粟一样看待，认为生活必需品之一，我觉得中国人生活之不能向上，大半由此。
>
> 要而论之，审美本能，是我们人人都有的。但感觉器官不常用或不会用，久而久之麻木了。一个人麻木，那人便成了没趣的人；一民族麻木，那民族便成了无趣的民族。美术的功用，在把这种麻木状态恢复过来，令没趣变为有趣。换句话说，是把那逐渐坏掉的爱美胃口，替他复原，令他常常吸收趣味的营养，以维持增进自己的生活康健。明白这种道理，便知美术这样东西在人类文化系统上该占何等位置了。
>
> 今日之中国，一方面要多出些供给美术的美术家，一方面要普及养成享用美术的美术人。[①]

梁启超非常敏锐地看到了中国传统的“美术”，脱离民众生活，而多数人又视“美术”为“奢侈品”，从创作者到欣赏者均视“美术”为与民众生活没有关联的东西，更遑论培养民众的审美趣味。

美术一词自日本“引进”，对美术的认识和含义也是如此。据彭修银《日本近现代绘画史》中研究，日本人对德语 Kunstgewrde 一词的翻译存在“误译”，Kunstgewrde（疑为 Kunstgewerbe）是由 Kunst（艺术）和 Gewrde（工业）两个词合成而来，日本人翻译过来仅取“绘画、雕塑”之义将德语中诗歌、音乐“略去”[②]。查《现代汉语词典》“艺”有技能、技术之义，在中国古汉语中“艺”字和“术”与德文原意 Kunstgewrde

① 梁启超：《美术与生活》，《百年中国美术经典文库：美术思潮与外来美术（1896—1949）》，海天出版社，1998 年，第 1、2 页。

② 彭修银：《日本近现代绘画史》，世界知识出版社，2010 年，第 9～11 页。

大致相同。可以推测，作为“同文同种”的东亚民族，日本人在翻译这个德语词汇时是否有意“误译”，而保持东方美术的文人画传统呢。日本1876年成立的美术学校——工部美术学校，由工部省负责。工部省的主要任务是承包铁路、矿山、建筑等以大工业开发为目的的殖产兴业，美术学校的规则明确规定“美术学校是通过学习欧洲近代的技术来弥补我日本国原来百工之不足。”① 这不能简单地认为是以实用为目的的技术教育，应视作经过西方文化冲击后，日本民族在文化观念认识上的响应，封闭的文化意识是难以与西方充满活力地文化对话。

对于已经“自给自足”的传统绘画，让其从与“虚幻”中“落地”，从“奢侈品”变成与“布帛菽粟一样看待”，让美术与实业（劝业）发生关系，未尝不是进步。相对于传统的“书画”“雅集”，“美术”“美术馆”“博览会（劝业会）”这些新的词语、概念在透过文化产生的思维刺激，和通过时空而发生的知识迁移，不是简单地知识的译介，已经介入了社会经济和意识形态的多个方面。新知识的传播者们希望有足够的词汇传播他们认为应当传播的“新知”，而这些“新知”往往是当时社会进程所需要的，顺应了社会发展方向，推动了社会进步。

博览会（劝业会）、博物馆（美术馆）在近代中国的关键时段，为公众提供了公共交往空间，传播先进文化，发挥了推动社会进步的重要作用。

作者简介：王伟毅，天津美术学院美术馆，副研究馆员，天津市河北区天纬路四号，300141。

---

① 彭修银：《日本近现代绘画史》，世界知识出版社，2010年，第9～11页。

能指与所指：博物馆展览数字化的反思与展望

——基于“互联网 +”背景下的探讨

周加胜
（深圳博物馆）

摘要：信息化、多元化网络时代的到来使传统的博物馆行业受到了空前的挑战，文物进展柜等传统的文物展览在体制观念、展示模式、展览手段等方面存在着诸多困境。展览数字化和相关教育推广手段的转型是网络时代的发展要求，当然，数字化的展览有赖于传统展览业各种要素的介入，统筹策划以提升展览质量、推广研究成果、锻炼员工队伍，形成成熟的数字展览业态。博物馆展览业唯有顺流而上，才能在网络时代开创出一条智慧博物馆之路。

关键词：传统展览　多媒体　数字化

能指与所指是西方结构主义代表索绪尔在其《普通语言学教程》中提出的概念，人们试图通过语言表达出来的东西叫“能指”；而语言实际传达出来的东西叫“所指”。在哲学上，这是一种二元论的思维模式，犹如钱币的正反面一样对立统一。具体到博物馆展览，数字化本是传统展览的“能指”所在，是其中的一种展览手段，而如今却有成为传统展览的“所指”的趋势，传统展览中的数字化手段使用越发广泛，展览的数字化渐变为数字化展览，大有取而代之传统展览的趋势。最近几年，伴随着经济的发展及城市化进程的加快，全国各地都出土了大量的文物，为了提高城市的文化品位，丰富市民的文化生活，各地开始大建新的博物馆并相应的改、扩建旧馆，各馆的展览也兴起了一股新的多媒体技术展览热潮。但在各地展览中，多存在展品形象基础薄弱和研究成果支撑不足的问题，导致了部分博物馆展览的水平不高。

一、研究成果是展览之基

博物馆的收藏、研究、展览、教育四大功能密不可分，没有收藏便无从研究；反之，没有研究，收藏会陷入盲目，展览也成为无本之水，教育推广更不可能开花结果。像上世纪九十年代初，京城市场上北魏陶俑在各大馆藏机构的抢购下出现越收越多现象，就是先期研究介入不足的结果。在“盛世收藏热”的推动下，甚至出现了像冀宝斋博物馆、华达佛教艺术博物馆等民间收藏机构被指收购大量赝品做展览，之所以引起如此巨大的争议，也是前期收藏行为缺乏以研究基础的结果。对于各地博物馆展览，其中最重要的是对各地城市史的研究和解读，这是地志性博物馆的立馆之本。现如今的各地市级的博物馆在古代可能就是一个广义的上城市群，尤如当今的长三角和珠三角城市群，历史上本属于松江府和广州府管辖范围。所以在解读城市史时不能局限于当下的城市，在涉及文物古迹保护、文化名城建设、历史文化街区的划定等问题更要从历史的源头来追述，唯有如此，才能真正透过历史去观照现实。离开了基础研究的支撑，不仅展览无从谈起，数字化更是无根之木。

研究成果在展览中首先体现在展览大纲的撰写上，国内的博物馆往往从考古的角度对藏品的时代、尺寸、类别等做简单的描述，较少对藏品背后的历史价值、文化内涵等相关信息进行揭示，这两类的展示手段运用的比例较难把握。如上海博物馆和深圳博物馆的馆藏青铜器展在这两类展示手段上就恰好步入两个极端，两馆在馆藏青铜器方面都有深厚的研究基础，然而上海博物馆就采用第一种展示手段即类似艺术品陈列的简单描述的说明形式，这种展示方式失之过简，导致了大多数观众对其镇馆之宝大克鼎视而不见。我馆的展览却采用大量增加说明文字来深度扩展内容，例如“对青铜甬钟的展示用结构图示对甬钟的分类和功能进行了说明；对青铜车马器的展示中用图例再现了‘车’字的发展历程及铜车马复原图；对青铜爵的展示中在背景板上有大量关于青铜酒器分类和‘淫酒亡国’等内容的说明，并同时对青铜爵的制作工艺利用图例的方式进行了详细描述”[①]。

这种大量的图文阅读会造成视觉轰炸而导致观众对文物信息的选择产生疲劳，如何根据内容对展示的说明文字进行取舍从而让观众把握展览的重点，这是衡量一个展览是否成功的重要标准之一。失之过简或失之过繁皆不可取，针对二馆的两个极端做法应该取中和之道，即上海博物馆要适度增加文字说明比例，而深圳博物馆可将文字说明缩减，其中大量的图示部份可以放在后期教育推广活动中。如让观众用陶土制作爵、车、马、甬钟等，然后通过颜料做成青铜色。随着3D打印技术的普及，这些不同类型的酒器等可以即时打印，也是观众参与互动的一种方式。这样就可以将展示文字大量缩短，能够让观众在快速地参观之后参与相关展览体验活动。

在如今各大博物馆争相做数字化博物馆的过程中，数字技术也为我们提供了一个展览做成多种版本的可能。比如这两个展览在传统展览过程中只能做一个版本，就是

---

① 魏敏：《博物馆展览文字浅析——观众研究视野中的案例分析》，《东南文化》2012年第2期。

我们看到的实物展览。数字化展览后，同样这个展览可以做成给儿童观看的儿童版，在内容上采用儿童字体，加入适度的动画，减少文字的说明；还可以做成中学生版，在内容上更契合课本教材，文字上不妨采用这个年龄段流行的火星文；也可以做成专家版，在内容上更加有深度；还可以做成普通观众版，着重在于普及知识，减少说明文字的阅读量。这样几种版本的展览放在官方网站或手机客户端之后，相信会更加吸引不同层次、不同年龄段的观众，通过数字化这样一个新颖的展览手段，将会大大提高博物馆对观众的吸引力。

二、统筹策划是展览之魂

策展人负责制——国内一级馆大多都是实行这一制度[①]，基本都设有展览部具体策划整年度的展览项目，各展览部门有一个运作团队包括撰写大纲、整体设计、组织施工、布展撤展、媒体宣传等。各个部门在年底可提交下一年度的展览计划至馆内的学术委员会，经馆内讨论后再将展览放至官网、微信、微博等数字化平台由观众打分评出最想看的几个展览，在综合评优之后各个策展人开始组队运作来年的展览。基于各馆的情况不同，每年推出的展览数量也不同，少则五六个，多则达二十几个，以国家博物馆为例，据其官方网站统计，今年元旦推出固定展览和临时展览共计 23 个展览同时展出。

作为 2014 年度国家文物局开始首批试点运营的六家智慧博物馆之一的广东省博物馆在这一方面更走在了时代前沿，对策展进行了大胆创新，其《牵星过洋——万历时代的海贸传奇》展览首开行业先河，尝试引入“学生策展人”制度，大胆启用来自不同专业背景的大中专学生参与到展览教育项目的策划。另外还曾携手广州地铁，在地铁广州塔站发布《千年海丝，文明广州——海上丝绸之路文化展》，市民们不出地铁站厅就能欣赏到粤博若干馆藏文物精品；同期还联合广州市少年宫，将小艺术家眼中的“海上丝绸之路”作品化身成广州地铁 APM 线文化专列、联合广东广播电视台广播英文节目 Lingnan Voices《粤洋纪》，首创推出国内电台版微信语音导览服务等，电视与微信相结合的对外传播，是数字化、智慧型博物馆的有益探索，这也是国内博物馆首次成功渗透进入其它公共文化空间的尝试。这种跨界的探索，其它博物馆也有类似与电视台等第三方公共机构合作的尝试，如湖南省博物馆主办的《还原大师——何绍基的书法世界》展览中有部分展品的配音就是邀请湖南电视台知名主持人汪涵进行讲解[②]。但是与广东省博物馆相比较，其合作力度与深度均稍逊一筹。

---

① 田甜:《论中国博物馆“策展人负责制“的建立》，南京艺术学院硕士学位论文，2012 年。

② 上海多棱镜网络科技有限公司官方微信，2016 年 1 月 5 日。

近年来，随着观众素质的提升，在展示馆藏精品文物的同时，举办各类临时展览，向观众展示各种艺术文化、展现不同时代的人文精神、已成为各大博物馆转换服务模式、增强服务内容的重要形式。以国博、故宫等各大一级博物馆为代表，积极拓宽国内外展览渠道，加强各种大型、原创精品展览资源建设，各种国内外引进及推广的临时展览数量大大超越各馆的固定陈列展览数量，基本已成为各个博物馆馆的核心业务，也是各大博物馆策展人员的主要业务之一。

国外的博物馆大多意识到临时展览太多的弊端，通常会用长达两三年的时间来策划一个大型的临时展览。如2007年9月13日大英博物馆的“秦始皇：中国的兵马俑”展览，从确定选题到展览开幕长达两年。由于宣传策划到位，其50万张门票基本销售一空，大英博物馆称“圣诞节后将把闭馆时间延长至午夜，如有必要，展出结束前博物馆将24小时不关闭”。在策展人的统筹策划下，这个展览的教育推广活动也是丰富多彩，除了传统的讲座外，还有电影展播及现场诗朗诵、书法、爵士乐的即兴表演。亲子活动中有考古小作坊、制作小兵马俑、仿造紫禁城等。还专门在中秋节赏月的同时，提供茶艺表演、品茶、学说普通话、习扇子舞等有中国特色的活动。其相应的文化产业也异常发达，小兵马俑的复制品、印有兵马俑图案的饼干、领带、T恤、杯子、书、名信片、视频等销售十分的火爆。这个展览不仅将中国文化推向了世界，也带动了各国人民来中国旅游的热情。这不仅是一个展览，更是一场文化外交，是国家软实力的一场展示①。

当然国内也有类似的经过长时间策划的走出去的展览，如2004年10月在纽约展览的“中国：走向盛唐，公元200年——750年”，这个展览策划由时任大都会亚洲艺术部主任的屈志仁耗时七年努力促成，在美国、日本、香港等地巡回展览，取得了巨大的成功。但此展览是举国之力所办，参加展览的300多件文物精品是经过14个省市47家文博单位精心挑选出来，国内单一博物馆的对外展览大多不具备这种运作实力，因此对我们各地博物馆的外出巡回展览仅仅起到一个标杆示范作用，不具备可操作的借鉴性标准。

2014年10月29日香港历史博物馆开幕的“皇村瑰宝——俄罗斯宫廷文物展”也经过了长达三年的筹备时间，这类展览相应的展期也长，一般都是三四个月之久，这样有利于后续教育推广活动的开展。除策划周期长之外，每年的临时展览数量并不多，以香港历史博物馆为例，从1990年到2000年，每年的专题（临时）展览基本固定在两个，其中1990年和1999年为五个，1991年为四个。从2001年到2014年，是展览突飞猛进的阶段，基本每年稳定在五到八个展览，最多是2013年九个。（详情见下表）从2017年开始恢复到十年前的两个专题展览，说明香港历史

① 张颖岚：《大英博物馆“秦始皇：中国兵马俑”展览的启示和借鉴》，《文博》2008年第3期。

博物馆经过这么多年的发展也在寻求一个最佳平衡点。每年四到六个临时展览应该是最佳状态，给后续教育推广工作也准备了充足的时间。展览增多，虽然表面上看成绩很好，实则大量工作人员疲于奔命，一个展览的工作没做完就撤展了，或者几个展览的工作挤在一起，观众的参与热情高，但体验质量就很差，留有很多遗憾，没有机会参与体验的观众更是颇有微词。所以，每年临时展览的数量多寡，策展人如何取舍是个很大的考验。

香港历史博物馆近二十五年临时展览数量统计表：

时间（年）	数量（个）
1990	5
1991	4
1992	2
1993	2
1994	2
1995	2
1996	2
1997	2
1998	2
1999	5
2000	2
2001	3
2002	5
2003	7
2004	5
2005	7
2006	6
2007	6
2008	7
2009	6
2010	8
2011	6
2012	6
2013	9（含外出展览一个）
2014	6
2015	6
2016	4
2017	2

（来源于香港历史博物馆官网）

国外的博物馆之所以能长达两三年举办一个展览，和它的文化市场化的动作机制密不可分。基本都是得到雄厚的资金支持，如大英博物馆的兵马俑展览得到摩根·士丹利集团的支持，香港历史博物馆的皇宫瑰宝展得到香港赛马会慈善基金的资助，由于宣传策划周密，展期相对较长，观众参观热情高，最后门票收入可以让展览实现盈利。反观国内限于公益性质，对于策展人员来说是个束缚，很少采取外来资助的模式，但也有单位像广东省博物馆开始尝试临时展览中的特别重要的展览进行收费这种模式，这是对目前的展览策划运作机制是一个重大的突破。

三、数字化手段是展览之翼

从工业时代第一家博物馆在伦敦诞生以来，展览设计的主要表现形式是实物化展览，即通过展品、展柜、文字及图片等具体的实物来向观众传递信息，然而受到场地、灯光等展出环境的制约，能够实际展示出来的往往只是少部分文物，大部分的精品仍然藏在各大博物馆的库房中。而以计算机三维化为代表的多媒体数字技术则可以让所有文物以动态形式呈现，特别是一些不可复制的场景或物品通过虚拟现实的方式，让观众可以在有限的空间内得到综合的感官体验。国内这一方面数字化技术的代表是“走进《清明上河图》”数字展示项目，将现今宋史领域的研究成果通过数字化完美的展现，通过对声音进行三维定位，模拟了图中七百多组人物对话、动作及背景声音。这种虚拟技术不仅能有效节约资源，而且它传递的信息量大，可以为抽象的概念演绎创造更广阔的空间，像360度IMAX环球影像及3D甚至于4D体验将会极大提高观众的参观兴趣，如鸟儿从天空飞过的时候我们可以感受到对面吹来的风；视频中电闪雷鸣时，展厅内的灯光同步闪烁，模拟雨点飘落的感觉；甚至可以像苹果手机的SIRI一样，做到人与物的对话。可以预见的未来，可穿戴设备、人体内植设备将替代现在媒介去收集、梳理、筛选信息，甚至可以不用视觉或听觉的方式来接受信息。数字化远程移动互联网的应用可以让博物馆提供全天候的虚拟服务，这为博物馆的传播提供了一个飞速发展的平台，为建设全民学习、终生学习的学习型社会贡献自己的力量。

伴随多媒体数字技术的发展以及互联网技术的成熟，新材料不断出现，与建筑照明相关的技术也取得了突破性进展，如今的博物馆展览被一股数字化潮流所主导，借助于多媒体技术的全方位传播，数字化展览已成为博物馆展览紧跟时代潮流的表达方式。国内第一家运用高科技、数字化展览的是北京科学技术馆，从每年的寒暑假馆内各个活动项目大排长龙就足以说明其对公众科普活动的成功。之后在各类自然馆、科技馆的数字化展览也取得了长时间吸引观众的良好效果，以文物藏品为主的社会历史类博物馆也正在迎头赶上这股数字化潮流。

随着互联网对人们的生活产生日益深远的影响，多媒体数字化的展示手段在博物馆的展览中的作用也越发重要。博物馆展览已不再是静态实物展示，影像、视频和光影结合产生的特效变幻，新颖的动态效果展示文化，更能吸引观众的注意力，让观众从传统的视觉参观转向听觉、触觉等综合感觉体验，从而更加高效地传递展览内容。如浙江余杭河姆渡遗址博物馆通过动画短片动态展示河姆渡文化先民建造干栏式房屋的过程，包括伐木、裁料、开板、取材、劈削、加工、凿卯、挖坑、立柱、架板、铺草等各道程序，深层次地传播中国传统建筑文化的知识①。从宣传推广的角度来看，这一视频也可以做成一个手工小作坊，省去伐木这一步，其它皆可现场操作，请木工师傅指导如何建造一座南方特色的干栏式小屋，儿童可以造小屋，成人可以造比例稍大一点的。数字化播放与手工操作的完美结合，能更有效的提高观众对博物馆的认可度。

尽管大部份学者将多媒体数字化视为展览的一种辅助手段②，但在现实中却大有超越实物展示的趋势。智能手机在世界范围内基本已经普及，要找非智能手机真要去博物馆参观了，以什么样的内容和方式去满足观众的心理需求，为观众提供高质量的服务，是每个博物馆人必须思考的一个问题。现在各博物馆基于手机用户的庞大需求，一般会推出 IOS 和 Android 系统的移动 APP 或者微信客户端，将实物展览及真人语音讲解全程推送到手机端。因为越来越多的人粘附于微信等互联网社交手段，当人们通过扫描二维码就能观看全部实物展示中的博物馆，而且每件文物都能 360 度三维观看时，这就对我们提出了更高的要求，如何能吸引更多的观众走进博物馆并且在博物馆中停留更长时间?

转型期的中国，社会处于动态平衡中，导致人的心理也跌荡起伏。在深圳速度的影响下，社会效率大为提高，人们的做事风格也由懒散变得迅捷。博物馆作为服务社会的公益机构，在面对社会政治、经济、文化的快速变迁及人们对于自身的忧虑、反思时，将担负起重要的舆论导向作用与传播社会正能量的使命。然而大多数人参观博物馆也是走马观花，一个小时匆匆看完，基本没有深刻印象。所以各地市博物馆还是靠本地观众来支撑，旅游观众不能深刻浸入其中。如何吸引这两部份观众的更多的时间沉淀在博物馆内，是我们要努力的方向。或许后期的教育推广活动是解决此类问题的重要手段之一。

虽然数字化三维虚拟展览已在国内蔚然成风，但目前的有关法律法规相对滞后，这是数字化、智慧型博物馆建设的潜在风险。虽然在 2015 年 5 月通过的《中华人民共和国公共文化服务保障法草案》中第一章第十条中提到：“国家鼓励和支持公共服务与科技融合，推动运用数字技术、现代信息技术和传播技术，提高公共文化服务水平”，第十四条也提出“地方人民政府应当加强基层公共文化设施的数字化建设，提高数字

① 黄彩霞：《博物馆展览传播中的视听交流研究》，浙江大学硕士学位论文，2013 年。

② 黄芳：《多媒体技术在现代展览中的运用》，《南方论刊》2011 年第 7 期。

化服务能力”，第三章第二十九条亦指出：“国家统筹规划公共数字文化建设，构建标准统一、互联互通的公共数字文化网络，建设公共文化信息资源库，实现基层网络服务共建共享。国家支持开发数字文化产品，推动利用宽带互联网、移动互联网、广播电视网和卫星网络提供公共文化服务”。看上去国家大力提倡包括博物馆在内的公共文化服务的数字化建设，但这仅是草案，而与文物及博物馆密切相关的两部大法却对此惜墨如金。《中华人民共和国文物保护法》（2015年修订版）第四章第四十六条规定：“修复馆藏文物，不得改变馆藏文物的原状；复制、拍摄、拓印馆藏文物，不得对馆藏文物造成损害。具体管理办法由国务院制定。不可移动文物的单体文物的修复、复制、拍摄、拓印，适用前款规定”。在文物数字化的过程中，仅有“拍摄、复制”条款并不足以支撑整个博物馆数字化的进程。国务院在2015年发布的《博物馆条例》对此也是语焉不详。如3D打印技术，或类似于传统的文物复制，但又有区别，传统概念的复制品是同种材料的复制，而目前的3D打印技术无法做到这一点，仅是外形相似。当然未来如果技术进步，或许打印可以做到目前真正意义上的复制。因此，为适应数字化的浪潮，这两部与我们博物馆行业息息相关的法律应该急需补充和完善相关的数字化条例。

四、教育推广是展览之源

根植于展览的教育，特别是对于未成年教育，是现代博物馆服务大众的重要基石，它肇始于美国的史密森博物馆，其在一百年前首创了儿童教育的先例[①]。2008年，我国博物馆逐步实施免费开放后，各博物馆都在探索如何针对未成年人的教育。故宫博物院、山东博物馆、内蒙古博物院等都在积极探索一种更为长效的合作机制，深圳博物馆也曾联合当地莲花小学共同推出小学生版的博物馆教材，由博物馆的研究人员赴学校定期举行讲座，并且利用双休日开展了小学生讲解员志愿者服务活动。然而，截止到2013年，仅有陕西和重庆两地政府下达通知明确要求所属教育部门把博物馆教育纳入国民基础教育体系，其它各省教育部门尚未与博物馆达成此种教育共识[②]。儿童是一个国家的未来，紧紧围绕儿童展开博物馆教育，这是博物馆教育推广的重中之重。一个优秀的展览，首先要面对儿童的世界，可以利用数字化技术做成儿童版本，结合电台、电视台、广播电台等手段进行广泛传播，让儿童真正浸入博物馆的教育之中。

国外的博物馆对教育推广服务特别重视，可以说做到了密切联系群众，从群众中来，到群众中去。各个小区的居民甚至可以通过博物馆提供的掌上电脑了解股市行情，

① 段勇：《当代美国博物馆》，科学出版社，2003年，第104页。

② 丁福利：《论我国博物馆教育发展的新趋势》，《中国博物馆》2013年第3期。

通过手势控制来建立自己喜欢的文物数据库等。像上述大英博物馆的教育推广活动也给我们一些重要的启示：（一）我们各大馆每年相互从各馆引进各种精品展览，并围绕展览进行大量的教育推广活动，限于运作机制及展出时间短等原因，很少有相关衍生的文化产品出现，从2015年度全国十大文化产品示范单位的代表作来看，多是根据自己的馆藏作品来制作相关文化衍生品，如国家博物馆的红山玉龙花瓶及杯盘组、苏州博物馆的秘色瓷莲花碗曲奇、山西博物院的千足金鸮卣吊坠、湖北省博物馆的蟠龙飞凤纹丝巾等，今后针对临时展览制作相关衍生品或许是繁荣博物馆文化产品的一个努力方向。从今年的评选结果来看，获奖文化产品多为实物产品，并没有数字文化产品，所以文化产品数字化或者说数字化的文化产品也是各博物馆文化创意产品的研发方向。（二）在后续的亲子活动中，我们国内的各馆大多仅仅是围绕临时展览开展活动，例如考古小作坊、制作相关器型的陶瓷器等，很少有开展深入宣传学习该展览所在地的文化的相关活动，如学说当地话、表演当地著名戏曲剧目等等。各地博物馆承载了地方的风俗、历史、自然、人文、经济等重要信息，尤其是各地的非物质文化遗产，更是传统文化的继承者，是各地方人民智慧的结晶。深入挖掘这种地域文化资源，带有地域性和差异性的文化才能真正吸引观众，这不失产为一个展览增加观众黏性的良好途径，以后必会推动博物馆的教育推广向纵深纬度发展。

国内博物馆的其它教育推广活动如培训小讲解员、开展流动展览、举办专题讲座等多停留在数量的追求阶段，少有质量的评估和考核，而且扎根于社区、体现地域文化特色教育的长期活动相对较少，但也有一些博物馆在这方面开始了先行先试，如四川博物院的“大篷车流动博物馆”活动将展览送到偏远山区、军营、厂矿等地，成为展览下乡的一个长期保留项目。深圳博物馆也开展了类似的流动展览活动，将展览深入到学校、社区，特别是依托市级廉政教育基地的优势，开展了长期的反腐倡廉展览下基层党政机关活动，收到了良好的反腐宣传效果，已成为一个优质的品牌展览。博物馆的教育项目只有走差异化、细分观众的发展道路，才能真正起到为全社会服务的作用。

国内各大博物馆推出形式各样的基于现代化多媒体传媒手段的展览暨教育推广活动，如通过微信发布讲座信息、活动方案、展览内容等，对观众的吸引力大为提高，虽然起到了信息传播的作用，但是这仅停留在初级的广告阶段即如何吸引你进入到博物馆中，而如何增强观众在馆内的黏性是个需要思考的问题，我们要做的不仅是要让观众走进来更要较长时间的停留下来。以国家博物馆北11展厅1月16日到3月4日推出的《张大千艺术展》为例，在微信公众号上竟然是与喜马拉雅合作推出的语音导览，作为著名艺术家的书画作品在手机端推出的是音频导赏，这是代表国家形象的一级馆的所作所为，可见我们教育推广理念是多么落后！反观国外博物馆，将数字化手段加入到馆内的实际操作应用中，在这一领域充分调动了观众参与的积极性。如哥本哈根博物馆将文物数字化之后输入到4个长103米、宽2.4米的大屏幕组成的“古迹互动墙”中，观众可以添加评论，观看自己喜欢的内容，或制作影像伟送给自己的亲朋好友[①]。甚至可以通过USB接口、蓝牙、Wi-Fi等手段直接下载“古迹互动墙”中的数据，也可以通过这些方式将自己手机、电脑中的数据直接上传到“互动墙”的数据库中进行加工编辑，真正实现了人机交互的数字化的互动，极大提高了观众的参与热情。这种电子墙暂时可以将观众停留在博物馆内，但是现在互联网的技术已经可以将这种实体的电子墙搬到网络上，并且可以24小时操作，这样吸引的将不仅仅是本地的观众，还可以吸引全球的观众，真正让博物馆变成了地球村，所以这种实体电子墙必将会被未来的虚拟电子墙所替代。当人人都可以通过手机联接这类网络博物馆时，实体博物馆对观众的吸引力只能依靠和观众互动的手工操作，即一切可能的电子化之外的动手能力，如手工制作陶瓷器、考古小作坊等，这是数字化体验所欠缺的重要一环。

国内各馆高频率的展览也给教育推广活动造成了很多困难，经常是一个展览只进行一场活动就面临要撤展境地，或是多个展览同时进行教育推广活动，但是人力资源面临巨大的挑战，观众也很难取舍，因为多活动同时进行，为了保证组织的顺利进行，就要对报名进行限制，很多观众往往各个都想体验一番，但到下次报名时展览已撤，相应的活动也结束。展览并不是越多越好，表面上是繁荣兴旺，但后续体验不佳，长此以往会造成本地观众的流失。因为只有在教育推广的活动中，观众才能从死的文物深入领会其价值与内涵，这种体会将会加强对博物馆的认同，历史文化的积淀才能真正浸润人心。

五、余　　论

自从第一座真正现代意义上的博物馆诞生以来，博物馆已经融入到社会的骨髓中，成为一个城市、一个地区的符号，进而是一个国家软实力的象征。随着智慧型博物馆的到来，这其中关键的一环——数字化展览能否取代传统展览？科技的发展让我们拭目以待。博物馆的不仅是公益的，也应该是公众的，因此每个展览不仅是博物馆的份内工作，在数字化时代，借助于互联网等多媒体手段，更应该也能更加便捷的从公众的需求出发，激发观众的参与度，进而深入了解一段文化，一段历史，激发观众的历史情怀，这对于提升个人素质，构建和谐社会并进而促进人的全面发展无疑起到积极促进作用。

作者简介：周加胜，深圳博物馆，副研究馆员，广东省深圳市福田区市民中心A区深圳博物馆，518026。

① 丹麦哥本哈根博物馆馆长杰特·桑达尔（Jette Sandahl）在第22届国际博物馆协会城市博物馆专业委员会的论坛上的介绍。

浅谈博物馆免费开放后的运营管理对策及建议

周明民
（深圳市坪山区东江纵队纪念馆）

摘要：博物馆属于社会的教育机构，长期运营经费主要依赖于政府拨款。目前，博物馆对社会人员免费开放，造成资金短缺，导致博物馆生存、发展遭遇较大冲击。在这种格局下，不得不采取经营管理改革措施，着力打造文化产业招牌，主动寻求社会资源力量，弥补自身供血不足。现在，博物馆只有通过开展多种形式各异的展览，加大宣传力度，发展文化产业，吸引和引导观众，拓展消费等一系列循序渐进的策略，开创自主经营管理的方法。笔者通过实践和学习，对博物馆的运营管理进行了详细的分析。

关键词：博物馆　运营管理　免费开放　对策及建议

一、引　　言

经过时代的发展，中国逐渐发展成为一个拥有几千座博物馆、几万人从业队伍并拥有自己科研机构的庞大而完整体系的国家。中国博物馆水平的提高，反映了社会的繁荣和进步。随着现代社会的迅速发展，博物馆所处的社会环境不断变化，公众对博物馆功能不断提出新的要求。博物馆的发展从收藏、建档、保存、展示等功能转变为积极参与地方发展和社会进步，博物馆通过各种活动，在刺激地方文化发展、凝聚地方文化认同感和促进社会全面进步中发挥着越来越重要的作用。

根据国家文物局 2018 年 1 月 4 日发布的 2016 年度全国博物馆名录显示，至 2016 年底，全国备案博物馆 4826 家，其中国家一级博物馆达 129 家，这是代表中国博物馆发展水平的第一方阵。博物馆的发展规模反映了我国博物馆水平的提高，也反映了社会的繁荣和进步。所以，在博物馆面临社会重大变革的新形势下，研究博物馆免费开放下的运营管理具有重要的意义。

二、博物馆免费开放后运营管理面临的问题

博物馆的性质决定了博物馆具有公益性的特点。随着社会的变革，近几年来，博物馆已经对外免费开放，它为全社会人民提供公共文化服务，实现和保障人民群众基本文化权益；对于完善我国现代国民教育体系和教育功能，发挥了博物馆作为公益性文化机构的社会价值。但是也面临着种种问题，有以下几个方面。

从产权的角度讲，博物馆产权归国家授权的管理机构行使，而博物馆管理机构实质上实行的是企业化经营模式。传统的经营管理模式，博物馆既要充分彰显公益性，又要在一定程度上按企业化运营，造成双重身份的尴尬。对国有博物馆实行全面免费开放是对其“经营者”身份的一种解放，恢复其作为“文化载体”应有的公益性。因此，博物馆向全社会免费开放是党的十七大关于社会主义文化大发展大繁荣的具体实践，是加强社会主义核心价值体系建设和公民思想道德建设的有效手段，是进一步提高政府为全社会提供公共文化服务水平的重要举措，是实现和保障人民群众基本文化权益的积极行动。博物馆免费开放符合世界文物展示业的发展趋势，有利于完善我国现代国民教育体系和履行教育功能，有利于发挥博物馆作为公益性文化机构的社会价值。但在博物馆免费开放过程中，也面临着一些棘手的问题，主要表现在以下几个方面。

（一）观众的观展需求多元化

随着免费开放的实施，观众结构呈现多样化特点，文化需求多元化、个性化。前来参观的人员成分越来越复杂，尤其是本地观众数量大幅度增加，在这其中，大中小学生、社区老年人、单位组织的团体观众以及以家庭为单位的观众陡增，同时，低龄儿童的数量也呈倍数增长。不同背景、不同年龄段的观众群体对展览表现出明显不同的兴趣与需求。

（二）观众观展素质的提升引导问题

博物馆免费开放，大大释放和唤醒了公众参观文物的欲望和强烈的文化需求。博物馆是接受教育、欣赏艺术的高雅场所，过去，由于各种原因，人民大众很少有机会走进博物馆。免费参观后，文化艺术水平参差不齐的观众蜂拥而至，导致观众整体素质的下降，一些观众的不文明行为会造成参观环境的下降，从而影响了其他观众的参

观质量。如何有效引导、提升观众的观展素质，形成观展文明，需要深入研究。

（三）文化资源挖掘与释放问题

免费开放绝不是简单的不收门票的问题，最为重要的是如何通过文化资源的充分挖掘、展示与利用，全面激活其潜在价值，获得持续的文化吸引力和文化魅力。现有的基本陈列由于受过去说教灌输的政治影响，展线过长、规模过大、内容过杂。观众参观时间长，导致视觉疲劳。免费开放之后，博物馆要考虑更多的是如何为观众提供令人既愉悦又满意的文化产品，持续长久地吸引公众。毕竟，当第一波“补偿性”、“猎奇性”的参观浪潮退却之后，能持续吸引观众的只能是博物馆的文化表现力、文化感染力和文化魅力。

（四）博物馆服务水平有待提高

实行免费开放是对现有博物馆体制的挑战，博物馆应该在追踪变革的激流中提高自己的应变能力和业务水平。博物馆等文化场所为公众提供的是一种文化服务产品，在体验经济的大潮里，参观者文化参观体验质量的高低，除了取决于硬件之外，服务水平高低至关重要。各免费开放机构如何改进服务、提高质量，以适应免费开放的步伐才是关键。

（五）博物馆运营成本明显增加

免费开放后，博物馆没有了门票收入，经费紧张。但是接待的观众数量却大幅度增加，随之而来的安全保卫、场馆清洁、园林卫生、文物保护、讲解服务等开始成倍增长，正常运作经费难以保证免费开放后的实际需要，这不利于调动和发挥职工的主动性、积极性、创造性，而这些都直接影响博物馆管理水平和服务水平的提高。

三、博物馆免费开放后的运营管理对策

为切实保障免费开放规范有序，保证免费开放的质量，博物馆要根据自身实际，积极改革传统管理模式，及时提出寓管理与服务的方针，制定科学计划、稳定推进的具体措施。

（一）管理规范化

免费开放后，观众数量大大增加。针对观众观展需求多样化，提出管理规范化的对策。为保证安全，让观众更好地感受历史、触摸文明，真正的启迪思想、提升素养，主要坚持三个原则：一是坚持免费不免票原则。采取发放免费参观券的措施，观众进馆参观必须到领票处按顺序排队领取免费参观券，凭券免费入馆参观。二是坚持观众总量控制原则。根据博物馆的空间活动场地面积、展现长度以及参观时间等综合因素，从保护观众、文物和公共文化设施角度考虑，实行日参观人数总量控制。同时，实施某一时段的总量控制。当某一时间段进入馆区展厅的人数达到最高限量时，采取限制参观人数的办法。三是采取限制参观人数的办法，坚持科学管理责任制原则，在管理上，为了做到降低门槛不降低服务标准和服务质量的要求，要通过改进内部管理，完善规章制度，把加强科学管理责任制作为重要内容来抓，及时采取有针对性的措施，要对开闭馆时间作出告知，要对部分人群和车辆作出限制，对不文明行为进行制止，对参观人数在科学测算的基础上作出限制。

（二）创新模式

根据博物馆免费开放的实际需求及博物馆自身的运行规律，加强博物馆内部机构调整，积极推动博物馆服务的社会化以及强化对观众观展素质的提升引导。要对内部机构职能进行适当的调整。为保证免费开放的正常运行，要将安全和接待工作作为中心来抓，并制订安防、消防、中心控制室、保安等各个环节的安全责任制和处理突发安全事故的应急预案，建立起保卫部、保安与驻地派出所协作联动机制。实行博物馆后勤服务的社会化。为保障文物安全，保持有序的参观秩序和良好的参观环境，要对安保、保洁等后勤服务实施外包，通过招投标，引进经验丰富、业绩优良的物业公司进行物业管理并加强安保力量配备，增加咨询、讲解和保洁人员数量，对观众和车辆进行有效疏导、分流和管理，保持馆区卫生。修订完善突发事件应急处理机制。针对免费开放后观众量成倍增长，要及时修订完善突发事件应急预案，提高应对紧急突发事情的能力，并进行全员培训和演练，做到早发现、早制止、早处理，预防和制止可能发生的消防以及治安犯罪事件，保证参观人员和参展物品的安全。

（三）创优服务

为切实保证免费开放的质量和效果，在讲解接待上，要按照讲解员等级评定标准，启动讲解员等级评定，通过笔试、面试答辩、展厅讲解、外语、艺术特长、民意测验、组织考察，将讲解员评定为一、二、三等级。同时要邀请资深讲解专家、历史学者以及宣传专家围绕提高讲解员综合素质、增强讲解员爱岗敬业的情感、态势语言、形体训练、历史知识等方面对讲解员进行培训。此外，还要通过展厅讲解讲评、历史知识讲座等活动，千方百计提高讲解员的业务能力、接待水平。在文明用语上，要及时制定出《文明服务用语手册》，对办公室、宣教部、保卫部、保洁部人员的用语、忌语进行明确的规定，并对所有一线工作人员如前台咨询人员、保安人员等集中组织强化培训，推行标准的文明用语、规范用语，强化服务意识和文明礼貌意识。在陈列展览上，为了让观众欣赏到更多更好的展览，要切实践行“精益求精完善基本陈列、挖掘资源增设固定展览，捕捉热点丰富临时展览、深入基层搞活流动展览”的创新发展思路，打造出一批主题鲜明、设计新颖、观众喜爱的陈列展览。在服务设施上，为了给游客营造舒适宜人的休闲、娱乐、旅游环境，使博物馆以一个最佳的面貌迎接免费开放后的中外友人的参观，要针对免费开放后观众流量增大的情况，在馆区内，对景点设备进行全面检修、新修和改造洗手间，增设观众休息区、垃圾桶、座椅和寄存柜，更新参观须知和展厅内的各种中英文指示标牌，从观众入馆、参观讲解、观众休息、卫生环境等各个环节提供良好服务。在安保设备上，为保障观众安全、文物安全，博物馆从人力到设备都要进行相应的加强，要成立急救中心，医务人员全天候值班，新增消防和监控设备，保证安防无死角，为免费开放工作的顺利开展提供保障。

（四）举办活动

活动是博物馆功能作用发挥的重要载体。为了更好地让来自五湖四海的人们体验到这个城市更加可人、平等与温暖，博物馆要坚持以人为本的宗旨，采取“引进来”与“走出去”的方式，以文物资源为依托，以创作表演为突破，以流动博物馆为载体，以基地共建为平台。流动博物馆。围绕本馆主题自编、自导、自演出一系列创新节目，制作主题流动展览，将节目、展览、文物和历史知识讲座带出展馆，以流动博物馆的形式，呈现在广大市民面前，最大程度上实现了博物馆资源全民共享的美好愿景。在国际博物馆日，邀请文物鉴定站专家实地免费为广大市民鉴定文物。基地共建。按照“资源共享为途径，精诚合作为桥梁，开展活动为载体，互利互赢为目标”的思路积极开展基地共建工作。深入企业、学校、军营，了解企业、学校和军营的概况，深入细致、扎扎实实开展基地共建工作，通过向企业员工、学校学生、部队军人提供免费讲解、举办形象报告会、进行历史专题讲座、给学生教学实践提供实习平台等方式，进行共建工作，充分发挥博物馆教育基地的作用。

（五）大力培养人才

21 世纪的竞争首先是人才的竞争，一流的博物馆需要有一流的人才，因此，博物馆专业人才队伍建设对于一个博物馆的发展有着至关重要的作用。在人才建设方面，要大力倡导学习风气，大力培育学习氛围。作为一个公共事业单位，招收人才，也受编制、财政所限，人才短缺是当前各个博物馆的通病。要想打造有世界影响的历史文化品牌，就一定要借助高水平的专家队伍。要拓宽思路、放眼四海、广纳贤才，以特聘、顾问等方式，吸引国内外一流的高校历史学者、设计界展陈专家、博物馆界以及文化旅游界大家为我所用，形成以高级人才为主导的独特的“专家库”，为博物馆的学术研究、宣传教育、展览策划等各个方面提供专业的指导，借助专家的智慧和权威，提升工作水平，发挥功能作用，扩大社会影响。要不断加强与国内外各地各类博物馆纪念馆的交流合作，通过体验性的考察学习、务实性的知识传授、实践性的操作演练，使干部员工认识到差距，力求学到经验、开阔视野、启迪思想，不断转化为改进博物馆的工作动力。与此同时，分批次选派专业技术人员参加国家、省、市文博系统举办的各种业务培训，大力提升干部员工的专业素养和技能水平。

四、博物馆免费开放后的运营管理建议

（一）不断改进服务

博物馆在经营管理时要树立以人为本的服务理念，以为人服务为宗旨，将观众的满意度作为工作绩效和完成度，要善于建立多层次服务体系。由于博物馆免费开放后，大部分工作的工作量都会增加，所以有些员工会有不满的情绪。但是绝不能因此降低了服务质量。服务人员不仅代表着博物馆的形象，甚至代表着一个城市、一段文化历史的形象，要强化以人为本观念，加强工作人员的业务培养，提升工作人员服务水平、精神面貌、服务意识及服务质量。通过不断改进人性化的服务，免费开放后的博物馆会更加受到群众的喜爱，对观众而言，博物馆会是他们假期或闲暇之时游览的最佳去处。

（二）寻找资金来源

博物馆最大的问题莫过于资金问题了，做好相应的开源节流工作才能够保证博物馆的持续发展。根据国家关于博物馆免费开放通知中的规定，博物馆免费对外开放使

门票收入减少的部分由国家财务部门来承担，免费开放使运营经费增加部分由中央财政部门给予补助。但是博物馆仅仅依靠政府的补助，是远远不够的，正常的运营需要更多的成本，博物馆需要挖掘自身的财富，不断扩大资金的来源，争取获得相关企业的赞助，以及社会和个人等的捐助。此外，博物馆也可以建立起相关的纪念商店和餐饮娱乐设施，以提高运营中的收入，同时还为游客提供了在旅途中的便利。不定时的举办不同主题的活动，吸引广告赞助商，举办特色展览吸引不同组织和群体来增加收入。

（三）科学管理人才

博物馆是文化展示的重要场所，同时也是为观众提供教育意义的重要途径。因此，博物馆应该对人才进行科学的管理，加大人才的管理力度，培养出具有高素质的服务型人才，使其树立正确的服务宗旨。首先，博物馆要制定合理的人才引进计划，为满足人员在不同部门的需求，设立机动编制，配合不同部门人员的相互调整。其次，定期对博物馆工作人员进行教育和培训讲座，为保证服务人员的技能和知识都不落后，要求工作人员不断跟进专业的素质和综合素质，提高工作质量，要求进行正规的教育和培训工作。第三，博物馆许多岗位缺口较大，可以考虑设置兼职岗位为大学生提供勤工助学的机会，或者以社会和学校志愿者的形式招募有识之士，来解决人才短缺的问题。因为社会上有很多对博物馆具有浓厚兴趣的人，学校还有很多愿意锻炼自己的学生，这样就可以解决博物馆在人力上的不足，还能够增加更多的人加强对博物馆的研究。

（四）优化管理机制

依靠国家财政部门拨款的生存方式不能够保证博物馆长久健康的发展，所以博物馆必须摆脱这种管理运营机制，根据自身条件，不断改进员工的素质，建立健全博物馆运行管理机制，对员工设置绩效考核机制以激励员工，完善各种服务设施设备，满足人们不断增长的鉴赏需求。博物馆不仅要做好社会宣传与社会教育工作，还要积极发展虚拟博物馆和数字化博物馆，不断提高博物馆的吸引力。加大文化的保护力度，避免因游客增加导致文物或者设施损坏。在工作中提升管理水平，构建完整的、科学的管理机制。通过多种方式的构建优化博物馆的管理效果，促进博物馆的可持续发展。

五、结　　语

博物馆的免费开放对于提高国民文化素质，增强艺术对人们生活的影响具有重要促进作用。虽然博物馆的免费开放不可避免的将会带来一些问题，但是相信通过相关人员的深入研究和探索，通过对博物馆的优化和改革，将会让博物馆的免费开放促进越来越多人文化素质的提升，将会让博物馆受到越来越多人的关注和重视，让博物馆的作用越来越强大。

参 考 文 献

贺德孝：《免费体制下的博物馆运营现状及对策探讨》，《客家文博》2014 年第 2 期。

刘岩石：《浅谈免费开放后博物馆的运营管理及建议》，《大众文艺》2013 年第 2 期。

潘小珍：《博物馆免费开放后的管理与可持续发展策略探讨》，《领导科学论坛（理论）》2014 年第 9 期。

乔庆功、王玮：《浅谈免费开放与博物馆发展》，《科技资讯》2008 年第 27 期。

史韶霞：《博物馆免费开放的思考》，《博物馆研究》2007 年第 3 期。

杨敬：《浅谈博物馆免费开放后教育队伍的建设与评估管理》，《沧桑》2013 年第 4 期。

张和清：《美国博物馆的管理与运作》，《中国文化报》2008 年 10 月 22 日。

作者简介：周明民，深圳市坪山区东江纵队纪念馆，专业技术六级（副高级），深圳市坪山新区坪山街道东纵路 230-1 号，518118。

三、文博工作巡礼

从天津博物馆的实践看“让文物活起来”

岳　宏

（天津博物馆）

摘要：本文从展览工作、文物提供、编辑出版、文创产品、各种讲座和体验活动六个方面论述了近五年来天津博物馆开展的“让文物活起来”的各项活动，统计了相关展览、文物的数量。提出馆内原创展览是天津博物馆“让文物活起来”的主阵地。揭示了天津博物馆将引进展览改造为充分利用馆藏文物的另一类展览的作法。在文章的结尾，根据十九大报告的精神，建议有关部门考虑在确保文物安全的前提下，分流——调拨或借展——部分文物、标本，支援区级博物馆，这样既可以解决不平衡、不充分的矛盾，使一些文物“活起来”，又能够调动区级馆的工作积极性。

关键词：天津　博物馆　文物

自从习近平总书记2013年12月30日在主持中共中央政治局第十二次集体学习时发出“让收藏在禁宫里的文物、陈列在广阔大地上的遗产、书写在古籍里的文字都活起来”的号召和2014年2月25日，在北京市考察工作时提出“让文物说话、把历史智慧告诉人们”后，全国文物博物馆界都在努力践行这一精神，积极探索“让文物活起来”的各种途径和方式方法。

“让文物活起来”可能有多种理解，但就博物馆而言，我认为就是尽可能多地搞出各种以文物为载体的弘扬中华民族优秀传统文化的展览，让那些在库房中沉睡多年的文物与观众见面，并通过多种方式让文物走近百姓，走进当代，使历史文物所具有的各种价值在当代发挥效益。因为，只有这样，才有可能使中国文化走向未来，走向世界。也正是基于“让文物活起来”的精神，国务院于2015年2月9日发布，3月20日施行的《博物馆条例》中的第四章第三十条第四款明确规定：“展品以原件为主，使用复制品、仿制品应当明示”。我理解“以原件为主”，应该是展品中的文物数量至少占总数的90%以上。

“让文物活起来”是新时代的新课题，是我们必须面对、研究和解决的新问题。这个问题至少有两个难点，其一是对它的理解容易见仁见智，其二就博物馆而言，涉及的领域仍较为宽泛，包括陈列展览、藏品保管、宣传教育、信息传输，甚至文物修复等。

就博物馆来说“让文物活起来”应该是有前提条件的，首先，要有足够多的文物，不仅展线有，库房中更多，否则“巧妇难为无米之炊”。这就为博物馆的文物征集提出了任务和目标。很多博物馆，特别是区县级博物馆往往只重视基建和展览，一旦开馆就认为万事大吉，忽视持续不断的文物征集。其次，要有能让文物活起来的人，这些人活跃在博物馆的各个工作环节上，如内容设计、形式设计、藏品保管、社会教育等。他们善于洞察机缘，抓住机遇，时时刻刻想着为馆藏文物寻找出头露面的机会。总之，“事在人为，路在脚下”。再次，应该有相应的激励机制，至少应该设法降低风险。使馆藏文物在得到积极利用的同时，还必须保证绝对安全。

开馆百年的天津博物馆无论在藏品种类和规模、队伍建设和发展还是在制度设置和执行等方面都具备了“让文物活起来”的基本条件。近五年来的实践也充分证明了这一点。这些年来，天津博物馆至少在以下几个方面，努力做到“让文物活起来”。

一、展览工作

陈列展览工作是博物馆主要业务活动之一，承担着“让文物活起来”的主要责任，是文物活用的主要形式。天津博物馆的展览工作主要包括：馆内原创展览、馆外原创展览、输出展览、引进展览和合作展览。天津博物馆围绕着多种形式的展览，努力探索“让文物活起来”的各种途径。

1. 馆内原创展览

馆内原创展览是天津博物馆使文物“活起来”的主阵地，由于良好的展出环境，馆内展览展出的文物无论数量还是种类都比以其他方式展出的更多。馆内展览又分为开馆至今的基本陈列和近年原创展览两大类。

（1）开馆至今的基本陈列

2012 年 10 月，天津博物馆开馆时的基本陈列共有 11 个，留展至今（2017 年 12 月）的还有 5 个，其中“中华百年看天津”使用文物 481 件（套），应该是展出文物最多的展览。“天津人文的由来”使用文物 244 件（套）。这两个展览均为主题陈列。两者相加达到 725 件（套）。

专题陈列中的“青蓝雅静——馆藏明清青花瓷器陈列”展出文物 224 件（套）；“聚赏珍玉——中国古代玉器陈列”展出玉器 373 件（套）；“耀世奇珍——馆藏文物精品陈列”有文物 65 件（套）。合计 662 件套，略低于主题展览。

主题陈列和专题陈列共展出文物 1387 件（套）。这些文物至今仍在被“活”用着。

（2）近年原创展览

近五年来，天津博物馆又陆续推出了一些原创展览，一大批馆藏文物被激活，得以与观众见面。

由于筹展经费较为充裕，再加上有关部门的规定、督促，天津博物馆原创展览的展示周期大为缩短，从数月、1 年到 3 年不等，以至于在展示周期方面难以区分哪些是“临时展览”，哪些是“基本陈列”。在这些展览中，2013 年有“红色经典——馆藏 20 世纪中国画作品展”，涉及馆藏文物 93 件（套）。2014 年有“海上风华——馆藏‘海派’绘画作品展”，展出文物 80 件（套），“见‘怪’非怪——扬州画派绘画精品展”，展出文物 94 件（套）。2015 年开展的“鹾之韵——长芦盐业与天津城市文化”展览，使用文物 167 件（套），“砚拓——天津博物馆藏古砚与拓片展”有文物 135 件（套），“镜影——天津博物馆藏古代铜镜展”展出文物 170 件（套），“笔墨真趣——清代四王绘画作品特展”展出文物 76 件（套），“江南双盛——金陵画派、新安画派作品联展”，展出文物 56 件（套）。2016 年展出的“晚明绘画作品展”有文物 66 件（套），“画与书归——明代中期吴门书画特展”，涉及文物 79 件（套）。“器以载道——心生乾坤寄物语”展览展出文物 160 余件（套）。2017 年的“清代前期绘画特展”展出文物 181 件（套）。“燕燕于飞——燕国历史文化展”展出馆藏文物 78 件（套）。

从 2013 年至 2017 年，天津博物馆在馆内推出的原创展览有 13 个，展出文物不少于 1435 件（套）。加上过去延续下来的基本陈列，五年来，天津博物馆馆内的原创展览共展出文物 2822 件（套）。

对于“让文物活起来”来说，馆内原创展览的最大特点是只要展出条件具备，可以最大限度地增加展出文物的数量，从而使更多的文物与观众见面，体现自身价值，发挥自身作用。由此可见，原创展览应该成为博物馆展览工作的重点，相关资源分配的主要方面。

2. 馆外原创展览

除了本馆的原创展览外，天津博物馆的业务人员还充分利用其他馆的展出平台，在馆外搞出了一系列原创展览，这些展览的大部分展品，甚至全部展品都是由天津博物馆提供或复制。其中主要有 2015 年在大沽口炮台遗址博物馆展出的“津沽御侮——天津市纪念抗日战争胜利 70 周年”展览，展出文物 55 件（套）。2016 年在鼓楼博物馆开展的“老城遗韵”展览，共复制天津博物馆藏文物 104 件（套）。2017 年完成的长芦盐业总公司长芦文化馆“长芦之韵——长芦盐业文化展”使用天津博物馆复制文物 26 件（套）。

3. 输出展览

近五年来，天津博物馆向外地若干博物馆输出了一些具有本馆特色的展览，在这些展览的带动下，天津博物馆的一批文物被活用，这些博物馆也成为天津馆藏文物活起来的新天地。这些展览主要有：2013 年输出沈阳张氏帅府博物馆的“俗世雅趣——天津民间工艺品展”，有文物 90 件（套）；输出山西博物院的“京津画派书画展”，涉及文物 89 件（套）。2014 年输出苏州博物馆和陕西历史博物馆的“世纪回眸——二十世纪中国画发展历程展”，展出文物 123 件（套）；输出深圳博物馆的“雅韵清玩——天津博物馆藏文房用具展”，展出文物 203 件（套）。2015 年输出常州博物馆的“天津博物馆藏二十世纪中国画展”，涉及文物 71 件（套）；输出山西博物院的“妙造自然——刘奎龄画展”，有文物 39 件（套）；输出扬州博物馆的“见‘怪’非怪——天津博物馆藏扬州画派作品展”，涉及文物 55 件（套）。2016 年输出云南博物馆的“天津博物馆藏杨柳青年画展”，有文物 80 件（套）。2017 年输出云南博物馆的“江南双盛——天津博物馆藏金陵、新安画派展”，有文物 50 件（套）；输出旅顺博物馆的“画坛正统——清初‘四王’的艺术世界”，展出文物 60 件（套）。

近五年来，天津博物馆因输出展览而活用的文物共计 860 件（套），如果算上同一展览先后输出两地，则为 983 件（套）。

4. 引进展览

引进展览原本只是一个单纯地利用馆外文物的机会，为了增加地域和本馆特色，只要本馆有相应题材的藏品，天津博物馆在引进展览的同时，都尽可能在其中加入本馆藏品，将其逐渐改造成为充分利用馆藏文物的另一类展览。2015，在引进“草原丝路上的民族——契丹文物精华展”的时候，在展览中增加馆藏文物 28 件（套）。同年引进的“丝绸之路文物精品大展”增加馆藏文物 10 件（套）；引进的“海上丝绸之路文物精品大展”增加馆藏文物 34 件（套）。2017 年引进的“动 · 境——中国古代体育文物展”增加馆藏文物达 79 件（套）之多，占展出文物总数的 36%。引进展览最终成了展示馆藏文物的新场所和新机遇。

5. 合作展览

由双方或多方共同提供文物的合作创展现在越来越成为一种活用文物的重要渠道和发展趋势，它既可以补充各馆之间的缺项，也可以“强强联合”，提高展览质量，增强展览的信息量和鉴赏性。同时，通过合作方之间的巡回展出，还提升了展览、文物的社会效益。近年来，天津博物馆的合作展览主要在京津冀之间展开。2015 年，天津博物馆和首都博物馆、河北博物院共同筹备、合作展出了“地域一体 · 文化一脉——京津冀历史文化展”，使用馆藏文物 71 件（套），几乎达到了一个小型展览的程度。2017 年，京津冀博物馆再度联手，共同筹备了“金玉满堂——京津冀古代生活展”。天津博物馆为这个展览提供文物 111 件（套），几乎达到了一个中型文物展的程度。同时，还为在首都博物馆和河北博物院展出的另外两个展览提供文物 94 件（套）。

综上所述，陈列展览是天津博物馆“让文物活起来”的主要方式和渠道。

二、文物提供

除了展览外，天津博物馆还向其他博物馆筹备的展览出借文物，提供文物复制品等。这些做法拓宽了馆藏文物的利用渠道，使这些文物的价值得到了充分发掘。

在出借文物方面，天津博物馆仅向天津滨海新区博物馆就借出文物 50 余件（套）。除本地外，更多的是外地博物馆，甚至国外博物馆，需要指出的是，这些出借的文物大多为馆藏精品。2013 年向英国维多利亚与阿尔伯特博物馆的“中国古代绘画名品展”出借文物 2 件，向苏州博物馆的两个展览出借文物 11 件，向故宫博物院、中国美术馆、河南博物院出借文物 11 件。2014 年，分别向上海博物馆、首都博物馆各出借文物 1 件。此后两年，又分别向故宫博物院、上海博物馆、旅顺博物馆和成都博物馆出借文物各 1 件。2017 年，天津博物馆外借文物数量达到了创纪录的高峰，总计为 181 件（套），借入单位包括北京画院、南京博物院、福建博物院、浙江博物馆、常州博物馆、绍兴博物馆和天津美术馆，涉及 11 个展览。五年来，天津博物馆向上述单位共出借文物 211 件（套），使其影响力得到了不断提升。

在提供文物复制品方面，近五年来，除了前文提及的向天津鼓楼博物馆提供 104 件（套）和向长芦文化馆提供 26 件（套）外，2013 年，天津博物馆还向中国港口博物馆提供 9 件（套）。2016 年，向天津国家海洋博物馆提供 53 件（套）。2017 年，向天津张园博物馆提供 3 件，向天津法院陈列馆“百年司法看天津”展览提供 3 件，向山东淄博足球博物馆提供 1 件。总计提供文物复制品 199 件（套）。

两者相加，天津博物馆向外界提供文物及复制品 410 件(套)。

三、编辑出版

编辑展览画册和文物图录也是使文物“活”起来的一个重要途径，而且，与展览相比它具有流动性和不受时空限制的特点，因而也深受观众，特别是业内人士的欢迎。现在，天津博物馆基本是一个展览一本画册。目前已出版的画册有《中华百年看天津》《天津人文的由来》《青蓝雅静——馆藏青花瓷器展》《聚赏珍玉——天津博物馆馆藏玉器展》《耀世奇珍——天津博物馆精品展》《鹾之韵——长芦盐业与天津城市文化》《海上丝绸之路文物精品大展》《动 · 境——中国古代体育文物展》《地域一体 文化一脉——京津冀历史文化》等。

四、文创产品

博物馆开发文创产品是近年兴起的一个充分利用馆藏文物的新途径。天津博物馆作为天津市唯一一家文创试点单位，深入挖掘馆藏资源，贴近观众，设计开发了一系列文创产品，主要有：结合藏品战国行气玉佩名开发了迷你便携榨汁杯，结合藏品清代刘融的《溪山对弈图轴》、清无款《投壶图轴》、宋代张择端的《金明池争标图页》开发了LED钥匙投影灯，结合太保鼎纹饰开发了仿鹿皮包、行李牌和卡通形象产品等，结合藏品清珐琅彩芍药雉鸡纹玉壶春瓶开发了冰箱贴等产品，结合藏品明朱砂荷鱼澄泥砚开发了手机支架，结合馆藏恽寿平书画开发了磁性书夹和文件夹。还开发了多款帆布包、文创饼干、束口袋和《天津博物馆馆藏瓷器涂色系列》、《天津博物馆恽寿平花鸟作品图涂色系列》等。这些文创产品逐渐融入了观众的日常生活，延伸了文物的使用功能，扩大了藏品的文化影响。

五、各种讲座

天津博物馆在馆内外开设了多种形式的文物讲座，吸引了一批固定听众。特别是还多次进学校、社区进行讲座，普及文物知识，提高学生、百姓的文物鉴赏水平。

截至目前，天津博物馆的工作人员已经到包括天津一中、实验中学和岳阳道小学等多所中小学讲授包括镇馆之宝——西周太保鼎、北宋范宽的《雪景寒林图轴》、清乾隆款珐琅彩芍药雉鸡纹玉壶春瓶等在内的几十件文物，丰富了学生们的在校生活，提高了他们的美学鉴赏能力，成为素质教育的重要组成部分。

早在2015年天津博物馆的工作人员就曾到河西区的十几个社区举办文物和展览讲座，讲解馆藏的长芦盐文化文物。2017年又32次进社区讲解展览“器以载道”和“动境——中华古代体育文物展”展出的文物。

六、体验活动

除了单向讲解外，天津博物馆还推出了互动式体验活动，它是一个以青少年为服务对象、带有教育、娱乐性质的互动过程。在这一过程中，学生们可以从对馆藏文物的绘制、印拓和制作以及模拟考古中得到满足和乐趣，从而达到寓教于乐的目的。从2013年至2017年，天津博物馆共举办各种互动体验活动330次，平均每年66次。

七、一点建议

习近平总书记在十九大报告中明确指出：“中国特色社会主义进入新时代，我国社会主要矛盾已经转化为人民日益增长的美好生活需要和不平衡不充分的发展之间的矛盾。”这种美好生活需要包括了对文化生活的需要，这种需要与不平衡不充分的发展之间的矛盾，在当前的天津文博界，主要表现为这样一种现象：一方面，少数单位，如天津博物馆、天津自然博物馆和天津市文化遗产保护中心等，积累了大量藏品，这些藏品中的大部分，特别是重复的部分可能永远都没有展出的日子，即根本不存在“活”起来的前景。另一方面，很多区级博物馆，能够展出的文物寥寥无几，库房里更是空空如也，很难满足当地人们的文化需求。我以为，这就是不平衡、不充分。为了解决这一矛盾，必须深刻领会，积极践行十九大报告的精神实质，建议有关部门考虑在确保文物安全的前提下，分流——调拨或借展——部分文物、标本，特别是当地的出土文物，支援区级博物馆，这样既可以解决不平衡、不充分的矛盾，使这些文物“活起来”，又能够调动区级馆的工作积极性，促进这些馆软、硬件的发展。

上述六种方式只是天津博物馆“让文物活起来”的主要方面，并不是所有探索，其他形式尚有网络应用等。但笔者以为，博物馆的首选方式应该是陈列展览。

附表　2013—2017年天津博物馆展览及出借文物统计

序号	时间	展览名称	性质	使用文物量
1	2013	京津画派书画展	输出山西博物院	89件（套）
2	2013	俗世雅趣——天津民间工艺品展	输出沈阳张氏帅府博物馆	90件（套）
3	2013	英国维多利亚与阿尔伯特博物馆“中国古代绘画名品展”	出借文物	2件
4	2013	苏州博物馆“石田大穰——吴门画派之沈周特展”	出借文物	3件
5	2013	苏州博物馆“衡山仰止——吴门画派之文徵明特展”	出借文物	8件
6	2013	故宫博物院“色彩绚烂——故宫博物院钧窑瓷器展”	出借文物	1件
7	2013	中国美术馆“天津泥人张彩塑优秀作品进京展”	出借文物	9套
8	2013	河南博物院“鼎盛中华——中国鼎文化”展览	出借文物	1件
9	2013	天津美术馆“华枝春满——李叔同书法、信札展”	合作展览	14件（套）
10	2013	“守望经典——中国书画收藏展”	原创	5件
11	2013	“红色经典——馆藏20世纪中国画作品展”	原创	93件（套）
12	2014	海上风华——馆藏“海派”绘画作品展	原创	80件（套）
13	2014	见“怪”非怪——扬州画派绘画精品展	原创	94件（套）
14	2014	世纪回眸——二十世纪中国画发展历程	输出苏州博物馆	123件

续表

序号	时间	展览名称	性质	使用文物量
15	2014	群星璀璨——二十世纪中国画发展历程	输出陕西历史博物馆	123 件
16	2014	雅韵清玩——天津博物馆藏文房用具展	输出深圳博物馆	203 件（套）
17	2014	周野鹿鸣——宝鸡石鼓陕西周贵族墓地出土青铜器展	借展上海博物馆	1 件
18	2014	凤舞九天——楚文化特展	借展首都博物馆	1 件
19	2015	笔墨真趣——清代四王绘画作品特展	原创、基本陈列	76 件（套）
20	2015	江南双盛——金陵画派、新安画派作品联展	原创、基本陈列	56 件（套）
21	2015	鹾之韵——长芦盐业与天津城市文化	原创、基本陈列	167 件
22	2015	草原丝路上的民族——契丹文物精华展	引进展览	28 件
23	2015	砚拓——天津博物馆藏古砚与拓片展	原创、基本陈列	135 件
24	2015	镜影——天津博物馆藏古代铜镜展	原创、基本陈列	170 件
25	2015	地域一体・文化一脉——京津冀历史文化展	合作展览	71 件（套）
26	2015	丝绸之路文物精品大展	引进展览	10 件（套）
27	2015	海上丝绸之路文物精品大展	引进展览	34 件（套）
28	2015	天津博物馆藏二十世纪中国画展	输出常州博物馆	71 件（套）
29	2015	汝瓷雅集——故宫博物院藏汝瓷展	借展故宫博物院	1 件
30	2015	妙造自然——刘奎龄画展	输出山西博物院	39 件（套）
31	2015	见“怪”非怪——天津博物馆藏扬州画派作品展	输出扬州博物馆	55 件（套）
32	2016	画与书归——明代中期吴门书画特展	原创、基本陈列	79 件（套）
33	2016	晚明绘画作品展	原创、基本陈列	66 件（套）
34	2016	器以载道——心生乾坤寄物语	原创、基本陈列	160 余件（套）
35	2016	天津博物馆藏杨柳青年画展	输出云南博物馆	80 件（套）
36	2016	竹素流芳——周颢艺术特展	借展上海博物馆	1 件
37	2016	永远的长征——纪念红军长征胜利 80 周年	合作展览	23 件（套）
38	2016	传古启新——学人罗振玉	借展抚顺博物馆	1 件
39	2016	丝路之魂——敦煌艺术大展暨天府之国与丝绸之路文物特展	借展成都博物馆	1 件
40	2017	清代前期绘画特展	原创、基本陈列	181 件（套）
41	2017	燕燕于飞——燕国历史文化展	原创、基本陈列	78 件（套）
42	2017	金玉满堂——京津冀古代生活展	合作展览	205 件（赴北京 60、河北 34、天津 111）
43	2017	动・境——中国古代体育文物展	引进展览	79 件（套）
44	2017	江南双盛——天津博物馆藏金陵画派、新安画派展	输出云南博物馆	50 件（套）
45	2017	画坛正统——清初‘四王’的艺术世界	输出旅顺博物馆	60 件（套）

续表

序号	时间	展览名称	性质	使用文物量
46	2017	沽上撷珍——天津市第一次全国可移动文物普查成果展	合作展览	18件（套）
47	2017	笔砚写成七尺躯——明清人物画的情与境	借展北京画院	8件（套）
48	2017	壶阁传芳——常州画派女画家精品展	借展常州博物馆	6件（套）
49	2017	伊秉绶书法艺术展	借展福建博物院	6件（套）
50	2017	青藤白阳——徐渭、陈淳书画艺术特展	借展南京博物院	19件（套）
51	2017	湖上有奇峰——蓝瑛作品及其师承影响特展	借展浙江博物馆	3件
52	2017	圣贤之道——阳明的故事	借展绍兴博物馆	1件
53	2017	梅景传家——清代苏州吴氏的收藏	借展苏州博物馆	1件
54	2017	岁月涟漪——近代"湖社"画会展	借展天津美术馆	64件（套）
55	2017	百年流变	借展天津美术馆	36件（套）
56	2017	津沽翰墨——天津书画300年	借展天津美术馆	30件（套）
57	2017	大爱无声——《护生画集》真迹展	借展天津美术馆	7件（套）
58	至今	中华百年看天津	原创、基本陈列	481件
59	至今	天津人文的由来	原创、基本陈列	244件
60	至今	耀世奇珍	原创、基本陈列	65件（套）
61	至今	青蓝雅静	原创、基本陈列	224件（套）
62	至今	聚赏珍玉	原创、基本陈列	373件

作者简介：岳宏，天津博物馆，研究馆员，天津市河西区平江道62号，300201。

博物馆青少年教育的转型

——以天津博物馆“馆校合作”为例

边　静
（天津博物馆）

摘要：博物馆教育是社会教育的重要组成，在提升人文素养、促进美育发展方面发挥了重要作用。近年来，随着博物馆资源的开发利用、课程改革的政策推进，博物馆与学校之间的合作不断深入，青少年教育工作由单一的参观、活动体验等形式，发展为根据课程需求“量身订制”个性化教育内容，推动了博物馆的社教改革。在此形势下，天津博物馆顺潮流而动，在实践中摸索出一套具有可行性的“馆校合作”模式，将博物馆教育资源切实融入到学校教学之中。

关键词：博物馆　青少年教育　馆校合作

一、博物馆与学校合作背景

教育是博物馆服务社会的主要职能和手段，根据2015年我国颁布的《博物馆条例》指出，博物馆是“以教育、研究和欣赏为目的，收藏、保护并向公众展示人类活动和自然环境的见证物，经登记管理机关依法登记的非营利组织”，这是一个完整的博物馆新定义，与此前所有博物馆定义存在显著区别。它首次明确了举办博物馆的目的是“教育、研究和欣赏”，并且把教育排列第一位，突出博物馆的教育公益性，突出强化和强调博物馆的教育功能。在教育范畴中，基础教育直接关系国家未来，学校在基础教育中扮演着重要角色。但就我国基础教育的发展状况来看，学校往往偏重于以书本知识传授为主的文化课教育，将学生情感、态度、价值观的培养放置于次要位置。随着21世纪初开始的课程改革，十多年来教师对于学生的培养侧重发生了变化，新的课程标准更加强调学习能力与素质的养成。以历史学科为例，在《义务教育历史课程标准（2011年版）》中，明确提出要“发挥历史学科的教育功能，以培养和提高学生的历史素养为宗旨”[①]。而历史素养正是“通过日常教化和自我积累而获得的历史知识、能

---

① 教育部：《义务教育历史课程标准（2011年版）》，北京师范大学出版社，2011年，第2页。

力、意识以及情感价值观的有机构成与综合反映；其所表现出来的，是能够从历史和历史学的角度发现问题、思考问题及解决问题的富有个性的心理品质"[①]。由此可见，历史知识只是历史素养的一部分，能够将历史知识与历史能力、意识、情感态度价值观等进行有机叠加才是课程改革对历史学科的切实要求。作为一个典型的非正式学习机构，博物馆通过在展览中融合适宜青少年参观学习的元素、开展有针对性的社教活动，完善学生的学习经历和获得学习经验的过程，有效促进了基础教学中的历史知识升华至历史能力、历史意识层面，进而形成有态度、有情感的价值观指导。2015 年 6 月，国家文物局、教育部出台了《关于加强文教结合、完善博物馆青少年教育功能的指导意见》，它以建立中小学利用博物馆学习的长效机制为重点，坚持"均等便利"、"互利共赢"和"机制创新"为原则，按照"重参与、重过程、重体验"的教育理念，开发教育项目，建设教育资源库和项目库，把博物馆教育融入课程和教材体系，在课程建设和课程标准修订中强化中华优秀传统文化相关内容[②]。这一政策充分显示出国家文物部门、教育部门对文化机构和基础教育系统之间互为增补的认可与支持。具体到博物馆角度而言，将丰富馆藏资源包装成课程资源纳入到学校教育当中无论对学生的学习过程还是教师的教学工作都会产生显而易见的影响：

1. 打破课本束缚，开发研究性学习能力

博物馆馆藏资源丰富，具有深厚历史内涵的实物很容易调动青少年的好奇心和求知欲。相比书本知识，博物馆藏品具体而生动，能让学生直观了解它所反映的文化特征，通过对特定藏品的学习认识，有效加深对书本中相关内容的理解。当学生走入博物馆，场馆中轻松的非正式学习环境对学生发展具有独特价值，展览内容中的专业概念可以带来学术多方面的信息刺激，充分调动各种感观，使学生身临其境，在愉悦性情中增长知识、培养能力、陶冶情操，形成正确的人生态度和价值观，这都是传统课堂无法代替的。

2. 拓宽思路与方法，促进传统教学模式改变

在西方，博物馆课程资源在 20 世纪 80 年代就被看作是学校课程开发模式的重要资源补充，博物馆的丰富资源不仅打开了学生认识世界的大门，在内容与形式上同样促进教师教学思路和方法的改变。通过参观博物馆、在校内开设特色课程、动手体验传统文化技艺等形式，教师可以在具体情境中充分利用博物馆资源，进一步丰富校外

---

① 吴伟：《历史学科能力与历史素养》，《历史教学——中学版》2012 年第 11 期。

② 崔波：《文教结合：吹皱青少年教育的一池春水》，《中国文物报》2016 年 1 月 5 日第 5 版。

本土课程的内容，借助博物馆学习优势探索学生能力培养的路径。

二、天津博物馆“馆校合作”的内容与形式

博物馆与学校各自互为独立主体，“馆校合作”使它们产生关联，为达成共同目标而形成分工与合作的互动关系，这一目标从广义上说是发挥各自优势，实现不同资源的有效配置；狭义而言就是促进博物馆和学校更好地发挥它们的教育职责，促进博物馆工作人员和学校教师共同研发衔接博物馆资源与课程教材之间的教学内容与方法，为学生提供有意义、有价值的学习活动。

天津博物馆的馆校合作工作由来已久，早在建馆之初就与多所中学建立了共建合作关系，主要形式是以学生参观学习为主，定期走进校园开展历史文化讲座。早期馆校合作活动现场气氛热烈，无论是馆内还是校内都呈现参与人数众多的热闹场面，但就学生的学习效果来看，很难达到预期目标，既不能因材施教，根据兴趣爱好激发学生的求知欲，也没有对学科内容的深入研发。随着新的课程改革实施，学校与博物馆对如何利用文物资源做好辅助教学工作均提到了议事日程上，博物馆以“教师研习班”形式邀请人文学科教师走进博物馆，使他们充分了解博物馆的丰富资源以及探究式学习环境是学校所无法比拟的。目前，天津博物馆开展的馆校合作教育活动主要包括以下几方面：

1. 天博历史研习班

2012 年 12 月 13 日，天津博物馆与河西区教委联合开展“携手共育”——中小学社会实践教育活动推动会，为天津博物馆正式纳入河西区中小学社会实践教育体系进行积极准备。随后，天津博物馆与梅江中学合作，成立“天津市梅江中学天博历史研习班”，由博物馆资深专家在馆内及学校开展系列培训课程和交流活动，就“中华百年看天津”大型历史陈列开发研习内容，使教师充分了解博物馆的文物资源、专家资源。在“馆校合作”过程中首先着眼于对教师的培养，利于教师与博物馆专业人员建立良好关系，提升教师业务发展空间，进而有能力为学生解析博物馆内的藏品与展示，发挥教师在双方合作中的“轴承”作用。

2. 天博特色课程

为吸引更多学生参与到博物馆活动中来，天津博物馆打破了原有的单一化讲座模式，开发出特色学习模块，利用博物馆的藏品与专业优势，结合书本知识将展厅内容

划分为成系列的“天博精品课程”。特别是针对“中华百年看天津”这一展览，学生通过天津近代政治、工业、商业、教育等多专题的学习，能够串联起一个较为完整的天津近代历史发展脉络。而独具特色的讲解培训、传统文化体验等，让学生能够亲身感受与传播博物馆文化。

天津博物馆特色课程实施方案

课程名称	课程形式	地点
天博课堂	以班级或社团为单位开设历史、美术等人文学科课程，通常是系列专题，具有连续性。	学校
特色教育培训	主要包括专题讲座、礼仪培训、讲解培训等。专题讲座以年级为单位，以展览介绍、如何参观博物馆等启迪性内容为主。礼仪与讲解培训则是针对兴趣浓厚的学生，全程由博物馆专业人员把关，将校内学习、馆内实践相结合，选拔佼佼者成为天博“小讲解员”。	学校及博物馆
传统文化体验	结合基本陈列、临时展览，让学生学会运用观察、聆听、触摸、嗅闻、品尝、扮演、制作等参与体验方式深入了解与博物馆资源相关的主题内容。	学校及博物馆
流动展览	结合“中华百年看天津”、“梁启超和他的孩子们”等陈列制作展牌，还原展览内容，弘扬爱国主义和良好家风文化。	学校

3. 公共在线教育平台

在“互联网＋”影响下，博物馆这一传统文化机构与时俱进，借助科技手段进行大量创新。2016年以来，天津博物馆与南开大学共同打造了“天博公共在线教育平台”项目，该项目是以天津博物馆优质文化公共资源为基础，借鉴国际流行的MOOC（慕课）教育技术模式，利用全媒体在线教育为技术手段，依托网络云平台，力求打造一个国际领先的博物馆公共教育平台。项目建设内容主要分为两个部分：一为博物馆公共在线教育云平台建设，二为基于文博资源的公共课程化建设。平台引入MOOC（慕课）教学理念与模式，通过精心的课程结构设计，短而连续的多媒体教学资源进行引导式学习，推动优质公共文化资源的普及。高度灵活的可定制化后台可随时新建课程、或为已有课程添加新的内容。教师和学生用户可以摘录教学资源、记录学习心得，并可导出至邮箱或分享在社交媒体中。课程建设方面，其设计理念主要体现在四个方面，一是适应受众碎片化阅读习惯，对讲述内容进行科学有序的拆解；二是以知识为依托，以趣味为出发点，进行传统文化知识的重编码；三是以动态短视频讲解为核心，用有声文本的听读功能，进行内容传播的强化，配合多样。同时利用在线笔记与学习内容转发功能，使受众又成为一个全新的信源；四是以馆藏精品陈列为基础建设课程，配合有声文本、图片、PPT等富媒体资源，整合成一个紧凑短小，而深入有趣的课程。

截至2017年6月，“天博公共在线教育平台”已将“耀世奇珍——馆藏文物精品陈列”视频内容全部上传，初步在天津市六所中学进行试用，近两千名学生登录学习，以撰写课后心得的方式向教师、博物馆提出反馈意见，以供后台对技术问题进行更正调整。目前，此教育平台在国内可谓首屈一指，它的使用方式贴合当下学生“快餐式”阅读习惯，可用于各类移动终端，深入解读博物馆珍稀藏品，通过与学校合作的方式，做实传统文化推广工作。虽发起于网络，但最终目的却是将学生吸引到博物馆中，获得更有效的参观体验。

三、关于博物馆青少年教育转型的思考

将博物馆教育融入到青少年教育特别是学校教育的体系当中是一个不断累积经验、相互磨合的过程，博物馆从引领学生参观的简单介入到根据教学内容进行课程研发，体现了博物馆社会教育在青少年人文素养形成这一环节中发生的巨大变化。从实践中观察，博物馆与学校在合作过程中各自带有以往所不具备的主观能动性，在培育青少年人文素养方面基本达成共识，因而产生了良好收效。博物馆青少年教育的转型是博物馆教育职能做大做强的表现，从“馆校合作”这一案例来看，首先可以促使博物馆形成品牌效应，扩大与不同教育主体的全方位合作；具有可持续性的实施方案能够推进合作双方的深入研究，不断发现问题解决问题，形成最佳合作成果。其次，“馆校合作”机制可以充分发挥博物馆的教育资源优势，使青少年充分博物馆的丰富资源、享受独一无二的学习氛围。

但与西方国家相比，国内博物馆在青少年教育领域起步较晚、整体水平相对落后，不同地域之间因受到经济发展水平的限制也呈现出明显差异。根据现有状况，国内博物馆需要从发展理念、人员素养、课程开发等方面做出不懈努力，从而促进青少年在博物馆有效汲取文化养分。一是要彻底转变博物馆的传统教育理念。在终身教育、学习社会化思潮的影响下，人们意识到教育不应仅仅定位于学校这个范畴之下，因而博物馆应着力发展社会教育渠道，延伸博物馆教育职能边界，使博物馆成为青少年学习成长中具有影响力的重要环节。二是要加强博物馆教育人才的吸纳与培养。目前在博物馆中承担社会教育与传播的工作人员数量屈指可数，他们大多由于岗位设置的特殊性呈现出流动性大、一人身兼多项工作任务等问题，因此对博物馆来说专职教育人才的培养迫在眉睫。在吸收社会教育特别是青少年教育人才中，应当将是否具备师范教育背景纳入考量之中，并加大力度对现有人员进行系统化的教育培训，使他们成为博物馆青少年教育转型工作的有力承担者。三是要深入探索课程开发，创新教育内容与模式。无论是馆校合作还是面向家庭的亲子体验等社教项目，如果实施过程中试点时间短、博物馆资源开发深度不足，都可能使教育项目的推进较为仓促，内容粗糙，最

终造成将博物馆青少年教育仍然偏向于展览推介以及藏品的简单展示。博物馆需要深度挖掘文物资源内涵，开设切实有益于提高学生学习效果、素养养成的课程或活动，满足学生、教师、家长的切实需求，使青少年教育活动从“一次性”走向“常态化”、“品牌化”。在创新教育模式上，博物馆应当根据本馆资源和青少年自身特点确定教育目标，可以遵循一体化、分众化原则开展青少年教育活动，在与学校的合作中，重点分析博物馆资源与不同学科课程或教材的衔接点，以适合的形式落实到青少年学习当中。

博物馆青少年教育归根结底是将浓缩了的社会科学、自然科学知识融入青少年日程学习，通过轻松、直观的形式在潜移默化中影响他们的德育、美育养成。青少年的发展关系到祖国未来，因而博物馆在新时期做好青少年教育转型工作责无旁贷。

作者简介：边静，天津博物馆，馆员，天津市河西区平江道62号，300201。

博物馆社会教育和文化传播的再探索

陈　彤　李冠龙
（天津戏剧博物馆文庙博物馆管理办公室）

摘要：博物馆的发展历程无疑是对人类文化特别是区域历史文化的传承。天津戏剧博物馆依据百年戏楼建筑载体，突出“天津戏剧大码头”的文化资源特色，通过合理建立博物馆文化旅游融合机制，开展“乘高铁、游津城，百年戏楼把戏看”的主题旅游线路；与专业院团合作推出常态化的京剧剧目演出，打造博物馆品牌；开展馆校共建的博物馆教育新模式；开展适宜的文创产品开发；利用“互联网+”尝试开展无边界博物馆的构建。增强博物馆发展活力，不断探索博物馆社会教育和文化传播的新途径，以期更好地发挥其在传承和传播中华优秀传统文化中的积极作用。

关键词：博物馆　教育功能　文化传播

博物馆的发展历程无疑是对人类文化特别是区域历史文化的传承。天津戏剧博物馆依据百年戏楼建筑载体，突出“天津戏剧大码头”的文化资源特色，通过建立合理的博物馆文化旅游融合机制，开展“乘高铁、游津城，百年戏楼把戏看”的主题旅游线路；与专业院团合作推出常态化的京剧剧目演出，打造天津戏剧博物馆专题戏剧演出剧场品牌；实施跨地域、跨界合作；开展馆校共建的博物馆教育新模式；尝试开发适宜的主题文创产品开发；利用“互联网+”开展无边界博物馆的构建。增加博物馆发展活力，不断探索博物馆社会教育和文化传播的新途径，以期更好地发挥其在传承和传播中华优秀传统文化中的积极作用。

一、对天津戏剧博物馆资源优势的再认识

天津戏剧博物馆是天津唯一的一座具有戏剧展览及剧场演出功能特色的专题性博物馆和重要的旅游景点，它是在原广东会馆原址基础上成立的专题博物馆。其旧址为广东会馆，建成于1907年，是天津海关道二品官广东人唐绍仪等筹集白银九万两后历时四年修建而成的，是极具岭南风格的古建筑群，用于当时旅津的广东商人休息、聚会、娱乐。目前，保留的主体建筑占地二千多平方米，包括一座四合院（原祀神场所）和一座古戏楼（原娱乐场所）。尤其是主体建筑戏楼已成为国内会馆建筑的一个重要代

表，是国内规模最大、保存最为完好的古典式戏楼，它的伸出式舞台，悬臂式结构、金碧辉煌的藻井、精美的岭南风格的内部装饰都令中外游人叹为观止。广东会馆深厚的人文内涵也可圈可点。1912年，孙中山先生北上时曾在此舞台作演讲，发出了“我中国四万同胞同心协力，何难称雄世界”的呐喊。1919年，邓颖超也在此舞台上演出过话剧，为人熟知的“四大名旦”也曾在此舞台演出过。1985年，在广东会馆旧址上成立了戏剧博物馆，并将其四合院开辟为展室，观展内容为“中国戏曲发展史”“中国京剧发展史”“国内首座梨园拜师堂复原陈列”“中国京剧人物艺术造型展”。1986年9月对外开放，2000年7月广东会馆戏楼晋升为国家级文物保护单位。戏楼古建筑作为天津市内保存完好的历史文化载体，其自身文化价值凸显。

戏剧博物馆所在的老城厢地区是天津城市建设发源区，南面紧邻天津市著名的风味一条街——南市食品街，北面是天津市繁华的商业集散地——大胡同商业区，东北面是天津市著名的古文化街，地理位置重要。

二、探索博物馆社会教育和文化传播的新途径

博物馆如何适应新形势，更好地发挥博物馆的价值作用，是需要博物馆人不断尝试的课题。为打破博物馆游客稀少、门票收入入不敷出的尴尬局面，探索尝试利用博物馆自身资源优势，开展与专业旅行社的合作模式。天津戏剧博物馆是天津地区唯一的戏剧类专业博物馆，其内的广东会馆戏楼更是天津地区独特的历史文化载体，为我们开展博物馆文化旅游资源的融合提供了得天独厚的条件。2016年，在连续2年财务亏损的被动局面下，经过市场调查，多方联系，细致选择，深入沟通，权衡利弊，天津戏剧博物馆首次尝试与北京一家专业旅行社签订了旅游合作协议，迈出了探索博物馆引入市场化运作、探索博物馆文化与旅游资源融合实践尝试的第一步。利用天津戏剧博物馆身处京津冀一体化区域内的优势地理位置，以国家级文物保护单位，百年戏楼为载体，让天津“戏剧大码头”的深厚戏剧资源底蕴与北京旅行社的专业旅游市场开发运作合作，开展“乘高铁、游津城，百年戏楼把戏看”的主题旅游线路，利用便利的京津冀城际高铁，将北京、河北的客人载到天津戏剧博物馆，在百年国宝戏楼内，观看京剧剧目演出，欣赏相声表演。这一旅游主题路线的推出，为戏剧博物馆一年直接营利75万元，当年即扭亏为盈，促进了更多业务活动的开展，博物馆物业行政管理均大为改观。观众置身于具有百年历史的天津广东会馆古老戏楼内，切身体会中华优秀戏曲传统文化。社会效益良好，使天津戏剧博物馆在博物馆社会教育和文化传播功能上发挥了更加积极的作用。

图一是天津戏剧博物馆近五年接待观众数量和门票收入统计。由图可直观反映出，博物馆与旅行社合作后的2016年天津戏剧博物馆接待观众数量比前一年增加241.25%，

图一　天津戏剧博物馆 2012—2016 年观众数量和门票收入

门票收入增加 875.93%，均实现突飞猛进的增长，而与旅行社的合作收入则占到了戏剧博物馆当年门票总收入的 85.34%，更是占到戏剧博物馆全年总收入的 56.12%。可见，适宜的博物馆文化与旅游业资源的有效融合，可以有效增加博物馆观众数量，扩大博物馆社会影响力，是博物馆适应新形势、拓展社会教育和文化传播职能的有效措施之一。

三、打造博物馆专业剧场演出品牌

天津素有“京剧大码头”之称，戏迷众多，尤其国粹京剧更是有着广泛的群众基础。根据这一特点，天津戏剧博物馆与天津市青年京剧院等专业院团开展合作，将天津戏剧博物馆戏楼打造成青年京剧人才教学实践基地。利用每周日的时间，推出天津市青年京剧院等专业院团演员的专场常态化演出，对外低票价开放售票，效果很好。一方面锻炼了专业演出人才队伍，积累了年轻演员的剧场演出实践经验；一方面培育天津戏剧博物馆戏楼剧场的市场认知度，逐步打造天津戏剧博物馆戏楼剧场演出品牌，扩大博物馆的社会知名度；同时在整合京剧院团和戏剧博物馆自身资源的基础上，借助戏楼剧场这一载体，让古老的戏楼“活起来”，在保护广东会馆古建筑的前提下，探索将会馆剧场这一宝贵的历史文化遗产创新性发展、创造性转化，从人文和环境上得到合理利用。天津戏剧博物馆周日京剧演出专场于 2012 年至 2016 年周日京剧专场演出收入逐年增加（图二），受到越来越多戏迷的认可，并形成长期受众群体。

由此可以看出，通过这几年有针对性的市场培育，戏剧博物馆剧场演出逐渐形成市场，从而吸引更多的观众来博物馆参观、来广东会馆剧场观看京剧专场演出，增加了博物馆新的人文内涵，并逐渐打造天津戏剧博物馆百年戏楼的特色剧场品牌，形成博物馆新的社会教育和文化传播途径。

图二　天津戏剧博物馆京剧常态化演出收入

四、对博物馆文物古建开展合理有效利用

借助天津戏剧博物馆戏楼的独特艺术效果和环境，与天津电视台合作开展电视台固定栏目《相声大会》的拍摄，在确保戏楼古建安全的前提下，合理利用其现有价值。相声在天津也是有着广泛群众基础的文艺节目，《相声大会》每月在天津电视台的定期播出，无疑为戏剧博物馆起到了积极的宣传作用。人们在欣赏相声的同时，也欣赏到天津戏剧博物馆古典戏楼、伸出式舞台的独特魅力，从而增加了天津戏剧博物馆在市民中的知名度，并为博物馆赢得了良好的社会效益和经济收入，也加大了对旅游业的吸引力度。这也是天津戏剧博物馆借助戏楼剧场建筑载体，宣传了相声文化，起到了博物馆教育、文化传播的作用。

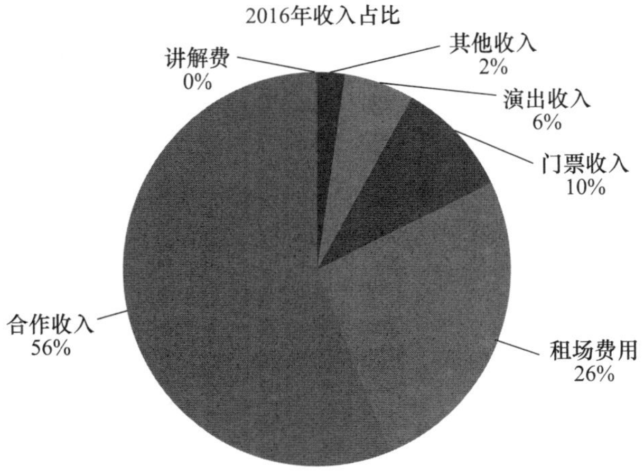

图三　天津戏剧博物馆 2016 年收入占比

由图三可以看出，以 2016 年为例，与旅行社开展专题旅游的合作收入占天津戏剧博物馆全年总收入的 56%，戏楼剧场京剧专场演出收入占总收入的 6%，与天津电视台

合作，利用戏楼场地拍摄专题节目《相声大会》收入占总收入的26%，日常开放参观门票收入占戏博总收入的10%。由此可以得出结论，博物馆借助建筑为载体，开展合作演出，是增加观众数量的有效途径之一。观众增加，无疑会增强博物馆文化传播力度和教育职能作用的发挥。

五、博物馆社会教育和文化传播的再思考

博物馆社会教育和文化传播并不是一个新的课题，但新的形势无疑赋予了这个课题新的内涵并为相关问题的解决提供了新的途径。

（1）更新观念，充分利用博物馆资源优势，尝试博物馆文化传播和教育的新模式。为适应新形势，博物馆有必要摆脱等观众上门、静态展览等传统的展陈方式，以更加务实的合作，多形式地让文物“活起来”，对博物馆资源加以合理利用，适应新形势下观众对文化的需求，以新的文化商品的形式满足观众对博物馆文化的多元化需求。当然，利用文物的前提是要保护好文物古建的安全，遵循“保护文物、合理利用”的文物保护原则，坚守博物馆公益服务宗旨不动摇，多元化开展博物馆教育和文化传播才是博物馆发展可行途径。

（2）开展馆校共建的博物馆教育和文化传播。青少年教育是社会教育的重要组成部分，也是博物馆社会教育工作的主要内容。博物馆教育与学校教育的有机结合，无疑是开展青少年教育的最直接有效方式。针对学校教育需求，博物馆教育手段互为补充，而博物馆教育内容也更为具体形象。天津戏剧博物馆与天津市教育局合作，开展小学生戏剧实践基地活动，全市小学生代表到博物馆舞台上表演戏剧片段，亲身体验舞台戏剧表演，感悟中华戏曲的独特魅力。天津市崇化中学新疆班的学生们，春节假期到天津戏剧博物馆参观百年戏楼建筑，在雕梁画栋、美轮美奂的建筑之中，登上舞台载歌载舞，亲身感悟中华文化的博大精深、奥妙无穷。通过这种馆校共建方式，学生们感知博物馆、感悟中华文化，从而增强对民族文化的认知和热爱，增强对民族文化的认同和自豪，增加对祖国的热爱。同时这种馆校共建方式也增强了博物馆社会教育的作用和文化的传播。

（3）合理进行文创产品的开发，延伸博物馆社会教育和文化传播的功能。好的博物馆文创产品是博物馆展陈的延伸和扩展，让观众将博物馆的“展品”带回家，无疑会增加观众对博物馆展览的兴趣，也是对博物馆文化的宣传，进而丰富博物馆文化传播和社会教育的内涵。如天津戏剧博物馆木雕的缩微造型、戏剧人偶的模型以及相关文化衍生品的开发，寄寓有形的实物以无形的文化魅力，更好地起到教育和文化传播的作用。

（4）利用“互联网＋中华传统文化”的新模式，尝试开展无边界博物馆的构建。

随着现代科技的进步，博物馆展示手段日新月异，尝试建立天津戏剧博物馆馆藏文物的数字媒体展示，3D立体地展示给观众。借助“互联网+”，既能展示戏剧文物等可移动文物、戏剧博物馆古建筑全貌以及美轮美奂的木雕、砖雕等不可移动文物，又能展示京剧经典唱段、剧目演出实况，便于游客的细致欣赏、细心品味，进而增加对博物馆的喜爱、参与和关注，同时也增强博物馆对游客的吸引力，实施跨地域、跨界域地传播博物馆文化，从而促进博物馆社会教育和文化传播的力度。

深刻认识天津戏剧博物馆自身的特色资源优势，准确了解博物馆在新形势下的定位，合理保护利用博物馆古建文物，深入开展博物馆文化与旅游资源的融合，积极开展馆校共建活动，合理开发博物馆文创产品，开展与专业院团的合作，打造博物馆独特文化品牌，利用“互联网+”的新模式，促进博物馆历史文化遗产的“创新性发展，创造性转化”，不断增强博物馆社会教育和文化传播的作用。

参 考 文 献

王宏钧主编：《中国博物馆学基础（修订本）》，上海古籍出版社，2001年。

习近平：《文明因交流而多彩，文明因互鉴而丰富》，《中国青年报》2014年3月29日。

作者简介：陈彤，天津戏剧博物馆文庙博物馆管理办公室，副研究馆员；李冠龙，天津戏剧博物馆文庙博物馆管理办公室，副研究馆员，天津市南开区东门里2号，300090。

名人故居文化资源整合与信息传播

——以李叔同故居纪念馆为例

冯　骥

（李叔同故居纪念馆）

摘要：通过对北京、上海等地的名人故居类纪念馆在文化资源整合与信息传播领域所做工作的调查研究，一方面总结了李叔同故居纪念馆在此领域的现状和不足，另一方面在借鉴其他优秀名人故居纪念馆成功经验的基础上，为纪念馆的未来工作方向提出了几点设想，希望借此扩大李叔同故居纪念馆的社会影响力，发扬光大弘一大师的人文精神。

关键词：名人故居　资源　信息　李叔同

随着社会经济的不断发展，在物质需求不断得到满足的同时，人们对于精神财富的需求程度也不断提高，越来越多的博物馆、纪念馆等文化场所应运而生。在这些文化场所中，名人故居类纪念馆无疑是非常重要且特殊的一种。名人故居纪念馆一般以故居为基础建立或改造，主要展示人物当时的生活和工作场景，介绍人物生平事迹，配以相关的文物展示。人物的生平贡献和社会知名度直接影响着观众对于这类场馆的兴趣。因此，如何进行资源整合并加强宣传，提高公众对历史人物的认知程度，成为名人故居类纪念馆的重要工作。对于李叔同故居纪念馆来说，开馆几年来的各项工作取得了一定的成绩，但在资源整合与信息传播上的不足导致了本馆知名度不高，弘一大师李叔同在天津乃至于北方的文化影响都比较有限。为了改善这一情况，本调研拟对北京、上海等地的优秀名人故居类纪念馆相关工作进行考察，汲取成功经验并应用于今后的工作实践中。

一、文化资源整合与信息传播对于名人故居类纪念馆发展的重要作用

文化资源整合，是近些年来常被提起的一个热门话题。一般而言，资源整合是指

由一个主要部门牵头，多个部门协同合作，合理分配和调用整个区域内的各种人力、物力、财力，实现事业的整体健康协调发展。在文化事业中，一个区域拥有的文化资源通常包括风景名胜区、遗址遗迹、博物馆、纪念馆、非物质文化遗产等，也包括本文中主要涉及的名人故居。近些年以来，各地对于历史名人影响力的重视程度正在逐渐提高，在立法、行政、建设等多个方面不断加强名人故居的保护力度。这种情况下，如何更好地开发和整合名人资源成为各地相关部门的关注焦点。

与其他文化资源不同，名人故居资源有其固有的特殊性：个体影响力差异极为明显，而人物的影响力和知名度直接制约着故居本身的发展，情况较为复杂。一般而言，近代著名历史人物、杰出艺术界人物的故居均比较知名，更容易得到国家资金和政策的支持，其社会影响力也较为明显，如宋庆龄故居、梅兰芳故居、鲁迅故居等。而对于一些先天不足、知名度较低的人物故居来说，通过上级部门对资源的整合，一方面可以部分解决人力、财力不足的问题，改善故居基本建设，提高观众参观时的舒适度；另一方面如果能够深刻挖掘人物的不同层面，对人物进行整体性宣传，在提高人物知名度的同时，对于增强故居影响力有直接的帮助。而观众也会对该人物有更深层次的认识，从而对故居产生更大的兴趣。

二、北京、上海等地优秀名人故居在文化资源整合与信息传播上的成功经验

位于北京市东城区灯市口西街丰富胡同 19 号的老舍故居，在 1997 年由老舍家属有偿捐献给国家，并于 1999 年经改造后对外开放。与故居同时被捐献的，还有一部分老舍收藏的字画和古董，以及老舍夫人创作的字画，以充实故居馆藏。在此基础上，借由资源整合，老舍纪念馆与宋庆龄故居、鲁迅故居、郭沫若纪念馆、梅兰芳故居等北京多家名人故居纪念馆实现多馆联合，共同举办了“中华名人展”“文化名人与北京精神”“为中华民族崛起——弘扬文化名人的爱国情怀”等多个展览，不仅在国内进行巡展，还远赴日本进行集中宣传，介绍中国名人的生平与成就。同时，老舍纪念馆在北京市文化局、北京市文物局的支持下，与北京市曲剧团、老舍文艺基金会等多家单位进行深度合作，举办老舍剧目驻馆演出活动，并将这种形式固定为常态化。这种生动的演绎方式对于宣传老舍优秀作品、传播优秀文化、扩大老舍在群众中的影响力都有重要作用。

上海韬奋纪念馆地处上海市重庆南路 205 弄 53、54 号，其中 53 号为邹韬奋事迹陈列展，54 号为邹韬奋故居。该纪念馆以邹韬奋故居为基础，早在 1956 年便开始筹建，1958 年建成对外开放。在保持故居原状，介绍邹韬奋光辉一生的同时，韬奋纪念馆充分发挥资源整合优势，利用馆藏和征集得来的大量相关书籍建立起了韬奋图书馆，

对社会公众免费提供相关史料的查阅服务，一定程度上增加了公众对邹韬奋的兴趣。另外，韬奋纪念馆利用人物本身特点，与少年儿童出版社、《少儿文艺》编辑部等单位进行合作，自2011年起联合举办“韬奋杯”全国中小学生创意作文大赛，迄今为止已成功举办了五届。这一系列比赛不仅增加了公众对韬奋纪念馆的关注度，还取得了极佳的社会影响力和社会效益，也极大地推动了韬奋精神的宣传。

20世纪画坛巨匠齐白石早年故居位于湖南省湘潭县白石铺，齐白石于1864年在此出生，至1900年迁出。故居于2000年由文化部门征收后修复，2001年对外开放，并将周边地区开辟为风景名胜区。在改善故居设施的同时，为了宣传这位文化名人，湘潭市政府与中国文联合作，自2004年起开始举办齐白石文化艺术节，至今已成功举办四届，在艺术节中展示齐白石绘画精品、当代名家书画作品，举办活动普及书画知识、宣传齐白石的艺术成就，还设立了“齐白石艺术奖”鼓励新兴美术作品的创作。并且，湘潭市投入巨资，以齐白石纪念馆为核心，连同齐白石公园、湘潭市群众艺术馆等，建立了齐白石文化艺术中心，并计划建设齐白石艺术城进行招商。

三、李叔同故居纪念馆在资源整合和信息传播方面的现状和不足

李叔同故居纪念馆于2011年底开馆，至今已有五年时间。经过近些年的努力，纪念馆通过多种手段，努力改善故居影响力和知名度。

（一）征集文物丰富馆藏，策划多种题材展览

在上级单位的大力支持下，我馆成功在拍卖会中征集到弘一大师手迹，并逐年增加纪念馆临时展览的数量，同时成功举办了“华枝春满——李叔同书法信札展”“海河之子——李叔同与天津”等大型展览。除了在举办纪念活动时邀请电视媒体、平面媒体进行采访外，我馆同时邀请到著名演员濮存昕担任“李叔同文化推广者”配合活动，在传播李叔同优秀文化的同时，对于本馆的宣传也起到了很大推动作用。

（二）配合展览进行宣教，组织宣传活动进校园、社区

为了加强青少年教育，我馆先后多次组织学生赴馆参观，举办冬令营、美术写生等体验活动，使学生对李叔同产生更加感性的认识。同时纪念馆一直在推进“馆校合

作”计划，与各个中小学签订合作协议，在为学生们讲解李叔同人文精神的同时，还开展了文化传承活动，为学生开设书法体验课程，培养学生审美情趣，提高文化修养，传播优秀传统文化。同时，我馆宣教人员还携流动展览进入各个社区进行宣讲活动，介绍李叔同的生平事迹和艺术成就。

（三）大力加强数字化平台建设

在与传统媒体保持密切合作的同时，我馆大力建设网站和微信等数字化平台，通过新兴媒体加强对我馆的宣传力度。目前，我馆已完成微信平台的改造项目，建构 15 个模块全方位展示李叔同文化信息，及时向观众推送展览信息和李叔同相关文化知识，在一定程度上起到了宣传窗口的作用。

尽管我馆目前发展态势良好，但由于各种原因，建立之初就面临诸多不利条件，很多工作上都存在着一定的不足，在一定程度上影响了故居的发展。而这些先天性的不足并不是纪念馆自身所能够解决，而是需要社会各方面力量的共同努力。

1. 故居建筑

原故居房屋本属市级文物保护单位，但因年久失修和地理位置不佳，在海河道路规划中被拆除，不得已在原址附近重新修建。虽然重建后的故居仍基本按照文献中原址图样规划建造，但由于图样是按照后人回忆所绘，毕竟与原故居房屋已有所不同，对于观众来说也产生了一定的隔膜感，影响了故居的知名度和影响力。

2. 藏品与展览

由于故居的建立时间较晚，错过了收集弘一大师文物的最佳时机，这导致了纪念馆相关藏品极为匮乏，展示给观众的只是过去场景的复原和相关的临时展览，吸引力相对有限。实物类藏品的不足，特别是与弘一大师直接相关物品的不足，导致展览缺乏展品基础，只能以展示图片和复制品为主，无法对观众施加比较直观的影响。而在目前的艺术品市场中，弘一大师相关物品虽数量不少，但鱼龙混杂、难以甄别，并且其价格一路上涨，动辄几十万甚至数百万，并非纪念馆本身的资金力量所能负担，这使得纪念馆获取珍贵藏品的机会更为渺茫。

3. 人物影响力

虽然弘一大师李叔同的一生丰富多彩，无论是出家之前在多个艺术领域作出的卓越贡献，还是出家之后对佛学的精研，其成就都影响深远，但其在北方的活动时间较短，并且主要是少年成长期，绝大多数时候，李叔同在南方更加活跃，这直接导致了人物影响力在南北方的巨大差别。对于位处北方城市的李叔同故居纪念馆来说，社会对于李叔同的关注不足也是一个相当不利的因素。

4. 宣教活动

资金和人员的缺乏，使得宣教活动的强度和密度都较为不足，并没有完全达成预期效果。虽然我馆与很多学校和教育局达成了合作协议，但宣讲形式和活动内容都较为单一，无法完全满足学校方面的需求。而本馆人员有限，无力编写文化体验课程的相关教材，难以形成较为系统性和计划性的教学。

四、李叔同故居纪念馆在文化资源整合工作中的改进方向

（一）在上级部门的支持下继续征集相关文物

虽然本馆以展示复原陈列为主，但重要文物的展示对于提高本馆知名度和观众的认知度仍然是非常重要的，丰富的馆藏也是展览不断创新的保障。如前所述，弘一大师相关的藏品价格水涨船高，单凭馆内经费远远不足，鉴定人才也比较缺乏，因此需要上级单位进行资源支持。在 2016 年 6 月份西泠印社拍卖有限公司举办的“清心——弘一法师书法专场”中，在天津博物馆等上级单位的大力支持下，我馆成功以 48 万元的价格拍得 1937 年弘一大师致刘光华书信。这是自李叔同故居纪念馆开馆以来第一次成功征集弘一大师手迹，对本馆来说也是一个良好的开始。在今后的文物工作中，我馆需要继续进行此项工作，以丰富馆藏文物。

（二）与天津其他名人故居纪念馆进行深度合作

在近代天津涌现出了很多的文化名人，其中不乏与李叔同交往密切者，如赵元礼、王守恂、王襄等；而许多在社会上名动一时的人物晚年也选择寄寓天津，留下了大量的名人故居。对于在书法、音乐、美术、话剧等多个领域都有建树的李叔同来说，很容易找到与其他名人相关的契合点进行宣传。因此，本馆可以考虑在上级单位的协同下，与其他名人故居纪念馆展开合作，采用共同展览、宣教等多种手段，一方面在宣传李叔同的同时，介绍其身边密切相关的重要人物，使观众对李叔同产生更加直观和

立体的认识，另一方面也可以通过共同展示近代天津的先进人物，形成集团优势，传播优秀传统文化。由于各个故居纪念馆的所属不同，要实现这一目标，需要各个上级单位协同合作，实现人员、资金的合理分配。

（三）策划举办李叔同艺术节，评选李叔同艺术奖

李叔同在艺术方面的成就有目共睹，其中以书法和音乐最为令人称道。在20世纪中国十大杰出书法家评选中，李叔同位列其中。特别是其出家以后所创造的弘体，不温不火，平淡冲逸，令人称道，在现今的艺术品市场中也成为众多买家追逐的焦点。而李叔同出家之前长期从事音乐教育工作，创作了《送别》《春游》等一批脍炙人口的学堂乐歌，近代浙江大半音乐教师都出自其门下，影响深远。因此，建议在天津市范围内设立李叔同艺术节和艺术奖，展示和表彰青年艺术工作者的优秀书法和音乐创作作品。努力将李叔同艺术节打造成长期、稳定的品牌，并逐渐扩大影响范围，增加评奖的权威性。要实现此种设想，仅凭纪念馆本身的力量显然不足，一般需由市级政府出面牵头协调，整合纪念馆、书法音乐专业人士、媒体等各方面资源才能达成。

（四）努力举办题材多样的临时展览

李叔同一生涉猎广泛，在音乐、戏剧、美术、书法等多个领域都取得了常人难以企及的成就，而在其传奇的人生中，他与多位中国近现代文化名人都有着密切的交往。这对于纪念馆来说是丰富的展览题材。尽管我馆馆藏物品数量和种类都不足以支撑规模较大的展览，但可以进一步发掘历史文档，利用大量图片和复制品来扬长避短，举办一些主题和形式灵活多样的小型临时展览。在履行纪念馆基本职能的同时，围绕李叔同举办各种系列的展览，讲述其各项艺术成就与人际交往等易于理解的内容，有利于观众对李叔同产生更加全面的了解，加强本馆知名度的宣传。

总而言之，要想提高弘一大师李叔同的文化影响力并非一朝一夕所能达成，一方面需要纪念馆工作人员和社会热心人士的共同努力，继续征集大师相关文物，加强馆际交流与合作，整合手中现有的资源，发挥纪念馆优势，另一方面也要善于抓住机遇，在上级部门的大力支持下，打造李叔同文化品牌，将李叔同作为天津优秀文化名人的代表进行宣传，做到有效的信息传播，才能将李叔同丰富的人文精神发扬光大。

作者简介：冯骥，李叔同故居纪念馆，助理馆员，天津市河北区粮店街62号，300143。

新时代博物馆发展初探

何晓萌
（天津博物馆）

摘要：面对高新技术飞速发展的社会背景，博物馆如何在“免费开放”的境况下谋求新发展成为普遍关注的焦点。博物馆的影响力不应仅以参观人数为衡量，博物馆传播的文化是否深入人心应成为核心评价标准。新技术、新媒体的应用将真正拉近博物馆与公众间的距离，成为博物馆事业持续发展的有效手段。本文简要分析新兴科技在博物馆中的应用方式，为博物馆文化服务提出新建议，将经济效益的提升引入博物馆经营环节，实现博物馆社会效益与经济效益的双赢。

关键词：新技术　新媒体　经济效益　博物馆特色文化

当今世界，随着经济技术的飞跃式发展，社会各领域都面临着前所未有的机遇与挑战。如何实现高新技术与“本体”的无缝衔接，高效利用科技媒介实现变革，谋得生存从而不为时代洪流所湮没，成为公众关注的焦点。博物馆也不例外，在如此猛烈的技术冲击下，融合新媒体，掌握高科技，才能继往开来，实现社会价值与经济效益双赢。

在“免费开放”的时代下，博物馆谋取经济效益广受争议，但没有坚强的经济后盾作为支撑，精彩的展览和体验项目在策划设计和实施的过程中就会受到掣肘，难以推进。因而，在政府支持的基础之上，不以营利为目的的博物馆经济活动显得尤为必要，亦是博物馆生存发展的关键。

随之而来的问题是，博物馆的收费项目能否再被公众接受？“免费开放”将博物馆引下了看似遥不可及的高台，神圣的“文化光环”吸引着大众走进场馆之中，游走于展品和历史之间，感受自然界与人文社会的文化遗存带来的震撼。在参观人数激增的背后，参观质量又该如何保证？这里所提到的“参观质量”并不指参观环境及其他文化服务，而是观众通过参观所得的收获，丰富多样的知识与无限延伸的思考。“免费开放”蒙蔽了公众，忽视了参观的“初心”，更多的是“逛街式”的开开眼，或假期时光的休闲选择。不少观众走出场馆后感叹“博物馆不过如此”，可见，即使扬起“免费开放”的大旗，博物馆却仍逃不过“知音难得”的窘境。也正因为此，博物馆收费项目势必会受到公众排斥，以至于影响博物馆文化功能的充分发挥与社会价值的真正实现。

参观人数可以统计，但文化影响无法衡量。个体之间的生活环境、文化水平、接受程度千差万别，普及博物馆文化，播撒知识火种，需要因人而异。而“one to one”的传播如何实现，灵活应用新媒体便是最有效的手段之一。谁都无法否认技术的力量，它们在“互联网 +”的大环境下显示出足以改变世界与人类的强大力量。足不出户便可通过网络游走世界，新闻事件一秒钟即可传遍各地，无须钱包也可轻松完成支付，新技术新媒体已经逐渐渗透到生活中的方方面面。所有行业都最大限度地挖掘科技潜力，广泛利用新媒体抓住发展机遇。博物馆则更应重新审视自己，精准角色定位，以“技术”说话，用“意趣”包装，借“媒体”宣传，为“文物”代言。

一、借“技术”说话

在高新技术迅猛发展的今天，各式各样的新科技令人应接不暇，其更新换代速度之快无法言喻，也许前一秒刚掌握一项新技能，下一秒就会“out”，大众始终在追赶科技的脚步。谁也无法想象，当今时代一部小小的手机竟会如此强大，除了最初的通话功能，乘车、购物、买票、订餐……只有你想不到，没有它做不到。更令人惊诧的是，也许某天就可以“靠脸吃饭”，“刷脸支付”如今正在逐步普及。“无人超市”“无人驾驶”等“无人技术”也开始走进大众生活。面对技术爆炸的大环境，博物馆必须时刻关注技术领域的新成果，用技术提升文化服务功能。

伴随互联网技术的惊人发展，“数字博物馆”应运而生。数字博物馆摆脱了实体博物馆的局限，通过 3D 模型展示指引受众在虚拟博物馆中自由参观游览，欣赏展品三维影像，查阅场馆资料及文物信息，下载展品高清图像及学术研究成果，甚至可以参与在线互动活动，在娱乐中享受文化。公众不再受到时空的限制，可以随时随刻从博物馆中获取所需资源，在逐步认识博物馆的同时激发求知兴趣；还可以通过留言、论坛等发表个人建议意见，为博物馆建设及未来发展出谋划策，真正实现“零距离”接触，加深彼此了解。博物馆文化借助技术将更广泛、更深刻、更有效地根植于公众内心，实现社教价值。

对于博物馆自身而言，数字技术的应用也将推动博物馆管理水平的提升，如馆内藏品“全资料”的整合搜集，业务档案的整理保存，各类信息的提取查阅等等，办公效率将大大提高。博物馆之间还可以借助数字平台实现资源互通，合作设计展览、策划活动将更加便捷。随着“全球化”的日益深入，利用数字技术实现全球资源共享，加强跨国合作，使民族文化走向世界，同时引进各国特色文化，搭建国际文化深入交流的桥梁。

目前，数字博物馆的应用仍处于初级阶段，发展前景极为广阔。但数字技术的应用成本较高、复合型人才急需培养、政策财政支持有待提高等问题将成为数字博物馆发展进程中的拦路虎，势必影响博物馆事业的长期发展。不过，随着新技术研究及应用的日益深入，摆脱阻力推进数字技术普及，指日可待。

2017 年 10 月 10 日，故宫端门数字馆就推出了“发现 · 养心殿——主题数字体验展”，运用 AI（人工智能）、VR（虚拟现实）、语音图像识别等多种先进技术，使观众“走进”养心殿，与朝中重臣“对话”，“朱批奏折赏玩文物”，实现了传统文化与高新技术的完美融合，带给观众更真实难忘的文化体验。由此可以预想，借助博物馆数字化让文物、文化“活起来”将成为大趋势。

1. VR 技术

VR 即 Virtual Reality，虚拟现实，利用电脑模拟产生视觉、听觉、触觉、运动等感知，让使用者身临其境。受众通过 VR 看到的景、人、物全部是虚拟的假象，应用到博物馆之中，比较常见的就是“虚拟游览”，登陆博物馆官网，无须亲临场馆便可进行参观游览，欣赏展品。利用 VR 技术，公众可以“无死角”观看文物，不会受到展柜的限制。

2. AR 技术

AR 即 Augmented Reality，增强现实，利用电脑技术将虚拟信息应用到真实世界，使真实环境与虚拟物体叠加到同一个画面或空间。受众通过 AR 看到的景、人、物一部分是真一部分是假，例如首都博物馆推出的文物 AR 卡片，通过一张带有文物照片的卡片，借助 AR 技术就可以显现文物的三维立体虚拟影像，轻轻松松将“文物”带回家。

3. 3D 打印

3D 打印即利用 3D 打印机打印立体物体，3D 打印机以金属、陶瓷、塑料、砂等打印材料，通过电脑控制将这些材料一层层叠加起来，最终将电脑中的图像变成“实物”。借助 3D 打印，把“文物”带回家变成可能。或者结合该技术设计特色体验活动，例如在 3D 打印的以馆藏文物为原型的碗、盘、壶、瓶上绘制纹饰，拼接文物 3D 构件等，使文物知识更加深入人心。

二、用“意趣”包装

免费开放使博物馆参观人数不断增加，但如何使博物馆文化真正走进受众产生积极影响是亟待解决的问题。不少参观者在场馆中“走马观花”，静置的文物展品对他们缺乏吸引力，走出博物馆后一无所获，只求“到此一游”。有些观众对文物、历史兴趣浓厚，但面对数量众多的展品、展览，不知如何规划参观行程，获取所需资料。部分“专家型”观众则希望获知更多最新研究成果，近距离接触文物进行鉴赏。当然，博物馆文化并非普适性，公众文化水平不一、文化需求相异，参观效果自然不同。这就需要为公众提供更广阔、更具吸引力的交流平台，更多地展示场馆和展品的特色内涵、趣闻轶事，通过新颖独特的展陈设计，调动参观者的求知欲望，激发参观主动性与拓展思考。

1. 特色门票注重实用

针对首次参观的受众，不了解场馆基本情况，入馆后“一头雾水”，简单的门票设计可以轻松解决这一问题。在门票上印制博物馆的展厅资料（展厅名称、参观路线、重点文物及位置等），为参观者提供参观指导建议。

2. 重点文物突出展示

（1）展厅入口处可设计重点文物简介图版，使参观者“心中有数”，合理安排参观时间。

（2）重点文物的展柜式样应与众不同，使其在展厅中更醒目，便于参观者找寻。

（3）设计重点文物详解图页置于展柜旁，帮助参观者深入了解文物。

3. 问题展牌引发思考

设计提问式展牌引导参观者主动思考，增强参观趣味性。如介绍文物的用途可以改变平铺直叙的讲述方式，通过展壁展板提问“它是做什么用的”，再在展牌中给出答案，改变“走马观花”式的参观。

由于博物馆展出文物种类多，数量大，参观者无法在短时间内了解所有展品，这种突出重点的展示方式使参观者抓住关键信息，有所收获。博物馆文化并非如学校教育般的灌输式传播，而更多的是潜移默化、循序渐进的文化影响。吸引受众反复参观，接收更多讯息，成为博物馆的“常客”。

4. 细分受众专属服务

博物馆应进行科学的受众细分，针对不同参观对象提供针对性服务。对于“忠实受众”，新颖多样的文化体验项目必不可少。随着公众文化需求的日益增强，参观博物馆，享受文化休闲乐趣蔚为风尚。特色文化体验项目不仅可以激发参观者的兴趣，更能加深其对博物馆文化的理解认识。将文物历史知识融入实践体验活动中，通过互动感受文化魅力。

文化体验项目的开发是博物馆实现社教职能的重要手段，国内众多博物馆都致力于打造各具特色的品牌活动。将博物馆自身特色与文化体验活动有机融合，寻找展品中的某一盲点进行精心设计（如以文物的流传经历为题材举办特色故事会、话剧演出等），广泛借鉴，独辟蹊径，令博物馆文化焕发新生机。

对于“专家型”受众而言，文物藏品本身的吸引力更强，内容多样的专题讲座及鉴赏交流沙龙尤为必要。邀请相关行业的知名专家讲述文物历史，分享研究成果，以新的视角为受众提供专业指导，开阔眼界。除了专家讲座之外，还可以为这类受众提供互相交流的平台，通过开放式的文化互动实现普通观众间的学习心得分享。

三、借“媒体”宣传

2015 年 3 月 5 日，在十二届全国人大三次会议上，李克强总理在政府工作报告中首次提出了“互联网 +”行动计划，所谓“互联网 +”是指，将互联网与工业、商业、贸易、金融、通信、交通、旅游、民生、政务等各领域高度融合，实现“1+1>2”，从而创造更大效益。博物馆要充分利用互联网展示自身特色，将各类展览、馆藏文物标本、特色主题活动等告知公众，扩大受众范围，更好地发挥文化影响力。

1. 双微应用

微博、微信平台现已全面覆盖各类博物馆，通过双微平台发布最新资讯，使公众第一时间了解场馆信息，有效拉近了博物馆与公众的距离。得益于微信功能的不断开发，受众通过微信还可以享受多种文化服务，语音导览服务、文化活动（体验项目、公益讲座等）报名、意见建议反馈等，提高公众的文化参与度。

2. 直播

手机直播正处于井喷式发展阶段，已逐步渗透到各行各业。而博物馆直播是吸引年轻受众的重要方式。通过直播跟随主持人参观展览，聆听专业讲解员的讲解，了解博物馆文化活动情况，不用走进博物馆也可以感受现场氛围，满足年轻受众的文化“快消费”需求。博物馆可以与网络媒体联手进行直播，借助媒体平台扩大影响力，培育粉丝群。

3. 视频

与网络视频媒体合作，策划博物馆专题系列节目，介绍馆藏文物，讲述文物背后的精彩故事。通过视频平台展示更为丰富的文物资料，打破展厅的限制，引入新颖的形式，使历史文物走出博物馆。

4. APP

设计博物馆APP，以多样化的方式展现博物馆文化。例如趣味游戏（展品连连看、文物找不同、纹饰填创意色、趣味知识问答、数字国画创作、皇帝养成记等），文物解读（文物高清图片、基本信息、流传经历、特色价值等），全景体验（展厅虚拟场景），文化体验（特色活动、公益讲座、研讨会等），展馆资讯（最新展讯、馆内新闻等），文创产品等。开发博物馆手机APP，为公众提供高品质的文化服务，使博物馆走进大众生活。

5. 远程教育

设计博物馆网络课程，与学校教育实现互补。课程服务对象不仅局限于在校学生，只需通过注册，登录博物馆课程系统即可参与学习。课程内容按照难易等级进行划分，形成系统教学并随时更新，配备相关教案教材，使用户全面了解博物馆课程。博物馆可以与大中小学校、中专技校及老年大学等各类学校达成共建合作，将远程教育课程作为选修课纳入学分，提升综合素养，丰富文化生活。

四、为“文物”代言

博物馆的一系列文化活动均以文物为基础，旨在为文物代言，让文物“活起来”。因此，对文物进行深入细致的研究，挖掘文化内涵，真正“读懂”文物才是重中之重。在进行各类活动前，全面掌握文物信息，从文物出发借助新技术、新媒体进行策划设计，才能赋予博物馆文化体验项目以新生命，才能使博物馆在飞速发展的时代紧跟潮流，焕发生机，成为大众的“生活必需品”。

五、社会效益与经济效益

博物馆的定义中明确了，博物馆是不以营利为目的的非营利性机构。“不以营利为目的”并非禁止一切经营活动，为了实现博物馆的持续发展，多渠道筹措资金极其必要。新技术的应用、高端展览引进、文物复原研究、特色体验活动策划、文创产品开发等都需要大量资金投入，特别是高新技术的应用成本极高，仅依靠财政支持根本无法实现。因而，博物馆在“免费开放”的时代也要重视提高经济效益，为自身发展广泛“开源”。当然，博物馆的经营活动始终要以博物馆的性质、宗旨为根本出发点，通过合法合理的经营增加收益再应用于未来发展中，更好地服务公众，满足日益增长的文化需求，实现社会效益与经济效益双赢。

十九大报告指出，当今世界正处于大发展、大变革、大调整时期，科学技术日新月异。谁占据了文化发展的制高点，谁就能够更好地在激烈的国际竞争中掌握主动权。博物馆是传承弘扬中华民族文化重要阵地，在坚定文化自信、促进文化繁荣的进程中发挥关键作用。新时代的博物馆将不再受到时空限制，而是利用新兴科学技术使文化渗透各个领域。

参考文献

巴蕾：《新媒体时代博物馆宣传研究——基于微信微博的数据分析》，山东大学硕士学位论文，2017年。

《大数据看十八大以来成就：“互联网＋”篇》，人民网，http://yuqing.people.com.cn/n1/2017/0930/c414603-29570289.html。

《故宫博物院喊你来端门：体验归自己的养心殿》，北方网，http://travel.enorth.com.cn/system/2017/10/12/033868458.shtml。

《你所不知的“3D打印”》，人民网，http://paper.people.com.cn/rmrbhwb/html/2012-09/17/content_1113645.htm。

《学者热议：李克强提的“互联网＋”是个啥概念？》，人民网，http://scitech.people.com.cn/n/2015/0305/c1007-26644489.html。

《智能科普：VR、AR、MR的区别》，ZOL新闻中心，http://news.zol.com.cn/553/5534833.html。

作者简介：何晓萌，天津博物馆，馆员，天津市河西区平江道62号，300201。

浅谈博物馆美育职能的提升

陈韵竹
（天津博物馆）

摘要： 2018年，天津博物馆即将迎来百年华诞。100年来，天津博物馆恪守建馆宗旨、不断精进科研学术，在重要文物的征集保护、陈列展览、社会教育等方面取得了显著成绩，为促进我国文博事业的发展、提高全民精神文化素养、构筑中华民族共有精神家园做出了重要贡献。本文通过回顾天津博物馆实施美育工程的历史性贡献，以党的十九大提出的坚定文化自信作为博物馆美育事业发展的总目标，探讨天津博物馆在审美教育领域发展的可能性，使文物的美育作用得到更大的发挥。

关键词： 天津博物馆　100周年　美育

2018年是天津博物馆开馆100周年，在这样重要的历史时刻，我们抚今追昔，感慨万千。天津作为中国的直辖市，其历史虽不算久远，但在中国近代史上的地位却是不可撼动的，因此才有“中国近代百年看天津”之说。百年来，特别是1949年以来，天津博物馆在中国共产党的正确领导下，经过一代代有识之士的传承与奋斗，规模不断扩大、内涵不断充实，在国内外形成了广泛影响。近几年来，在市委市政府的正确领导和市文广局的具体指导下，天津博物馆不断强化服务意识，更大规模地向全社会开放，收到了令人瞩目的效果。

目前举国上下正在深入学习贯彻党的十九大精神，我们要把天津博物馆开馆百年纪念活动与贯彻党的十九大精神紧密结合起来，不忘初心、牢记使命，在建设中国特色社会主义文化强国的伟大事业中发挥更大更好的作用。这既是我们的梦想，更是历史使命。

党的十九大报告中明确指出：“文化是一个国家、一个民族的灵魂。文化兴国运兴，文化强民族强。没有高度的文化自信，没有文化的繁荣兴盛，就没有中华民族伟大复兴。要坚持中国特色社会主义文化发展道路，激发全民族文化创新创造活力，建设社会主义文化强国。”将文化自信和文化发展提高到如此的战略高度，这是新时代中国特色社会主义理论的创新与发展，指明了发展道路与方向，明确了激发全民族创新创造活力的基本任务和建设社会主义文化强国的奋斗目标。

要完成这样的任务和奋斗目标，必须动员全社会各种力量，必须充分利用各种资源，博物馆作为文化建设的一个重要职能部门，必须在过去良好工作基础上不断创新，勇于担当、不辱使命。

一、回顾历史，天津博物馆在传承中国传统文化、实施美育工程等方面做出了历史性贡献

蔡元培认为，“博物学，在应用一方面，为实利主义，而在观感一方面，多为美感”①。由此可见，美育是博物馆的重要职能。党的十九大提出了坚定文化自信，推动社会主义文化繁荣兴盛的总目标。纵观天津博物馆发展历史，一代代的博物馆人坚持立足人民群众的文化需求，以弘扬中国精神为己任，为凝聚人民力量、挺立民族脊梁做出了历史性的贡献。

天津博物馆的前身天津博物院创立于1918年，建立之初，严智怡等先贤的励精图治，为充实博物馆的陈列内容开展了大规模的调查征集工作。当时的中国虽然处于危亡之际，但天津博物馆在一批爱国志士的努力下犹如黑暗中的星星之火，保护了一批珍贵的历史文物及动植物标本，还创办了《河北第一博物院半月刊》等一系列学术启蒙刊物。这样一个特殊的历史时期，天津博物馆在激发人民的审美觉醒，提高国人素质，弘扬民族历史文化精神等方面做出了不朽的贡献。然而随着日本帝国主义的大肆劫掠，使天津博物馆遭到了极大破坏，近九成文物被损毁，此乃国之大辱、民族之大悲。

中华人民共和国的成立，使天津博物馆得以起死回生，迎来了阳光明媚的春天。在中国共产党的领导下，天津博物馆重新建立并得到了健康发展。广智馆、美术馆等先后合并，陆续得到众多爱国收藏家的捐赠，张叔诚、徐世章、周叔弢、王襄等人所捐藏品构筑了天津博物馆的半壁江山，其中不乏成系列的一级文物。天津博物馆还特别加强了天津地方文化遗产的收藏和保护，例如曾将天津市“泥人张”彩塑工作室合并进来。伴随着政府及社会力量的大力支持，天津博物馆的馆藏得以重振，为之后发展美育工作提供了丰富的物质基础。

改革开放以后，特别是近几年，天津博物馆迎来了快速发展的时代，经过几代人的共同努力，将天津博物馆建成了一座集艺术、历史于一体的现代化综合性博物馆。近年来，天津博物馆作为新时代社会主义文化发展中的中流砥柱，除了积极加强博物馆专业研究和文物保护的基础职能外，还不断延伸其审美教育职能，坚持以人为本，努力担负起传承中国精神的历史使命。

---

① 高平叔：《蔡元培美育论集》，湖南教育出版社，1987年，第7页。

文物是博物馆实施美育教育的物质基础，基于此，天津博物馆每年都会向社会征集文物，以扩充自身的藏品体系，并针对一些重要的课题开设研讨会，交流互进，深入挖掘中华优秀传统文化蕴含的思想观念、人文精神、道德规范，结合时代要求进行继承发扬。

为了满足人民过上美好生活的新期待，天津博物馆作为社会审美教育的重要公益机构，不断深入落实文化惠民工程的建设。在文博讲堂、天博进校园、天博进社区不断丰富完善的基础上，积极开展实践教育基地项目，不断扩大宣传力度。

立足当代中国国情，天津博物馆一直立足未来发展，坚持引进来、走出去双向并举的方针，每年至少引进一个国外精品特展及其他省市博物馆的原创性展览，不断扩充受众的审美视域；积极推进天津博物馆的文化遗产走出去战略，提升文化传播能力，讲好天津故事，展现真实、立体、全面的天津地方文化。

经过几代人的不懈努力，天津博物馆所开展的美育工程对于推动社会文化教育、提升全民审美水平发挥了不可替代的作用。当前，举国上下正在深入学习贯彻党的十九大精神，如何适应新时代中国特色社会主义的发展要求，推动全社会进一步加强文化自信，我们的路还很长，可谓任重道远。

二、展望未来，天津博物馆应以贯彻党的十九大精神为契机，在中国传统文化、实施美育工程等方面再立新功

审美教育被提升到一个完整的教育理念中是在 20 世纪初期，当时的教育总长蔡元培先生积极提倡“以美育代宗教”“美育救国”的主张，这个理念提出至今已 100 余年，恰逢天津博物馆建馆 100 周年。

党的十九大提出了我国社会主要矛盾已经转化为人民日益增长的美好生活需要和不平衡不充分的发展之间的矛盾。如果把这个光圈缩小聚焦到博物馆的文化发展上，笔者认为则是人民日益增长的审美需求与博物馆公共资源作用不平衡、不充分的发挥之间的矛盾。博物馆文化发展中至关重要的审美教育发展到现在，是力求在中西文化不断对话的新思潮下来反观中国的传统文化，树立符合我国国情的社会主义价值体系，以新的角度来阐释古代的思想资料，以求为新时代所用。这是一个“异质化合，乃孳新种”的阶段。这意味着在继承先贤思想的同时更孕育着新的创生。

博物馆的美育教育有别于高校专业美育教育，它并非以获取专业知识为目的，而是为增进对艺术的审美感知力且形式更丰富，这是一个动态而完整的过程。借由博物馆这个特殊的公共媒介，生成受众的审美心理结构，既有理性的培养也有感性的培育。

由于博物馆存在大量的历史文物，这种审美教育的培养不再抽象。博物馆内的任何一个载体都是社会美与自然美的双重体现，从量的角度看，是形式和内容的统一；从质的角度看，又是朴素美与荒诞美的结合。种种辩证因素构筑了博物馆的整个审美系统，这是对信息化网络教育与学校知识性片段教育的一次重塑和整合性的审美再现。随着生产力加速发展所带来的人的异化现象，伴随人类精神文化需求的不断提升与审美不平衡所产生的受众的距离感，都亟待博物馆发挥美育教育职能。因此，我认为天津博物馆在美育教育方面应该在过去良好的工作基础上，进一步明确发展方向，尤其是在精英美育与大众美育的共存与发展上需要进行系统研究和大胆实践。

精英美育是应时代发展需求而生的，它意味着一个相对权威、长期、完整的审美培养过程。因此，在美育素材的选取上必然不是全盘接受，诸如一些内容、形式与经典性相去甚远的文物将被排斥。这种美育形式源于社会主义新时期发展的时代使命，是有文化导向、有规范、有明确组织划分的美育模式。在表现形式上与高校教育既有共性又有其特殊性。共性是：应有教育方针、计划、目标甚至应该有一套合理的审美课程配置和教材。不同点在于博物馆的审美教育比高等教育更倾向于启发、引导、实践与感受。

相比之下，大众美育更多的是面向大众群体，受众有着更多的自主选择权，这多由自身喜好兴趣来选择关注点，随意性比较强。由于缺乏像精英美育那样明确的共同协定理念和目标，大众美育面临着更多的不可控性。所以怎样更好地激发大众的主观能动性，激发群体不同的创意思维，避免教育同一性所带来的个性削平及解构，是大众美育需要关注的方向。

精英美育和大众美育是一个问题的两个方面，既对立又统一。博物馆精英美育的优势是庄严的社会使命和清晰的文化导向，而大众美育的主动性、广泛性又是精英美育的基础。大众美育迅猛发展所面临的问题也恰好是精英美育发展的有利契机。由此可见，二者相互补充、共同发展，是推进天津博物馆美育工程的必由之路。

回顾历史，20 世纪初期审美开始进入博物馆领域时，只是以有限的文物和有限的方式去推广。新时代随着科技手段的丰富以及精神需求的增高，网络媒体等方式渐渐成为主流，在文化信息传递更简化、更直白、更普及的今天，也许真正的经典艺术已经离当代人越来越远。在不断增强博物馆文化普适性的同时，探求在一种深层的无规律的意境中进行一场科学与审美的沟通方式，兼顾留有余地引导受众的想象创造力而非直白叙述，是新时期大力发展博物馆审美教育所需要关注的一个重要问题。

博物馆审美教育的过程，是借助文物及历史信息的外在形象，使观者产生一种内在情感的变化进而影响其自身的价值体系构成。基于受众个体的差异，如何对这种形象进行选取与把握，则依靠的是一种想象能力。爱因斯坦说："想象力比知识更重要，因为知识是有限的，而想象力概括着世界上的一切，推动着进步，并且是知识进化的源泉。”[①] 从审美教育的长远发展来看，它不仅是寓教于乐的过程，更是激发人们想象力和创造力的过程。

目前天津博物馆文物研究正面临转型阶段，一方面体系化专业化形成，考古学、历史学、文物保护与管理等研究发展已经成熟；另一方面在文学、社会学、心理学等领域以及文物的内在美挖掘等方面还有着很大的发展空间。怎样启发受众的联想上升到一种创造性想象进而影响其生产生活将是未来研究的一个重要课题。这种再造想象是在图像、文字、语言等符号的启发下，调动自身积累的过往材料而在头脑中形成某些新的意象的心理过程。博物馆中的每一件文物都渗透着作者当时的主观理想和愿望。在创作中也并非赤裸裸地展现，而是借助不同的媒介以或夸张或含蓄、或似是而非或似非而是、或神形兼备或遗形写神地表现出来，供观者去自我体悟和被启发。历史文物跨越时空的审美表现力，潜移默化地感染着观者，这种欣赏能力的强化和提升势必会给他们带来更加丰富的想象力和创新空间。

三、创新展览模式，突出重点、丰富手段，使文物的美育作用得到更大发挥

博物馆的美育工作“代表着中华民族独特的精神标识，是中华民族生生不息、发展壮大的丰厚滋养，是中国特色社会主义植根的文化沃土，是当代中国发展的突出优势，对延续和发展中华文明、促进人类文明进步，发挥着独特的作用。”[②] 做好美育工作要努力做到以下几点。

（一）整合各种资源，由馆内外专家组成专家组，解读重点文物的历史和美育价值，编辑有专业特色的解读资料

文物是博物馆独有的文化资源，积淀着中华民族最深沉的精神追求。过去文物历史和美育价值的研究多是围绕博物馆学及考古学的范畴，新的时代则意味着集结更广泛领域的知识体系，以专家研讨组的形式来扩展博物馆特色文物的研究视域，多角度地解读重点文物的历史和美育价值，这是新时代我们所面临的一个重要课题。

“时至今日，博物馆应使得那些经典和优雅的藏品免于沉寂，博物馆应该转变为各

---

① 〔美〕阿尔伯特·爱因斯坦：《论科学》，《爱因斯坦文集》第一卷，商务印书馆，1979 年，第 284 页。

② 中共中央办公厅、国务院办公厅印发：《关于实施中华优秀传统文化传承发展工程的意见》，2017 年 1 月 25 日。

种不同且杰出的思想汇集的殿堂。”① 文物作为古人智慧思想的结晶，不仅汇聚着历史价值、科技价值，更蕴含着丰富的艺术审美价值，这些都远远超过文物本身。集结馆内外各领域的专家共同深入探讨文物的价值来源、内涵发展等内容，以弘扬社会主义核心价值观为本，以现代化科技为助力手段，整合具有丰富特色的解读资料惠及大众，对于传承中华文脉、全面提升人民群众文化素养、维护国家文化安全、增强国家文化软实力，都具有重要意义。

（二）组织专门展览，针对不同社会群体，重点进行美育教育

博物馆的展览主题除了展现文物的历史价值和艺术价值外，还应积极探索不同人群的欣赏取向和接受习惯，从而针对目标群体，重点进行美育教育。从受众的角度来探讨展览的审美诉求，能够给受众带来意犹未尽、流连忘返的感受。

目前，前来博物馆参观的观众群体主要分为以下几类：社会团体、学校群体、专业群体、旅游群体及特殊群体。每一个群体对博物馆的陈列展览需求都不同，针对目标群体组织有针对性的临时性展览活动，有助于将中华文化的传统精神渗透到公众的认知行为和知识结构中。发挥博物馆展览的人文作用，意味着博物馆的美育职能也从直接灌输变为以大众审美为主体，这就要求博物馆的展览需是丰富而有层次的，既要有服务于大众的通俗性又有能够提升大众审美水平趣味的深度。

（三）统筹兼顾，既要办好重点有特色的展览，又要办好常规性的展览

天津博物馆的文物体系完整而丰富，其中不乏精品。从美育角度来研究文物价值也许可以成为未来常规性展览的延伸思路。可以是多个不同类型的展览来展示同一种审美取向；也可以对同一件或一类文物进行多层次的审美价值解读。

从文物保护的角度来看，完整和残缺都具有美育价值，都值得研究其内在价值。如何更全面地呈现文物的美育价值，是我们不懈努力的方向。例如天津博物馆藏元代赵孟頫《洛神赋》卷，作为赵孟頫行书的代表作，同时也是书法历史上传承二王的经典之作，历史地位很高。尽管尺幅较长，达 193 厘米，且由于是纸本，距今已有七百余年，出于文物保护因素的考量，其展出的时间和空间有限，在这方面我们必须尊重科学，不能盲目。然而，从艺术的本体上看，只有将作品全部展开才能让观者感受到作品的整体气息；只有较长时间的观摩，才能感悟其高妙的技法和意境。我们能不能

① 程乾宁：《“非线性”的逻辑》，《陈列艺术》第 5 期。

合理地应用数字化采集手段将文物长期全部呈现在展览中？应该是今后发展的重要课题。与此同时，此类科技手段能不能应用在展示器物的多维立体呈现上？这些都需要进行深入的研究。

总之，美育价值的探索对于新时代的天津博物馆来说是一个全新的课题，更是新时代发展的必然要求。我们要坚持以人民为中心的研究和工作导向，把满足人民精神文化需求作为博物馆美育工作的出发点和落脚点，不忘初心，牢记使命，继承和发扬一代又一代博物馆人的探索精神，在建设新时代中国特色社会主义的伟大征程中再立新功。

作者简介：陈韵竹，天津博物馆，助理馆员，天津市河西区平江道 62 号，300201。

多媒体在博物馆小学教育中的积极作用初探

——以华东师范大学博物馆参观活动为例

林　丹

（华东师范大学博物馆）

摘要：中小型博物馆应满足不同年龄层观众的需要，只有引导改变参观方式和参观节奏，才能逐步创造小学生观众乐于接受的陈列展览，赢得他们的认可。通过华东师范大学博物馆小学生参观活动案例可以发现，《国家宝藏》和《如果国宝会说话》等文博类节目，不仅可以丰富大众的业余生活，宣传博物馆和文博知识，让文物活起来，对于博物馆小学教育也有助益和启发。将文博类节目穿插在博物馆参观活动中以改变小学生参观博物馆的节奏的方式值得在博物馆教育中借鉴和推广。

关键词：博物馆教育　小学生　多媒体

博物馆的基本功能是收藏、研究和教育。博物馆的教育包括许多方面，主要是"为广大观众提高思想品德和文化素养服务，为在校学生的校外教育服务，为成人提供终身教育服务，为科学研究服务和为旅游观光和文化休闲服务"[①]。可见，博物馆在学生的校外教育服务方面扮演重要角色。

如何做好博物馆教育是需要博物馆教育人员不断思考的一个问题。随着科学技术的发展，多媒体在博物馆教育中的影响力越来越大。"电视是各式大众传播媒介中，对阅听众的影响最巨者，透过影像、声音、文字的结合，相较于其他媒介，更能塑造民众对接收讯息的认知。"[②] 基于这个研究，博物馆尤其是小型博物馆在开展博物馆教育时，有必要思考如何利用或借鉴现有的视听资源，引起观众对博物馆的兴趣。

一、研究背景

近日，随着《国家宝藏》和《如果国宝会说话》两档节目的热播，文物与博物馆

---

① 王宏钧主编：《中国博物馆学基础（修订本）》，上海古籍出版社，2001 年，第 335 页。

② Inez S.Wolins 著，沈文英译：《博物馆教育与电视》，《博物馆学季刊》1987 年第 3 期。

逐渐进入大众视野，尤其受到了学校和老师的关注。这体现在上海一些小学的寒假作业中。例如上海某一小学就要求同学们完成以下作业。

学习目标：锻炼自己的实践能力。

学习活动主题：探秘“大国重器”。“大国重器”的概念不局限于承载着我国创新型国家建设的丰硕成果的大飞机、中国高铁、中国港口，还可延伸至中华历史上下五千年，劳动人民创造出来的人文、艺术精品、生态经济，如博物馆文化宝藏、丰富的人文建筑，苏州河、百年老店等等，它们也是承载着中华民族千年文明，是活在民族血液中的基因密码。

活动简介：一百多年来，不息地川流变化，真实记录了中国百年变迁的历史故事。沿着苏州河湾两岸、河湾水脉行走、了解、观察、调研，就会发现劳动人民创造出来的科技、人文、艺术精品，都是华夏儿女勤劳智慧的结晶。它们承载着中华民族千年文明，是活在民族血液中的基因密码。这些中华民族的“大国重器”，记录着我们的过去，也昭示着我们的未来。以河湾水脉为主线，探秘祖国家乡河湾周边的“大国重器”，自主选择与经济、政治、社会、文化、生态等相关地点，进行参观、访问实践活动。

活动对象为三四年级同学，活动形式以个人（与父母）或者小队为单位开启锦绣河湾周边国之重器探秘活动，了解每一个“大国重器”背后的故事。

提交方式：寻访小报（三年级）、寻访童谣，配照片（四年级）。

值得注意的是其活动建议。第一，建议前期观看综艺《国家宝藏》、纪录片《如果国宝会说话》。第二，小队可进行前期讨论。第三，寻访、探秘。第四，交流小结，完成小报或童谣。

为什么参观博物馆前要观看《国家宝藏》和《如果国宝会说话》？从节目本身而言，《国家宝藏》是中央电视台和九大国家级重点博物馆（院）联合推出的大型文博探索类节目。每期节目重点讲述其中一家博物馆所推荐的 3 件馆藏珍贵文物。每件文物都有一位当红演艺界明星作为其守护人。《国家宝藏》的节目形式新颖，以当红演艺界明星来吸引观众关注文物的初衷也值得赞许。文末附有一张《国家宝藏》文物基本信息表（见表一），梳理了 27 件文物的基本信息和今生故事的看点。

《如果国宝会说话》是一部由中央电视台、国家文物局联合摄制，中央电视台纪录片频道承制的百集纪录片，通过每集 5 分钟的电视短片，将珍贵的馆藏文物的内涵和故事讲述给观众。该节目关注的时代跨越 8000 年，从新石器时代到宋元明清，文物涉及史前时期文物，包括仰韶文化、龙山文化、红山文化和良渚文化等。第一季播出的 25 集几乎都是先秦时期的文物。这些纪录片真实地介绍了文物，并且将文物导览带到博物馆之外，让观众足不出户感受文物的历史、科学和艺术价值（表二）。

从节目的影响力而言，《国家宝藏》和《如果国宝会说话》在网络上引起了广泛而热烈的讨论。《国家宝藏》的豆瓣评分为 9.2 分，而《如果国宝会说话》第一季的豆瓣评分为 9.5 分。

表一 《国家宝藏》文物基本信息表

文物名称	文物时代	材质	所藏博物馆	守护人	今生故事
千里江山图	北宋	书画	故宫博物馆	李晨	颜料制取
各种釉彩大瓶	清	瓷器	故宫博物院	王凯	故宫志愿者
石鼓	春秋	石器	故宫博物院	梁家辉	文物整理者
越王勾践剑	春秋	青铜	湖北省博物馆	段奕宏	二次科学研究
云梦睡虎地秦简	战国晚期	简牍	湖北省博物馆	撒贝宁	考古发掘者
曾侯乙编钟	春秋	青铜	湖北省博物馆	王刚	编钟击锤
妇好鸮尊	商代晚期	青铜	河南博物院	刘涛	考古发掘者
贾湖骨笛	新石器时代	骨	河南博物院	蔡国庆 蔡轩正	骨笛演奏者
云纹铜禁	春秋	青铜	河南博物院	雷佳音	失蜡法
葡萄花鸟纹银香囊	唐	金银器	陕西历史博物馆	马苏	文物命名者
杜虎符	战国	青铜	陕西历史博物馆	刘奕君	密码研究
懿德太子墓阙楼仪仗图壁画	唐		陕西历史博物馆	郭涛	壁画修复
宋人摹顾恺之《洛神赋图》	宋	书画	辽宁省博物馆	陈晓	《洛神赋图》漫画者
铜鎏金木芯马镫	十六国		辽宁省博物馆	关晓彤	马术
万岁通天帖	唐	书画	辽宁省博物馆	宁静	书画的流传
长沙窑青釉褐彩诗文执壶	唐	瓷器	湖南省博物馆	何炅	长沙窑瓷器收藏者
辛追墓 T 形帛画	西汉	丝织品	湖南省博物馆	雷佳	帛画研究者
皿方罍	商	青铜	湖南省博物馆	黄渤 王嘉	验正器身
商鞅方升	战国中期	青铜	上海博物馆	黄磊	计量工作
朱克柔缂丝《莲塘乳鸭图》	北宋	丝织品	上海博物馆	那英	缂丝工艺
大克鼎	西周	青铜	上海博物馆	易烊千玺	捐赠大克鼎
宁波“万工轿”	民国	木质	浙江省博物馆	任重	《十里红妆》舞剧
落霞式“彩凤鸣岐”七弦琴	唐		浙江省博物馆	孙淳	古琴大师
玉琮王	新石器时代	玉器	浙江省博物馆	周冬雨	良渚考古
大报恩寺琉璃塔拱门	明		南京博物院	秦海璐	英国琉璃塔和中国塔的故事
坤舆万国全图	明	书画	南京博物院	张晨光	地图学者
竹林七贤与荣启期砖画	南朝		南京博物院	袁弘	砖画解读

表二 《如果国宝会说话》第一季文物基本信息表

文物名称	时代	收藏单位	看点
人头壶	新石器时代	西安半坡博物馆	陶器的形成
贾湖骨笛	新石器时代	河南博物院	
陶鹰鼎	新石器时代	中国国家博物馆	陶器的制作工艺

续表

文物名称	时代	收藏单位	看点
龙山蛋壳黑陶杯	新石器时代	山东省文物考古研究院	黑陶渗碳热处理工艺
红山玉龙	新石器时代	中国国家博物馆	
凌家滩玉版玉龟	新石器时代	故宫博物院	
良渚玉琮王	新石器时代	浙江省博物馆	
镶嵌绿松石铜牌饰	二里头文化	洛阳博物馆	
殷墟嵌绿松石甲骨	商	中国社会科学院考古研究所	文字形成动画；六书
后母戊鼎	商	中国国家博物馆	范铸法
妇好玉凤	商	中国国家博物馆	墓葬中的海贝
鸮尊	商	河南博物院 中国国家博物馆	愤怒的小鸟配音
利簋	西周	中国国家博物馆	列鼎制度；武王伐纣动画
何尊	西周	宝鸡青铜器博物院	
玉组佩	西周	山西博物院	
三星堆青铜人像		三星堆博物馆	
三星堆青铜神树		三星堆博物馆	
太阳神鸟金箔		金沙遗址博物馆	旋转动画
大克鼎	西周	上海博物馆	
古滇国贮贝器		云南省博物馆	
莲鹤方壶	春秋	河南博物院	
曾侯乙尊盘	战国	湖北省博物馆	失蜡法
越王勾践剑	春秋	湖北省博物馆	
错金银铜版兆域图	战国	河北博物院	
虎符	秦	中国国家博物馆 陕西历史博物馆	符合一词的来源，现代的校验逻辑

《中国艺术报》曾报道：“《国家宝藏》不仅用戏剧性吸引人，还很接地气，让文物与当代人的生活、情感、知识、兴趣勾连了起来。”[①] 清华大学新闻与传播学院教授、影视传播研究中心主任尹鸿认为：“《国家宝藏》以文物讲述故事，故事浸透文物，明星与戏剧形态结合,实现了文化类节目从抽象感受到具象表达的转化。”[②] 北京海淀区民族小学学生则认为,《国家宝藏》既有自己爱听的文物背后的故事，也有自己喜欢的明星[③]。

《文汇报》曾报道：“有学者指出，新媒体时代盛行的浅度阅读模式对传统文化具

① 楚卿:《让收藏在禁宫里的文物活起来,〈国家宝藏〉为什么能？》,《中国艺术报》2017 年 12 月 11 日。

② 李澈:《历史文化课需要怎样的 “打开方式”》,《中国教育报》2018 年 1 月 8 日。

③ 李澈:《历史文化课需要怎样的 “打开方式”》,《中国教育报》2018 年 1 月 8 日。

有的完整性、逻辑性和想象力的文本进行了解构。以新媒体技术为核心的传播形态总是无法回避文本碎片化的困扰，而简洁轻快的信息接收习惯也在冲击人们接触传统文化的方式。《如果国宝会说话》这一‘营销案例’的可贵之处在于，为年轻化的网络营销托底的，是其‘不降格’的内容追求与后期不懈的文化价值发酵。”①

文博类的电视节目由来已久，从《国宝档案》到《我在故宫修文物》，都是电视与博物馆的交互。《国家宝藏》和《如果国宝会说话》以其新颖的形式和深刻的文化内涵吸引了不同年龄层的观众。

二、多媒体在博物馆教育中的应用

文博类节目在博物馆展厅的放映已成为博物馆展厅中不可或缺的一环。“电视能够成为一个展示内容的有力刺激，并且在陈设上直接占有一席之地。就后者而言，观众可以从荧光幕看到一个设计来充实展览或展示物的历史、背景或其他内容的资讯的电视播放的节目片段。”② 例如，上海博物馆钱币展厅、玉器展厅都有与文物制作工艺相关的视频播放室，书画展厅也会以视频的形式展现收藏家的故事。然而，在文博类电视节目备受关注的当下，博物馆教育者最大的挑战，依然是“考量什么是对观众有助益的电视的使用方式”。③ 基于上海某小学的寒假作业，华东师范大学博物馆的工作人员在这个问题上，做了一次大胆的尝试与实验。

1. 华东师范大学博物馆参观活动设计

华东师范大学博物馆结合作业要求和《国家宝藏》《如果国宝会说话》的内容，做了一份参观活动设计。活动参与者为 6 个三年级的小学生和 1 个四年级的小学生。活动主要围绕探讨博物馆文物的来源和文物的历史、艺术和科学价值三个部分展开。活动时间约为 2 小时。

首先，结合纪录片与馆藏文物了解文物的历史价值。

在馆集中观看《如果国宝会说话》第一集《人头壶》、第九集《殷墟嵌绿松石甲骨》和第二十五集《虎符》，共计 15 分钟。然后，参观讲解馆藏陶瓷器、青铜器和甲骨，近距离观察和熟悉这几类文物，同时了解馆藏玉石器。华师大历史博物馆陈列了马家窑文化的陶器，龙泉窑、临汝窑、钧窑和建窑的瓷器，银行家谢伯殳购藏的谢氏

① 张祯希：《国宝“反差萌”，忍不住因惊喜而喝彩》，《文汇报》2018 年 1 月 25 日。

② Inez S.Wolins 著，沈文英译：《博物馆教育与电视》，《博物馆学季刊》1987 年第 3 期。

③ Inez S.Wolins 著，沈文英译：《博物馆教育与电视》，《博物馆学季刊》1987 年第 3 期。

瓠庐甲骨、青铜礼器与青铜兵器。

其次，赏析文物的艺术价值。以馆陈文物明代的投壶为讲解重点。借助于博物馆中仿制的投壶，介绍投壶规则，并排队尝试投掷。

再次，探讨博物馆藏品的来源。

集中观看《国家宝藏》中，皿方罍的前世故事（第五期 湖南博物馆），大克鼎的今生传奇（第六期 上海博物馆），良渚大玉琮的今生传奇（第七期 浙江省博物馆），共计20分钟。结合参观过程中的讲解和视频内容，对博物馆藏品的来源做一个讨论，从而了解博物馆藏品来源的多样性，以及馆藏文物的主要来源为收购、调拨、捐赠等。

最后，参观古钱币展厅，观看《如果国宝会说话》第十集《后母戊鼎》，了解青铜器铸造的方法——范铸法，体会文物的科学价值。

2.《国家宝藏》和《如果国宝会说话》的内容分析

为什么选择以上片段作为参观博物馆时集中观看讨论的内容？原因如下：

从文物的来源而言，由于华东师范大学历史博物馆的宣传不够充分，校内外参观者最关心的问题有二，其一，学校博物馆馆藏文物是否为真的文物；其二，学校博物馆馆藏文物是怎么来的。因此，给观众介绍文物来源是推介华东师范大学博物馆的基础。一般而言，博物馆藏品征集的主要途径有：考古发掘、田野采集、民族学调查征集、社会调查征集、收购、接受捐赠、交换、调拨等[①]。而华东师范大学的文物主要是解放初期，上海市文管会和军管会调拨的文物，另外有一部分是校友捐赠或者购买的文物。

《国家宝藏》中有几段关于文物发掘和收藏流转故事的讲述。如云梦睡虎地秦简、妇好鸮尊和玉琮的今生故事都是讲述其考古发掘的过程；万岁通天帖、大克鼎的今生故事以及皿方罍的前世故事则讲述的是文物收藏流转的故事。这几段视频对于小学生理解博物馆文物的来源有很大帮助。

从文物的欣赏角度而言，参观博物馆是为了对文物、对文化有所了解。也就是了解文物的历史、艺术和科学价值。了解文物的历史价值可以从文物的用途和用法着眼，艺术价值则体现在文物的造型、布局、色彩和纹饰等方面，科学价值多指文物的制作工艺。

华东师范大学历史博物馆馆陈文物主要有玉石器、陶瓷器、青铜器、造像、甲骨和钱币。其中，玉器包括玉礼器和实用器，陶器也有实用器和明器之分，青铜器中，有尊、簋、剑、虎符等。甲骨与故宫博物院所藏谢氏瓠庐甲骨同源，属于华东师范大

① 王宏钧主编：《中国博物馆学基础（修订本）》，上海古籍出版社，2001年，第140页。

学历史博物馆的珍贵文物。

文末所附《如果国宝会说话》第一季文物基本信息表中，梳理了与华东师范大学历史博物馆有关的文物看点。第一集《人头壶》的文案中提到，新石器时代的特征有：打磨石器，驯养家畜，开垦田地，形成聚落。“陶是人类第一次从无到有的实验，在双手的作用下，土壤，水，火交织在一起，发生物理和化学反应，实现质的转换。视频的结尾对人头壶的用途做了推测。”第九集《殷墟嵌绿松石甲骨》则是以动画的形式解释了构字法，同时也指出了甲骨的用途——占卜。第二十五集《虎符》讲述了兵符的作用，“符合”一词的由来以及现代的信息校验方式。这三类不同的文物在华东师范大学历史博物馆都能看到相似的文物，对于小学生理解视频内容和观察文物都有极大的帮助，尤其是在电视上虽然能360度无死角地看到文物的各个部分，但是对于文物的大小、色彩和年代感的认识却比不上直接观察实物。通过以上视频可认识文物的历史价值。

在认识文物的科学价值方面，第三集《陶鹰鼎》介绍了陶器制作过程，文案指出，“陶，出于土，而炼就生活，它需要捽，需要捏，需要烧。陶，是时间的艺术，泥土太干则裂，太湿则塌。等土干，等火旺，等陶凉”。第四集《龙山蛋壳黑陶杯》里蕴含渗碳热处理工艺。第十集《后母戊鼎》以3D模型动画还原了青铜铸造工艺——范铸法。第二十二集《曾侯乙尊盘》讲述了青铜铸造工艺中的失蜡法。

3. 华东师范大学博物馆参观活动效果分析

根据参观活动设计，进入博物馆后，先用十五分钟观看《如果国宝会说话》中的三集，并回答问题：视频中出现了几件文物。以一个成年人的思维方式，三段视频主要就讲三件文物，而且每一集前都会以大标题的形式出现本集要讲述的主要文物名称。但是，当把这个问题抛给小学生时，他们的反应让人感到意外，也感到惊喜。没有人的回答是三件，他们把人头壶及视频中出现的其他陶器，甲骨，杜虎符，阳陵虎符和新郪虎符都数了出来，还对数量问题进行了一番争论。可见，他们在观看视频时还是非常认真的。

在参观的过程中，他们对于生活器的造型理解也充满了想象力。学校博物馆中陈列了一件茧式壶，在请他们描述形状时，答案五花八门，没有人说像蚕茧或蛋壳。

讲解青铜器时，他们会根据文物展示牌上的拼音，识读如“簋”“钫”“奁”等文字，并主动询问弩机的用途，探寻甲骨的书写方式和文字内容。这对于引导小学生认字、查字典、了解汉字的意义都有明显帮助，对此，教育人员可在参观时加强在这方面的引导，从而感受文物的历史价值和中华文化的魅力。

讲解投壶时，由于这件投壶纹饰复杂，为便于理解其图案，即请小学生数出投壶上的动物数量，大家由此还对人是否算是动物展开了讨论。讲解完投壶的游戏规则后，将小学生带到仿制的投壶前进行游戏。大家轮流投掷了几次后，依然希望继续玩下去。

为避免讲解文物来源过于枯燥，就将其放在游戏之后观看。小学生们都非常投入地观看视频。捐赠大克鼎和良渚考古的内容比较短，只有非现场拍摄的片段。而皿方罍的前世故事，则是具有戏剧性的。结束后，小学生们都能够准确说出皿方罍曾流落的国家。

接着，参观古钱币展厅。展厅中第一个展柜陈列了三个天然贝，春秋时期的耸肩弧足空首布一枚和平肩弧足空首布、斜肩弧足空首布各两枚，战国时期的釿布、异形布等。以物易物到钱币的产生事实上是一个漫长而复杂的过程，如何以浅显易懂的方式让小学生们了解这一过程呢？于是，就在网络上找到了动画片《钱币的故事》①，故事用生动活泼的语言，以大毛和球球为故事的主人公，讲述了在物物交换不方便的情况下，一般等价物的产生与钱币形态的变化过程，能够让小学生们迅速理解钱币的形成及其形状的多样化。这个动画片深受小学生们的喜爱，纷纷要求再看一遍。借助动画片，小学生能在理解钱币形态的基础上认识中国古代钱币的书法美和不同钱币的价值了。

最后，观看《如果国宝会说话》第十集《后母戊鼎》了解失蜡法，从而理解文物的科学价值。

作为结束语，也作为一种教育反思，请他们谈一谈来博物馆学到了什么。大家主要说的是文物名称，其次是投壶，钱币的形态以及刚看完的青铜制造工艺。可见视频对小学生博物馆学习影响之大。

这次活动用时共计 2 个小时，其中观看视频的时间为 45 分钟。在整个活动中，小学生们对各个环节都能保持较高的注意力和好奇心，一个重要的原因就是其中穿插的简短而有趣的视频改变了参观的节奏，让他们在轻松的环境中愉快地了解了悠久而陌生的历史，无论他们是否对博物馆或者文物感兴趣，都能忘了作业压力，全心投入博物馆参观活动中，并且积极思考，大胆表达。

三、多媒体在博物馆小学教育中的积极作用

华东师范大学古钱币博物馆作为上海市普陀区的青少年教育基地，其参观者中有近三分之一为小学生，华东师范大学附属小学经常组织学生来此参观学习。在有限的场馆和博物馆功能未开发完善的情况下，有效利用已有的文博类多媒体资源，就成为博物馆小学教育中的重要手段。

博物馆的基本功能是收藏、研究和教育。其中，博物馆教育是最困难的一个部分，

---

① 《钱币的故事》，https://www.youtube.com/watch?v=QK-ISdi8riU。

尤其是中小学教育。对于一个成年人而言，能够在参观博物馆时获得新知，博物馆教育对他们而言基本就是成功的。但是，对于在求知阶段的中小学生而言，太多的知识都是新的，他们不像成年人，在没有一定的了解之前，参观博物馆很少是基于自觉或自愿。因此，对于博物馆的教育人员来说，如何激发中小学生的求知欲是博物馆教育的关键，此时，文博类视频在博物馆小学教育中的作用就突显出来。

根据上文所述案例，对于一个小型博物馆而言，其机构人员简单，博物馆教育人员有可能也是保管人员和研究人员。参观人数较少，缺乏大量资金和资源的投入。为了保证参观体验效果，一个简单易行的方法就是使用网络视频资源。这些文博类视频资源不仅能弥补实物的不足，讲述和展示文物的背景知识，制作工艺或者使用方法和适用场景等，而且能够帮助教育人员更好地提供讲解服务。如台湾中研院史语所制作的文博类视频《甲骨大探秘》①,这个视频以耳熟能详的《封神演义》中武王伐纣的故事作为开端，由哪吒去商王宫刺探军情发现甲骨而展开，姜子牙给哪吒介绍甲骨的用途、占卜的过程、卜辞的构成以及对卜辞的解释。在参观讲解甲骨实物时，就能更好地理解甲骨上的刻划符号和形态。

对于小学生而言，他们在长时间站着走着学习的过程中，容易产生疲劳，因此需要充分调动他们的其他官能，如触觉、嗅觉、听觉等。小学是一个人世界观、价值观形成的预备期，他们所接触到的内容，若过于浅显，则难以引起他们的兴趣，如果过于艰深，则没有吸引力。小学生们对动画片往往有较为浓厚的兴趣。如果在博物馆中循环播放文博类的动画片，他们通常能安安静静、目不转睛地一直观看，而非观看文物或者听博物馆讲解员不停地解说文物，哪怕讲解员是在讲故事。因此，找寻时间较短、与博物馆相关、质量精良的视频就成了博物馆教育中的重要方向。

目前，可以为博物馆教育提供帮助和指导的文博类节目有三类。一是由台北故宫博物院制作的动画，二是由台湾中研院制作的动画，三是《如果国宝会说话》。台北故宫博物院制作的动画《国宝总动员》赋予文物生命力，以婴儿枕寻找翡翠白菜上的螽斯为线索，途中遇到牺尊、宫女俑、鎏金佛像、人面纹圭，且将台北故宫文物南迁的故事贯穿其中。由此不难理解，牺尊是一件青铜酒器，宫女俑主要体现了其艺术价值，佛像有其神圣性，人面纹圭是一件玉礼器。通过动画效果，即可迅速地理解文物的材质特点与用途。

总而言之，通过华东师范大学博物馆小学生参观活动案例可以发现，《国家宝藏》和《如果国宝会说话》等文博类节目，不仅可以丰富大众的业余生活，宣传博物馆和文博知识，让文物活起来。对于博物馆小学教育也有助益和启发。

基于中小型博物馆陈列文物的现状以及应对不同年龄层次观众的需要，只有引导

① 《甲骨大探秘》，https://www.youtube.com/watch?v=w-_57jvO3mY。

改变参观方式和参观节奏，才能逐步创造小学生观众乐于接受的陈列展览，赢得他们的认可。也就是将馆陈文物与现代生活相结合，最简单易行且易于推广的方式即是寻找适合小学生观看的视频内容，穿插进讲解教育中，引发他们的思考。同时，需要注意的是，在参观前，需要合理规划视频播放的时间与参观讲解时长，仔细研究视频内容，明确视频中的文博知识点，并做好视频的剪辑，突出重点，以便有效地将视频内容和展厅实物有机结合起来，从而引导小学生思考和感知历史文物的美。如果有可能，可以扩大此类视频的市场，以便更好地推广文博知识，让更多人了解博物馆，走进博物馆，从而促进博物馆小学生教育事业的发展。

作者简介：林丹，华东师范大学博物馆，助理馆员，上海市普陀区中山北路 3663 号，200062。

博物馆青少年课程教育的问题与思考

——以天津博物馆为例

刘　颖

（天津博物馆）

摘要：在弘扬传统文化的时代背景下，博物馆针对青少年群体开发系列教育课程已经成为新时代赋予博物馆的历史使命。但是目前博物馆青少年课程开发尚处于起步阶段，存在细分不足、与学校教育契合度不高、媒体手段运用不甚良好等问题。针对以上问题，如何更好地整合教育资源，有的放矢地开发与学校教育密切结合的青少年教育课程是摆在博物馆人面前的一项重要课题。

关键词：博物馆　教育课程　互联网＋　资源整合

在国家不断提倡传承优秀传统文化、增强民族文化自信的大背景下，博物馆的教育功能受到前所未有的重视。青少年作为博物馆教育的重要受众，一直是博物馆教育研究的重心之一，而博物馆丰富的文化资源对青少年群体所产生的影响更是不可估量。广义的博物馆教育应该包含博物馆展开的各种含有教育功能和意义的活动，比如文化体验活动、参观体验、教育课程、流动展览等多种类型。博物馆课程即博物馆根据自身特点结合学习需要开设的主题课程[①]。课程教育作为博物馆教育活动的重要组成部分，在注重传播思想与创新性的当下，具有重要的时代意义。应将博物馆教育课程化，与学校教育密切结合，更好地发挥博物馆“第二课堂”的作用。

一、博物馆青少年课程教育的必要性

博物馆作为社会的文化殿堂，其社会教育的功能目前已为多数人所接受。2015 年我国新颁布的《博物馆条例》更是明确指出：“博物馆，是指以教育、研究和欣赏为目的，收藏、保护并向公众展示人类活动和自然环境的见证物，经登记管理机关依法登

① 柏安茹、王楠、马婷婷、齐亚珺：《我国博物馆教育课程设计现状及发展趋势》，《电化教育研究》2017 年第 4 期。

记的非营利组织。”[①]

《国家文物局　教育部关于加强文教结合、完善博物馆青少年教育功能的指导意见》（文物博发〔2015〕9号）也明确指出要“按照‘重参与、重过程、重体验’的教育理念，进一步突出博物馆教育特色，紧密结合国家课程、地方课程与学校课程，设计研发丰富多彩的博物馆青少年教育课程。”[②]

博物馆青少年教育课程具有自己的特点，它依托博物馆丰富的藏品优势，藏品蕴含的丰富的文化内涵有助于青少年文化修养的提升；能够在具体的情景中进行实际教学，能够增强青少年将知识与实际相衔接的能力，有利于知识的转化与运用；课程之间的彼此关联性弱，青少年可自由选择；博物馆课程以探究式学习为主，能够激发学生的学习主动性，从而有利于实现终身学习。

综上，博物馆青少年课程教育是自身教育功能的重要体现，同时更是时代赋予博物馆的重要使命。

二、博物馆青少年课程教育的现状与问题

目前天津市各大博物馆也开展了不同形式的教育活动，但多数以文化体验活动为主，相对零散，且不成系统，课程教育更是处于探索期。天津博物馆从2012年开始着手探索开发针对青少年群体的博物馆社会教育课程，也取得了一定的成绩，但仍需不断改进。

1. 博物馆教育资源的梳理与开发工作刚刚起步

博物馆拥有大量的实物资源，与其他教育场所相比，具有不可比拟的教育优势。但是目前天津市博物馆界青少年社会教育课程开发总体水平不高，青少年教育的主要方式仍然集中于参观讲解、社教活动，系统性的教育课程仍然非常稀缺。其中一个很重要的原因是对博物馆可开发教育课程资源的梳理与开发不足。以往博物馆对教育重视不足，青少年社会课程开发也很少引起业界的重视，故而整体起步较晚。再加上固有的教育管理体制的束缚，导致博物馆虽然有大量的实物资源，但是大量的信息是一种封闭式“信息孤岛”的存在，仅仅为少数文博专家所掌握，对文物的教育资源研究和开发不足，很多有价值的信息被闲置与浪费，并没有作为可开发教育资源被利用起

---

① 《博物馆条例》（国务院令第659号）

② 《国家文物局　教育部关于加强文教结合、完善博物馆青少年教育功能的指导意见》（文物博发〔2015〕9号）第（三）条。

来。同时，由于很多博物馆本身机构设置的问题，各个部门各自为政现象屡见不鲜。虽然博物馆整体教育资源丰富，但是社会教育部门对可开发的教育资源知之甚少，直接导致可运用的青少年社会教育资源严重不足。

天津博物馆的青少年教育课程资源也是非常丰富的，馆藏文物20万件，各种图书文献资料20万册。但是目前对于可开发成课程的教育资源缺乏系统梳理，部门之间各自为政现象也导致资源梳理存在一定困难。根据学校的教学目标及大纲建立开发教育资源库，是未来努力的方向。

2. 博物馆青少年课程开发细分不足

传播学分众理论认为："人们有着不同的性别、年龄、职业、学历、文化，有着不同的个人属性和社会属性，因而他们的媒介需求、接触动机、兴趣和爱好也是不同，媒介要对受众进行精准的定位，就能取得较好的传播效果。"①

博物馆青少年群体从学段上划分，包括小学生、初中生、高中生等，不同学段的青少年有不同的认知规律与学习需求，同一学段学生由于成长环境不同，在生理、心理及社会认知等方面也存在差异。因此博物馆在开发青少年社会教育课程时，必须站在青少年的角度去了解他们的认知规律和身心特点，以"分众式"和"个性化"理念去遴选教育资源，合理设计符合他们接受习惯、理解能力等的课程内容和实施手段，以达到教育效果最大化。

青少年教育课程细分不足，针对小学生、初中生的课程内容区别不够明显，缺乏差异化、个性化的教育内容成了目前天津博物馆教育课程开发的一个突出问题。主要有以下几方面的原因：第一，博物馆教育理念中对受众细分认知的不足；第二，教育人员缺乏相应的教育知识，对青少年的学习能力、接受信息习惯等缺乏必要的了解。

3. 博物馆青少年课程与学校课程契合度不高

博物馆作为重要的"非正式教育"，是学校教育的有益补充，对青少年成长有着积极的作用。青少年学校教育中的很多课程，比如德育、历史、艺术、语文、体育、生物等里面有许多的内容均和博物馆的教育资源之间有着高度的契合。博物馆青少年课程教育就是要找到彼此之间的契合点，将博物馆教育与学校教育密切结合，成为学校教育的有益补充。

---

① 郭庆光：《传播学教程》，中国人民大学出版社，1999年，第162页。

但是，目前天津博物馆青少年社会教育课程与学校课程的契合度并不高。由于长期以来学校教育系统的封闭性，博物馆人员对学校的教育情况不甚了解、博物馆与学校之间沟通困难、学校对参与博物馆教育课程积极度不高、机制体制障碍、经费问题等均是这种现象出现的原因。比如天津博物馆也尝试与天津市第十四中学合作开发校本课程，由于以上种种原因导致进度缓慢。

4. 互联网思维在博物馆青少年课程开发与传播中的运用尚且不足

2016 年国家文物局等联合印发的《“互联网 + 中华文明”三年行动计划》中明确指出：“互联网 + 文物教育：针对不同年龄、不同区域青少年特点，研究提炼文物博物馆资源与教育的有机结合点，利用网络与多媒体技术表现形式丰富多样、信息获取方便快捷等优势，鼓励通过社会力量开发数字化、网络化的文物教育课程及其他教学资源”①。

随着互联网技术的不断发展，我们的时代也已进入“互联网 +”的时代，在这样的社会大背景下，博物馆教育课程的开发与推广过程中也需要将互联网思维积极运用其中，利用网络技术将教育成果推广到更多的青少年中。

天津博物馆 2015 年启动了“中小学生在线教育平台”项目，采用慕课的形式，针对馆藏文物资源拍摄了一系列视频课程。慕课课程上线之后，在天津市实验中学、梅江中学、北师大附中三所学校学生中进行尝试推广。在线教育平台项目增加了受众群，产生了一定的影响力，但尚未达到预期的结果，在影响的广度上尚有欠缺。如何更好地运用互联网思维进行博物馆教育课程的开发与推广依然是摆在博物馆人面前的一项难题。

三、关于博物馆青少年社会教育课程开发的几点思考

1. 寻求与学校教育的密切结合点

在以往的博物馆教学活动中，博物馆多是以自身的藏品为基础来规划设计课程的。在这种模式下，参加博物馆教育课程的师生只是被动地接受与使用。由于缺乏对学生既有知识、学习特征的深入了解，博物馆自行设计开发的教育课程不能与学校教育密

---

① 《国家文物局、国家发展和改革委员会、科学技术部、工业和信息化部、财政部关于印发〈“互联网 + 中华文明”三年行动计划〉的通知》（文物博函〔2016〕1944 号）。

切结合。

为了更好地将博物馆教学与学校教育融合，应改变由博物馆主导的方式，由双方合作进行开发，对各自的优势进行整合，使博物馆能够根据学生的成长规律和发展需求提供有针对性的服务。美国著名的社会教育学家泰勒提出的课程开发普遍使用流程：明确课程目标——选择学习经验——组织学习经验——评价学习经验①。博物馆在开发青少年教育课程时也可以按照这个流程，并与学校充分沟通。

以天津博物馆历史教育课程为例，在课程开发前期，博物馆教育人员应当与学校教育人员密切沟通，了解学校不同年级历史课的教学大纲、教学需要，并积极将博物馆的历史、文献资源、已有教育内容与学校师生进行讲解，积极寻求双方的契合点；课程开发中，博物馆可以积极利用博物馆丰富的藏品、展览资源以及优秀的专家团队服务于教学，根据历史教材设计教学方案、研究教学形式。在教学过程中后期，双方教师可以通过观察法、调查法、实验法等方法积极观测教学效果，积极引导学生已有知识与博物馆知识的融合，使学生对所要学习的知识有比较深入的理解，发现问题及时改正。

2. 课程开发要立足于激发学生的主观能动性

中国传统学校教育中，教师占主导作用，学生学习过程的积极性、交互性较低。而目前世界各场馆科学教育的主要依据是建构主义的思想，这一思想认为“学生在一般课堂情景中学习到的知识是惰性的，无法顺利迁移至真实的生活情景中去”。因此有学者认为“场馆教育区别于普通科学教育的最大特征是在于直观性，可以通过探究学习的方式展开教育活动”②，而我国政府层面也提倡博物馆青少年教育课程要按照“重参与、重过程、重体验”的教育理念，进一步突出博物馆教育特色。因此，博物馆教育课程应当充分调动起青少年的积极性与主动性，让受众主动地去进行探究性学习，从而更好地利用博物馆中的模拟场景进行知识的迁移、吸收。

为充分调动青少年观众的学习积极性，2017年天津博物馆首次尝试“参观＋任务单”课程模式，针对馆藏“耀世奇珍——馆藏文物精品陈列”专题展览设计推出了两个精品游戏卡：“天博小达人闯关游戏”、“文博知识趣味小测验”。青少年观众在参观前可自行领取任务卡，通过参观、听讲解等模式自行寻找答案，独立完成游戏卡，任务完成可投放到指定地点，参与后期活动。此次教育活动是天津博物馆教育课程开发的一种尝试，在今后的课程开发中可以秉持这样的理念，提升青少年观众参与的积极性。

---

① 靳玉乐：《课程论（第二版）》，人民教育出版社，2015年。

② 宋娴：《博物馆与学校的合作机制研究》，上海科技教育出版社，2016年，第16、17页。

3. 积极探索互联网技术在博物馆课程教育中的运用

2016年国家文物局等联合印发的《“互联网＋中华文明”三年行动计划》中对“互联网＋文物教育”也提出了一些具体的方向：“利用现有的远程教育终端系统、广播电视、互联网视频平台，以及学校与博物馆网站系统，增加中小学教育的文物博物馆音像录播教学和网络互动教学”、“把博物馆历史实践、艺术欣赏教育引入学校，鼓励通过VR/AR技术虚拟历史场景和重要历史文物3D打印实践教学等新形式、新技术，激发学生对文物历史的兴趣爱好”、“开发系列文物博物馆教育教学专用APP，提供文物全息欣赏、虚拟触摸和历史事件沉浸式体验，增强用户主体交互体验，直观感知文物的历史、艺术和科学价值”①。这些明确的要求为“互联网＋”背景下青少年课程教育的传播途径提供了明确的方向。

天津博物馆今后的博物馆课程教育需要紧跟时代的步伐，从课程开发设计的初期就需要将互联网思维运用其中，开发适合互联网传播的课程内容，最大限度提升博物馆教育课程的辐射面，为更多的学校青少年提供文化服务。

4. 博物馆青少年课程教育也应由粗放状态向整合状态转变

我国的博物馆教育尚处于一个粗放式的发展阶段，各大博物馆都在探索博物馆青少年教育课程教育的方法，也取得了一些成绩，但是基本上都是各自为政，还没形成一个科学完整的教育体系。

以天津博物馆为例，教育活动灵活多样，参观、文化体验、讲座、流动展览等教育手段广受好评。但是课程教育尚处于探索期，一方面博物馆教育资源、人力资源整合不足；另一方面，博物馆教育与学校教育资源整合不足。博物馆青少年教育课程开发是一个系统过程，整合、利用有形、无形的教育资源，逐步使博物馆由粗放型向精细型转变，最终在博物馆中建立一个完善的、多层次的，具有互动性的教育体系，是当前我们需要解决的问题。

作者简介：刘颖，天津博物馆，馆员，天津市河西区平江道62号，300201。

---

① 《国家文物局、国家发展和改革委员会、科学技术部、工业和信息化部、财政部关于印发〈“互联网＋中华文明”三年行动计划〉的通知》（文物博函〔2016〕1944号）。

浅谈天津博物馆社教活动与文化传播的发展

史　坤
（天津博物馆）

摘要：近年来，天津博物馆结合自身实际以及天津独特的地域文化，在社教职能方面进行了诸多的创新。例如设计各种手工体验活动、量身定制“走进校园”“走进社区”等一系列“走出去”品牌、普及专业知识的“天博讲堂”等，无一不体现出天博人致力于新型社教和传播文化的良苦用心。本文从多角度总结了天博历年来开展的社教活动，以此纪念建馆一百周年，也寄有对未来的展望，以寻找更加多元化的方式，更加淋漓尽致地发挥博物馆社教和文化传播功能。

关键词：文化传播　社教活动　文化交流

2018 年，天津博物馆将迎来她的 100 岁生日！作为我国最早建立的博物馆之一，天博于 1918 年 6 月 1 日正式对外开放，最初名为“天津博物院”。她经历了中国历史最黑暗的时期，也见证了中华人民共和国成长的足迹。受到时局动荡、历史变革的时代大环境影响，天博发展的前 50 年可谓是曲折多变的，单是名字就几经更迭。我们今天所看到的天博是由天津市历史博物馆和天津市艺术博物馆合并而成的，集中国历代艺术品、近现代历史文献、地方史料等于一体的大型综合类博物馆。2012 年落成并对外开放的新馆，充分满足了博物馆的各种功能需求，是天津地区最大的集收藏、保护、研究、陈列、教育为一体的大型公益性文化机构和对外文化交流的窗口。

在博物馆的这些众多功能中，社教与文化传播功能在当今社会中占据着越来越重要的地位。作为已经在博物馆工作了 10 年的老员工，笔者一直从事的都是讲解和宣传教育工作，也见证了天博社教不断发展壮大的历程。结合参与天博这几年的创新与实践，浅谈笔者的一点体会。

早期博物馆重视的都是展览陈列，社教和文化传播的概念比较淡漠。自从国家大力发展文化事业以来，全国免费开放的博物馆数量不断增多，走进博物馆的人群也越来越广泛，对博物馆社教职能的要求也就越来越高。为了适应时代的发展，全国各大博物馆都开始了前所未有的探索。天津博物馆（以下简称“天博”）结合自身实际以及天津独特的地域文化，进行了诸多创新。我们本着“尊重历史、贴近观众”的原则，力求呈献给大众更加活跃的历史与文物，让博物馆更加贴近群众生活，更加淋漓尽致地发挥其社会教育与文化传播的功能。

一、“活动角”让“死”展览“活”起来

博物馆的展品陈列是静态的，带着浓重的历史气息。每一个走进博物馆的人，在尘封的历史面前都是庄重肃穆的，这是对历史的尊重与理解。但是，当今社会是发展的、动态的，比起静静地注视文物，人们更愿意去身临其境地感受历史。

为了能够让观众更好地参与历史，感知文物，天博宣教部开设了活动区“博趣坊”，设计了各种手工体验活动，制作杨柳青年画、拓印古钱币、制作风筝、扎染、陶泥捏塑、传统剪纸、绘制脸谱、体验造纸术、装裱中国画、体验文物修复等，丰富多彩的活动让观众零距离接触历史文物，更好地感受中国传统文化的魅力。

为了还原考古发掘现场，我们还特意在活动区修建了三个大型考古坑，观众可以使用真正的考古工具，如洛阳铲等，身临其境地体验考古发掘的乐趣。

针对特殊节日，天博还精心策划了各种民俗体验项目，囊括了不同节日、不同参与对象，让观众们在重温传统民俗文化的同时，也感受到了浓浓的节日气氛。

二、依托“临展”，搞活社教

陈列展览是博物馆对外宣传展示的最直接窗口，也是博物馆工作的灵魂。在天津博物馆这样一个大型综合性博物馆中，除了常设的基本陈列以外，每年还会举办各种规模和主题的临时展览。这些展览短则三个月，多则一年。每个展览都有自己独特的主题，为观众呈现多民族、跨国界、多元化的文化盛宴。

为了让观众更好地贴近、理解这些主题展览，天博社教专员设计了配合每个展览的特色主题活动。例如配合“燕燕于飞——燕国历史文化展”推出的“绘制燕国古都”手工项目；配合“茶马古道”展览设计的“制作个性茶叶书签”活动；配合“文明之海——从古埃及到拜占庭的地中海文明”特展策划的特色亲子活动“创意 DIY——制作属于自己的马赛克相框”；配合“环肥燕瘦——汉唐长安她生活”展览设计策划了“穿越汉唐扮古妆”文化体验活动，带领大家饰花钿、盘发髻、做发簪，通过发饰妆容了解汉唐文化。各种活动丰富多彩，不胜枚举。天博为每一个临展都量身定制了特色鲜明的主题项目，让观众告别传统的“用眼看”方式，转而变成直观的“走近展览、参与展览、玩转展览”，从而达到“眼看—手动—心领”的新型递进式参观模式。

三、进学校、进社区，天博带你玩转历史

除了丰富馆内活动以外，天博也非常注重馆外的文化宣传。为此，天博精心策划了“走进中小学”“走进高校”“走进社区”等一系列的“走出去”活动。

1.“天博进校园”

该项目先后走进了二南开中学、梅江中学、实验中学、万全道小学等学校，采用讲座和手工课两种形式交叉进行，内容上也进行了精心安排，不仅涵盖了学校历史课本里的知识点，同时又丰富和补充了书本上没有的知识，从学生们感兴趣的当今社会热点入手，让孩子们在兴趣中了解和掌握历史知识。丰富多彩的手工体验活动，将中华传统文化元素融入到动手实践中，让孩子们在亲身体验传统手工技艺的同时，深刻感受中国传统文化的魅力。

除了传统的讲座进校园外，“天博课堂——近代天津百年掠影”课程已成为梅江中学校本课，天博特色礼仪课程也已深入四十二中学。天津博物馆“走进学校”系列活动面向全市持续展开，通过策划针对不同年级、不同年龄层次学生的灵活多样的社教活动，努力将博物馆打造成为未成年人学习历史知识、了解中国传统文化的重要课堂，成为增强爱国情操、培育民族精神的重要阵地，成为陶冶道德情操、提高思想道德修养的重要场所，充分发挥博物馆在未成年人思想道德建设中的重要作用。

2.“天博进社区”

“进社区”项目是天博推出较早的社教活动之一，可以追溯到2005年博物馆刚刚免费开放不久之际。该品牌活动面向全市各大社区，后延伸到养老院、社管所，天博社教专员将博物馆藏品及相关文史知识制作成展牌和幻灯片，为广大市民奉上历史、文物鉴赏等相关讲座。近年来，天博也陆续将手工体验活动带进了社区和少管所，更加丰富了该项目的内容，受到社会各界广泛关注。

作为进行文化宣传教育的重要场所，博物馆履行社会教育的目标就是要充分利用博物馆的各种资源，最大限度地为民众提供优质的文化服务，并以此提高民众对博物馆的关注度。“走出去”系列活动是天津博物馆进一步发挥博物馆教育功能的实践。

四、展览“走出去”，让陈列无展馆限制

展览陈列原本是静静地“躺”在博物馆内，但是通过努力，现在天博社教专员已经能让这些沉闷的展览“动起来”了。

为了更好地弘扬传统文化，充分发挥博物馆的文化窗口作用，天博近年来推出了“流动展览”的项目，以馆内一个个精品展览为依托，将内容浓缩为近百块展牌进行巡展，先后走进了多所高校和社区，采用“讲解＋展览”的形式，使受众人群在了解天津历史、天津文博概况的同时充分感受到公共文化服务的辐射范围之广，足不出户便能够享用博物馆精心准备的文化大餐。

五、“天博讲堂”带你走进展览的前世今生

博物馆的特殊地位和功能决定了它必然是行业专业知识的普及地。为了让广大人民群众更加直观地接触文博行业，更加深入地掌握文博知识，天博从新馆落成以来就推出了“天博讲堂”系列讲座活动，聘请国内外文博专家来到天博，每周一讲，内容囊括了各类展览、全品类文物、历史，以及文博相关知识。这个平台使得观众和展览以及文物有了更多更深层次的互动，让文物走进百姓生活，也使得传统的博物馆不再神秘。

六、“小讲解员”“志愿者”，让你成为天博一员

1. 飞速发展的志愿者团队

除了上述以博物馆输出为主导的社教活动以外，天博还有一个非常重要的文化服务品牌，那就是得到社会各界一致好评的天博志愿者服务团队。自志愿者服务开创以后，这支队伍不断发展壮大。时至今日，已经发展成为一支囊括将近200名志愿者的庞大队伍，仅去年一年，就志愿服务超过2万小时，累计志愿讲解近3000场，服务观众达5万余人次。成为天博响亮的文化品牌。与此同时，天津博物馆也为志愿者提供诸如专家讲座、交流参观等多种形式的学习活动，并利用新媒体打造“志愿者讲天博”专题栏目，为志愿者参与文博类专业培训、施展自身才华创造平台。

优秀的志愿者们来自各行各业，他们带着极高的热情和对文博事业的热爱，从不同角度诠释着历史、解读着文物，为观众们带来崭新的理解，为天博的文化传播默默

地贡献着自己的力量。

2.“小小讲解员”突出文化事业从娃娃抓起

近些年，越来越多的孩子走进博物馆，参与博物馆的活动，在丰富自己课业生活之余，也增长了见识，开阔了眼界。

天津博物馆在每年寒暑假，都会举办“小讲解员”训练营，带领孩子们看展览、听故事、学历史、讲古今，用天博丰厚的场馆资源和专业的讲解培训带给孩子们不一样的假期体验。与此同时，天博还为小营员们安排了拓印、陶泥制作、现场模拟考古发掘等体验活动，有学、有玩、有练、有赛，由浅入深加深小营员们对中国传统文化的了解和认知，在动手中收获知识，在交流中加深友情。通过几天的培训，每个小朋友都在最后的考核中展示了自我风采。成功通过考核的小朋友，最后还能有幸被选为天博的明星小讲解员，为市民们呈现精彩的讲解。

通过对小讲解员的培训，让更多的小朋友参与到博物馆中来，使之更加了解博物馆，了解自己国家以及其他国家的历史与文化，让文博行业不仅仅停留在成人的世界，而是真正做到从娃娃抓起，从祖国的未来抓起，让文化传播变得更加多层次、多角度、多元化。

七、数字化平台突出“互联网＋”

在当今飞速发展的时代大背景下，习总书记提出要注重突出互联网的作用，并且提出了“互联网＋”的概念。近几年来，各行各业都在努力诠释着“什么是互联网＋”“怎样更好地实现互联网＋”“如何结合自身实际解读互联网＋”等。在如今微信、微博、直播等新媒体“横行”的现状下，传统的实体行业受到冲击，也都纷纷开始了自身的探索。作为传统的文博行业，自然也不能落后。

传统的讲解对人力需求很高，尽管有语音导览的辅助，但是仍不能满足大量观众的需求，而微信公众号的诞生，则很好地缓解了这一现状。观众可以在关注公众号后，输入展厅中展品下方的标号，便会收到系统推送回来的该文物介绍，简单方便。除此之外，天博的最新展讯、活动介绍、报名等都可以在公众号上实现。

另外，天博还利用直播平台将馆内的精品文物呈现给观众，不定期会安排专人直播馆内固定陈列或临展的部分重点展品的介绍，以满足观众的需求。

特别值得一提的是，为了方便观众更好地走进博物馆、了解博物馆，天博近期还专门搭建了在线教育平台，面向社会推出了线上的教育课程“博物馆慕课课程”。该课程依托馆内固定陈列历史展和精品展，向大众展示天津近代史和国宝级文物的魅力。

首期课程以文物为主，增加趣味性和故事性，从文物本身的制作工艺、历史沿革、艺术鉴赏等角度入手，全面生动地讲述文物背后的故事。自上线以来，受到广大师生的欢迎。第二期课程也在积极筹备中。在线课程让广大博物馆爱好者、历史文化爱好者摆脱时间和空间的限制，“随时参观”博物馆、欣赏文物、学习知识，将优秀的资源分享给身边的朋友。让藏品所代表的历史和文化得到最广泛地传播，使博物馆成为社会终身教育的殿堂。

八、国际文化交流

作为一个大都市的一级博物馆，除了注重国内的文化传播以外，国际交流也异常重要。天博近两年每年都与天津大学合作举办了中外留学生的文化沙龙体验活动，外国留学生可以在馆内交流国际文化，开展互动游戏，动手制作传统手工，最直接地体验中国传统文化，感受“中国风”。在未来，天博还将延伸到多所大中小学，让更多的留学生参与进来，体验中国特色、感知中国文化、加强国际交流。

实际上，在国外，博物馆是非常高端的文化场所，一家知名的博物馆更是让各界名流和国际游客趋之若鹜。很多博物馆也都非常注重国际交流和宣传，会推出一系列结合展览的对外活动，例如英国大不列颠博物馆在韩国展览宣传期间，其工作人员会聘请韩国乐团在馆内进行流行音乐的演绎，以此宣传韩国文化；在中国展览宣传期间，他们也会请中国团队进行服饰展演等。美国大都会博物馆，每年都会举办时尚聚会，邀请大批好莱坞明星以及各界名媛来走红毯，大大提升了博物馆的存在感和国际地位。作为刚刚逐渐揭开神秘面纱的国内博物馆，中国的文博事业更应该注重对公众的透明化和亲和力，让更多的国际友人能够通过参观博物馆、参与博物馆，来更深层地认识一个城市，认识这个国家。几乎目前所有的国内博物馆所维持的国际交流仅仅在于引进国外展览或者对外输出自有展览，而鲜少注重陈列展览以外的文化交流，例如对留学生的文化输出，对在职外籍人士的文化传播等，怎样能更好地让他们了解所在城市的文化，如何让他们更加理解中国传统民俗，更好地融入本地生活，更好地读懂中国、热爱中国，这些都是政府文化窗口需要发挥的重要宣传作用。

随着物质生活的不断提高，人们对精神文化的追求更加迫切。作为重要的文化载体，博物馆不仅承载着中国几千年深沉厚重的历史，也承载着对当今时代下生活的人们对历史的探知和对未来的追求。博物馆更像是一个熔炉，接纳历史、锻造未来。当代博物馆人要倍加努力地绽放文博事业该有的光彩，让博物馆更加群众化、国际化，更好地发挥文化窗口的作用。

作者简介：史坤，天津博物馆，助理馆员，天津市河西区平江道 62 号，300201。

试论博物馆讲解员的阶段性发展和培养

王乃嘉
（周恩来邓颖超纪念馆）

摘要：随着博物馆事业的蓬勃发展，我国博物馆讲解工作从业者肩负的使命与责任也发生了巨大的变化。讲解员既是向社会公众宣传博物馆历史、信息和精神内涵的重要媒介和载体，又是完成各类公众教育活动项目的实施者。因此，在博物馆的发展中，讲解员具有不可替代的作用。面对公众日益增长的文化需求和新时期博物馆宣教工作可持续发展的要求，博物馆人对这支队伍的阶段性发展的思考及培养责无旁贷。

关键词：博物馆　公共文化教育　讲解员　阶段性　发展　培养

时代赋予了博物馆更加艰巨而光荣的使命：进行公共文化教育工作，通过各种形式传承和弘扬传统文化的思想精华，解读中华优秀传统文化的历史渊源、发展脉络、基本走向，讲清楚中华文化的独特创造、价值理念、鲜明特色，增强文化自信和价值观自信。

博物馆公共文化教育实施的主要途径之一是讲解工作，要求通过一定的语言叙述并配合肢体的指示来向观众介绍藏品的基本信息，揭示藏品背后的故事、内容及相关知识，阐释展品的历史、精神和艺术内涵与外延价值，并与观众就展览及相关内容进行沟通和交流，以帮助观众全面深入地理解展览的知识、信息及所蕴含的精神内涵。同时，讲解是现今博物馆提供给观众最基本、最重要的服务，也是博物馆学术研究水平、文物研究能力、社会教育能力的综合性体现。讲解员的素质与修养是直接关系到博物馆形象和对社会文化宣传教育效果的重要因素。

所以，博物馆讲解员综合素质的阶段性发展和培养，是搞好博物馆公共文化教育工作的一个重要环节。一个博物馆的展览内容再深厚，形式再新颖，如果没有高素质的讲解队伍，就无法向观众传递展览的精神内涵，达不到博物馆教育的目的。

一、讲解员培养的三个阶段

（一）初级阶段讲解员应着力培养语言表达能力、灵活应变能力

1. 培养语言表达能力是讲解员入门第一步

以展览为阵地、围绕展览内容给观众提供讲解服务是博物馆公共文化教育最基本的方式。讲解员根据观众需要提供讲解，成为一种普遍的博物馆公共文化教育模式。把讲解词转化为自身语言的一种复述，能迅速掌握语言表达上的主动性，把讲解词变“活”，把嘴巴变“溜”。

首先是讲解语言的表达方面，可借鉴其他门类的语言艺术，如演讲、播音和表演艺术的表现手法。讲解语言能够直接表现陈列展览内涵，对陈列展览起着阐释补充和延伸的作用，也是连接观众心理和沟通观众感情的纽带。

其次注意讲解声调相对变化，讲事迹时声调和节奏比较低缓沉稳，讲解紧张情节时声调和节奏一般稍高并尽快连续，同时压抑或低缓同样也是加强的手段，有时运用停顿得当，还会收到“此处无声胜有声”的效果。讲解的语言要精确纯正，讲解员正确运用自己的发音器官经常进行基本功训练，使发音器官在发音过程中协调配合，恰到好处，才能形成清晰的语言。当今时代，人们的生活节奏加快，文化素养有所提高，兴趣广泛，喜欢接受简明扼要、开门见山的公共文化教育服务，更喜欢幽默生动的语言，不喜欢呆板的说教，所以实施讲解时需要宽松活跃的参观气氛。因此，讲解员需要在讲解工作中需要不断提高语言艺术性，在语言的表达上要有针对性、科学性和生动性，尽可能地搜集一些与公共文化教育内容有关的故事充实到讲解中去。

2. 提升灵活应变能力是初阶讲解员的基础培养

讲解员应针对不同参观群体，选择适宜的讲解形式。参观博物馆的公众，年龄、学历、职业、身份不同，喜好、需求也各不相同。初级阶段的讲解员灵活处理问题的能力就显得尤其重要。

讲解员应讲解员要能够迅速的分析观众群体，使讲解有针对性。首先是对观众的分类，可根据年龄层次、参观目的、职业等方面进行分类；其次是分析观众心理。同一展览对不同观众产生的吸引力和教育作用不尽相同，因一个人的审美情趣、心理状态与接收信息的能力密切相关。在对观众进行调查研究之后，讲解员要结合自己的日常接待经验，确定自己的讲解内容和讲解方式做到“因人施讲”。诸如面对低龄团体，

可放低整体难度，将主要知识点的传达，多以儿童化口吻，采取提问、比喻、表演、联系课本、讲故事等互动活泼的形式讲解。面对较为专业团体，可以提高要点难度，将特色讲深讲透，多以平和舒缓、友善恭谨的口吻，采取介绍、设问、对比、联系生活、聊历史等探讨交流的形式讲解。

（二）中级阶段讲解员应着力发展学习研究能力、培养创新思维能力

1. 培养研究型讲解员是讲解员队伍发展建设的必然趋势

博物馆是人们的终生课堂，讲解员作为这个终生课堂的“老师”，知识含量的多少成为吸引公众的关键因素。同时，科技、信息的日新月异在客观上也要求讲解员必须坚持学习，改造自我。讲解员作为沟通博物馆与观众的桥梁和纽带，其所拥有的知识丰富度是进行公共文化教育工作的重要基石，它直接关系到观众参观满意度乃至博物馆的公众影响力。

从公共文化教育主体来说，要具备解说方面的专业技能，如语音标准、吐字清晰、表达准确等语言技巧，举止得当、引导有序、礼貌大方等接待技巧，以及现场调度、应急处理等能力；从观众需求来说，他们需要的不再是简单的说教式公共文化教育，而是公共文化教育过程中更多的问答和交流，需要的是启发、互动、对话式公共文化教育，这就需要讲解员不断地进行知识的更新和充实。

同时也要注重公共文化教育艺术的特色问题。如何讲出自己的风格，用什么方式去讲，到底给观众讲什么，要让观众记住什么，这是需要研究的学问。

如果想要启发观众的思考，要想调动观众思考的主动性和积极性，必须从多个角度去解读历史和文物。这就需要从不同的角度去挖掘展品的历史文化内涵，如从古文字的角度解读成语、从综合国力角度解读战争、从政治平衡的角度来解读和平等。而思路的开拓与创新，其基本的前提就是对相关知识的大量储备和勤于思考。

一是学会自主学习。要把自主学习当成一种能力来培养。讲解员只有在日常工作中有意识地强化这种“自主”学习，才能积极采取多种形式去汲取更多的博物馆专业知识，也才能饶有兴趣地涉猎更广泛的非专业领域知识。养成撰写工作日记的习惯，工作笔记能很好地反映我们工作态度、工作状况、对问题思考和我们学习的方法。通过工作笔记的撰写不断积累经验，积累陈列中涉及到的、观众询问的问题的反馈等，以此促进自我公共文化教育服务水平的不断提升。

二是学会互动学习。要充分利用讲解过程中不同层次的观众资源，从各种渠道吸收知识和方法。从有专业知识背景的观众身上学到公共文化教育词以外的知识，普通

观众从不同角度提出的问题又可以为讲解员提供新的思维方式。在互动学习过程中，讲解员要做到会倾听：在合作交流中学会虚心倾听别人的意见，认真吸取别人的见解，及时调整自己的思路；会思考：在合作交流中学会独立思考，这样对问题的认识会更加深入，从而选择更好的工作方式；会应用：能把合作讨论问题的解决方法应用到实际中，使合作学习达到指导实践的目的。

三是学会收集资料。讲解员要学会围绕选题收集资料，力求范围广，内容充实。学会检索文献资料，勤做笔记、卡片。现在，网络信息应用已经普及，不能把它只当成一种休闲的工具，网络知识容量很大，好多我们不熟悉、不明白、不甚了了的知识，都可以通过网络信息查询出来，以供参阅。结合史实和客观真实编撰文物、展品的故事。开拓思路，提升对历史史实及文物的认识层次。讲解员要想让观众去感受和感悟历史，就必须通过具有时代性和关注度的公共文化教育内容去解读历史，启迪感悟现实。讲好文物故事是一条捷径，但是开凿这条捷径需要付出努力和艰辛的，它需要必须积累大量相关信息和资料，才能提炼和讲述出吸引观众的亮点和精华。这种故事的讲述，与其说是讲述，不如说是再现，以现代人可以理解和读懂的信息去再现历史，让人们以审美的观点去解冻冰冷的历史事实。

2. 注重创新意识，增强讲解员前瞻性

创新是事业发展的动力与源泉，例如革命类纪念馆文物公共文化教育的创新大致可分为两个方面：一是内容上的创新。主要指在寻找文物同现今学习生活的关联，在讲解词上下功夫，做到有新意，能够吸引观众，符合公共文化教育的需要。二是形式上的创新。在文物公共文化教育过程中，在不影响文物保护的前提下，可邀请观众互动，让观众真实的感受文物。

近年来，网络时代新媒体、新技术的应用迫使讲解员需不断提升自身知识储备，以应对观众提出的各种问题，向观众传播健康、正确的历史文化知识。要了解陈列设计的创意、陈列内容、藏品的历史内涵、最新相关发现、国内外研究成果等精深的专业知识、做创新型、知识型的讲解员已经成为博物馆界的共识。

（三）高级阶段讲解员应着力发展理性思辨能力、培养正面引导能力

1. 感性公共文化教育与理性思辨相结合是高级讲解员的培养重点

公共文化教育绝对不是对公共文化教育词的复制和诵读，一定要融入自己的东西，

这就需要我们在业余时间查阅大量的资料、史诗和与展品相关的内容，对公共文化教育词进行补充和完善，这样才能让公共文化教育充实、生动，符合游客的兴趣。能够用思考的力量，激发听众的主观思考，通过公共文化教育词的述说，可以发挥发人深省的作用，能够让观众看到展览后收获不仅仅是今天看到的东西，可能引发对历史、现代乃至未来的更高层次、更大广度的思考。

我们对于讲解稿件的要求是“讲起来顺口，听起来顺耳。”在每次公共文化教育中要吃透五个环节：是什么？为什么？给谁讲？讲什么？怎么讲？这就要求高级阶段的讲解员必须具备相对理性的思辨能力，在对参观者进行感性公共文化教育行为的同时，融入思辨能力带来的成果。

我们知道，同样一个故事，不同的讲解员，会讲出不同的效果，为什么？因为每个人的经历不同，每个人的感情触动点不同，所以我们要根据自己的讲解风格，确定公共文化教育中的游客共鸣点。如有感人至深的故事等，我们讲解员去包装、去打磨、去创作，根据自己的感情触动点，找准触动自己心灵和游客心灵的节点，对触动点上的几个语句进行细化、进行修饰，通过饱含深情地向观众讲述文物背后的故事，使文物活起来，达到公共文化教育的效果。

在接待每个团队时，一定要在很短的时间内赶快想一下，这是个怎样的团队？有没有特殊的公共文化教育要求？我应该怎么讲？还有哪些内容不熟悉？哪些内容需要梳理归纳？随着观众素质的提高，传统授课式的讲解已不能满足观众的需求。讲解员向学者化发展已成为博物馆公共文化教育工作的要求和业内的共识。讲解不仅要讲出展厅每张图片是什么，更要知道为什么要用这张图片，怎么通过这张图片看当时的历史？能够讲出图片背后的故事、文物背后的故事。讲解员要从传统的宣传员向专家学者发展，这种职业要求上的转变是使博物馆公共文化教育工作得以可持续发展的保障，博物馆公共文化教育专家化势在必行。

熟悉和参与讲解词的写作，可以在写作过程中提高讲解员对陈列内容的理解，提高文字水平。公共文化教育工作的文字基础是讲解词，一个好的讲解词，不仅知识面丰富、能够融入人文情感，更重要的是它给讲解员带来了胜任工作的“宝典”。因此，讲解员参与写作讲解词，对于做好博物馆的公共文化教育工作，意义很重大。

2. 循循善诱、发展正面引导能力

我国的博物馆主要功能之一是弘扬爱国主义、传承优秀民族精神。其中红色博物馆即革命类纪念馆最具代表性，纪念馆顾名思义根本是在纪念伟大的人物、重要的历史事件。“传播思想、弘扬精神、培养情感、提升素质、激励斗志”是纪念馆的本职所在。纪念馆存在的一个重要依据就是依托展馆基本陈列，通过公共文化教育等手段，对观众进行思想教育，传递一种历史的和现实的正能量。

讲解员是宣传者，是教育者，只有把游客聚集在自己的周围，让他们被你的讲解所打动，让他们对你的公共文化教育产生浓厚的兴趣，产生求知的欲望，从而使他们的心灵受到触动，使他们的思想得到升华，使他们的观念受到启迪，你的公共文化教育才是成功的。特别是红色博物馆的讲解员，你的讲解一定要产生爱国主义教育和革命传统教育的功能。所以，讲解员就要像教师一样，具备优秀的组织能力，要善于设置悬念，要善于调动游客的情绪，要时时抓住游客的心。要让游客产生一种好戏还在后头的感觉。而且，在讲解的过程中，还要做到“眼观六路、耳听八方”，随时掌握游客对讲解的反应，如果你的讲解方式不能吸引游客，游客东张西望、交头接耳，或者独自去看展板，那么你的公共文化教育肯定是有问题的，一个聪明的讲解员，在出现这种状况时，就要立即变换讲解方式，调整公共文化教育内容，尽力把游客吸引在你的周围。只有循循善诱的讲解，才能真正抵达人心，触动灵魂。

二、讲解员阶段性发展的基础与共性

博物馆做好公共文化教育是一切工作的出发点和落脚点，而讲解员担负博物馆文物陈列宣传，实施博物馆公共文化教育，把博物馆各项活动与社会群众密切联系起来，起来了桥梁纽带的作用。因此讲解员素质如何，修养怎么样，是直接关系到博物馆形象和对公共文化教育效果的重要因素。高度重视博物馆讲解员的素质培养和职业修养，是搞好讲解员培养的一个重要环节。

1. 热爱本职工作

热爱是基础，没有热爱就不会有激情，更不会对工作本身和观众有感情。所以要成为优秀的讲解员，首先要热爱本职工作，只有热爱才有可能在工作中做到修身养性。同时必须热爱国家、热爱人民，认真贯彻执行国家的路线、方针、政策，有较高的政治思想觉悟，准确地把握宣传方向，真正成为社会文明的宣传者和弘扬民族文化的传播者。孔子说“修身、齐家、治国、平天下”，只有提高自身的境界才能提升自我看世界的眼光，心里无私才能天地宽。通过培养自己的情操，开拓自己的眼界，开阔自己的心胸。只有开拓了才能跳出自己的小空间，跳出小集体、小团队。站得高才能看得远，无私才能无畏。

2. 牢固树立强烈的事业心和责任感

要努力树立敬业奉献的精神，要具有强烈的事业心和高度的责任感，爱岗敬业，无私奉献。要把单位当作家庭，把工作当作事业，把游客当作亲人。比如说，在你快要下班的时候，恰好有游客来博物馆参观，讲解了一天的你可能已经身心疲惫，但是这个时候你必须打起十二分的精神，以饱满的精神状态愉快地接受游客的邀请，以自己的奉献赢得游客的信任和好评。

3. 增长自身阅历、充实基本知识储备

要增强阅历，最好的办法就是读书。如果没有养成一个良好的读书习惯，是无法满足观众日益增长的文化需求的。古人云："读万卷书，行万里路"。只有多读书，多出去走、出去看，才能丰富自己的阅历。对历史问题和社会现象必须实事求是，评论有据，以理服人，切勿愚弄观众，胡编乱造，不懂装懂，应当尊重史实；对有争议的问题，必须谦虚谨慎，采取与观众探讨，向专家求教的方法，应当大量引证最新科研成果进行论证说服，切不可武断专横和妄加评论。

另一个途径是自我爱好的释放，练习书法、绘画，倾听鉴赏音乐等都是培养一名讲解员文化素养的有效手段。讲解员要有播音员的功底，要有老师的知识储备，要有主持人的风采，还要有演员的张力和爆发力。所以我们需要多一些爱好，艺多不压人，因为语言工作和唱歌、跳舞这些艺术是分不开的。因此，一名讲解员要想拥有自我提升的持续动力，就必须要加强学习，要去经历、去锤炼。

在这个日新月异的时代，讲解员要满足游客的求知和审美需求，必须具备持续学习的能力，如历史学、文物学、语言学、美学等等，多学科的知识积累和储备，是讲解员写好讲解词，讲好不同群体、符合各层次观众审美需求的有力保证。讲解员可以自我制定学习计划，对自己的各种知识学习制定合理的计划，并且坚持执行，只有坚持量的积累，才有可能具有质的提升。还要养成勤于思考的习惯，想想什么样的讲词观众感兴趣，更能满足观众的需求。

4. 挖掘文物背后的故事

一是了解展品来源、年代、特点；二是查阅相关资料，较深入地了解其历史和现实价值；三是结合展出陈列形式，研究如何突出表现陈列亮点，达到直观教育目的。在了解陈列内容时，讲解员要挖掘陈列内容的深刻含义，对于每一件文物或展品，深入地了解它们的来历、背景和背后的故事，研究它蕴含的深刻的现实意义与教育意义，并运用到讲解之中，贯穿于公共文化教育的全过程，增强陈列更强的说服力。

5. 情感的把握

情感作为一种主观心理体验，它产生于人与客观事物的对象性活动之中，它是人们对客观事物态度的一种反映。这种态度作为一种心理积淀，常常影响和制约着人的认识活动。因此，做一名优秀讲解员，不仅要求自己具备丰富的专业知识、较高的语言艺术、热情的服务态度以及端庄可亲的外在形象，而且还要善于和所面对的群众产生和建立一定程度上的情感联系。情感一旦趋同，便会产生一种无形的吸引力，能使参观者和公共文化教育者之间产生双向交流心理共鸣。实践证明，只有把握和运用好情感的心理效应，有的放矢，才能达到满意的公共文化教育效果。

6. 兴趣的培养

兴趣是认知需要的开始，有了兴趣，参观者才能产生一定的动力，促成与讲解员积极的合作。一次成功的讲解，还取决于讲解员对观众和观众对讲解员由积极的情感而引起的兴趣。一些博物馆在人们心目中形成了刻板枯燥、公共文化教育呆板的印象，甚至还出现没看完就离去的现象。这种现象的出现，在很大程度上，是讲解员没有利用自己充沛的情感作为背景，去感动群众，唤起参观者的热情。要改变这种尴尬的局面，讲解员必须要懂得培养情商，对自己所讲解的内容注入充实的感情，把真挚的情感融于准确、精练、生动的语言和举止中，以情动人，寓理于情，用情感去感染群众，或喜、或忧、或怨、或恨，达到“同声相应、同气相求”的心理共振的效果。

7. 提高写作水平

提高讲解员的写作水平，讲解员从事公共文化教育的基本依据就是讲解稿，好的公共文化教育首先要有立意高、内容丰富的稿件。编写讲稿的过程是讲解员对陈列的认识由感性到理性逐步深化的过程，因此，要求讲解员在工作中不断地提高自己的写作水平，要学会自己编写讲稿。在编写讲稿时应做到观点鲜明，言之有据，通俗易懂，脉络清晰，对象明确，深浅适宜，简明紧凑，有情有趣。一般来说，讲解词是公共文化教育语言传达的基本条件，讲解员在创作的过程中，必须依据历史真实，找出适合讲解语言表达方式的最佳境界，做到主题明确，语言精美，文字流畅，情感丰富。因此，讲解员必须在实际工作中，不断提高自己的写作能力，使讲解水平得到不断升华。

总之，博物馆讲解员培养的突破点不在于外在形式的包装，而在讲解员内在素质的提高，大力建设高阶段讲解员队伍是博物馆实施公共文化教育的必然趋势。而这种阶段培养是一个长期的过程，“十年树木，百年树人”，一个博物馆只有坚定打造优秀人才的决心，通过长期的坚持不懈的努力，才能将本馆讲解员队伍打造成为一支高素质、高水平的讲解员队伍，成为得力的公共文化教育人员。

参 考 文 献

李正华：《博物馆社会教育宣传与服务工作探析》，《中国博物馆》2007 年第 3 期。
梁唯：《互动式教学在导游实务教学中的应用》，《中小企业管理与科技》2009 年第 10 期。
骆士泉：《新视野下的博物馆讲解员角色再认识》，《中国博物馆》2008 年第 2 期。
曲澜娟：《西柏坡博物馆讲解员范美平谈“革命圣地”变化》，新华网，2008 年 11 月 11 日。
王晓莉、张艳喜：《论市场经济条件下讲解员职业道德修养建设》，《文博宣教》2006 年 2 月。
吴玲：《博物馆讲解员讲解艺术初探》，《博物馆研究》2007 年 4 月第 4 期。
肖冠雄：《谈博物馆、纪念馆讲解员的选拔和培养》，《中国文物报》2005 年 7 月 8 日。
曾红玲：《试论新时期博物馆的公共文化教育工作》，《文博宣教》2006 年 2 月。
仲秀林：《浅谈博物馆纪念馆讲解的美育与情感》，《博物馆研究》2008 年第 3 期。

作者简介：王乃嘉，周恩来邓颖超纪念馆，馆员，天津市南开区水上公园北路 1 号，300074。

浅谈博物馆教育与文化传播的作用

王艳玲
（宁夏回族自治区博物馆）

摘要：博物馆属于非正式教育机构，它具有教育和文化传播的作用。在我国经济社会不断发展的前提下，越来越多的人主动参观博物馆，获得文化知识。本文从博物馆的功能入手，叙述了博物馆的教育作用，详细说明了博物馆的文化传播特征，主要阐述了提高博物馆教育与文化传播的有效对策，从而达到最大限度发挥博物馆教育与文化传播的作用。

关键词：博物馆　非正式教育　文化传播　学习

随着社会的进步和经济的不断发展，人们对博物馆的关注度越来越高。博物馆是人类文化的传承，是教育、文化传播和社会服务的公共平台。它是文物收藏、文物研究、社会教育的文化教育场所，向观众展示文化发展水平和社会发展和谐程度的重要窗口，是集典藏、陈列、研究、保管和教育于一身的文化传播机构。其中，文化传播和教育是当代博物馆的两大社会功能，是以不追求盈利、永久性开放的形式来实现学术研究、教育与文化传播的作用。

一、博物馆的教育作用

博物馆拥有丰富的文物藏品，每一件藏品背后都蕴含着丰富的历史文化、历史背景，以它们独特的魅力展示在观众面前，因此，博物馆以它独特的教育方式展示它的丰富历史背景和历史文化，以它独特的非正式教育的方式影响和教育着一代又一代的中华儿女。

博物馆是以不追求盈利和永久性开放的形式来迎接观众，而参观博物馆的观众往往是来自于不同的国家和不同的地区，并且年龄和所受文化教育也存在着较大的差异，对博物馆藏品的认识也有很大的不同。因此，作为博物馆工作人员针对不同的参观者，需要采取不同的教育方式和手段，达到对不同观众的教育目的，例如开办讲座、网络媒体等形式。同时，博物馆采取开放的展览方式，将文物展品展现在观众面前，作为参观者也可根据自身的文化素养和需求，自由选择读取和吸收文物信息、文物历史背景等，提升自身的文化素养，从而达到受教育的目的。发展博物馆的教育功能是博物馆建设和发展的重要目的，它将有力地促进整个社会的良性发展，提高全民整体素质。

博物馆具有丰富的文物藏品，蕴含着丰富的文化信息和丰富的历史文化知识，参观者能切身感受到历史文化气息和浓厚的历史文化氛围，从而获得更多知识。因此博物馆的教育作用应当成为博物馆的基本使命，通过为不同参观人群提供与之相对应的服务，使博物馆获得更大的发展空间。

二、博物馆的文化传播

1. 作用

所谓文化传播是指文化从一个社会传到另一个社会或从一个区域传到另一个区域或从一个群体传到另一个群体的互动现象。文化传播有直接传播和间接传播两种方式。而博物馆是以藏品的陈列展览作为文化传播媒介，属于文化间接传播。它是文化教育场所，以其藏品的文化价值、艺术价值向社会传播着文化信息，每一位参观者通过游览博物馆，欣赏了博物馆的文物藏品，领略了藏品的文化内涵，了解了历史文化，博物馆以展示其藏品的形式来实现了传播文化。

2. 特征

博物馆的文化传播作用主要有以下特征：非专业性、教育性、大众传播性、审美性、多种形式展示。

（1）非专业性

博物馆具有文化传播和教育的作用，它对人民大众进行普及教育。当今社会，由于社会分工较细，人们对所从事专业外的知识知之甚少，造成知识结构狭窄，而博物馆正好弥补了这一缺陷。博物馆是各学科、各领域沟通交流的窗口，人们通过参观博物馆拓展知识面、开阔视野。同时，博物馆肩负着文化传播的作用，让每一位参观者都能从中获取知识，将专业知识用通俗的方式展现出来，没有专业界限，成功发挥文化传播作用。

（2）教育性

博物馆承担着科学教育、提高全社会科学文化水平的责任。这要求博物馆必须符合科学的严谨性和内容的真实性，容不得掺杂半点虚假。因此，博物馆必须以真实的藏品向观众展示，必须向观众提供最科学最真实的科学知识，保证在博物馆所传播的知识的准确性、科学性和真实可靠性，才能发挥好博物馆教育的作用。

（3）大众传播性

博物馆要发挥好公共文化传播作用，必须遵从大众传播的有关规则。除要求传播知识的准确可靠性外，还要从大众出发，用最朴素和通俗易懂的语言文字，真实地把科学文化知识展示给观众，使得大众传播不是一句空谈。

（4）审美性

博物馆作为一个非正式的教育机构，为了更好地吸引观众，使更多的人们走进博物馆，博物馆必须是一个让人们感受到美的地方，让人们愿意接近它、走近它。首先，博物馆的展品要展示出美感，具有良好的视觉效果。其次，展品的整体风格与展览内容保持一致，不能因为追求美而失去真实性。这样，才能让更多的人走近博物馆，感受博物馆之美，才能达到提升全民素质，提高整体知识结构的目的。

（5）多种形式展示

在博物馆陈列展览中，藏品是作为实物展示的，但还有不能用实物展示的内容，这些内容同样具有与实物一样的作用和价值。怎样才能向观众展示它们呢？通常采用人们乐于接受的文字或视频等方式表现出来。它们与实物藏品一样，具有真实性、科学性，同样向人们传播知识和能量。

三、提高博物馆教育和文化传播的策略

1. 加强工作人员对博物馆的认识

博物馆作为教育和文化传播的载体，博物馆工作人员必须拥有对博物馆的正确认识，不能认为博物馆仅仅是保管文物的场所。必须熟悉自己的工作内容，对博物馆所展示的文物展品不断进行分析。对文物展品的认识也不能只停留在文物表面，要更多地了解文物展品具有的文化价值，准确了解文物展品本身的价值和文物展品背后的历史背景，才能真正让观众从中获得知识，才能真正发挥博物馆的教育和文化传播的作用。

2. 加强陈列展览服务工作

随着人们生活水平的不断提升，越来越多的人对精神文明有更高的需求，参观博物馆的人数近年来呈上升趋势，人们对博物馆陈列展览的内容、服务水平的要求也越来越高。仅有传统的陈列展览方式会让观众认为形式简单、呆板、沉闷，可能还会有人认为文化价值不高。因此，传统的陈列展览已不为公众所接受。为进一步发挥博物馆的教育与文化传播作用，博物馆需要加强陈列展览服务水平，要采取多种形式的宣传与教育，如文字说明、展板说明；积极探索使用新技术，采用大屏幕等多媒体形式，图文并茂地向观众传播文化知识；或者运用科技手段，制作二维或三维造型，使用语音导览和视频讲解等科学技术方法，让参观者准确接受文化传播知识，使博物馆的教育与文化传播作用得到很好的发挥。

3. 加强对外合作工作

为了丰富博物馆的展览内容，采取走出去、请进来的方式，将其他博物馆的精品请进来，丰富博物馆的展品内容，使更多的观众不用出家门就可以接受其他地区的教育和文化传播。同时，把本土博物馆的展品采取走出去的办法，让更多的参观者了解更多的地域文化知识，才能真正提高全民族的文化水平。

4. 提高教育与文化传播水平

提高教育与文化传播水平是博物馆的作用之一，要想使博物馆真正发挥好这一作用，博物馆工作人员必须紧跟时代发展步伐，与时俱进、推陈出新，将博物馆的知识性、专业性、学术性与观赏性相结合，实现题材、风格相统一，真正发挥自身的教育与文化传播的功能，把博物馆建设纳入到公共文化体系建设中，增加陈列展览的吸引力，发挥社会教育作用。

5. 积极开展社区文化服务工作

博物馆是公益文化单位，服务于基层，服务于民众。要让每一位民众都能获得相应的知识提升，需要博物馆工作人员走向社会、走向社区，分析区域内民众的特征、知识水平等，将丰富可靠的文物知识带到社区，制定科学合理的博物馆社会、社区工作计划，采取灵活多样的方式服务于社会，从而促进社会的和谐发展。

6. 做好文物征集工作

博物馆是公共文化服务机构，主要通过文物陈列向社会公众展示文物的历史信息、文化背景。但是，它必须建立在一定的藏品数量之上。文物是博物馆最重要的物质资源，是开展一切服务的源泉，而文物征集则是丰富博物馆馆藏文物的必要手段，是决定博物馆发展与否的关键因素。目前，文物市场鱼龙混杂，要求文物征集工作者必须具备较强专业技术素质，对征集工作具有高度的责任心，严格文物征集程序，完善文物征集手续，才能做好文物征集工作，才能使观众获取真实准确的文化资源。

7. 认真做好宣传教育工作

为了更好地发挥博物馆的教育与文化传播作用，博物馆工作人员需适时分析参观者的基本需求，加强科学技术的应用，将博物馆所展示的基本内容以网页、卡片或宣传册等形式，展示给观众，使博物馆的教育与文化传播作用得到有效地发挥。

8. 使用现代信息技术

虽然博物馆以实物为载体，但绝不排斥科技与网络的存在。通过使用现代信息技术，利用互联网宣传博物馆的发展理念，建立博物馆的网络服务体系，搭建博物馆网络信息平台，能够将博物馆展厅里的实物展品以网络的形式向全世界展示，向更多的人群传递文化信息，使博物馆文化传播得更深更远。

9. 优化人才队伍

人才是一切发展的源动力，博物馆也不例外。对于博物馆来说，要不断引进能力卓越、思维敏捷的高技能人才，不断更新博物馆人的思想理念，最大限度地调动博物馆人的积极性、主动性、创新性，不断提高博物馆人的思想素质、知识结构，通过强化服务意识，加强博物馆教育与文物传播的功能，推动博物馆事业的发展，真正发挥博物馆教育与文化传播的作用。

四、结　语

博物馆作为非盈利、永久开放的公益社会机构，为了更好地发挥它的教育与文化传播作用，必须做好以下工作：一是必须充分认识博物馆是科学教育机构，保证展示的展品具有科学性、真实性和准确性；二是博物馆是非正式的教育机构，它不同于学校的正式教育，使用通俗易懂的表达方式，来达到教育和文化传播的目的；三是博物馆是视觉文化，必须采用空间形态为主的视觉形象作为传播形式，展示博物馆的传播特色；四是要与多媒体融合，利用多媒体制作生动有趣的视觉效果，在寓教于乐中传播文化知识。

作者简介：王艳玲，宁夏回族自治区博物馆，副研究馆员，宁夏回族自治区银川市金凤区人民广场东街，750002。

博物馆文化创意产品的开发与宣传营销策略初探

王志习
（元明清天妃宫遗址博物馆）

摘要：博物馆是面向广大公众展示本民族历史文化遗产的场所，目前大部分国内博物馆是免费对外开放，通过博物馆文化创意产品的开发和宣传营销将会扩大博物馆教育途径，有利自身的健康发展，推动社会经济进步。博物馆文化创意产品的开发策略有：发挥馆藏优势、提高开发设计能力、注重树立品牌和知识产权保护、建立激励制度。在宣传营销方面，采用产品销售、服务销售、合作销售的方式来推广博物馆文化创意产品。

关键词：博物馆　文化创意　开发　营销

博物馆是面向广大公众展示本民族历史文化遗产的场所，在这过程中，博物馆在从事着历史文化遗产收集、保存、研究的责任[①]。另外大量的博物馆作为社会公益事业，面向公众免费开放，越来越多的人们走进博物馆来亲近历史文化，与此同时博物馆失去了门票收入，政府鼓励其自筹经费[②]。在对文化传播的同时，博物馆需要根据自己的实际情况，开发出更加吸引人的文化创意产品，并把它销售出去，扩大博物馆的文化传承和良性互动，推动博物馆的自身发展和文化传播。

对世界型大型博物馆业，其博物馆文化创意产品的开发带来了巨大的收入来源，国外文化创意产品市场的形成和有序发展，积极地促进了我国博物馆文化创意产品的开发和营销，并且有一些成功的经典案例，最著名的是台北故宫博物院推出的以康熙朱批“朕知道了”的纸胶带，一夜暴红，受多方好评[③]。

目前我国博物馆文化创意产品的市场非常活跃，不断有新产品面世。但从整个行

---

① 王悦：《博物馆运营与文化创意》，《中国纪念馆研究》2014 年第 2 期。

② 谢葵萍：《文物衍生品开发——中国文化遗产保护的方式与途径研究》，《艺术百家》2015 年增刊。

③ 杨建宏：《博物馆文化创意产品设计的理论与实践研究——以洛阳周王城天子驾六博物馆为例》，《艺海》2014 年第 5 期。

业来，才刚刚起步，还处于探索和模仿阶段，和发达国家相比还有一定的差距，具体表现在如下方面：产品同质化，没有独特个性，或盲目追求新、奇、特，不适合大众审美；销售渠道单一，宣传力度不够；产品产业链不完整，无法有效对接；产品知识产权意识淡薄，无法得到法律保护，侵权事件常有发生，损害了权利人的利益。因此，如何创意开发博物馆艺术文化创意产品，做好文化创意产品的营销工作成为社会各界特别是博物馆需要关注的命题。

一、加强博物馆文化创意产品的开发和宣传营销的意义

加强博物馆文化创意产品的开发和宣传营销，有利于博物馆原有使命的进一步完善，借助参观者或购买者的社交活动，将博物馆历史文化信息进一步扩大传播范围和效果，更诠释历史文化含义，宣传藏品，成为延伸教育功能的新途径。

从经济价值方面，博物馆文化创意产品的开发和宣传营销，加大博物馆的宣传力度，使之成为当地的旅游特色行业，成为吸引国内外游客的一个重要方式。

博物馆的正常运行需要大量经济的支撑，国外一些著名的国立博物馆和私人博物馆成为拓展额外经费的先行者，取得了成功的经验①。其中文化创意产品的开发和宣传营销是非常重要的方面，不仅加大了博物馆的影响力，也为博物馆带来了可观的收入，用于文物保护、提高设施、改善展厅等日常运作中，促进博物馆的有序良性发展。同时文化创意产品的开发和宣传营销拉近了博物馆和大众之间的距离，更多的公众在参观和购买的同时，在精神上也有了新的收获，帮助他们陶冶情操、增长知识、提高文化素养，继而推动社会性主义精神文明建设。

博物馆文化创意产品的开发和宣传营销将带动相关产业发展，创造出新的就业岗位。其产品具有知识性、高附加性和高整合度的特点，产业链长，将博物馆的资源和消费者、艺术家、制造商联接起来，产生全新的文化产业链，促进就业，带来以多行业的发展。

综上所述，加强文化创意产品的开发和宣传营销工作不仅有利于博物馆自身的健康发展，更会有力推动社会经济文化发展②。

---

① 叶舒然：《国外博物馆文化创意产品开发分析及其启示》，《佳木斯职业学院学报》2016年第3期。

② 丁继军、唐智国、杨列埠：《创意产业背景下博物馆发展的思考》，《中国建筑学会室内设计分会2007年长沙年会暨国际学术交流会论文集》，华中科技大学出版社，2007年。

二、博物馆文化创意产品的开发策略

1. 充分利用馆藏资源优势，开发和设计相关产品

形态各异，来源广泛，不同时代，不同民族特色、画纹独特的博物馆藏品，给文化创意产品提供了丰富的资源，通过对其元素的提取，加上现代设计理念，加上对大众审美的思考，设计出全新的博物馆文化创意产品，这些产品要具有观赏性、实用性、可复制和商业性的特点，这几点也是开发和设计的原则。设计时要兼顾传统文化和流行文化，创造出个性化产品，设计应满足不同消费者的消费心理，重视个体体验，让消费在拥有美丽实用产品的同时，能获得学习或娱乐体验过程[①]。

2. 提高博物馆文化创意产品的开发能力

提高博物馆文化创意开发能力，首先要保证用于开发设计的资金来源，在政府重视与扶持的同时，鼓励多元化资金参与博物馆文化创意产业，引进私人、企业、外资进行合理使用，从而解决开发资金的问题，让创意研发拥有足够的资金保证。

其次在重点培养博物馆文化创意产品专门人才，鼓励和支持馆内人员在职培训和继续教育，学习相关文化创意知识，给其实践技术物质支持；同时可以引进外来创意创新人才，在优秀人才的带领下、实现本馆创意能力的全面提高。

加强和艺术类高校的合作，利用高校中人才较多、思维发散的优势，结合博物馆的资源，加强创意研发。通过合作培养本、硕、博的人才，或者接受实习生、优秀毕业生，来积极进行合作，共同研发出具有艺术美感又贴近大众需求的创意产品。

也可以借鉴国外设计模式找准文化卖点，结合本馆的实际情况和藏品情况，设计创意产品，让创意产品走进千家万户。

3. 树立品牌意识，保护知识产权

在市场经济环境下，品牌是竞争中最有价值的砝码，博物馆要想更好地生存和发展，也必须建立自己的良好品牌形象，来吸引更多参观者和创意产品的购买者。市场的需求和博物馆创意产品的出现，为博物馆打造产品品牌定位提供了参考。首先要注重文化创意产品的质量，美观大方，具有很好实用性和品质的创意产品，在多方面的

---

① 王颖、施爱芹：《论博物馆文化创意产品开发设计的创新思路》，《包装世界》2015 年第 4 期。

宣传和推广下，将赢得观众的关注和青睐，从而逐渐树立起自己独特的品牌。通过品牌的效应，吸引到更多的观赏者和购买者，推动文化创意产业的有序健康发展。

在设计创意产品时要注意遵守法律法规，提高相关设计人员的保护知识产权意识，对于独创性的艺术珍品，尽快审请专利保护，进行规范生产、经营相关创意产品的授权制度，既保护了博物馆的产权归属，又顾及了艺术设计者的权益。

4. 建立博物馆文化创意产品设计的激励机制

博物馆在制度范围内可以根据自身情况，设立专职或兼职的设计队伍，并明确有效的激励机制，激发开发设计人员的艺术想象力，并在项目立项、政策扶持、配套服务等方面给予积极支持，将取得的成果和绩效挂钩，带动本馆创意水平的提升[①]。

三、博物馆文化创意产品的宣传营销策略

1. 产品营销

采用馆内销售、馆外专卖店、网络销售等方式相结合，线上线下同步销售。在观众必经处设立馆内商店，科学设计路线，注重商店的人文环境营造，让顾客享受到舒适愉快的购物体验。馆内销售按时间或者季节进行组合产品销售，也可以配合专题临展建立专题游客 DIY 产品体验区，来激发顾客购买热情。

馆外专卖店可以扩大文化创意产品的销售范围，可以在商厦、机场设立专柜进行授权销售，通过不断推陈出新、商业橱窗展示，提高服务水平，来增加产品销售。

网络的力量是巨大的，开设网店也是其中一种营销方式，通过展示原创形象产品图片，配上网络热词介绍，主题词搜索功能，以及客服和物流配套服务，让从未到博物馆的人群一样可以购买到心仪的创意产品。

2. 服务营销

通过对销售工作人员进行专业知识和售后服务配训，提高其服务水来，来提升服务质量，让购买者享受到专业周到的销售服务和符合当下潮流的退换服务的售后服务。

---

① 邢致远：《博物馆文化创意产业模式与产品研究》，《艺术百家》2014 年增刊。

3. 品牌联合营销

博物院和知名设计师、著名品牌进行合作，来突显产品档次和价值。如将创意产品与其它品牌产品搭配销售，或将展品的花纹或图案运用在高端服饰和产品开发上，引发品牌效应①。

四、结　语

博物馆担负着文化交流的重任，面对文化创意产业大潮流，进行具有中国特色的创造。为公众提供了很多具有民族特色的、实用的、多姿多彩的创意产品，同时为博物馆本身提供资金来源，保证博物馆正常运作和设备升级的正常开支。着力发展博物馆相关文化创意产业，是博物馆事业社会化的一个重要方向，也符合《博物馆事业中长期发展规划纲要(2011—2020年)》确定的中国博物馆事业发展方向，对于当前的中国博物馆事业具有重要意义。

今天的博物馆不再是文明的保护者，也会成为城市价值的新坐标，现代创意和文化遗产的融合，会诞生出一系列生机勃勃的产业链。

作者简介：王志习，元明清天妃宫遗址博物馆，馆员，天津市河东区大直沽中路51号，300170。

---

① 杜蓓蓓、丁金枝、戴典、欧莉：《文化创意产业背景下三星堆博物馆旅游纪念品营销策略初探》，《环球人文地理》2016年第10期。

讲好书法故事 弘扬传统文化

——辽宁省博物馆开设青少年书法美育课程的探索与思考

尹 钰

（辽宁省博物馆）

摘要：书法教育是国家文化发展和教育发展两大战略的交汇点，开展书法教育是贯彻党的十九大中关于发展素质教育、弘扬优秀传统文化、增强民族自信的重要体现和具体行动。在博物馆书法展厅里开设书法课程，引领中小学学生加深对书法艺术、传统文化的认知、理解和学习的同时，也有效地帮助他们提升文化自信、树立文化信仰。本文通过对在博物馆里开展书法美育教育的历史沿革的梳理，辽宁省博物馆开设的"童书中国字"书法美育课程的案例分析，总结出应该如何在博物馆展厅内上好书法美育课程以及探索该项目未来的发展。

关键词：博物馆　书法　美育　青少年

一、博物馆开展书法美育教育的历史沿革

著名教育家、南京博物院第一任院长蔡元培先生曾经说过："提倡美育，使人生美化，使人的性灵寄托于美，而将忧患忘却。美育在学校，可通过音乐、图画、游戏来实现，在社会，则通过博物馆、美术馆、剧院、公园来实现。"[①]蔡元培注重研究能够引起美感之物，不遗余力地提倡美育，大力提倡诗歌、音乐、书画、建筑、雕塑等具有美育功能的学科。蔡元培对于书法教育的改革主张令人印象深刻，他的书法教育思想对中国近现代书法教育事业乃至整个中国书法艺术的繁荣和发展作出了卓越的贡献。

20 世纪 30 年代，林语堂用英语写了一部书，名为《吾国吾民》，在美国出版，向西方世界介绍中国和中国文化，其中谈到中国书法，他说道：书法提供给了中国人民以基本的美学，如果不懂中国书法及其艺术灵感，就无法谈论中国的艺术，通过书法，中国的学者训练了自己对各种美质的欣赏力，这样，书法艺术给美学欣赏提供了一整套术语，我们可以把这些术语所代表的观念看作是中华民族美学观念的基础，也许只

---

① 蔡元培：《蔡元培选集》，中华书局，1959 年，第 182 页。

有在书法上，我们才能够看到中国人艺术心灵的极致[①]。书法是中国最具特色与普及的艺术门类，书法教育的实践会使人们对国家形成一种高度的认同感和归属感、责任感和使命感。书法教育不单单是书写的教育，更重要的是中华优秀传统文化的教育。

新中国成立后，国家明确将美育列为学校教育的组成部分。但自 20 世纪 50 年代末开始，受政治运动影响，美育长期被忽视甚至否定。改革开放后，美育逐渐恢复并得以发展，国家也出台了各种政策、法规。近年来，教育、文物部门高度重视将博物馆纳入教育体系，实现博物馆青少年教育资源与学校教育的有效衔接。2014 年以及 2015 年 6 月，国家文物局、教育部联合印发《关于加强文教结合、完善博物馆青少年教育功能的指导意见》以及《中小学综合实践活动课程指导纲要》中提出了以建立中小学生利用博物馆学习的长效机制为重点，对于青少年的书法美育教育提出了要求和指导方法，使得学校教育与博物馆教育之间联系更加紧密，利用博物馆学习必将成为中小学日常教学的有机组成部分。

二、辽博开设青少年书法美育课程的探索与思考

博物馆具有开放性的特点，博物馆是社会教育的理想场所，是学校教育的“第二课堂”。我国的部分博物馆都有面向中小学生的教育服务活动，其中就包含书法教育。辽宁省博物馆馆藏文物丰富，质量精湛，是馆藏晋唐宋元明清书画数量最多、品质最精的博物馆之一，具有极高的艺术、历史和科研价值。其馆藏资源对学生来说，是巨大的知识宝库，是传统课堂的有益补充。当淬炼了几千年的书画文物静静呈现在面前，那种震撼是从书本、影视作品等媒介中得不到的。在弘扬传统文化方面，在培养学生发展的核心素养，如人文底蕴、科学精神、审美情趣等方面都有着不可替代的作用，还承担着价值引领的社会教育功能。因此辽宁省博物馆携手专业书画教育机构，以我馆书画展览为依托，根据青少年的书法绘画水平和鉴赏能力设计研发课程，开设了“童绘中国画”“童书中国字”系列课程。

三、“童书中国字”的课程设计流程

中国书法艺术源远流长，也是中华传统文化的重要载体之一。而对于书法的修习也非一朝一夕之事，更是需要日积月累的练习和不断揣摩，方能有所长。随着教育部印发的《中小学书法教育指导纲要》中对于中小学书法教育的要求不断提高，让更

---

① 刘涛：《极简中国书法史》，人民美术出版社，2014 年，第 1 页。

多的孩子燃起学习书法的兴趣和热情，也能让孩子们更好地了解中国传统文化中的精髓。

首先，在设计书法展览之初就考虑到给孩子们在展厅内开辟了一处位置作为孩子们互动体验的场所。这种做法的好处是不需要在官网或者微信平台发布课程活动消息，孩子们来看展览的时候就都被吸引过来了。

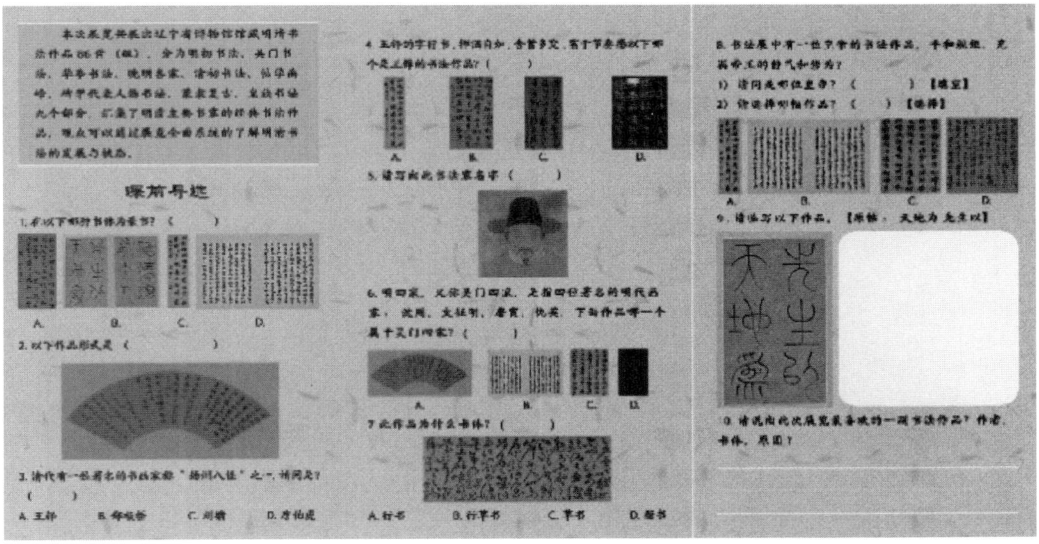

其次，配合展览专门为孩子们设计学习单。博物馆的学习单，立足于孩子们整个参观学习过程，包含着博物馆教师对于孩子参观路径的引导，体现了博物馆老师对展览重点的理解，引导孩子们通过自主研读、合作探究、巩固提升从而达到掌握知识、形成能力的目的。把它发给每个来到博物馆参观的孩子，让孩子们带着问题来欣赏书法艺术，学习传统文化。上图的学习单是根据我馆最近展出明清书法精品展（展期：2017 年 1 月 9 日—2018 年 3 月 4 日）内容设计的。

再次，我们采用了双师授课，博物馆的老师和书法教育机构的老师共同引领孩子们有目的地进行参观，在轻松愉快的氛围中欣赏展览、获得知识。博物馆的老师主要讲授设计展览的背景重点展品。根据艺术史的方法论，从艺术流派的发展长河中解释书画作品形式与风格来源与特点；将书画作品放在特定时期的文化背景中，结合艺术家的经历进行作品解读。教育机构的老师主要讲授书法家、书法作品、书写技法，培养孩子们良好的书写习惯。两者的侧重点不同，让孩子们可以全面的了解书法展览，以及通过展览展示出的书法之美。

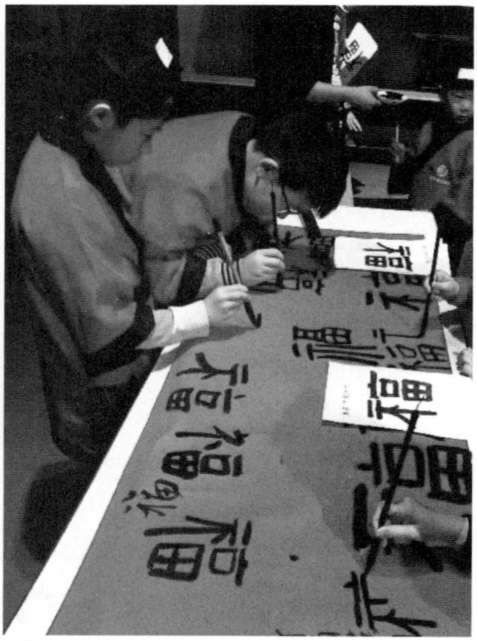

最后，就是孩子们的书写体验环节了，与这些名家名作面对面，更能激发出孩子们走近书法了解书法的兴趣热情，前有古代名家临帖拓印，今有小小观众临摹学字。通过老师们的生动讲述以及自己实地的欣赏书法作品、临摹书法作品，孩子们可以体

会到墨迹下所展现的不仅仅是独特的东方之美，更是执笔之人的气韵和风骨。

四、在展厅内开设书法美育课程的思考

对古人来说，书法是日常生活不可或缺的组成部分，而深层次来说，书法承载着中华传统文化的核心精神。对于现代人来说，书法是心灵的寄托与精神承载。在物欲横流、功利浮躁、信息加速与日益加快的生活节奏中，现实中人们容易精神荒废，在这样的环境之下，书法无疑是抚慰心灵的最好港湾。发掘传统书法的当代美育价值是我们博物馆人作为民族文化传承者的担当与使命，我们要通过开发设计博物馆书法美育课程，使书法起到提升青少年文化素养和审美品格，传承中华优秀传统文化的作用。

（一）在书法展厅中引领孩子们欣赏书法之美

中国书法之美，源于中国汉字之美。汉字，是中国文化的最小单元，又是中国文化的最高代表。汉字的创造、使用、演变、发展和无穷组合，造就了中国文化的辉煌灿烂和流光溢彩，造就了五千年一以贯之的中华文明。博大精深的中国书法，是博大精深的中国文化的基础和缩影。但是对于书法基础薄弱的青少年来讲，看书法展览真的是一件比较枯燥的事情。因为书法里的很多技法都是很抽象的。在博物馆上书法课最大的好处就是可以欣赏到大量的真迹和佳作，博物馆老师的作用就是引领孩子们多接触多欣赏，培养孩子的审美能力及兴趣。在具体的教学中，孩子们看懂了书法展览，听到了书法家们刻苦练字的故事都跃跃欲试的主动要求去写字，这种效果和老师让孩子们被动的完成作业去写字是完全不同的。在设计书法课程过程中我们充分考虑到了孩子们身心特点，运用多种教学手段和讲故事的方式引领孩子们欣赏美，发现美。让孩子们每一次来到博物馆学习，都是一次快乐的成长。点滴收获，积少成多，相信在艺术的浸泡之下，孩子们终有一天一定会拥有一双可以发现美的眼睛，一副可以聆听美的耳朵，一张可以讲述美的嘴巴，更会拥有一颗可以感受美的心灵。

（二）在书法美育课程设计中充分考虑受众学龄

国家在《完善中华优秀传统文化教育指导纲要》中分学段有序推进中华优秀传统文化教育，对中小学生的书法教育提出了要求：小学低年级，以培育学生对中华优秀传统文化的亲切感为重点，开展启蒙教育，培养学生热爱中华优秀传统文化的感情。认识常用汉字，学习独立识字，初步感受汉字的形体美；小学高年级，以提高学生对中华优秀传统文化的感受力为重点，开展认知教育，了解中华优秀传统文化的丰富多彩。熟练书写正楷字，理解汉字的文化含义，体会汉字优美的结构艺术；初中阶段，以增强学生对中华优秀传统文化的理解力为重点，提高对中华优秀传统文化的认同度，引导学生认识我国统一多民族国家的文化传统和基本国情。临摹名家书法，体会书法的美感与意境；诵读古代诗文经典篇目，理解作品大意，体会其意境和情感；了解中华民族历代仁人志士为国家富强、民族团结作出的牺牲和贡献；诵读古代诗词，初步了解古诗词格律，阅读浅易文言文，注重积累、感悟和运用，提高欣赏品位；知道中国历史的重要史实和发展的基本线索，理解国家统一和民族团结的重要性，认识中华文明的历史价值和现实意义。我们遵照指导纲要，努力尝试依托不同的展览设计出适合不同学龄段孩子的书法课程。孩子们通过对书法的学习，对中国的文化有了更深的理解和感受，更能注重习惯的养成、审美的感知等，这些更能影响孩子的生活和人生。

（三）挖掘书法展览中的智慧之美

书法是汉字的书写艺术，也是贯穿古今审美的智慧。首先，书法是艺术类的，也是实用类的，它以文字为载体，而文字是一切历史、文化、道理等传播的基础。书以载道，书法更重要的是文字背后传递给我们的经典的智慧。其次，书法作为中国美学的基础，既具有形象的视觉的美，又通过文字，传递出的一种传统的人文情怀的美。书法展品中所蕴含的丰富信息以及书法展品抽象的艺术特色和深层次文化内涵，都能通过讲故事的方式表达出来，更容易为孩子们理解和接纳，在实际教学中按照书法史的发展脉络我们在课程中选取了程邈创隶书（秦）、萧何深思题匾（西汉）、蔡邕偶创飞白（东汉）、“臣书第一，陛下亦第一”（南北朝），王羲之苦练书法（晋）、柳公权发奋练字（唐）、米芾学书（宋）等故事，通过这些故事引导孩子们探寻蕴含在书法艺术中的民族文化精神，领悟其在世界文化的格局中中华传统文化艺术的独特魅力。

五、对于博物馆书法美育课程未来发展的探索

（一）让孩子们与国宝摹本零距离接触，充分了解书法艺术的博大精深

现在的书法展览出于保护文物的需要，光线都调的很暗，不太适合孩子们观看。博物馆在今后的书法课程中配备一些优秀书法作品的复制品，特别是有故事有教育意义的，孩子们在实际动手接触复制品的过程中，可以看到书画的装裱，接触到一些之前在展柜外欣赏所看不到的东西。按古代传统展示、欣赏方式划分，所有书画作品皆可分为两类，其中一类为案头赏玩类，包括手卷、册页、扇面等形制的书画作品。此

类作品多带有文献与实用性质，适合摆在几案上或执于手中欣赏把玩，需要近观。而在当今博物馆的书画展示中，所有书画作品皆被悬挂或是摆放在密闭橱窗之中，致使无法看清作品的细节。[①] 另外，由于展示场地所限，一些较长的手卷、册页作品在书画展厅中不能完全展开，复制品就可以充分解决这个问题，中国书画欣赏常常称“把玩”或曰“玩赏”，是属于中国古代文人特有的赏鉴方式，孩子们可以一边模仿古人文人们“把玩”手卷的方式，一边感悟他们的心境与情怀，体会作为欣赏者在展开手卷时所产生的愉悦感。

（二）建立书法教师联盟，把全市的书法教师联系起来，让更多的孩子受益

由于博物馆的人力物力有限，导致展览开展的教育活动场次都不多，青少年的受众面不广，而书法美育教育是每个孩子都需要的，“从小学好中国字，长大做好中国人”。这是每个学生的理想，也是每个老师的追求，更是传承中国优秀传统文化的要义。中国书法家协会主席苏士澍曾建议，配合中小学生汉字书法教育，在各地的基层博物馆或专题博物馆设立汉字书法专题展览，依托博物馆收藏的历代文字实物、法书名迹、碑帖拓本、文房用具等，结合当地重要的碑刻遗存，为中小学汉字书法课程提供学习观摩资源。同时利用博物馆专业力量，联合教育、文物部门等，进行书法教师培训，使每一所中小学都有合格的书法教师。辽宁省博物馆将与沈阳市教育研究院联合成立沈阳市“博雅传优”教师沙龙，合作内容的其中一项就包括把沈阳市的书法老师联合在一起，共同设计开发博物馆书法美育课程，博物馆与学校资源互动互联、共建共享，形成青少年书法美育教育的合力。

（三）通过讲好书法前世今生的故事，发掘传统书法的当代美育价值

上海博物馆馆长杨志刚先生说过：博物馆是保护和传承人类文明的重要殿堂，是连接过去、现在、未来的桥梁。我们一方面扎根和弘扬传统文化，另外一方面也要面向世界、面向未来。刚刚结束的国家宝藏栏目通过具有艺术观赏性的设计来为观众展示出国宝的前世今生，并对每一件文物背后的故事、历史进行充分解读，让观众懂得如何欣赏文物之美的同时，也了解文物所承载的文明和中华文化延续的精神内核，从而树立起真正的民族文化自信。这也给我们书法美育课程的设计带来一个很好的启

① 郑霞、秦靖尧、贾梅：《博物馆书画类展览的拓展式教育研究》，《文博》2016 年第 6 期。

示：传统文化与当今社会发生联系才会得到继续传承，绵延不绝。我们讲过去的文物或者是过去的艺术的故事，应该是对我们当代人的生活上产生价值，特别是对于当代青少年产生价值才具有意义。传统的书法艺术也是一样，书法不应该放在博物馆里的玻璃罩子里，供我们去瞻仰和赞叹，然后离开那里，和我们再无关系。我们要做的怎么能让书法融入我们的当代生活，活在我们的当代生活里，从而真正应用于当代生活！

作者简介：尹钰，辽宁省博物馆，馆员，辽宁省沈阳市浑南区智慧三街157号，110167。

桂林博物馆智慧平台建设的思考

袁　俊

（桂林博物馆）

摘要：近年来，以信息化技术为基础的智慧博物馆成为大家研究的重点方向。桂林博物馆在新馆建设之际，也进行了博物馆智慧平台的建设工作，计划完成藏品系统、观众信息系统、智慧导览系统、志愿者管理系统、互动体验中心以及网站微信等建设和升级工作，有效提升博物馆整体管理服务水平，达到让文物活起来的目标。

关键词：智慧平台　智慧博物馆　互动交互　信息技术

智慧，是对事物迅速、灵活、正确地做出理解和处理的能力。而智慧博物馆，顾名思义，就是博物馆本身对运行情况能够迅速而又正确地做出理解和处理。当然，这并不意味着博物馆能够作为一个个体进行思考，而是使用信息技术能够完善的获取信息并给予回馈。通过智慧博物馆项目建设，能够更好的对博物馆进行管理，给观众提供更优秀的文化体验服务，提升互动交互效果，能够实现习近平总书记“让文物说话、把历史智慧告诉人们”以及“让收藏在禁宫里的文物、陈列在广阔大地上的遗产、书写在古籍里的文字都活起来”等讲话精神，同时也能最终达到总书记于 2017 年 4 月 19 日视察合浦汉文化博物馆参观了海上丝绸之路文物精品展览时提出的“中华民族历史悠久，中华文明源远流长，中华文化博大精深，一个博物馆就是一所大学校，博物馆建设要注重特色”这个目标。本文就桂林博物馆智慧平台建设项目情况介绍，探讨信息化技术与博物馆方方面面的结合方式，研究如何能够更好的服务博物馆工作，提供博物馆服务，实现建设特色博物馆，让文物活起来的目标。

一、建设内容及目标

桂林博物馆观众服务平台及基础设施项目建设目标为：梳理桂林博物馆文物保护信息化需求，建立健全平面类藏品数字化数据库和藏品三维数字化数据库等数据库，充分集成博物馆现有数字化建设基础，充分应用各类现代先进技术手段，建设一个遵循文物数字化保护建设标准、充分互通互联、具备高可扩展和环境适应性博物馆管理、服务体系，实现桂林博物馆数字化管理和服务模式创新，提升展示手段，加强博物馆网络展示，打造基于共建资源的云服务体系，打造特色鲜明、系统全面、高雅活泼、水平领先、理念前沿的桂林历史文化展示、传播和研究基地，全面提升桂林博物馆的展陈服务和教育传播的智慧化、信息化水平。具体建设内容如下：

（一）基础数据库

数据资源采集建库应对桂林博物馆的各种业务数据、馆藏文物及博物馆场景数据、系统应用数据进行采集，并建立数据资源库。博物馆经过珍贵文物数据库以及第一次全国可移动文物普查，已对馆藏文物数据有了基本的采集。但是，数据过于简单，多数是包含简单文物信息以及基本图像信息，无法完整的体现藏品的风貌。因此，通过三维采集，信息完善的方式，将藏品信息补充。同时收集汇总文博相关宣传教育、文创等资料信息，并对博物馆场馆和展厅进行三维数据采集建模，为今后的数据使用和扩展打下基础。文物信息的充实和数据资料的完善，才能够更好的理解和使用文物信息，达到让文物活起来的目标。

（二）藏品管理系统

藏品管理系统，要求根据桂林博物馆藏品特点和管理规范定制化开发，实现藏品征集鉴定，藏品信息登录编目、查询统计、报送审核、导出转换等一系列功能。藏品登录栏目设置，支持与第一次可移动文物普查成果的快速迁移和交换。在系统安全方面，系统具备完善的权限控制和操作日志记录。

虽然藏品管理方面已有珍贵文物管理系统以及一普系统，不过都不能很好的兼顾库房文物管理以及文物信息共享的功能。虽然做了相关数据采集，录入已有文物管理系统，但是藏品是互相孤立，是冷冰冰的数据资源，无法形成关联性，达不到智能化的效果。智慧平台的目的，是扩展藏品信息的关联性，提高使用者的体验度，有一种交互的感觉。当然，现有的信息技术无法真正展示智慧化的藏品系统，提供类型科幻电影中语音对话自动回复的效果。但是，也可以使用一些办法提升系统的“智慧”，比如：

（1）通过扩展关联度，将文物之间的信息给予归类，将每一类标签化系统化，放入每一件藏品的数据中。

（2）可以将相关成果（涉及到的研究、陈展和文创信息等）也放入藏品信息中并给予链接，无形中提高了藏品信息的内容，能够一定程度给予更好的使用效果。

（3）强化系统的共享功能，给予使用者进行数据上传补充申请功能，通过审核等方式将有用的资料补充如藏品信息中，达到数据补充，形成一种互动的感觉，并完成大数据融合的功能。

当数据完善到一定程度，使用者在查询过程中，能够一目了然的获得相关的研究和使用资料，一定程度上也达到了智慧化的效果。而资料的不断补充和提升，也能够为后续的研究、陈展和文创提供养分，能更好的让文物说话，并能找到自己博物馆藏品和当地文化的特色，制作独树一帜的特色展览和文化产品。

（三）数字观众管理系统

数字观众管理系统要求包括观众档案管理、观众流量监控、参观预约、观众行为统计分析等功能。主要是为确保桂林博物馆新馆安全、及时掌握入馆人员的基本背景信息，防范特殊人群（如公安部通缉的高危人群）的潜在风险，为每个观众建立入馆记录，收集预约、评论等相关信息，结合分析算法，使博物馆能够准确掌握观众信息，更有针对性地开展文物保护教育宣传，也能够为布展设计要求提供决策依据。

一直以来，博物馆陈展和文化宣传都是单纯的单方面输出，也就是博物馆人选择觉得有代表性有特色的内容制作陈展等相关宣传内容，观众只是被动的接受。由于观众的知识层面和兴趣方向都不相同，在这种陈展和宣传模式下，观众无法获得期望的知识，不能够真正了解博物馆特点和当地文化特色，只会感受到是千篇一律、大同小异的内容，从而无法实现博物馆文化宣传教育的核心功能。虽然博物馆也采取了问卷调查和意见簿等方式来收集观众信息和意见，但是由于始终不够便利以及内容记忆的淡忘，使得效果十分有限。而数字观众管理系统有希望解决这个问题，方式如下：

（1）通过互联网网站或者微信平台进行博物馆游览预约，同时将门口身份证领票机的信息接入数字观众管理系统。这样，系统就获取了观众基本信息，包括年龄、籍贯等，并且也将参观的观众量得到一个初步统计。并且通过与公安系统的关联，能够防范特殊人群的潜在危险，保证了博物馆作为一个公共场所的安全。

（2）通过监控设备采集观众行为模式以及每个展厅乃至每件藏品的观众量，从中可以大概的得出观众感兴趣的展览以及藏品。同时，也能够对人群聚集程度太高的情况给予相关报警提示，避免事故出现。

（3）可以考虑将其他观众信息也引入系统，例如导览系统相关信息（可以了解哪件文物讲解听众最多、游览线路）、互动设备参与信息（了解哪些互动能够吸引观众提高黏着度）以及微信网站上信息浏览量和点赞量，全面获取观众信息。

（4）通过长时间的数据统计（一年以上），系统对观众信息进行不同角度的分析，可以大概看出来博物馆参观的观众结构组成，包括各个时间段（春夏秋冬等）来的观众年龄层、兴趣方向、职业、籍贯等，可以给予陈列宣教部门明确的信息，确定在每个时间段（比如春节期间、不同月份）制作相应年龄（比如青少年）、兴趣（比如书画）的展览，并在讲解词以及活动上更适应相应观众层。

观众信息也是博物馆基础信息，需要更多方式进行收集，数字观众管理系统，网站微信平台的问卷调查，导览信息都不可或缺。同时，早期的问卷调查和意见簿等方式也仍然需要保持，不过要考虑使用更便利的方式录入数据，使用电子笔输入、语音输入乃至视频输入等方式的信息采集模式，能更好的扩充观众信息的广度和准确性。数据是用作统计分析，因此需要长时间的数据采集形成大数据资源才能较为准确。拥有准确的观众信息，了解观众喜好，就能有针对的制作相关陈展和宣传活动，让观众了解博物馆特色，体现博物馆特色，让博物馆藏品生动起来。

（四）志愿者管理系统

志愿者智慧管理系统，在充分梳理和总结桂林博物馆志愿者管理需求基础上，基于国家智慧博物馆整体架构设计开发。该系统可以让志愿者能够更便捷地完成出勤登记，了解服务调度安排，与其他志愿者进行沟通交流，同时也有利于志愿者进行勤务统计、服务数据分析。

志愿者是桂林博物馆公众服务体系中重要的组成部分，借助于信息化技术，实现志愿者科学规范的管理，了解不同志愿者能够参与的时间段以及兴趣擅长方向，这样不仅可以为公众要求提供更好的讲解服务，同时对于全面提升桂林博物馆的综合管理能力也有重要意义。

（五）导览系统

语音导览系统已经较为普及的使用在众多博物馆之中，其携带较为方便，无干扰独自讲解，受众能够自由的选择参观行进的时间。尤其能够提供多种外语服务，解决中小博物馆中外语讲解员缺乏的问题。同时，触摸屏导览终端以及手机导览也愈来愈受到年轻人的青睐。

（1）导览内容需要考虑到不同人群的需求，比如年龄层不同，知识面不同，他们需要的导览内容都不尽相同。因此导览系统内容应该兼顾不同类型的观众，包括青少年版本、成人版本以及专业版本，当然多语言版本也要考虑。

（2）导览硬件设备考虑到不同参观形式的不同，需要考虑领导团队、旅游团队、学生团队以及个人或少数人的设备模式。并考虑需求不同，提供语音导览设备以及触摸屏导览终端的不同设备。

（3）导览软件需要考虑观众智能手机（平板电脑）不同，提供针对不同手机系统的APP，主要是苹果iOS系统和Android系统。同时，需要提供微信模式导览系统，以应对越来越普及的微信使用度。

（4）导览系统应该包含推荐线路，推荐藏品，基本介绍等功能，并且具有对展品的信息补充，包括展品图片、三维数据乃至AR立体展示，背景资料以及关联信息，提供点赞以及咨询功能，将藏品关注度和问题反馈给予系统进行汇总统计。同时，系统应当有定位功能，除了能够自我定位并查找路线藏品外，还支持通过姓名、身份证号、设备编号，反向查找游客位置。

（5）导览系统应当与藏品系统以及观众系统相互衔接，同时考虑到手机软件下载问题，场馆内无线覆盖的范围和下载速度应当给予保证，满足观众使用。

导览系统能够很好的给观众提供自助服务，可以补充陈展中内容的不足，扩展文化资料。同时也能够对观众信息进行收集，将资料汇集到观众系统以及藏品系统，形成一种良性的互动。在这种系统运行下，博物馆可以更好的了解观众的需求，而观众也不再单方面被动的接受知识，实现博物馆智慧化的功能，使得展览和藏品不再冰冷，而更为鲜活生动，博物馆建设也更加有自己的特色。

（六）公众服务及微信平台

桂林博物馆原先已经建立博物馆网站以及微信公众号，提供相关资讯的介绍和展示博物馆风貌。但随着诸多技术的涌现，为了满足现代化的需求，支撑更加多样化的内容形态，具备丰富多样的互动功能，能迅速扩展发布到移动终端，博物馆进行公众服务及微信平台的升级建设工作。

（1）公众服务平台包括网络版和青少年版。基本上公众服务平台就是博物馆网站的扩展，添加和深化服务的功能。其中，网络版需要强化观众关注的陈展资讯等知识获取，提供网络在线预约（包括门票预约和活动预约）等服务。同时，利用高清激光全景采集技术，获取桂林博物馆新馆高清激光全景数据，制作网上数字博物馆，并充分集成航拍、文物等数字资源，构建用户足不出户即可浏览桂林博物馆的效果。

（2）公众服务平台（青少年版）在设计上要求打破框架的信息布局方式和众多细碎的信息区块，不同信息区域的不同设计方式让人产生探索的欲望。系统要将可爱的风格贯穿于整个页面，颜色搭配上会结合青少年的群体特征来配色，页面会给人以清新的感受。网站会体现既青春风采，又饱含文化底蕴。青少年版着重强调教育功能，提供多媒体课堂以及文物学堂等栏目，提高青少年对藏品、本地文化乃至传统美德的知识。

（3）微信平台需要强调资讯的传播，紧跟社会相关热点问题，联系博物馆相关藏品信息、文化知识和传统美德，制作有针对性的符合大众喜好的又能关联博物馆的信息。同时，微信平台需要提供预约功能以及导览、典藏精品推荐点赞功能，给予转发朋友圈的便利性，并挂上博物馆 logo，提升宣传。

（4）需要要求提供灵活便捷的内容管理后台系统，要求要求提供对公众服务系统、微信公众号等不同服务终端系统信息的统一更新维护、观众留言评论的审核回复等。要求要求支持公众服务系统（网络版、青少年版）和微信服务系统三者信息的同步发送。

公众服务及微信平台需要与藏品系统相互结合，加强与观众的互动交流，通过点赞量以及浏览量判断对于藏品的关注度。公众服务平台网络版需要强调精美陈展和藏品，青少年版本需要强调教育和活动，微信平台需要强调资讯的速度以及热点问题的关联度，从根本上提升观众对平台的关注度，更多的获取交流信息，然后进行反馈和研究，提升藏品信息研究力度，让陈展和活动具有本馆特色。这样形成良性循环后，根本目标是吸引更多人来博物馆参观，来博物馆观赏藏品风貌和了解历史文化。

（七）数字体验中心

数字体验中心运用网络技术将最新信息快速传达给参观者利用多媒体技术及灯光、音像、文字等多维度的营造，创意新颖引人入胜，虚拟现实化，利用 3D 技术使虚拟立体画现实感增强，利用声光电技术，打造交互性虚拟体验区。通过一系列教育体验项目，使受众在体验游戏中获得知识，寓教于乐，并使参观者在这里能体验到博物馆文化的趣味性、知识性和休闲娱乐性，提高观众的参与度及对藏品乃至文化了解的深度和广度，使文物活起来，以达到宣传、教育的功能。

体验中心使用了包括 VR 技术、3D 视频技术等现在热门信息体验技术，能够给予观众沉浸式的体验，提升了参与度，加强了文化感受。不过，技术效果始终是辅助手段，不能舍本逐末，其核心目标是体现博物馆的特色：

1. 馆藏藏品特色

桂林博物馆，作为桂林这座城市唯一的综合性博物馆，馆藏藏品丰富且有特色，藏品总数达三万件。这么多不同时代不同类别的文物藏品，体现了桂林自古以来各时期工艺水平和艺术品位。受限于场馆大小以及藏品保护的条件需要，很多具有代表性的藏品无法在博物馆陈展中进行介绍，藏品之间的关联性也无法体现。而数字体验中心则可以基于藏品管理系统，通过信息化演示技术，将经过审核的藏品资料进行展示，并拓展其关联性和延续性，表现独具特色的藏品风范，也可以让藏品内容更加充实和生动，让文物活起来。

2. 历史文化特色

桂林每个时代都有比较代表性的文化特征，并延续至今，包括灵渠文化、佛教文化以及民族文化等等。虽然在博物馆陈列中，已经对这些历史文化进行了展示和宣传，但是受限于展陈手段，文化的体验度始终是相对薄弱，无法将文化内涵的信息让观众感受到。通过 VR 技术、3D 视频技术等，博物馆可以提高观众互动性，将历史文化的精髓原汁原味的给予观众体验。同时，利用信息技术特点，还原古老文化特征，加强文化演变和对比展示，拓展桂林本地历史文化的深度和广度，真正让观众了解桂林文化，记住桂林文化，能够区别于其他地区的文化特点，展示桂林文化独具特色的部分。

3. 文化传承特色

中国古老文明包含了许多文化传承，中华美德、传统文化是我们一直大力宣传的部分。博物馆肩负着文化宣传教育的重要作用，因此必须更好的将这些正能量传承知识传播给社会大众。数字体验中心的信息技术，能够通过声光电的展示，联系馆藏文物信息，延伸到文化传承信息，加强宣传教育作用。例如，通过馆藏仕女教子图梅瓶，通过纹饰——故事——纹饰的演绎过程，将图案动态化并延伸到古代教子美德文化，最后再回到纹饰中来，加强了关联度和延伸度，能够由梅瓶想到美德，由教子想到梅瓶，给予观众更好的体验，同时可以将现代社会的教子美德故事引入，更具有时代感和代入感，提升观众接受和记忆情况。书法、好学求学等等都一样，通过信息技术，将馆藏书法藏品、科举教育资料与文化传承知识相互结合，不但加深观众理解，同时又对馆藏藏品和地方文化进行了再宣传，展示了特色。

数字体验中心不但拥有更好的展示和宣传博物馆藏品和桂林地方文化的技术手段，同时也可以方便对展示内容进行逐步更新、调整乃至更换。通过藏品、文化研究以及观众调查等多种信息获取方式，对展示内容的调整，能够更为准确的宣传文化内涵，体现博物馆特色，提升观众的新鲜感和回头率，达到宣传的核心目标。

二、未来展望

国家文物局科技司副司长罗静先生在 2013 年文化和科技融合产业年会上谈到："智慧博物馆是以数字化为基础的，充分利用物联网、云计算、大数据、移动互联等新技术，构建的以全面透彻的感知、宽带泛在的互联、智能融合的应用为特征的博物馆形态。"这是智慧博物馆最终形态，强调交互和应用。而感知、互联和应用的目的，总的来说就是提升博物馆服务、保护和管理功能。

（一）智慧管理

主要是博物馆自身管理部分，馆内人员相关。以基础数据系统（包括藏品管理系统、数字观众管理系统、三维场馆信息系统、弱电强电管理系统等）为基础，通过博物馆统一办公系统（通常意义上的OA系统）进行数据沟通传输，通过统一的界面接口凭借不同的权限进入管理空间，对个人负责的工作内容进行查询和处理。系统相互并不互相孤立，不单单是让馆内人员打开不同软件进行操作，而是统一到一个界面，清晰明了的进行工作内容处理。终端设备不仅仅限于电脑，通过手机、平板等终端也能方便快捷的登录操作界面进行工作处理。当然，安全性必须得到控制。

（二）智慧保护

藏品获得智能化的保护。无论是库房内的藏品还是陈展的文物，都能够通过系统自动保证相关温湿度以及安全措施。系统对文物进行实时监控扫描，对文物提取移动中易损坏的情况给予提示，对修复过的文物给予重点标明。

（三）智慧服务

智能化的提供服务项目。能够对观众的问题给予自动回馈，提供更生动的体验感受。能够智能的调节展厅的温湿度符合观众需求。提供观众定位、自动讲解、推荐服务等功能，并记录观众爱好以便今后在宣传平台上进行相关资料推荐以及下次参观时的针对性服务。

作者简介：袁俊，桂林博物馆，馆员，桂林市临桂区平桂西路一院两馆内，541199。

浅析博物馆教育与非物质文化遗产的传承

赵成培

（天津博物馆）

摘要：悠悠华夏数千载，期间遗留下来的宝贵遗产不胜枚举，有以物质形式存在至今的各类名胜古迹，也有以非物质形式传承下来的宝贵财富，它们共同凝聚着先人的聪明智慧，展示着华夏悠久灿烂的辉煌历史，铸就了现代璀璨夺目的文明，汇集成为一股强大的教育资源，时刻提醒着人们牢记历史，具有极大的教育意义。然而在这些遗产保存和传承过程中，在各类因素的影响下，大量的宝贵遗产消逝在滚动的历史车轮之下，抢救和保护文化遗产迫在眉睫。作为一个教育和文化机构，博物馆收藏着大量的历史文物，这些人类在社会活动中遗留下来的具有历史、艺术、科学价值的遗物与遗迹，在博物馆这个教育阵地上发挥着重要作用，而作为依托于物质资源存在的非物质文化遗产也应当成为博物馆教育阵地当中的重要成员，同物质遗产一样，共同为社会教育提供给养。

关键词：博物馆教育　非物质文化遗产　传承

中国是一个拥有古老文明的国度，五千年的悠久历史铸就了辉煌壮丽的东方文明，形成了魅力独特的文化，对于世界文化的影响极为深远。随着中华人民共和国的成立，特别是党的十八大以来，习近平总书记对文物保护和传承工作做出了重要指示，他强调："文物承载灿烂文明，传承历史文化，维系民族精神，是老祖宗留给我们的珍贵遗产，是加强社会主义精神文明建设的宝贵财富。保护文物功在当代，利在千秋。"中国对优秀传统文化的抢救和保护工作逐步落实，并将其提升到国家战略的高度。文化遗产从其存在形态上可以分为物质文化遗产和非物质文化遗产两部分，物质文化遗产通常是指可移动的和不可移动的，博物馆收藏的各类文物主要为可移动文化遗产，不可移动的文化遗产则包括古遗址、古建筑，如长城、敦煌壁画等；而非物质文化遗产多与人类生活繁衍紧密相连，以世代传承的方式遗留下来，通过艺术和文化方式表现出来，彰显独特的传统特色和文化底蕴。

一、非物质文化遗产的特点

2003 年 9 月 29 日至 10 月 17 日在法国巴黎举行的联合国教育、科学及文化组织大会（UNESCO）第三十二届会议上通过了《保护非物质文化遗产公约》，以下简称《公约》。《公约》对“非物质文化遗产”的含义进行了界定，是指被各群体、团体、有时为个人视为其文化遗产的各种实践、表演、表现形式、知识和技能及有关工具、实物、工艺品和文化场所。随着环境及历史条件的不断变化，世代传承的非物质文化遗产也会得以变化和创新，并内化为群体及团队对自身的认同感和历史感，从而促进文化多样性和人类的创造力。

非物质文化遗产依托人群生活而得以延续，是族群文化代际关系的“活体表现”。其以人体声音、形象以及技艺为载体，通过身口相传得以不断延续。因而非物质文化遗产有着活态流变的特点，项目丰富，这也决定了对于非物质文化遗产保护和传承方式的多样性。

鉴于非物质文化遗产的活态流变特点，对于其保护和传承难度较大，加之长期以来博物馆始终对馆藏可移动文物的研究、展示、宣传做的很多，也很有成效，却忽视了非物质文化遗产的传承和传播。随着时代发展，人们对非物质文化遗产内在的文化认知越来越深入和强烈，也意识到非物质文化遗产的珍贵性，逐渐开始将保护非物质文化遗产的责任主动承担起来。博物馆是文化遗产保护的重要阵地，同样与非物质文化遗产保护工作有着必然的联系，随着政府及民间对于非物质文化遗产保护工作的不断深入，博物馆也在开始尝试进行非物质文化遗产保护和传承工作，并且努力探索出一条切实可行的宣传教育模式。

二、博物馆教育的特点及传承和保护非物质文化遗产的优势

（一）博物馆教育的特点

著名思想家、哲学家、教育学家苏格拉底曾经这样说过：“教育不是灌输，而是点燃智慧的火花。”观众在参观博物馆的过程中也是出于自身意愿和情感的非正式学习过程，这同正规的学校教育有着本质的差别。博物馆学习是一种情感的体验，在这一体验过程中，观众本着自愿和非正式的方式通过自身实际体验来培养新的态度、兴趣、鉴赏、信仰以及价值观。近期热播的《国家宝藏》栏目通过集合中国九大博物馆的馆长宣讲来传递出保护珍贵文化遗产的重要价值，在社会中形成了极大反响，通过邀请有影响力的公众人物和博物馆的负责人、专家联手讲述文物背后的故事让观众感受到历史文化的丰富内涵，呼吁更多人走进保护和传承文化遗产的行列当中，让更多的观众通过博物馆参观学习体会文化遗产的魅力和价值，逐渐树立其正确的历史观和价值观。博物馆教育正是以这种独特的方式刺激着广大社会民众对于文化遗产的浓厚兴趣，

极大地弥补了学校教育的某些短板，让博物馆成为学校教育之外的另一重要教育阵地。博物馆陈列和收藏着丰富的文物品种，在向外展示的过程中也是一场弘扬爱国主义教育的过程，同时也激发了广大群众珍视文物、重视历史的热情，博物馆通过静态的、冰冷的物品展示向外界传递出动态活力的、有温度的文化品位，具有不可替代的教育作用。

非物质文化遗产同样不属于学校的教育内容，在这一点上同博物馆教育高度契合。加之博物馆对文化遗产承担着保护及传承的责任和使命，使得博物馆与非物质文化遗产之间联系更加紧密，透过博物馆的宣传教育功能向外界传递出保护非物质文化遗产价值的重要讯息，能够聚合更多社会力量来开展传统优秀非物质文化遗产的保护和传承活动，对于促进非物质文化遗产在社会广泛传播有着重要作用。

（二）博物馆在保护非物质文化遗产中的优势条件

（1）博物馆是非物质文化遗产的证实者

非物质文化遗产在申报和评估的过程中，需要通过当地非物质文化遗产保护机构及管理部门，并且要有相应制品和藏品来证实，同时还要有详实的文献史料来说明非物质文化遗产的谱系，因此，在该过程中，博物馆就成为非物质文化遗产申报和评估材料的提供者，是其证实者。

（2）博物馆是非物质文化遗产的研究者

非物质文化遗产经过数代乃至数十代人的传承，其所蕴含的文化价值难以估量，而这些信息对于研究民族风俗、社会关系、历史演进以及人类发展都有着极其重要的价值。博物馆身兼收藏、保护、展示及研究的使命和责任，为非物质文化遗产的保护和传承贡献了极大力量，在其重要使命和责任中，就包含了对非物质文化遗产文化底蕴研究的任务，这就为非物质文化遗产的保护提供了重要支撑。

（3）博物馆是非物质文化遗产的宣传者

博物馆是一个公开展示的文化教育机构，永久性对公众开放是博物馆进行社会教育的基本职责。在其频繁的展示和教育过程中，必然能够提升人们对非物质文化遗产的认知和了解，从而形成宣传效应，让非物质文化遗产得以更为广泛地传播，从而为保护和传承非物质文化遗产打开一条便捷通道，由此可见，博物馆在保护和传承非物质文化遗产方面具有重要的宣传作用。

（4）博物馆是非物质文化遗产的保护者

博物馆是文化遗产的保护机构，具有保护、展示、宣传和传承文化遗产的重要使命与责任，博物馆进行文化遗产的保护工作理所应当。博物馆也是专门从事文物保护和教育传承的机构，有着专业的保护体系、安全的科学环境以及专业的人才力量，不论是从制度上还是从技术上，在文化遗产保护方面都是其他文化机构和个人所难以比拟的。博物馆目标明确，即完全以保护国家历史文化、弘扬民族优秀文化传统为己任，不带任何功利色彩，其所开展的一系列活动也完全彰显了博物馆的历史使命和责任担当，为弘扬民族文化和科学研究提供了坚实的基础。

三、非物质文化遗产的博物馆教育

我国是一个历史悠久的文明古国，在五千年的文明发展过程中，非物质文化遗产日积月累，集聚了一股精神洪流冲击着人们的精神世界，影响着年轻一代的生活态度和文化品位，同时也为塑造良好的社会风貌提供了丰厚的养分。非物质文化遗产的教育和传承不仅能够使青年更加清晰地了解我国悠久的历史文化，还能够增强青年的民族自豪感和爱国热情。因此，非物质文化遗产的教育传承有着两大模式：即学校教育模式和社会教育模式，其中社会教育模式主要是由公益性的文化宣传教育机构——博物馆来承担。当前全国的各级博物馆中有许多都举办了不同地域、不同民族、不同形式的非物质文化内容的展览，并且配合当地的文化、文物主管部门，利用博物馆的场馆设施等优势开展讲座、培训、体验、互动等多种形式的宣传教育活动。有些地方在当地政府的支持下投资兴建专门的“非遗博物馆”使非物质文化遗产的保护与传承更加系统和规范。

四、博物馆社会教育面临的问题

（一）教育理解的偏差

博物馆教育有别于学校教育，其教育方式较为独特，然而在学校教育的影响下，不论是博物馆工作人员还是广大社会受众群体都对博物馆教育有一定的理解偏差。博物馆工作人员，特别是工作在一线的教育人员，开展教育的方式依然沿用了学校教育当中的讲授方式，未能撇开文化遗产物体本身，缺乏对文物背后发展脉络、历史文化价值及艺术价值的教育和宣扬。而作为博物馆受众群体，广大的社会参观人员潜意识里将博物馆视为旅游地或者高深知识的殿堂，即带有很强的欣赏、游玩、寻宝的目的。实际上，博物馆作为公共文化资源的承载机构，其教育是不具功利性质的，最终的目的是要让观众在懂得如何欣赏文物之美的同时，也要了解所承载的文明和中华文化延续的精神内涵，唤起大众对文化遗产保护的意识，全民皆可参与，不只局限于青少年，而要让全民接受这一观念，还有一段路程要走。

（二）教育空间狭小

当前，博物馆教育活动的开展主要集中在馆内，在部分学校或者社区也会设置一些教育场地，但教育对象的主体主要是学生，使部分在校青少年学生自觉参与到博物馆教育当中来。然而对于老年人、低收入家庭的弱势群体、残疾人以及外地旅游者或者外来移民，博物馆教育的普惠面还不足，其中一个重要的因素就在于教育场地的限制，很大程度上制约了博物馆教育的受众面。

（三）教育方式单一化

在信息化日渐多样的今天，社会教育形式也在不断革新，博物馆馆内教育的方式在非物质文化遗产宣传推广上力量仍显单薄，教育的重点仍集中在“是什么”的知识灌输，缺乏“为什么”的思维引导。另外在选择手段上还缺乏现代化技术手段，譬如动态视频影像、互联网等数字化、智慧化的宣教方式。

五、“对非物质文化遗产”传承的意见与建议

（一）导入市场

非物质文化遗产的保护和传承是一项社会事业，不仅仅只是依靠政府行为和博物馆职能的发挥，还需要社会民众的广泛参与，要借助社会各方面的力量，只有这样才能使非物质文化遗产传承工作得以广泛开展。当前，在政府引导下，我国文化事业得到了巨大腾飞，文化事业蒸蒸日上。而就当前我国文化市场总量来说，仍然缺乏大量的文化产业传媒公司，若能借助这些文化公司进行非物质文化遗产的市场调查、开发及包装，必将有力推动非物质文化遗产的蓬勃发展。博物馆要在文化市场发展当中汲取有益养分和先进经验，整合博物馆自身的资源，再加以包装宣传，在非物质文化遗产宣传中导入市场模式必将增强博物馆在非物质文化遗产保护与传承方面的影响力。

（二）培养社会传承人

非物质文化遗产的传承要得以弘扬，不仅仅依靠非物质文化遗产的记忆载体和传

承人，还应当考虑向社会吸纳传承人才，这样能够促进此项工作的不断进步。另外，在传播途径上，非物质文化遗产还应当借助多种传播途径，加大宣传力度，使得非物质文化遗产传承工作得以延续，特别是传统手工技艺和传统戏曲、舞蹈等项目。各类博物馆可以在实践调研基础上，根据项目特征进行差别化的培养社会传承人。在文化日益蓬勃的当下，博物馆应积极发挥自身职能，为非物质文化遗产的传承提供人才培养和专项资金的支持。譬如与文物保护项目相结合申请专项非物质文化传承资金；又如与文化创意产品的开发相结合进行市场化运作；再如与培养专业特殊岗位人才项目相结合招聘传承人等，要全方位、多角度地支持促进非物质文化遗产传承与发展。

（三）宣传与普及“非物质文化遗产”知识

非物质文化遗产的传承需要进行宣传和普及，尤其是相关方面的知识。博物馆在这方面具有得天独厚的优势，借助其自身的社会影响力增强非物质文化遗产的普惠面。在宣传和普及工作中，应加强受众群体队伍的培养，在宣传内容方面要突出重点，并注意受众群体的接受度，譬如在高校传播宣传，应将非物质文化遗产当中的精华思想和艺术表现手法等方面进行重点宣传普及；在中小学则需要重视非物质文化遗产的互动性、趣味性，以形式活泼的方式寓教于乐，激发学生的兴趣爱好。

综上所述，非物质文化遗产是我国传统优秀文化的瑰宝，是文化事业蓬勃发展的重要组成部分，保护和传承非物质文化遗产是一项全民事业，需要借助社会力量来宣传和普及。在这一过程中，博物馆教育起到了十分关键的作用，博物馆承载着展示、宣传、研究及保护文化遗产的使命，利用博物馆特有教育职能来进行非物质文化遗产的宣传和普及是博物馆工作者的职责。但是也应当认识到非物质文化遗产的宣传和普及过程不能够一蹴而就，需要一个过程，在这个过程中会遭遇各类困难，只要充分认识到博物馆在非物质文化遗产传承工作的价值和意义，利用博物馆各种职能和现代传播手段，调动全社会各个方面的力量，必将会使非物质文化遗产保护与传承工作取得实质性的成效。

参考文献

金露、刘俊军：《非物质文化遗产保护与博物馆》，《宁波大学学报（人文科学版）》2015 年第 6 期。

阮成洲：《博物馆在非物质文化遗产传承与保护工作中的作用》，《遗产与保护研究》2017 年第 5 期。

侍倩馨：《浅析博物馆的社会教育作用》，《甘肃教育》2015 年第 18 期。

张满:《探索非物质文化遗产的博物馆保护模式》,《文物鉴定与鉴赏》2017 年第 8 期。
张美子:《浅谈博物馆与非物质文化遗产》,《辽宁省博物馆馆刊》,2014 年。
朱莉莉:《博物馆在非物质文化遗产保护中的作用——以南京博物院非遗馆为例》,南京艺术学院硕士学位论文,2016 年。

作者简介:赵成培,天津博物馆,助理馆员,天津市河西区平江道 62 号,300201。

天津博物馆文化创意产业开发思考

周晓丁
（天津博物馆）

摘要：博物馆文创产品的开发应服务于社会发展的需要，要利用好政策，突出博物馆的教育功能，挖掘深厚底蕴，利用好人才优势，建立完整的营销体系，才能兼顾实现社会效益和经济效益相统一。本文首先对天津博物馆文创产品开发现状做了介绍，其次对面临的问题做了分析，最后对文创产品开发提出了合理可行的开发策略。

关键词：文化创意产业　馆藏特色　文化内涵　发展构想

博物馆文创产品开发是文创产业发展的重要组成部分。依托博物馆各类丰富的藏品资源为社会提供更多更具特色的文创产品，满足人民群众日益增长的精神消费需求，同时也是可以增强自身造血能力、补充事业经费的重要手段，最终达到“以文养文”的目标。

近年来，随着我国综合国力的增长，各级政府也越来越重视文化产业的发展，逐渐加大资金投入，相应的政策、法规也日渐成熟，给博物馆文创产品开发创造了新的机遇和挑战。开发文创产品势必成为博物馆适应时代发展的必然趋势。

2016 年国务院办公厅转发了文化部等四部委联合印发的《关于推动文化文物单位文化创意产品开发的若干意见》，要求深入发掘文化文物单位馆藏文化资源，发展文化创意产业，力争到 2020 年，逐步形成形式多样、特色鲜明、富有创意、竞争力强的文化创意产品体系。而国内除故宫博物院、上海博物馆、国家博物馆等几家优秀馆外，大多数博物馆文化创意产品开发工作仍处在探索起步阶段，存在一些共同的难点问题，特别是在思想观念、政策许可、资金投入、收入分配等方面，都存在障碍，亟待打破体制机制的束缚，采取有力的政策措施予以解决和推动。政策推出后，配套的实施细则在逐步落地，原有的各种如资金来源、分配奖励机制、再投资等顾虑枷锁已经打碎，万事俱备，只差东风了。

2017 年初，天津博物馆入选国家文物局确定的文化文物单位文化创意产品开发试点单位名单，以此为契机，天津博物馆经过认真思考和实践，充分分析自身的优势与不足，在文创产品的开发设计上逐渐加大了投入力度，旨在开发有设计感、趣味性、价格亲民的文创产品。希望能够通过文创产品品牌形象的塑造，吸引更多年轻人对博物馆的关注，进而增强天津博物馆的影响力。

一、天津博物馆文博创意产业发展情况

2012年新馆建成开放以来天津博物馆文创部（原称经营部）采取自主开发为主，代销为辅的经营模式。以馆藏文物的依托研发了书画类文物复制品、瓷器文物复制品、家居生活、办公用品、丝织品、饰品配饰六大类，110余种文创产品。其中书画类文物复制品70种包括桃源仙境图、花鸟图、双鹊芙蓉、王屋山诗卷图等；瓷器类文物复制品6种包括玉壶春瓶、龙凤穿牡丹纹罐、宝相纹对瓶等；以馆藏绘画作品为依托开发家居生活系列9种，包括筷子、火柴、冰箱贴、T恤、马克杯、开瓶器；以馆藏文物精品为对象开发了办公用品11种包括邮册、邮票、纪念封、明信片、便签纸、笔记本、万笏朝天图线装本等；丝织品4种包括万笏朝天图披肩、方丝巾、领带、羊毛披肩等；饰品配饰3种包括匙扣、书签等。馆藏150余件文物被开发成文创产品。

由于天津博物馆文创产品的开发起步较晚，且因当时政策不明朗等原因，只能以"滚雪球"的方式谋求自我发展，造成了资金短缺的局面，再加上体制大环境的制约、人才的匮乏、领导的重视程度等因素，在前期的经营中出现亏损。2015年起，天津博物馆文创部调整思路，多种渠道并举，推出新产品，积极与兄弟博物馆联络，扩大代销份额，举办多种推广活动推动经营，积极筹备网店微商平台，取得了一定效果。2016年文创产业营业总额95万元，2017年上半年营业额50多万元，文创产品开发初见起色。

二、面临的问题

在取得良好成绩的同时，我们也要清醒地认识到，虽然近年来随着政策、资金逐步到位，天津博物馆在文化创意产品开发领域开始探索，并通过组织举办或积极参与一系列文创培训、论坛研讨、创意大赛、产业展会等相关实践活动，提升了对文物合理利用及文化创意产业的认识，但由于受传统计划经济和公益性事业单位思维影响，天津博物馆文化创意产品还存在功能定位不清、文化特色不明显、政策机制不完善、开发水平不高、发展基础薄弱、文创产品销售额偏低等问题，总体来说还处于起步、探索、培育、发展的初级阶段。

（一）宏观方面

1. 政策不完善，顾虑较多

博物馆文化创意产品开发面临一定的政策障碍，主要是博物馆经营资格问题。

国有博物馆绝大多数划分为公益一类，按原有规定不能开展经营活动。使得博物馆开发文化创意产品的积极性受到影响和制约。此外，还存在着博物馆文化创意产品开发财政投入机制、优惠政策、收入分配和激励机制等问题。

2. 经费紧张，经验缺乏

如今，国有博物馆大多是免费开放，经费来源主要依赖国家财政拨款，每年的专项业务费只能够支撑业务展览的需要，对于开发文创产品明显资金匮乏。在日常运营中，博物馆与市场接触机会较少，导致缺乏文创产品营销经验。

3. 文创产品缺乏博物馆特色

有些产品只是把书画作品或者文物的图案直接印制在丝巾、抱枕、T 恤、文具用品、茶具等物品上；有些产品只是对文物实体进行了模拟复制；有些产品与旅游纪念品十分相似，缺乏实用性和好的创意。文创产品开发需要大量资金支持，尤其是文化创意类产品属于高风险产品，有些销路比较好的产品可能前期并不被看好，而有些产品却又“叫好不叫座”。

4. 同质化严重，缺乏新鲜感

博物馆的文创产品同质化严重，无非是耳机、茶叶罐、U 盘、纸扇、香炉、书签、雨伞、杯子等相似产品屡见不鲜，缺乏创造力和想象力。

（二）微观方面

1. 博物馆文化创意产品开发教育功能不突出

严格地说，当前国内大多省级博物馆包括天津博物馆设置商店只是为了满足博物馆等级评定的要求，并未得到真正的重视。即使有的博物馆商店经营不错，其目的也是从销售中获取经济收益。天津博物馆文创产品开发部原来一直被称为“小卖部”，从这个称谓上就可以看出文创产品开发所处的尴尬处境。博物馆追求经济效益本身无可厚非，但是，往往忽略了博物馆行业自身的特点，即文创产品的开发也要充分围绕收藏、展示、研究和教育功能开展，尤其是现阶段，博物馆的教育功能愈发凸现，博物馆是一个不追求营利的、为社会和社会发展服务的、向公众开放的永久性机构，以研究、教育和欣赏为目的，对人类和人类环境的见证物进行搜集、保存、研究、传播和展览。

博物馆的文创产品开发必须永远将博物馆的社会效益放在首位，才能积极配合博物馆的教育功能，否则也脱离了博物馆自身特有的公众服务属性，必定无法长远发展。

2. 博物馆文化创意产品的特色不明显，创新性、趣味性不足

现阶段，国内各大型博物馆除了故宫博物院、上海博物馆、国家博物馆几家外，其他馆包括各省级馆在文化创意产品开发上都差强人意，缺乏创新性和趣味性，绝大多数博物馆的开发能力比较弱，开发出来的文化创意产品缺乏对自身馆藏文物内涵的深度挖掘。当有的博物馆出现较好的文创产品后，其他馆又开始简单粗暴效仿，缺乏独到的设计理念和艺术水准，造成产品的种类和结构单一。文创产品开发重点在于“创”字，台北故宫博物院推出的“朕知道了”纸胶带，就是以台北故宫博物院馆藏康熙皇帝的朱批真迹“朕安”和“知道了”为设计元素，兼顾创新性、艺术性和趣味性。

3. 博物馆文化创意产品开发没有形成完整的产业链

国内博物馆文化创意产品开发在创意、设计、制作、生产、宣传、营销、服务等环节对接不好，大都缺乏一个完整的文创思维，未形成成熟完整的产业链。有些创意根本就是天马行空，为创意而创意。虽然每年天津举办的各种创意设计大赛，汇集了创意设计师的奇思妙想，令人耳目一新，但大专院校或专业设计公司的设计人员虽然能敏锐地捕捉到市场商机，但缺乏对文物背后丰富内涵的了解，而博物馆自身业务人员虽然具备历史学、文物学等专业知识，但缺乏美术设计或市场营销的工作经验，使得设计产品与市场需求脱节，无法将文化创意产品的内涵性与市场性紧密结合。其中原因，就是博物馆文创产业链的不成熟、开发成本较高、开发资金不足、销售渠道匮乏等诸多因素，造成文创设计难以落地。

三、文博创意产业发展的构想

未来天津博物馆将积极探索一条适合本馆文创产品发展的道路，发掘利用馆藏文物的资源优势，把社会效益放在首位，突出博物馆的教育功能，兼顾实现社会效益和经济效益相统一，发挥文化创意产业的潜力，充分展示文物的魅力。

1. 充分利用好政策，调动积极性，构建多元化人才培养体系

天津博物馆将充分解读《关于推动文化文物单位文化创意产品开发的若干意见》，

利用好政策，制定奖励激励机制，解决天津博物馆文创开发工作人员的后顾之忧。比如，充分放权，文创部负责人可以整合本馆人力资源，打破部门和专业限制，博物馆的每位员工都是文创灵魂的搜集者，都可以参与到文创设计工作中来；对在文创工作中有突出贡献的工作人员予以奖励；对本馆人员设计销路较好的文创产品给予一定物质奖励；文创销售人员绩效工资与文创销售额挂钩等。

文创产品开发的关键是人，积极营造海纳百川的人文环境，实施文化创意产品开发人才扶持计划，建设文化创意产品开发人才库，以高端创意研发、经营管理、营销推广人才为重点，适应创意人才成果转化、市场推广的需要，通过加大资金投入、提供展示机会、扩大品牌影响，鼓励大胆创意、创造和创新。鼓励参加定期举办的各级各类专题培训班，着力提高文化创意专业技术人才的素质能力，建设兼具深厚藏品知识素养和经营管理、设计开发能力的人才团队，并通过多种形式引进优秀专业人才，进一步畅通人才流动渠道。

同时计划逐年增加文创产品开发资金，在政策和资金方面提供有力保障。考虑到博物馆的特殊属性，在开发文创产品前，要参照江苏省等地建立的“容错机制”，允许先行先试。

2. 发挥市场主体作用，加强文化资源梳理与共享

随着国务院第三次全国文物普查、第一次全国可移动文物普查相继完成，我们对于自身“家底”已了然于胸。对内，天津博物馆成立了文创产品开发专家小组建立统一数据资源库，定期开会出谋划策，同时引进商业性营销机构的代表，参照专家意见和建议，本着特色性、典型性、艺术性、趣味性与美观性相统一的原则，文创部门与主要业务部门积极配合，对可开发文物资源进行梳理、讨论。对外，天津博物馆开始尝试吸纳社会资本参与文创开发，与多家广告策划公司形成战略合作协议，采取委托代理等方式合作开发文创产品，改变过去文创产品设计“沉闷”的局面。

3. 充分利用好各种原创临时展览，把创意“引进来”

每年天津博物馆除了自身策划的原创展览外，还有不少交流性的临时展览，其中一些大型的原创和临时展览具备了开发文创产品的可能性，天津博物馆规定从展览编制设计大纲开始，文创部就要积极参与进来，全流程跟进，在展览策划阶段就提出建设性意见，要提前做好文创产品开发方案，做好可行性报告，编制开发预算，展览期间要在展厅内外设立展示柜台，展览结束后要做好总结。同时要积极参与一些“送展下乡、去学校、去企业、去养老院”的社会活动中，即能把文创“引进来”，又要能“送出去”。

4. 建设文化创意产品营销体系

加强营销资源整合力度，探索适合我馆文化创意产品统筹营销策略。建立利用主流媒体宣传推广我馆优秀文化创意产品的长效机制。积极参与“互联网＋中华文明”等数字化展览推广项目，在“北京文博会”、“滨海新区展交会”等国内外文化交流活动和知名展会上设立我馆文化创意产品特展。引进社会力量建立文化创意产品集中展销点，博物馆在保证公益服务前提下，可将自有空间用于文化创意产品展示、销售，鼓励有条件的单位多点布局专卖店或代销点。结合陈列展览、主题活动、馆际交流，配合流动博物馆进乡村、进社区、进校园、进军营、进企业等，开展相关产品推广营销。用好“互联网 +”营销手段，讲好中国故事、传播好中国声音、诠释好中国特色，推动我馆发展电子商务和体验式营销。

参 考 文 献

中国博物馆协会文创产品专业委员会:《中国博物馆文化产业研究》，2015 年。

作者简介：周晓丁，天津博物馆，馆员，天津市河西区平江道 62 号，300201。

四、策展交流

论“文化自信”和“文明交流互鉴”视域下的陈列展览

康慧丽
（天津博物馆）

摘要：把“文化自信”和“文明交流互鉴”提升到国家战略高度，是对新时期博物馆功能作用的新要求和新发展定位，是对博物馆陈列展览提出的新使命和新要求。让文物活起来，是展示和弘扬跨越时空、超越国度、富有永恒魅力、具有当代价值的中华文化独特魅力的承载之体。根据展览主题和文物展品的历史、科学、艺术价值来确定不同的表现手法，藉此调动公众的审美意识和审美情感，尽力缩小展览与公众的空间距离和心理距离，找准与公众的共鸣点。

关键词：让文物活起来　展览陈列　设计理念

习近平主席关于“让文物说话，让文物活起来”的重要论述，是将“文化自信”和“文明交流互鉴”建立在强大的物质基础之上，建立在深远的历史文明之上，是对新时期博物馆展示功能作用的新定位和新发展要求，是对博物馆陈列展览提出的新使命和新要求。

所谓的“活起来”就是让静止的、孤立的文物与目前社会背景联系起来，获取文物的文化信息，将文物的现存状态和使用状态产生社会影响，动态地表现出来，让人们睹物思史、睹物思文、睹物思事；所谓“说话”就是最大限度地挖掘文物蕴藏的信息量，把文物的产生条件、产生过程和对文化传承的贡献解释出来。如何在“文化自信”和“文明交流互鉴”视域下重新审视陈列展览，对于每一个博物馆来讲，都极具现实指导意义与理论研究价值，本文拟就此问题做些尝试性的分析与思考。

一、让文物说话，是传承中华文明和坚定全国各族人民实现中华民族伟大复兴的文化之源

2014 年 2 月 26 日，习近平主席在参观首都博物馆展览时提出，“让文物说话，把历史智慧告诉人们，激发我们的民族自豪感和自信心，坚定全体人民振兴中华、实现

中国梦的信心和决心”。据统计，2016 年我国博物馆每年举办展览多达 3 万个，举办的专题教育活动约 11 万次，公众参观人数约 9 亿人次[①]。文物承载着悠久灿烂的文明，传承着华夏各民族的历史文化，蕴涵着中华民族的精神，是祖先留给我们的宝贵财富，是凝聚全国各族人民的力量之源。博物馆作为收藏文物的专业机构，其文物藏品主要是遗存在社会上或埋藏在地下的人类文化遗物。20 世纪兴隆洼遗址出土的玉玦和阜新查海遗址发现的蛇衔蟾蜍筒形陶罐，经放射性碳素测定，距今已有 8000 多年，是中华文明源远流长的铁证。再如天津博物馆《耀世奇珍——馆藏文物精品陈列》，将最具代表性的古代青铜器、玉器、书画、瓷器、工艺等类别艺术珍品 63 件套，呈现在 840 平方米展厅内，通过对每一件珍品文物的深度诠释，凸显中华文明的悠久醇厚，让公众从中真实感受古代中国人高度的艺术想象力和创造力。其中一件玉猪龙，高 14.1 厘米，宽 10.4 厘米，用黄绿色岫岩玉琢成，是红山文化出土及传世品中同类型器物中较大且最为精美的一件，距今已有五六千年的历史。中国人素有龙文化崇拜，自称龙的传人，这件玉猪龙正是中华悠久龙文化精彩的实物佐证。

中华文明作为四大古代文明之一，历经 5000 多年生生不息，是中华民族繁衍壮大最深层次的精神追求，具有中华民族独特的精神标识。中华民族的伟大复兴，不仅需要强大的物质力量，同时也需要强大的精神力量。文化自信是一个民族、一个国家以及一个政党对自身文化价值的充分肯定和积极践行，并且是对其文化的生命力持有的坚定信心[②]。文物承载着悠久灿烂的文明，传承着华夏各民族的历史文化。通过文物来讲述历史，远比仅靠文字还原的历史更加有说服力。例如泉州闽台关系史博物馆“闽台缘”专题展览，充分利用该馆收藏的与闽台历史文化相关的文物，系统、全面、直观、生动地再现自古以来台湾与祖国大陆、两岸人民之间血脉同宗、文化同源、密不可分的渊源关系。中国文物交流中心每年赴港台地区举办多个文物展览，增进同胞亲情，比如 2012 年的赴台湾“商王武丁与后妇好——殷商盛世文化艺术特展”、2013 年赴香港“地下的中国——凤翥龙翔考展”、2015 年赴香港“汉武盛世展”等。还与台湾佛光山长期合作，连续举办 2012 年“千年重光——青州龙兴寺展”、2013 年“光照大千——丝绸之路的佛教艺术展”、2014 年“七宝瑞光——中国南方佛教艺术展”及 2015 年“以法相会——明清水陆画展”，先后接待观众近 400 万人次，加深了台湾民众对中华传统文化的认知与认同。事实上，我们每个陈列展览的策划者，始终要对数千年历史长河中幸存下来的文化珍存持有敬畏之心，恰当地运用这些文物来讲述历史，让历史更加鲜活地走近百姓、走进时代，只有这样中国文化才能不断焕发勃勃生机，进而走向未来、走向世界。这正是我们坚定中国特色社会主义道路自信、理论自信、

① 转引自刘苗苗：《博物馆，怎样才能“活起来”》，《瞭望》2017 年 9 月 14 日。

② 《文化自信——习近平提出的时代课题》，新华网，2016 年 8 月 5 日。

制度自信所必须长期赖以滋养的文化源泉，说到底就是要通过中华文明的传承来构筑起全民族的文化自信、强化全民族的空前凝聚，逐步实现民族复兴国家富强的伟大时代梦想。

二、让文物活起来，是展示和弘扬跨越时空、超越国度、富有永恒魅力、具有当代价值的中华文化独特魅力的承载之体

2014 年 3 月 27 日，习近平主席在联合国教科文组织总部演讲时强调，“让收藏在博物馆里的文物、陈列在广阔大地上的遗产、书写在古籍里的文字都活起来，让中华文明同世界各国人民创造的丰富多彩的文明一道，为人类提供正确的精神指引和强大的精神动力。”第一次全国可移动文物普查发现，藏品因保管不当而出现不同程度损坏甚至丢失现象，甚至连中国国家博物馆、故宫博物院、中国科技馆等大馆也概莫能外。例如故宫博物院的馆藏多达 180 余万件，可是能够展览出来的极其有限。那些深锁博物馆仓库之中的文物，只会是些冷冰冰的陈年旧物，没有丝毫的生气，无法让公众熟悉它们、了解它们和读懂它们，变成“曲高和寡”“乏人问津”之物。为了“让文物活起来”，天津博物馆积极响应 2016 年 10 月国家文物局印发的《关于促进文物合理利用的若干意见》，从故宫博物院、上海博物馆、首都博物馆、南京博物院、苏州博物馆、天津市文物公司等兄弟单位汇集八大山人、石涛、“四王”、“四僧”等人的 38 件珍品，在 2017 年初举办了“清代前期绘画特展”。共有 130 余件精品参展，这是天津博物馆历史上最大的一次绘画珍品展览，很多爱好者不远千里特意来观展，收到了预期的展览效果和社会影响。

文物交流合作是国际文化交流中最受欢迎的“外交使者”。十八大以来，中国文物交流中心共举办出入境文物展览 34 项，展地涉及欧洲、非洲、北美洲、南美洲、亚洲等地的 18 个国家及香港、台湾地区[①]。特别是丝绸之路文物展、中非海上丝绸之路历史文化展（赴摩洛哥 2013 年“斗品团香——中摩茶文化交流展”、赴坦桑尼亚 2014 年“牵星过洋——中非海上丝绸之路展”）、神秘的三星堆文物展等一系列文物展，通过这些文物展览将中国历史底蕴深厚、各民族多元一体、文化多样和谐的文明大国形象呈现在世人面前。日益“活起来”的文物，逐渐成为中华文明的“传播者”和最具特色的“国家名片”，国际文物交流展已经成为“中国走向世界、世界了解中国”的重要渠

---

① 中国文物交流中心：《文物承载中华文明 交流促进沟通互鉴》，《中国文物报》2016 年 6 月 17 日。

道。此种文明交流互鉴成为增进各国人民友谊的桥梁、推动人类社会进步的动力、维护世界和平的纽带。

三、让文物说话，让文物活起来，是完美结合历史性与时代性、思想性与观赏性、科学性与艺术性、学术性与趣味性、知识性与通俗性的绳墨之旨

陈列展览是博物馆的中心工作之一，既是文物藏品保护与研究成果的体现，又是实现博物馆文化价值和核心功能的基本方式，也是博物馆直接服务公众的重要手段。陈列展览包括设计与制作、展览与开放、交流与服务等方面，体现出一座现代博物馆的创意与服务水平。

在构思展览设计之前，首先要领会展览的主题和要表达的中心思想，不同的展览有着不同的主题，同一选题的展览也可以有不同的角度和立意。针对不同的展览要采用不同的表现手法。因此，每一个展览的形式设计都应该是独一无二的，没有固定的模式可以套用。

我们通过通俗易懂、生动优美、简洁流畅、富有趣味的主题设计和文字说明、空间合理分割、虚拟空间与再造空间的艺术处理、色彩环境的营造、展览照明灯光的设计与布局等方面将展览的内容主题、时代特征、文化寓意，以及学术观点等清晰地描述出来，这样可以使公众能够准确、快捷、方便地获取博物馆陈列展示文物的相关信息，向着艺术化、人性化、通俗化等方向发展，内容设计和形式设计紧密配合，根据展览主题和文物展品的历史、科学、艺术价值来确定不同的表现手法，藉此调动公众的审美意识和审美情感，尽力缩小展览与公众的空间距离和心理距离，找准与公众的共鸣点。比如天津博物馆的特展“海上丝绸之路文物精品大展”，巧妙运用蓝、白、金三个主体色调，用蓝色代表大海，用白色代表浪花，用金色代表宝藏和流通的货物，营造出简洁大气的展示氛围，模拟情景再现，设计中环环相扣，紧紧围绕主题来确定每件文物的摆放细节和说明牌的类型以及在展柜中的位置，甚至在展厅制作的大型航船模型上所使用的每一颗螺母和螺钉都要逼真，这些细节都能使观众更直观地感受到这个展览所想表达的内容含义。在博物馆的展览活动中，公众不应该是被动接受的一方，而应该是展览的主动参与者。因此，我们要着力于展厅文化氛围的创造和展品文化意义的激活，通过展览陈列将公众带到特定的情境氛围中，使他们深入地参与其中，达到认知、行动、反馈等方面的全方位融入。例如天津博物馆的“飞越欧洲的雄鹰——拿破仑文物特展”，我们在序厅制作了具有法国标志性的建筑——凯旋门，一个高 6 米、宽 6.8 米的微型景观，受到公众的好评。还有“丝绸之路文物精品大展”，我

们以楼兰古国为背景，以沙漠、驼队作为标志物，依据预算制定了三套以上的布展方案，每个方案都有最具吸引力的亮点。

博物馆陈列展览不是任意的艺术创作行为，而是受到博物馆使命、博物馆理论、博物馆藏品、展览主题和博物馆观众的制约。尽管如此，博物馆陈列展览的创作空间并不狭小，涉及专业领域众多。例如在陈列艺术方面，涉及博物馆学、历史学、建筑学、艺术学、美学等；在实际操作方面，涉及空间设计、平面设计、电气设计、结构设计、多媒体设计等；在制作工艺方面，涉及装饰装修工艺、摄影印制工艺、雕刻油漆工艺、绘画雕塑工艺、金属制造工艺、文物保护技术、安全防卫技术等。所有设计、工艺和技术都为陈列展览的完成而服务，这充分表明了陈列展览的综合性。

只有通过系统研究分析、精心策划的陈列展览，才能最大限度地将文物所承载的文化价值与历史意义深入浅出地解读出来，把不同时空的文化触点准确、生动地传递给公众，将其中蕴含的世界观、人生观、价值观、审美观等更加鲜活地传达，促进公众与文物的深度融合，更好地理解文物背后的历史体系、知识体系和价值体系，藉此产生历久弥新的文化自信。

作者简介：康慧丽，天津博物馆，助理馆员，天津市河西区平江道62号，300201。

文化传承和文化自信：国家战略与文博使命

——从山东博物馆中华服饰艺术的日韩文化交流谈起

李　娉　吕　健

（山东博物馆）

摘要：文化是民族的血脉，弘扬文化自信和促进文化开放已经上升为中国的国家意志，成为国家文化发展的重要战略。博物馆是传承、弘扬和光大中华文化的重要阵地，更是中华文化走出去的重要示范窗口，重树文化自信是时代赋予文博事业的历史使命。近几年，山东博物馆相继在日本、韩国举办“绚丽豪华——中华服饰艺术展”，并与日、韩相关机构在工作互访、学术合作、科研培训等方面开展广泛深入且卓有成效的合作。这是山东博物馆深化对外交流合作的重要成果之一，有力地推动了山东省与日本、韩国的文化交流，增进了日本、韩国民众对中国的了解，堪称对外文化交流的典范。

关键词：文化传承　文化自信　国家战略　文博使命　中华服饰艺术展

“世界多极化、经济全球化、文化多样化、社会信息化深入发展，综合国力竞争日趋激烈，迫切需要提高文化开放水平，广泛参与世界文明对话，增强国际话语权，展示中华文化独特魅力，增强国家文化软实力。面对新形势新要求，要进一步坚定文化自信，增强文化自觉，奋力开创中国特色社会主义文化建设新局面，为做好党和国家各项工作提供强大的价值引领力、文化凝聚力和精神推动力。”

——2017 年 5 月中共中央办公厅、国务院办公厅印发《国家“十三五 ”时期文化发展改革规划纲要》

一、对接国家战略和担负文博使命

“文化是民族的血脉，是人民的精神家园，是国家强盛的重要支撑。”党的十八大以来，社会主义文化建设进一步繁荣发展，中华优秀传统文化广为弘扬，中华文化的国际传播能力和国际影响力都有了进一步提升。为加快文化发展的深入改革，建设社会主义文化强国，2017 年 5 月，中共中央办公厅、国务院办公厅印发了《国家“十三五”时期文化发展改革规划纲要》，成为国家文化发展的重要战略。弘扬文化自信和促进文化开放已经上升为中国的国家意志，成为国家文化发展的重要战略。近年来，山东省委、省政府确定了齐鲁文化“走出去”战略，对外文物交流与合作是这一战略的重要组成部分。长期以来，对外文物交流一直是中外文化交流中最有影响、最具特色的活动，不仅向世界介绍了中国博大精深的悠久文明和现代活力，也展现了改革开放给中国带来的深刻变化。代表山东省特色的“青州龙兴寺出土佛教造像展”“孔子文化展”等展览先后在美国、德国、英国、日本、瑞士、西班牙、意大利、澳大利亚、新加坡等20余个国家展出，引起巨大轰动，成为国家对外交流的文化品牌。在“中法文化年”“中俄国家年”等对外文化交流活动中，山东省文物展览作为重要组成部分，受到党和国家领导人以及外国政要、国际友人的肯定和赞扬，为弘扬齐鲁文化、提高山东的国际影响力做出了积极贡献。

博物馆是传承、弘扬和光大中华文化的重要阵地，更是中华文化走出去的重要示范窗口，重树文化自信是时代赋予文博事业的历史使命。山东省博物馆是中华人民共和国成立后建立的第一座省级综合性地志博物馆，成立于1954年，展示甲骨文、青铜器、简牍、汉代画像石、书画、服饰等各类藏品。2010年，为加快建设文化强省，山东博物馆新馆开门迎客。作为建设文化强省的重要环节，山东博物馆的文博事业积极做到前瞻思考、面向未来，主动对接国家战略布局，深入推进文化传承与创新的路径与模式，谋划文博工作的主要方向，除了东亚外，还与世界各地的博物馆和文化机构一道进行展览和研究交流项目。近年来，山东博物馆在省文物局领导下，积极响应国家坚持开放发展的号召，围绕齐鲁文化“走出去”的战略，基于对中华优秀传统文化的研究挖掘和创新发展，着力于对中华文化的历史渊源、发展脉络、时代影响做精细地系统梳理，整合文物外展资源，适应文物藏品特点，打造了一批特色鲜明、展品精美、内涵丰富的文物外展精品。这些展览坚守中华文化立场，以灵活而喜闻乐见的形式让中华优秀传统文化拥有更多的传承载体、传播渠道和传习人群。与此同时，山东博物馆也吸收引进了诸多境外展览，如欧美艺术大展、古罗马艺术展等。这些展览在国内大受欢迎，有助于借鉴吸收世界有益文化成果，深入不同文明交流互鉴。

二、“中华服饰艺术展”在日本

山东作为中国东部沿海省份，与日本隔海相望，历史上就是与日本往来最为频繁的地区之一。1982年，山东省与山口县缔结友好省县，这是山东缔结的第一个国际友好省县。1996年，山东省与日本山口县签署了《中华人民共和国山东省文化厅与山口县教育委员会关于今后在文物及考古研究领域的友好交流合作意向书》。2012年，山东省外办与山口县地域振兴部签署《山东省与山口县国际交流合作备忘录》，同时，省文物局与山口县体育文化局签署了《山东省与山口县文物交流合作备忘录》。结好35

年来，两省县在经贸、文化、教育等诸多领域开展了广泛深入的交流合作，尤其在文化文物领域，山东省文物局先后组织“铜镜中的宇宙”“华夏美玉展”“黄河与泰山展——中华文明之源与世界遗产”等15个不同主题的展览赴日展出。日方也组织了“萩烧——山口县陶艺展”和“山口县观光物产展”“乡愁——日本近代浮世绘名品展”等几个不同主题的展览在山东博物馆展出。除此之外，双方在工作互访、学术合作、科研培训等方面也开展了广泛深入而且卓有成效的合作。文博领域的友好交流有力地推动了山东省与山口县的文化交流，增进了中日民间友好和两国民众的相互了解，堪称国际间文化交流的典范。2015年底，在山东省与山口县国际交流合作备忘录框架的约定下，山东博物馆在日本山口县立萩美术馆·浦上纪念馆举办“绚丽豪华——中华服饰艺术展”，展期37天。该展是山东博物馆与日方深化交流合作的重要成果之一。

中国文化源远流长，中国服饰的庞杂、浩繁是世界其他民族难以比拟的。凭借着精美绝伦的外表和极其丰富的文化内涵，中国服饰成为世界服饰艺苑中的一朵奇葩。在传统服饰中，既可看到古代中国人的聪明智慧和精湛技艺，更可看到明礼仪、讲服饰、重举止的社会习俗与风尚。从本质上讲，服饰与文化是一体的，从服饰的变迁中可以窥探中国传统文化的演变。另一方面，日本服饰深受中国服饰文化的影响，日本传统服装是和服，其面料的形成、款式的产生以及纹样的演变等，都深受中国文化的影响。日本服饰中无一不体现中国文化的气韵，在日本和服至今仍被称为“唐衣”或“吴衣”。故本次展览在日本的举办也体现了两国服饰深厚的历史渊源。

中国服饰基于不同时代的染织、刺绣工艺及各王朝、民族的规范和精神等，演变和发展开来。特别是到了明清时期，以红、黄、蓝等色彩绚丽的布匹和丝线所裁制的衣服，以及用玉、宝石镶嵌的戒指、发簪等配饰倍受青睐，尽显技艺之精湛、服饰之华美。“绚丽豪华——中华服饰艺术展”的展品由山东博物馆特意遴选具有代表性的明清至民国时期的服饰及其相关配饰以及反映服饰文化的书画等文物共54件，所选服饰与文物展品按照传统服饰的分类进行陈列，集中介绍明、清至民国服饰的形制、属性、功能以及五百年间服饰的流行、发展与演变。本次展览通过展示明清时代中国优雅、独创的服饰，让观众体味当时人们的文化、思想和社会生活。

展览共分四个单元，第一单元明代服饰。明朝建立后，统治者采取了一系列措施巩固政权，服饰制度的制定是其中的一项重要举措。明朝废除元代服饰制度，着力恢复汉族传统服制，并加以改革创新。洪武三年，服饰制度初步确立，洪武二十六年又做了一次较大调整。至此，明代尊卑有序、贵贱分明的服饰制度基本定型，主要包括皇帝冠服、文武官员冠服、一般男服、命妇冠服及一般妇女服饰等。明代的服饰体系之严密、范围之广泛，超过了以往各朝。明代中后期，随着商品经济的发展，前期等级森严的服饰体系被打破，服装更长于创新流变。明代服装端庄、高雅、纹彩绚丽，是中华丝绸史和服饰史上的灿烂华章。同时，明代服装在缂丝、织金、妆花等织造工艺中，融入变化万千的精美图案，创造出了流光溢彩、惊艳绝伦的服饰艺术珍品。

第二单元清代服饰。清朝，在取代明朝统治全国后，废除了汉民族传承了上千年之久的冕服制度和宽衣博袖式服饰，“衣冠悉遵本朝制度”，推行具有本民族特色的紧身窄袖式服饰，从而奠定了清代独具一格的服饰特色。但是，清朝统治者受源远流长、博大精深的汉文化的熏陶，其服饰中继承和吸收了大量汉族传统服饰的精髓。清代服饰反映了满汉服饰文化相互交融、相互影响的特点，是中华服饰文化的重要组成部分。受“男从女不从”规范的影响，清代男子穿着长袍、马褂、马甲、袄、衫、裤等，尤其以衫袍外穿马褂或罩以紧身较短的马甲最为流行，即我们所悉知的“长袍马褂”。而清代妇女的服饰，则基本保持满、汉两种形制。满族妇女穿用本民族服装，汉族妇女服饰承袭明式，上穿袄衫，下身束裙，到后期，则流行下身穿裤，不束裙。

第三单元清至民国时期的民间服饰。清代是一个旗服与汉装、流行与传统并存的多彩多姿的时代。另外，丧殡、嫁娶、戏装等则一直沿用明代的装束。清代衣服镶滚考究，通常在领、袖、前襟、下摆、衩口、裤管等边缘处施绣镶滚花边，通常采用绣、绘、补花、镂花、缝带、镶珠玉等手法。

清代晚期以后，受西方的影响和冲击，社会处于一种重要的转型阶段，作为生活必需品的服装也发生了改变，面貌焕然一新，局部的形制、结构等也有了新的变化。

第四单元织绣艺术珍品。清代刺绣是集传统刺绣之大成的时期，所绣物像题材丰富，包括祥禽瑞兽、花卉果木、人物故事、文字符号、古器物等。这些图案寓意吉祥，可以说是“图必有意，意必吉祥”。这些寓意吉祥的图案，经由蕙质兰心的女子们丝丝缕缕地绣在挂佩、香囊、褡裢等精致秀美的物件上，尤为体现出织绣艺术品的绚丽多彩、琳琅满目。在方寸间，一幅图案即可将人们对美好事物的追求表达得淋漓尽致。在表现这些吉祥图案的同时，不同地区的人们采用不同的手法，如平金、平银、纳纱、打籽、钉珠等，给人以不同的视觉感受。

这次展览让热爱中华文化的日本观众得以近距离地欣赏中国古代服饰，细细领略中国服饰的传承之美，感悟中国服饰文化的独特魅力。此次展览通过展示山东博物馆藏珍贵的明清服饰，阐释了中华服饰文化的丰富内涵以及在亚洲地区的广泛传播与深刻影响。作为山东省与山口县缔结友好关系的系列展览之一，展览的成功举办为中日两国博物馆领域的交流合作翻开了新的一页，同时也为今后更深层次的文物交流奠定了基础。

“中华服饰艺术展”开展之际，山东文物代表团拜会日本知事。山口县副知事藤部秀则、山口县综合企画部体育文化局局长国重敦生、文化振兴课课长山崎健司、山口县立萩美术馆•浦上纪念馆名誉馆长二井关成、副馆长藤崎三纪夫、主查藤田宽之、学艺顾问铃木浩平、学艺专门兼学艺课长石崎泰之等日方代表与山东文物代表团成员进行了友好交流，双方就2016年中日博物馆技术人员研修互派、友好35周年纪念展览、2017年筹备中国瓷器展览及以后五年交流备忘录进行了友好的沟通协商。依托展览，双方还举办了服饰文化座谈会及专题讲座活动。展览活动期间，山东代表团参观了山口县山口市民艺术中心、奈良国立博物馆、平城宫文化遗址建筑、鉴真和尚庙址等，并在文物修复方面专门观摩了山口县萩古城木质古建筑的维修保护、奈良国立博物馆文化遗产保存修理所彩绘建筑的维修保护以及奈良的平城宫考古遗迹的保护和再利用，在文化建筑御影堂、仁和寺和清水寺修复现场听取了日方的文物保护工作介绍。同时，中方成员还与奈良文化财研究所、京都大学人文科学研究所、京都府教育厅文化财保护课、川面美术研究所等科研机构人员进行了专业文化交流。

三、“中华服饰艺术展”走进韩国

2014年底，山东博物馆与韩国国立春川博物馆签订学术文化交流及合作协议。协议的第一个交流项目，即是在2016年9月中方以特别展览的形式在韩方举办“中华服饰艺术展”。因此，继日本展出结束后，“中华服饰艺术展”又走进了韩国国立春川博物馆。

中韩两国是一衣带水的近邻，山水相连，隔海相望，文化交流的历史源远流长。朝鲜半岛传统服饰（又称韩服、朝鲜服）是东方服饰文化系统的重要分支，而韩服的形态与中国传统服饰，特别是明朝服饰有着近亲和血缘的密切联系。中国明朝时期，李氏朝鲜①尊明王朝为宗主国，李氏朝鲜历经27代，共519年，与中国明清两代相始终，与中国保持密切的关系。李朝初期即依照明朝制度改订官服，“衣冠文物，悉同中国”，还多次遣使节向明朝请赐冠服。在古代东亚地区，衣冠认同是文化认同的最主要表现形式，衣冠制度所代表的是一种文化的象征和认同。在我国古代历史上，中原王朝向周边国家“赐服”，以表示本国衣冠制度和先进文化是“泽被四方”的，周边国家都处于“天朝礼治体系”之中。朝鲜王朝一直在坚持着“大明衣冠”的传统，从国王到士大夫，从士大夫到平民，几乎从每个社会阶层的服饰中都能找到“大明衣冠”的影子。

随着全球化进程的加快，中韩两国之间的文化交往越加频繁，而两国人民的着装风格也日趋西化。然而，人们在享受现代服饰的同时，又对传统文化产生深深怀念。近年来，“国学热”、“汉服热”兴起，这让传统汉服重新走进国人的视野。汉服之美，正在被越来越多的现代人所感知。当“韩流”和韩服来到中国，人们在眼前一亮的同时又感到似曾相识，许多人将汉服误认为韩服，认为汉服尤其是明代服装源自于韩国，这是一种错误的认知。这次展览在韩国的举办，为韩国民众一睹汉族的明代服饰、满

① 明洪武帝二十五年（1392年），亲明大将李成桂废国王自立，建立李氏朝鲜。李氏朝鲜历经27代，共519年。李氏朝鲜与中国明清两代相始终。

族的清代服饰和新时代的民国时期服装实物提供了绝佳机会。同时，此次展览更是一次正本溯源、宣扬中国古代服饰文化的展览。

“中华服饰艺术展”是中韩两大优秀博物馆之间的一次精诚合作的结晶。文化是人们沟通心灵最好的桥梁。中国古人说，“和实生物，同则不继”，不同文化相互借鉴和学习，才会共同发展和繁荣。丝路文化，映照四海，中韩两国文化界在一带一路合作倡导下，不断加强交流与合作，增进两国民众的了解和友谊，为中韩关系的不断发展做出积极贡献。韩国国立春川博物馆馆长金尚泰在开展之际也提出，期望让“两馆之间的展览、学术、研究员交流及可持续发展的合作关系连绵不断，把两国最优秀的历史成果展现给两国观众。”

四、光大服饰文化　重整文化自信

“中华服饰艺术展”在日本、韩国的成功举办使我们认识到了文博事业在国际文化交流中的重要地位和作用。在此后的国际交流中，我们文博人更应该继续充分挖掘并利用好我们馆藏珍贵的中华服饰优势资源，更好地宣传历史悠久、影响深远的中国服饰文化，并进一步加强和深化在学术调查研究、展览互换、人员互访等方面的交流合作。与此同时，也应该加强与世界其他博物馆之间的沟通与交流，增加博物馆人员互访、研修培训、公众教育经验交流的机会，为国际合作办展、开展学术交流奠定良好的基础。当然，在促进文化交流、合作办展的同时，也应将文物的安全放在首位，文物展品的包装和运输应尽可能地规范、安全和专业。此外，还应在展品遴选、合作方展示条件、办展经验以及展览教育活动等方面进行前期考察和慎重考虑。

历史的车轮走到今天，世界格局发生了翻天覆地的变化，在国际视野中宣传本民族的优秀文化是对文化传承的自信和对历史的尊重。齐鲁大地蕴藏着深厚的文化底蕴和丰富的文化遗产，拥有跨越民族差异、触动人类心灵的内在文化内涵，具有不可抵挡的独特魅力，因此，更应该充分发挥山东文化资源的独特优势，融入“一带一路”战略，在交流互动中将我们的优秀文化延伸到世界更广阔的国家和地区。不过，无论方法如何创新、形式怎样突破，中国文化行走国际时仍需坚守文化自觉、保持文化自信。唯有如此，才能使中国文化的对外传播更加有力、有效，从而实现文化自强。

作者简介：李娉，山东博物馆，馆员；吕健，山东博物馆，馆员，山东省济南市历下区经十路 11899 号，250014。

地域文化视野下博物馆陈列语言的发展与创新

——以安徽博物院为例

刘 榴

（安徽博物院）

摘要：陈列语言作为博物馆展览中策展人、展品与观众之间沟通的媒介，是衡量展览成功与否的重要标准。传播地域文化已经成为目前区域博物馆策展的首要任务，怎样构建具有地域文化特色的陈列语言成为学者们关注的重点。本文选择了安徽博物院从2005年到2015年十年间的三个代表性展览，通过对展览的内容和形式设计的具体分析，探讨博物馆展览中陈列语言的构成要素和组合方式，并通过数据的对比，寻求具有地域文化特色的陈列语言构建方式、规律及其发展趋势。

关键词：博物馆　地域文化　陈列语言

一、概念界定

1. 地域文化

在历史的长河中人类遗留下来的各种文明遗迹，因所处地域环境、社会背景与文化的差异，形成了不同的地域文化。地域文化代表了一个地区的人文历史和人文精神，是当地民风民俗的浓缩，也是对当地物质文化和精神文化的高度概括，是一个地区区别于另一地区的显著标志。博物馆作为对人类和人类环境见证物进行展示、传播的主要媒介，其所收藏、保存的大量文物，记载了人类历史和社会发展的轨迹。博物馆的藏品是打造地域文化特色的物质基础，博物馆的陈列展览也是地域文化展示和传播的优良渠道。博物馆在挖掘、传承和弘扬地域文化中有着其他文化机构所无法取代的功能和作用。在文化大发展的现阶段，利用博物馆丰富馆藏，深入挖掘徽文化中的精神，并将文化传播与文化创新融入实际工作中，对博物馆保护文化遗产，打造文化品牌，凸显地域特色起到至关重要的作用。

2. 陈列语言

陈列语言的概念研究始于1957年翻译出版的《苏联博物馆学基础》一书中采用的“实物语言”的术语。1962年发布的《博物馆与文物工作的几点意见（草案）》中提出了“博物馆的陈列要以它特有的语言向观众说话”，陈列语言的概念首次被提出。1991年国际博物馆协会博物馆学委员会在瑞士年会上对陈列语言进行了定义：“博物馆工作人员与博物馆观众之间进行交流的方法和途径。”

对陈列语言的研究中，早期学者偏向于认为展品的有机组合方式是陈列语言的主要组成部分。1989年周晓梅提出：“陈列语言实质上是一种综合艺术，它兼有绘画、建筑、文学、音乐等的艺术特征，以造型艺术为主要表现手法。”①1990年陈红京认为：“所谓陈列语言，是陈列工作者运用非言语性的展出材料或造型手段，根据复原性规则加以组合摆放，从而构建出具有传义功能的陈列片段的展示手法……陈列语言是对好的陈列表达手法的总结。”②1993年严建强在《关于陈列语言的探讨》中将陈列语言定位为：“依靠三维物品排置的序列、情态及与其他必要的辅助材料配合而构成的视觉形象为媒介的传播手段或交流方式。”③在这个定义中，作者更强调展品的有机组合和辅助材料的配合。随着社会的发展和现代展示手段的不断增加，学者们也逐渐对陈列语言的定义和内容进行了补充，认为陈列语言是“陈列策划的指导总则及理论基础”④，在“视觉、听觉、嗅觉、触觉、味觉等感官性媒介要素的组合中达到信息传播的目的”⑤，不仅包含了传统的文字和图片，还有FLASH、视频、VR、CULT3D、全景图等多种新型数字化表达内容。虽然对陈列语言的概念内涵表述有所区别，但大部分学者都认为，陈列语言的表达能力与展览成功与否息息相关。

综上所述，陈列语言是一种特殊的语言，本质上是博物馆工作人员以展览文本为基础，通过各种表现形式和造型手段，对展品的一种再生产过程。陈列语言受到展览内容的限制，不能简单以展品的组合方式来概括，它是策展人以展览内容为基础，以展览形式为表现，所进行的以观众为受众的一种传播过程。陈列语言也是一种动态的信息交流过程，观众对展览的信息反馈也会对其表达产生影响。不同类型的专题展览具有不同的展览理念和观众群体，陈列语言的构建要根据展览定位的不同进行具体分析。在以区域文化为主题的展览中，只有在充分了解陈列语言的构成要素和区域文化的发展特征的基

---

① 周晓梅：《试论博物馆陈列语言》，《文物春秋》1989年第Z1期。

② 陈红京：《论陈列语言》，《博物馆研究》1990年第2期。

③ 严建强：《关于陈列语言的探讨》，《中国博物馆》1993年第3期。

④ 朱煜宇：《陈列语言的概念与范围研究》，《东南文化》2013年第3期。

⑤ 朱煜宇：《陈列语言的要素类型及其组合形式》，《博物馆研究》2014年第3期。

础上，才能选择恰当的陈列方式以传递信息，实现人与物之间的和谐交流和有益互动。

有学者认为，陈列语言必然且只存在于成功的陈列案例中。"好"的陈列方式才更能体现出陈列语言发展的规律性和共通性。为研究一段时期内区域博物馆陈列语言的发展和创新的模式，本文选择了安徽博物院较具代表性的三个展览："徽州古建筑陈列""皖风徽韵——安徽历史文化陈列"（由于"皖风徽韵——安徽历史文化陈列"以安徽文明史的通史陈列为主体，下文中均以"安徽文明史陈列"为代替）"明德至善 家国天下——徽州优秀传统文化展"（以下简称"徽州优秀传统文化展"），这三个展览分别获得2005—2006年度、2011年度和2015年度的全国博物馆十大陈列展览精品奖，代表了十年来安徽博物院陈列展览的发展轨迹，在研究具有地域文化特色的陈列语言的发展趋势上也更具代表性。从展览内容上来说，这三个展览都是以优秀区域文化为表现内容；从展示方式来看，既有传统的通史类展览，也有形式新颖灵动的临时展览，展览表现形式和组合形式相差甚远，却达到了理想的传播效果。通过对其陈列语言构成要素和组合形式的研究，将"看不见摸不着"的陈列语言情景构建方式进行具象化，对于寻找成功的陈列语言构建方式和规律，提升策展水平和地域文化传播效果，都将发挥重要的作用。

二、展览内容：陈列语言要素的构成

内容决定形式，从陈列语言构建的角度来说，展览内容依然是决定陈列语言成功与否的重要前提。展览的主题和结构、展品的选择和辅助展品的内容，都是构成陈列语言的决定性要素。区域博物馆作为展示和传播当地文化的媒介，对陈列语言的组成要素也有具体的要求：展览主题必须鲜明突出，能够表达出展览所展示的地域文化的特色和魅力；展览结构清晰明确，能够从不同角度不同层面对地域文化进行阐述；展品在基于自身藏品的基础上，选择能够反映安徽地区文化特色的文物为主；辅助展品的内容设计方面，以人为本，根据观众的需求，对文物进行多方位多角度的展示和解读，从而达到传播和弘扬优秀传统文化的目的。

从展览主题上来说，"徽州古建筑陈列"通过建筑实物、构件、模型、图片等展品，展示徽州古建筑鲜明的地域风格的同时，传达古代徽州良好的生态文明、崇文重教的文化氛围和天人合一的建筑理念；"安徽文明史陈列"通过展示安徽各个历史时期代表性文化遗存、历史事件和历史人物，集中展示安徽历史文化的重点和亮点，全景式描绘安徽历史文化的发展脉络，突出安徽地域文化在中华文明进程中的重要地位和影响；"徽州优秀传统文化展"则是在于传达徽文化在现代社会中的时代价值，弘扬优秀传统文化。从展览结构上来说，三者分别从徽州古建筑、安徽历史和徽文化等方面选题，目的都是基于馆藏优势，挖掘当地文化内涵，传播优秀区域文化。

明确了展览主题和展览结构，展品和辅助展品的选择是陈列语言构建的重要方式。

以地域文化为陈列语言传播主题的展览，由于不同文化之间的差异，观众存在着认知的矛盾和冲突，策展人在使用地域特色的陈列语言进行传播时，应巧妙利用辅助展品和展品的组合关系，平衡地域特色和观众的认知水平之间的关系。由于展览类型、主题的不同，辅助展品与展品之间的组合关系也有不同的表现。

通过对三个展览展品及辅助展品数量、辅助展品类型的统计，可以看出：通史类展览更注重展品本身，通常会使用大量藏品来展示地域文化的积淀和厚重，辅助展品类型上也侧重于选择以科普性和知识性为主的文字图版和图表类展品。“安徽文明史陈列”中文字图版所占全部辅助展品的比重达到60%以上，从而达到消除文化差异，增强展览的可读性；同样作为基本陈列的“徽州古建筑陈列”，由于展览主题的定位在于展示古建筑之美，辅助展品一是补充性展示展厅空间限制所不能展示的建筑构件，二是侧重于引导性的内容，将古建筑之美和徽州文化结合在一起，引导观众通过对古建筑的欣赏感受徽州文化的深厚底蕴；“徽州优秀传统文化展”作为临时展览，在展示内容和展示形式上都更加新颖多样，不局限于传统的文字图版，更加重视多媒体展示手段的运用，辅助展品的比重达到32%，远高于另外两个展览，辅助展品的内容除了补充性展示和引导性教育之外，更注重与观众的互动，将展览的内容与互动设施紧密结合，充分体现了以人为本的策展理念。

表一、表二的数据统计也展示出具有地域文化特色的陈列语言发展的轨迹：陈列语言的组成要素也越来越丰富。从2005年的“徽州古建筑陈列”到2015年的“徽州优秀传统文化展”，辅助展品占整个展览展品的比重不断增加，类型不断扩充，对不同类型的辅助展品的设计要求也不断提升。此外，在种类选择上，通史类展览所使用的文字图版和图表更符合展览学术性和知识性的要求，实物类展览中辅助展品不能喧宾夺主，减少文字，选择以图片为主的展板更符合观众观赏的需求；对于临时展览来说，由于展览内容的灵活性，可以适当增加多媒体设备等展示形式来丰富内容，增强观众的参与度和互动性。值得一提的是，安徽博物院于2017年完成了对“安徽文明史陈列”的改造提升，不仅增加了数十个文字图版，还增加了60部多媒体设备和多个互动区域，利用现代技术手段对原有无法通过文字诠释的展品内涵立体展示。正如有学者指出：“在信息时代，数字媒体信息已经成为最受观众青睐的文化艺术传播方式，相对传统方法而言，多媒体信息更容易被公众接受。”① 陈列语言的构成从最初单一的文物、说明牌到文字图版的增加，再到电子触摸屏、二维码、动画、游戏等多媒体互动设施的加入，不仅扩大了视觉要素，还增加了触觉、听觉等多种感官体验，陈列语言的传播方式也日益完善，从文物—观众的单线传播到策展人、文物和观众之间交流反馈的完整性信息传播渠道，对于策展人了解观众需求，有的放矢地组织构建陈列语言，发挥了重要的作用。

---

① 魏敏：《新媒体时代的博物馆展览——基于观众研究的分析与探索》，《东南文化》2013年第6期。

表一　展览展品及辅助展品信息统计表

展览	时间	展品数量	辅助展品数量	辅助展品类型
徽州古建筑陈列	2005 年	113 件（套）	38	文字图版、图片、视频
安徽文明史陈列	2011 年	982 件（套）	205	文字图版、图片、电子触摸屏、视频
徽州优秀传统文化展	2015 年	189 件（套）	91	文字图版、图片、动画、红外透明屏、电子触摸屏、视频、二维码、互动游戏等

表二　展览辅助展品数量及类型统计表

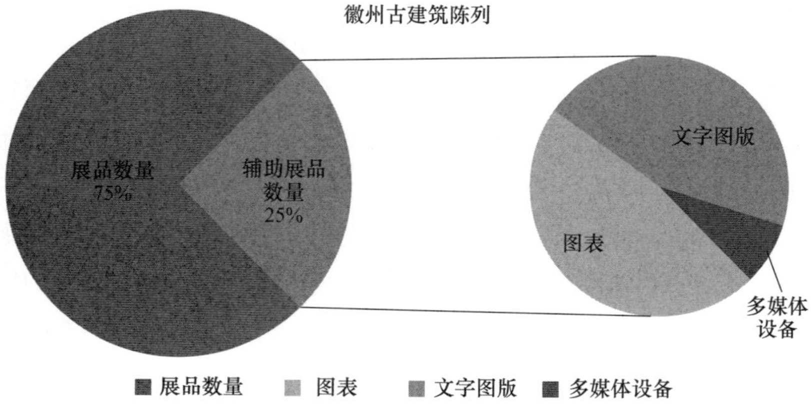

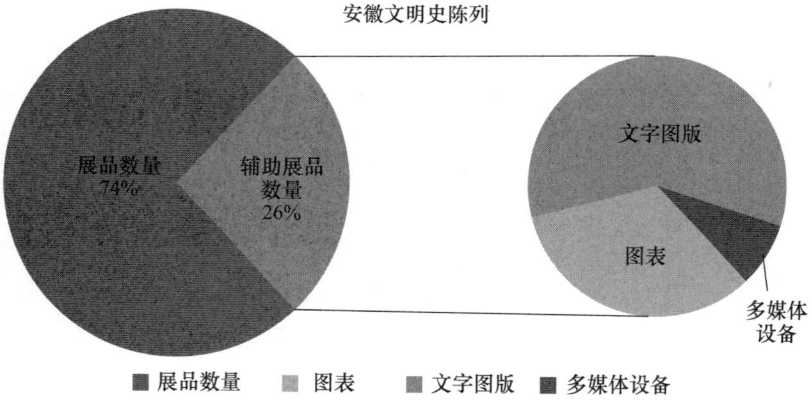

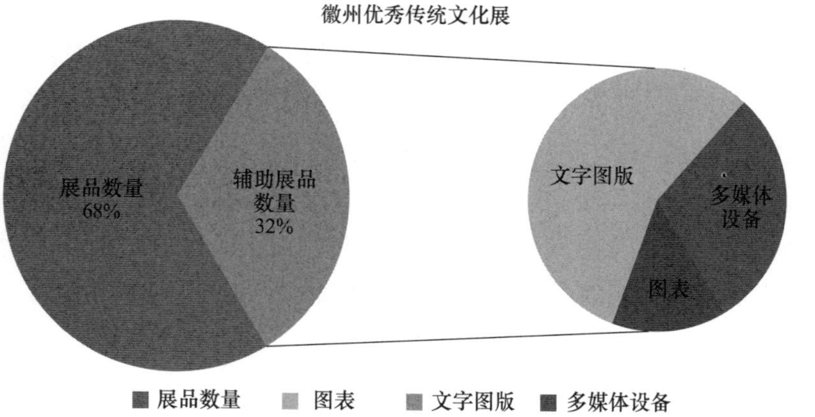

三、展览形式：陈列语言的表述方式

陈列语言的表述方式虽然有一定的主观性，但并非毫无规律可循。从展览的策展策略上来说，可以分为叙事型、情景重现型和主题型三种；从陈列语言要素之间的关系上来说，又可以从展品与展品之间、展品与辅助展品之间、展品与人之间的三种关系上进行划分，分为对比、互补和融合三种：利用展品的特殊性和差异性进行区别式展示，让观众更能对二者的特征印象深刻；互补的关系在文字图版与对应展品之间发挥了重要的作用，文物背后所难以表达的内容，通过辅助展板的配合，更能给观众以补充性的理解；融合的关系则是通过展品的功能、外观等各方面的组合搭配，形成二者之间内容或形式上的关联。

在构建展览的陈列语言的过程中，可能运用不止一种的组合形式，在策展策略和要素组合之间也存在着多种多样的"合作关系"。选择什么样的策展策略和组合方式，主要取决于展览内容表达的需要、策展人对展览的理解以及观众的心理喜好。作为通史类的"安徽文明史陈列"陈列语言的构建策略主要以叙事型为主，"徽州古建筑陈列"属于主题型陈列组合，其中又融入了情景重现型的组合方式；"徽州优秀传统文化展"从展览整体上讲属于主题型陈列语言，每一单元结合内容又以故事性的叙事方式娓娓道来。从陈列语言组成要素之间的关系上来说，三个展览均综合利用了对比、互补和融合的方式，对展品进行内容上的诠释以及情景和空间的构建。

对于徽州古建筑展来说，观众想要看到的不仅是建筑的部件，更包含了建筑的本身。针对展览的主题和观众的需要，场景复原的陈列形式具有直观、生动的表现特点，让观众犹如身临其境，感受古徽州建筑的秀美和古村落的别致韵味。在场景复原中，主题必须特征明显，易于为观众留下深刻的印象。在表现手法上，真实场景复原和虚拟场景复原两种的巧妙结合，更能生动表现出徽州古建筑的生动多姿。例如将清代古民居冯仁镜宅搬至展厅中进行整体复原，场景宏大壮观，历史感真实生动，搭配以徽州古村落等主题的虚拟场景展示，营造出与展品相得益彰的场景氛围。作为最常用的构建陈列语言的形式，场景复原技术也随着社会的发展而进步，大量多媒体内容也被应用在场景复原中，为新时代的策展人提供了更多展示的可能性。

对于通史类展览来说，叙事型的陈列方式是最常用的一种。"通史陈列采用编年史、时间轴的叙事方式，用文物作为编年史中历史事件的佐证，采取事件与文物对应的方式，完成通史的叙事"[①]，对于相对来说较为枯燥乏味的通史类展览而言，在策展策

① 李吉光：《博物馆通史类展览的第三种模式——对信息组团在通史类展览叙事中运用的思考》，《中国博物馆》2017年第4期。

略上，叙事型的陈列方式易于建立起时间轴，方便观众在信息量繁杂的展览中梳清脉络。对于区域性博物馆来说，叙事性结构不仅可以清晰交代展品相关的时间、地点、事件，由于地域和馆藏文物的限制，当所拥有的展品不足以展示阶段性历史的发展时，这种结构方式还可以以讲故事的方式构建起整体的历史情境，把展品作为叙事故事中的一部分，以点带面，突出重点，在不影响整体时间顺序的基础上，突出地域文化特色，加深观众的理解。正如严建强在他的研究中所提到的："实物展品不再仅仅是欣赏的对象，也不再是博物馆展览中唯一的陈列要素，而成为故事叙述系统中的要素之一，扮演着故事叙述中物证的角色"①。由此可见，在展品不足以讲述完整的陈列语言的情况下，利用合适的策展策略和组合方式来进行情景的补充性构建，有利于陈列语言的完整性和流畅性。

"徽州优秀传统文化展"利用了主题型的策展策略，策展人通过对藏品资料进行整理分析，从徽文化的众多内容里，提炼出既能反映徽文化精神，又能对当今社会有积极、现实教育意义的主题，将门类繁多的徽文化精神概括为："天地有道 心归自然""百年树人 崇文重教""惟勤惟俭 信义至上""仁爱孝悌 和谐美满"和"兼济天下 家国一体"五个方面，这种主题型的策展策略，针对认知门槛较高的地域文化精神，将研究成果和策展人的策展理念以单元分类的形式体现出来，不仅降低了观众的准入门槛，更有利于展品的分门别类，形成清晰准确的陈列语言，达到理想的传播效果。

此外，这三个展览都使用了对比、互补和融合的展品组合形式。例如"徽州优秀传统文化展"展览中利用透明屏展示技术，将版画、墨模等展品上描绘的新安大好山水画卷展现在展柜的透明屏幕上，观众可以动手翻看。不仅有效补充了展品的信息量，更通过动态效果，将展品上的画面内容更加清晰、生动地呈现给观众，这也是辅助展品与展品之间互补形式的巧妙运用。在"安徽文明史陈列"中，在展示隋唐大运河宿州段出土的文物时，不仅设计了隋唐大运河的场景，展示当时的繁华景象，还抬高了地面，将唐代沉船的残骸及大量运河底部发现的瓷片铺陈于地下，辅助展品和历史文物融合为一体，为观众营造出大运河隋唐时期的历史情境。对比的组合形式在"徽州古建筑陈列"展厅中运用得炉火纯青，对久负盛名的徽州三雕艺术进行分类对比性展示，不仅让观众更加直观清晰地欣赏到三雕艺术的特色之所在，更能以视觉的冲击效果打造出徽派园林建筑的精美情景，让观众感受徽州匠师的超群技艺。

四、结　语

从2005年的"徽州古建筑陈列"到2015年的"徽州优秀传统文化展"，博物馆的

① 严建强：《信息定位型展览：提升中国博物馆品质的契机》，《东南文化》2011年第2期。

策展理念和策展主题在不断地变化，陈列语言在组成结构、表达方式和传播过程三个方面也发生了较大的变化：构成要素越来越丰富，辅助展品的种类和利用的方式方法都有了多元化的发展，全息影像、多媒体数字技术、VR、AR 等虚拟现实技术的加入，拓展了陈列语言的构成，也拓宽了陈列语言中地域文化表达的更多可能性；扩展了表达方式和组合的形式，展品之间、展品与辅助展品、展品与观众、辅助展品与观众存在着多种组合方式，在表现形式上又表现为视觉、听觉、触觉、嗅觉、味觉等多种感官体验形式，组合形式越来越丰富多彩；传播过程从单向信道传播发展为双向即时性交流，将观众的反馈及时融入到陈列语言中来。传统的博物馆展览中，观众被动地接受策展人所提供的信息，策展人和观众之间存在着难以逾越的鸿沟，如今越来越多的学者将陈列语言的研究视角从“物”转变为“人”，观众对某件展品的喜爱，对信息获知渠道的满意程度，通过调查和反馈，及时有效地传递到策展人处，策展人汇总信息并对展览的陈列语言的表达方式进行调整，这样完整的沟通过程，形成了陈列语言动态的、良性的传播和发展的过程。

作为展品、策展人与观众之间的最有效的沟通桥梁，陈列语言本身即是当地文化和社会属性的浓缩和反应。随着社会的发展和进步，陈列语言的构成要素、组合形式都在发生着不断的变化，为策展人提供了丰富的展览资源，也提出了挑战。如何创新策展理念，打造独具特色的陈列语言，从而达到传承地域文化，加强民众的文化自信的传播效果，这是博物馆策展人十年如一日，永恒不变的努力方向。

作者简介：刘榴，安徽博物院，馆员，安徽省合肥市怀宁路 268 号，230000。

民俗艺术的跨文化传播

——以山东博物馆“多彩生活——山东杨家埠木版年画展”在德国展出为例

孙　芳
（山东博物馆）

摘要：民俗艺术是民众创造的民族文化精华，是国家文化软实力与国家形象的重要载体之一。民俗艺术跨文化传播，能有效提升国家文化形象，有助于提升世界对中国文化的认同度，是我国文化软实力建设中十分重要的内容。年画作为一种独具魅力的文化传播符号，可以在跨文化交流中发挥特有的积极作用。在这个过程中要充分借助并利用好孔子学院的文化平台作用。

关键词：民俗艺术　跨文化传播　文化软实力

全球化的过程伴随着文化竞争的加剧，社会转型的过程出现了多元发展的趋势。为了回应全球文化竞争加剧的挑战，促进社会转型过程中的价值整合，需要充分挖掘优秀传统文化的价值，提升传统文化的软实力。“文化是活的生命，只有发展才有持久的生命力，只有传播，才有影响力，只有有了影响力，国之强大才有持续的力量。民族的振兴，始于文化的复兴。只有在世界文化占有一定的份额，才能成为文化大国。只有文化大国，才可能成为世界强国。”[①]民族传统文化，凝聚着民族历史的血脉，浓缩了民族精神和灵魂的基因。民俗承载了民众生活的丰富文化内涵，民俗文化必然是一个国家和民族的身份标识，始终以对真善美的完整体现，彰显着民族生生不息的情感与生命，是民族独特性与文化多样性的注解。充分认识中国传统民俗艺术的丰厚价值，使之更广泛传播，才能使其在当代民族复兴的伟大事业以及人类文明发展中发挥应有的作用。重视传统文化尤其是民俗艺术的跨文化传播，对于提升世界对中国文化的认同度，提升国家文化软实力，提高中华民族文化在国际社会的地位，具有十分积极的意义。

---

① 陆长荣:《中华文化的国际传播与软实力建设》,《中华文化传播任务与方法》，上海人民出版社，2008年。

随着国际博物馆事业的不断发展，博物馆的功能开始发生转移，由最初的以对文物进行收藏、保护和研究为主，到如今的以教育欣赏和展示传播为主，这一变化趋势可以从2007年国际博物馆协会对博物馆定义中窥见端倪：“博物馆是一个为社会及其发展服务的、向公众开放的非营利性常设机构，为教育、研究、欣赏的目的征集、保护、研究、传播并展出人类及人类环境的物质及非物质遗产。”①这也反映了国际博物馆界近年来对博物馆展示传播功能的关注。西方博物馆学家将展览（exhibition）定义为：“具有艺术、历史、科学与技术性质的物件所构成的集合装置。借此来引导观众在展示单元间移动，并创造意义或美感。它伴随有展示说明或图示（图画或图表等）用来诠释和引导观者的注意。”②美国博物馆学家给主题展览（thematic exhibition）下的定义是：首先开始于一个主题概念，并将这种概念贯穿于展览媒介，并运用博物馆藏品和其他手段支持或加强这个概念。以藏品为基础的展览常趋向于严谨周密，而主题型展览则倾向于广泛和综合。主题型展览有时也被博物馆用来组织临时性展览，以一种新方式展示博物馆的永久性收藏③。本文将以山东博物馆“多彩生活——山东杨家埠木版年画展”在德国展出为例，分析、总结以年画为代表的民俗艺术在跨文化传播中形成文化软实力的做法、经验和思考。

一、山东博物馆在德国举办“多彩生活——山东杨家埠木版年画展”的展览概况

经过两年多的筹备，山东博物馆与德国弗莱堡大学孔子学院、纽伦堡-埃尔兰根孔子学院分别于2016年2月25日至3月18日（弗莱堡市）、3月1日至3月31日（纽伦堡市）共同举办“多彩生活——山东杨家埠木版年画展”。本次展览的展品富有齐鲁地域特色，生动展现了民风民俗和人文精神，是优秀的齐鲁民间文化的图像载体，在跨语言文化交流中具有形象、直观、富有生活气息的独特魅力。本次在德国两地与两所孔子学院举办的“多彩生活——山东杨家埠木版年画展”深受当地人民的喜爱，显示出德国民众对中国优秀民间传统文化的接纳和肯定。

---

① 国际博协2007年博物馆定义的英文文本为：A museum is a non-profit, permanent institution in the service of society and its development, open to the public, which acquires, conserves, researches, communicates and exhibits the tangible and intangible heritage of humanity and its environment for the purposes of education, study and enjoyment.

②〔美〕Burcaw, G. Ellis. 著，张誉腾等译：《博物馆这一行》，五观艺术管理有限公司，2000年，第24页。

③〔美〕简·贝德诺著，宋向光译：《博物馆展览：过去与未来》，《中国博物馆通讯》2000年第5期。

山东杨家埠年画的介绍与制作演示体验活动，让本次民间传统文化展览精彩而又生动，专业而又通俗，既达到了文化交流的目的，又让普通观众感受到山东民俗艺术的无穷魅力。很多观众将自己印制的年画和祝福带回家作为纪念。《纽伦堡新闻报》等当地媒体用较大版面介绍了本次展览的有关信息。

弗莱堡大学孔子学院与山东博物馆书画部合作编辑和出版的德汉双语杨家埠年画展图录为德国观众跨越文化差异的障碍、更准确地理解山东木版年画的文化价值创造了可能。两地展览在此基础上制作了展览的德文说明和德文导览册。反映杨家埠木版年画的视频资料在弗莱堡的展厅循环播放，形象直观。观众借助视频和图录说明，可以比较深入地了解年画中蕴含的民间文化。在德国两地的展览期间，两家孔子学院分别举办德语、中文和英文的年画现场讲解，并通过专题讲座、研讨会等多种形式开展与大中小学及广大市民的文化交流。

这个项目有特色，效果好，好操作，可以作为一个品牌展览项目面向全球孔子学院和文化交流机构推荐。博物馆充分挖掘并利用好自己的优势资源，挖掘和阐发年画中蕴含的优秀民间传统文化基本元素，并不断对外传播，对于我们建设文化强省、文化强国，提升文化软实力，具有深远的历史意义和重要的现实意义。

项目有特色。杨家埠木版年画作为中国特有的一种民间美术形式，始终保持着与人民生活广泛而密切的联系。它的表现手法概括性和象征性强，利用浪漫和夸张相结合的方式来表达主旨，同时图文并茂。它的构图完整、饱满；线条简炼、挺拔；色彩鲜艳、对比强烈。内容、体裁较丰富和完备，几乎可装饰到民居的各个部分。杨家埠年画作为中国黄河流域地道的农民画，植根于民间，散发着淳朴而又浓郁的乡土气味，反映了我国北方农民在劳动生活中的喜怒哀乐与健康的审美情趣，集中了劳动人民的艺术才能和勤劳智慧，凝结了广大劳动人民淳朴的思想感情和对美好生活的强烈愿望。展品像在给德国观众讲述一个个传奇的小故事，故事里既有中国古老悠久的历史传说和日常生活，也有中国人对生活的美好希望和祝福。我们还在现场向大家展示中国年画的制作过程，一张有 5 种颜色的年画，就需要五块不同的木版进行五次套印，独具匠心的巧思和繁复的工艺赢得了观展者的声声赞叹。很多观展者在饱览古拙年画、品味历史神韵之后也跃跃欲试，亲自上阵“创作”木版年画，并把自己套印的年画和祝福带回家。

展览效果好。德汉双语杨家埠年画展图录为德国观众跨越语言和文化差异的障碍、更准确地理解山东木版年画的文化价值创造了可能。两地展览在此基础上制作了展览的德文说明和德文导览册，有助于观众对山东木版年画的深入理解和欣赏。中方提供的反映杨家埠木版年画的《中国民间文化遗产抢救工程动态影像调查》（2003 年）在年画展展厅循环播放，形象直观。观众借助现场讲解、视频和图录说明，可以比较深入地了解年画和年画中蕴含的民间文化，感受山东民俗文化的多彩魅力，促进双方的民间文化交流。《纽伦堡新闻报》分别于2月24日和3月2日用较大版面介绍了山东木版年画特色和本次展览的有关信息。可以说，两地的年画展都融入了当地人的日常生活，产生了良好的文化传播效应。

项目好操作。展品是参照馆藏年画收藏选用的当代年画精品，是一种对濒危的山东非物质文化遗产的传承和保护，意义重大但费用投入不高。山东博物馆近些年在国内外成功举办年画专题展览20余个，积累了丰富的办展经验，项目的完成只需要3人的小团队和对方交接与合作。山东博物馆负责设计陈列方案、撰写展览说明、购买展品和简单装裱，负责提供相关文字、图片、视频资料予以配合；德国方面需要负责承担山东博物馆布展、撤展和展演小组的往返机票和在德期间的食宿、交通等费用，负责展览的前期广告宣传的设计和制作展览说明牌、海报等，负责图录的德文部分翻译以及在德国的出版发行，负责筹备展演活动的开幕式、邀请嘉宾和展览的新闻媒体宣传报道工作。两家孔子学院都是德方院长利用到中国开会的机会把展品亲自带到德国，从而节省了高额的国际运费。可以说，办展各方都是在想方设法用最少的钱、最多的努力去办好这个项目，节俭办展的理念贯穿项目活动的始终。

二、民俗艺术在跨文化传播中形成文化软实力的做法、经验和认识

我国有着灿烂的历史文化，赢得了世界众多民族和人民的景仰。但是几百年来国力的孱弱，使我国文化软实力及其国际形象受到损伤。尽管一个世纪以来中华民族的崛起带来文化软实力的较大提升，但大量的国外民众对中华文化艺术的了解还十分有限。向世界各国人民推出中华文化的瑰宝，实现传统艺术的广泛传播显得极其重要[①]。山东博物馆馆藏年画2000多幅，涵盖清代、民国和中华人民共和国成立后三个历史时期山东省内各主要年画产地和天津杨柳青、苏州桃花坞、河北武强等国内知名年画产地的年画作品。自2011年以来，馆内已连续举办年画展6届，每个展览都有新看点。并且，年画专题展览分别赴法国、德国、北京、广西等地展出：2012年在桂林和柳州完成了“生活如画——山东博物馆藏山东年画展”；2014年在北京恭王府完成了“多彩生活——山东民间年画展”、在兖州完成了“喜自画来——南北年画贺新春”，在法国布列塔尼孔子学院完成了“多彩生活——杨家埠木版年画展”；2015年在旅顺博物馆完成了“家乡年味——山东民间年画展”；2016年按照省文物局全省馆藏文物精品巡展工作的要求，顺利完成馆藏年画专题展在全省8个地市博物馆的巡展工作，为让馆藏文物“活”起来、发挥民俗文物的文化价值、弘扬和传播齐鲁优秀文化、提升山东文化

① 田川流：《论传统艺术的特性及其对外传播》，《齐鲁艺苑》2015年第2期。

软实力发挥了应有作用。2016年，山东博物馆与德国弗莱堡大学孔子学院、纽伦堡-埃尔兰根孔子学院成功合作举办“多彩生活——山东杨家埠木版年画展”的经验再一次说明年画可以在跨文化交流中作为一种独具魅力的文化传播符号发挥特有的积极作用，在这个过程中要充分借助并利用好孔子学院的文化平台作用。

（一）构建新的文化传播符号——年画

中国在世界文化中缺乏自己的文化符号，而年画作为传统民间艺术的重要组成部分，具有深厚的文化内涵、丰富的题材内容、独特的风格样式及传承已久的刻绘形式，是人民群众喜闻乐见的一种表现形式，可以在跨文化交流中作为一种独具魅力的文化传播符号发挥特有的积极作用。

“年”字在殷商时代的甲骨文中就已出现，其字形很像一个人在收割或顶谷禾回去，所以《说文解字》把“年”字解释为“谷熟也，从禾”。当田里的五谷收割完毕则意味着旧的一年过去了，新的一年开始了，因此俗称春节为“过年”。年画是中国传统民间绘画的一个独立画种，特指年节之时张挂于家宅内外，由作坊刻、绘制成的产品，也泛指一切由民间艺人创作并由作坊生产的、反映城乡世俗生活的民俗艺术作品。作为反映民间文化的一种特有的艺术形态，年画根植于民众丰富的生活积淀，成长于年画艺人匠心独运的艺术创造，生动反映社会生活面貌和民众思想观念，形象展示富有地域特色的民风民俗和人文精神。年画作为颇有地方特色的民俗文物入藏博物馆后，成为一种公共文化资源；通过举办年画展览、出版年画图录、开展科学研究，可以在向公众展示年画的文化价值过程中，使这种公共文化资源转化为文化符号资本，为社会发展提供一种精神动力。在整理馆藏山东省内各主要年画产地的作品过程中，可以看出年画类别丰富，有门神、房门画、灯画、中堂、横披、竖披、贡尖、屏条、画对子、窗顶、窗旁、月光、毛方子、牛子、灶马、神马、凤凰棋、纸马、扇面画、书本子等二十多种；年画生动反映社会生活面貌和民众思想观念，举凡农事生产、社会百态、节俗活动、人生礼仪、民间信仰、历史传说、小说戏曲以及时事新闻和针贬时局弊政的讽刺画都有涉及，几乎是一部山东民间生活知识的图像百科全书。“多彩生活——山东杨家埠木版年画展”的展品富有齐鲁地域特色，生动展现了民风民俗和人文精神，是优秀的齐鲁民间文化的图像载体，在跨语言文化交流中具有形象、直观、富有生活气息的独特魅力。所以，充分挖掘并利用好博物馆的优势资源，保护利用、普及弘扬、挖掘和阐发年画中蕴含的优秀民间传统文化基本元素，把年画构建成新的文化传播符号，并不断扩大对外文化交流的范围，对于我们展示文化软实力，具有深远的历史意义和重要的现实意义。

（二）充分借助并利用好孔子学院的文化平台作用

孔子学院是中国国家对外汉语教学领导小组办公室在世界各地设立的推广汉语和传播中国文化与国学的教育和文化交流机构。截至2015年12月1日，全球建立的500所孔子学院和1000个孔子课堂，分布在134个国家和地区。孔子学院已发展成为推广汉语教学与传播中国文化的全球品牌，成为各国人民学习汉语、了解中国传统文化、促进中外文化交流的重要平台。

孔子学院作为汉语和中华文化的推广机构，必须兼顾语言和文化，让其他国家的人们通过汉语学习了解中国的文化，使得中华文化得到有效的传播。作为海外语言和文化推广机构，孔子学院在发展的十多年中，取得的成就令人瞩目①。中国文化博大精深，但是由于传承的断裂和一些历史原因，文化传播能力较弱。向世界传播有深度的、有内涵的、高层次的中华传统文化成为中国的迫切需求。孔子学院在推广汉语和传播中华文化的过程中，充分考虑到当地国民的思维方式和学习习惯，结合当地的风俗习惯开设有中国特色的文化课程，如中医、京剧、中国节日、民俗文化等，让国外的学习者更深入地了解中华文化。这次与我们合作的两家德国孔子学院是孔子学院中的优秀代表。

德国弗莱堡大学孔子学院的胡海燕教授2007年由弗莱堡大学校长委托组建孔子学院并担任德方院长。2013年年底，她作为专家受邀到我馆参加佛教领域专题研讨会。会议间隙，胡教授看了我们提供的《山东博物馆藏佛教题材的年画》和我们为法国布列塔尼年画展准备的展品后，当场提出了在弗莱堡举办年画展的合作意向。之后，她又联合纽伦堡-埃尔兰根孔子学院②的德方院长徐艳博士，共同参与年画展的前期筹备。两位院长都在德国接受过高等教育，并且在德国生活了几十年，对德国观众的兴趣等极为了解，在展品的选择过程中结合德国观众的兴趣做了很多调整。胡教授发动弗莱堡孔院全体教师，在我们提供的中文展览大纲文本和图片基础上进行了德文翻译，并且请教德国教授和普通民众，反复对中德双语的图录草稿进行检查、修改和校对。在这个过程中，孔子学院的中文教师们花费了大量时间和精力，付出了艰苦努力。很多教师和志愿者从对山东木版年画一无所知到对每一件展品耳熟能详、娓娓道来，可以算是受到一次以年画为主题的山东民俗艺术的“培训”。据说150本图录很快就售罄，而且赠送了全德每家孔院的汉学系，说明德国人虽然以前并不了解山东的木版年

① 孙吉胜：《孔子学院：语言、文化与理念的传播》，《公共外交季刊》2014年第3期。

② 纽伦堡-埃尔兰根孔子学院2006年建院，获评2015年全球15所示范孔子学院之一，与当地各机构和组织建立了紧密联系。

画，但是他们很感兴趣，很愿意多了解相关内容。两地的开幕式都是在晚上举办，并且当地的政商人士及孔子学院的学员纷纷出席，说明这两家德国孔子学院已逐步融入当地社会，成为中德交流的重要平台。我们能成功合作举办年画展，离不开两家孔院多年的辛勤努力和不断开拓。

以年画为代表的民俗艺术凝结和浓缩了民族精神与审美意识的精华，在弘扬民族精神与传播民族文化中具有不可替代的作用。把年画这样的民俗艺术推向世界，使之成为世界各民族人民认识中华民族、理解中华文化的重要渠道和方式，将有助于中国文化与世界当代文明的交流与融合，进而生成巨大的影响力和感召力，在文化层面上与世界各民族人民获得沟通，赢得他们对中华文化以及中华民族的尊重和认同，推动国家文化软实力的提升。

作者简介：孙芳，山东博物馆，馆员，山东省济南市经十路 11899 号，250014。

浅析地方博物馆基本陈列的改陈

——以湖州博物馆《吴兴赋》为例

王思怡

（浙江大学文化遗产与博物馆学研究所）

摘要：作为展现不同地方独特的自然环境、历史文化、经济发展和社会风情的地方博物馆，随着时代的变化，在 20 世纪 90 年代曾进行过一次改陈或在 21 世纪初新建的各大地方博物馆基本历史陈列，在十几年间的时代发展浪潮下，面临着再一次的改陈任务。而在目前的地方博物馆发展趋势下，其改陈策略除了内容与形式的更新外，突出主题性叙事架构以及深化民众生活的阐释成为改陈的重点。本文以湖州博物馆 2016 年新改陈的“吴兴赋”基本陈列为例，通过改陈前后的深入对比，强调地方博物馆通过更新陈列来完善地方社会职责、营造“博物馆文化”氛围，承担起体现地方居民的意志并加强地方认同感及凝聚力的使命。

关键词：地方博物馆　更新　二元叙事　民俗　生活

《地方：记忆、想象与认同》中曾提到过“地方”是个常被运用却又难以表述的词汇。如果说“地方是在权力脉络中被赋予意义的空间”[①]，地方博物馆就是权力行使的有机体，在赋予空间意义的过程中身负重任。地方博物馆记录着地方的变化，其基本陈列是了解一个地方的窗口。地方居民见证着地方的每一处变化，而作为窗口的地方博物馆，如果其陈列内容与方式仍然一成不变，便会使展览失去活力，失去观众[②]。陈列经过一个 10～15 年的时间周期后，内容自然会老旧，无法引起更多的社会关注，观众的求知欲得不到最基本的满足，这也就阻碍了博物馆教育职能的全面实现。出现这些问题时，就需要地方博物馆对其陈列进行调整和改陈。通过改陈，让观众对展览内容有一种全新体验。2017 年 11 月 29 日湖南博物院重新改陈后对外正式开放的消息也重新引发了业内对于博物馆基本陈列改陈的探讨与思考。

---

① 游冉琪、王怡文：《陶博馆的地方文化再现：以三莺陶瓷马赛克文化造镇活动为例》，《当地方遇到博物馆之台湾经验与跨文化视野》，宜兰县立兰阳博物馆，2012 年，第 182 页。

② 张剑、刘爱丰：《浅析影响博物馆改陈要因》，《文物鉴定与鉴赏》2017 年第 8 期。

湖州博物馆基本陈列“吴兴赋”自2004年筹备策划到2006年正式开展以来，湖州的“乡土故事”也一直为观众津津乐道，但在2016年改陈重新开展之前，10年间，包括本土考古发现、外向品牌推广在内，湖州的文化建设本身发生着不少变化，加之部分硬件老化，因此“吴兴赋”从2015年开始进行改陈论证并进行调整。本文便从其改陈前后的对比中，从内容、形式、展品、主题等方面为地方博物馆提供可资借鉴的改陈策略。

一、阐释内容的替换、更新与深化

随着城市建设日新月异的变化，博物馆内的展出内容成为了改陈中最大的重点。添加新的发现、新的研究成果，改善内容的说明与阐释，并且删除或替换错误或过时的描述和文本，这些均是改陈内容中首先需要考虑的方面。

（一）添加历时性文本

21世纪以来，地方城市建设进入了一个新的高潮，由此而来的新的城市发展史、新的城市标签以及在此过程中新的考古发现和研究成果不断涌现。因此，在改陈过程中，将标志性的重要历时性事件添加至陈列中，让观众更加直观地看到城市的变迁以及所获得的建设成就。2006年以来，瓷之源、杨家埠、钱山漾等考古发现不断更新着世界对湖州的认识，湖州也跨入了国家历史文化名城行列。这些古老湖州文脉的新故事，也成为“吴兴赋”改陈的新篇。2015年，钱山漾遗址获“世界丝绸之源”命名，丝源之光，在湖州被再次点亮。为了更好地反映这一文化动态，原有的丝绸文化展区得到了重点提升（图一）：从蚕到丝，从钱山漾到世博会，从湖丝实物到蚕俗非遗，图文资料梳理更为细致清晰。跟随展柜中的丝绸之路示意图，观众可以聆听世界丝源前世今生的无边脚步。2008年在爱山广场建设中对湖州子城进行了考古发掘，发现有唐、五代、南宋叠压的东城门及城墙遗址，因此，在城市变迁这一板块增加了考古新发现。的确，在展览中，最核心的信息表达方式之一是文字标签。它将馆方所意图表现的信息进行概括与归纳，将碎片化的展品联结成一个整体，增强了展览各元素之间的逻辑联

图一　“世界丝绸之源”展项

系和意义深度[①]。因此，与时俱进的文字标签内容的加入，不仅使展览保持不断更新的活力，同时也能满足观众对于地方发展的认知诉求。

（二）打磨阐释细节

随着博物馆展览的焦点转移至“人”的本身，强调其参与性、娱乐性和服务性；因此，展览的阐释手段越来越多样化，同时试图以更为简单直白的方式让观众接受与理解。如在展板上增加直观的文字配图，在阐释湖州的动物资源时，在文字介绍旁增加照片，观众可以通过照片更加方便地区分各种鸟类；在讲到桑基鱼塘的农业模式时增加原理图（图二），同时配合原来的下沉式沙盘，使观众了解其最简单的流程；而在制镜工艺的阐释上，使用流程插画，形象地把工艺流程娓娓道来；在精致生活的板块，使用手绘图的形式将南宋妇女的头饰造型完整精细地画了出来（图三），这迅速吸引了观众的注意，同时能够有效解释传达文字内容；在明清科举考试序列表中添加卡通形象，将秀才、状元、榜眼和探花的服饰穿着直观地用卡通的形式表现，更能有效吸引亲子观众的注意。在改陈后的“吴兴赋”陈列中，展板大量添加图片元素，用各种图片组合方式，使内容更加清晰可感。

图二　桑基鱼塘的农业模式原理图

除了用图片结合文字内容的方式，图片与物的巧妙组合，使物的功能更加明确。如在“度量衡”的解释上（图四），便将“称”与各种“权”并置，同时再配以古人称量绘画作品来强调其使用方法；湖州水网密布，渔猎成为新石器时代当地人的营生方式，

① 严建强：《博物馆媒介化：目标、途径与方法》，《自然科学博物馆研究》2016年第3期。

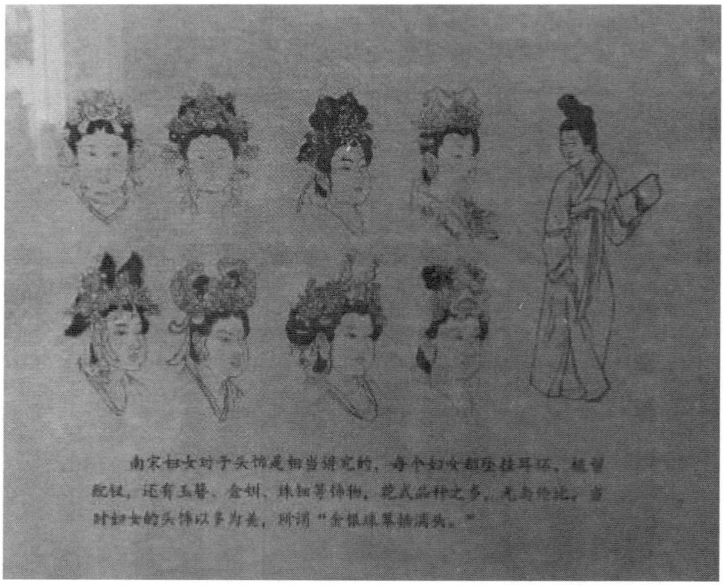

图三　南宋妇女头饰造型手绘图

而此处将网坠展品与网的图片相结合，再现网坠的使用方式（图五）；在讲到霞帔时，将湖州三天门南宋墓出土的水滴形金帔坠与宋代贵族女子身穿霞帔的绘画相结合（图六），来说明金帔坠是霞帔底端的一个压脚。这种物与图片的组合充分体现了巧思，同时也有效实现了“形式服务于功能”。

在此基础上，形成了一个良好的展柜内良好阐释生态，即物 + 文字 + 照片 + 阐释

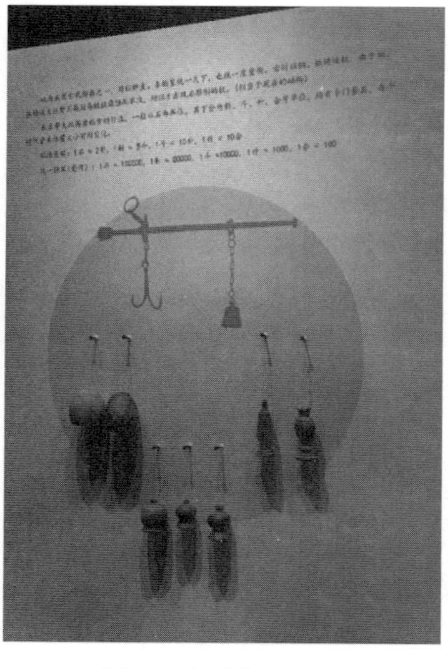

图四　度量衡阐释图

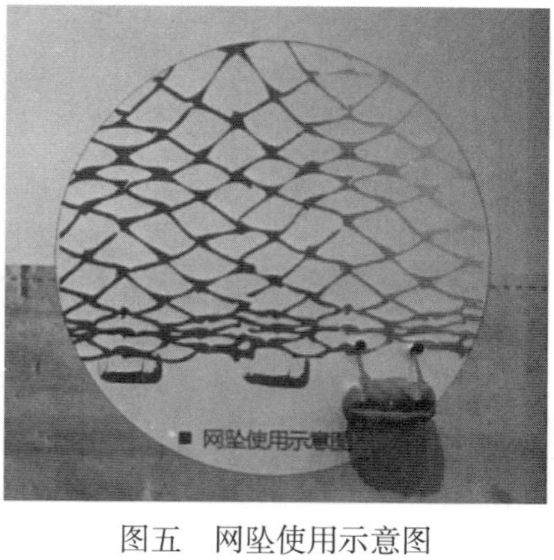

图五　网坠使用示意图

图片在内的针对某一时间点或某一小主题的独立阐释系统。如在人文初开板块的第一个时段——旧石器时代中，便使用了石器实物展示和背景图文介绍遗址的展板，同时将整个展柜嵌套至背景的苕溪流域旧石器地点分布地图中（图七），这一部分的内容虽少，但是通过这样的组合阐释，能够精准地传达旧石器时代遗址的知识信息。

图六　金帔坠示意图

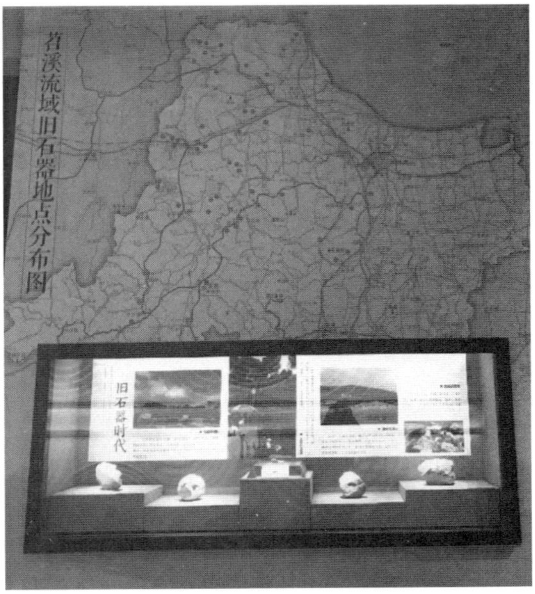

图七　旧石器时代阐释系统

（三）删替过时描述

一些展览内容经过时间和观众的检验，其时效性减弱，同时吸引力也下降，成为了可有可无的展示。因此，在改陈中便需要将这些部分删除或者用新内容来替换。如由于发掘时间较早，改陈后将在“人文初开”板块中对于塔地新石器时代考古遗址现场发掘采访视频删除；同时由于电子屏幕墙的表现手段较易出现故障，其逐一出现文字信息的方式不符合观众的阅读速度与习惯，因此，改陈后删除了湖州历代水患简录图，而漕粮北运图则由图片代替（图八）；不仅如此，一些没有地方特色的内容也成为改陈需要删减的部分，如在湖丝部分，用各类织物的分类图案介绍来代替清朝官服补子图案的展示（图九），这不仅与大型织机展品交相呼应，而且还能有效地突出地方特色，体验地方知识的魅力。

与此同时，博物馆中文化形式的保存与再现（conservation and representation of cultural forms）不可避免地涉及真实性的严格审视[①]。由于改陈前，“湖州名人”板块的部分名

① 王嵩山：《过去的未来——博物馆中的人类学空间》，稻乡出版社，2000年，第37页。

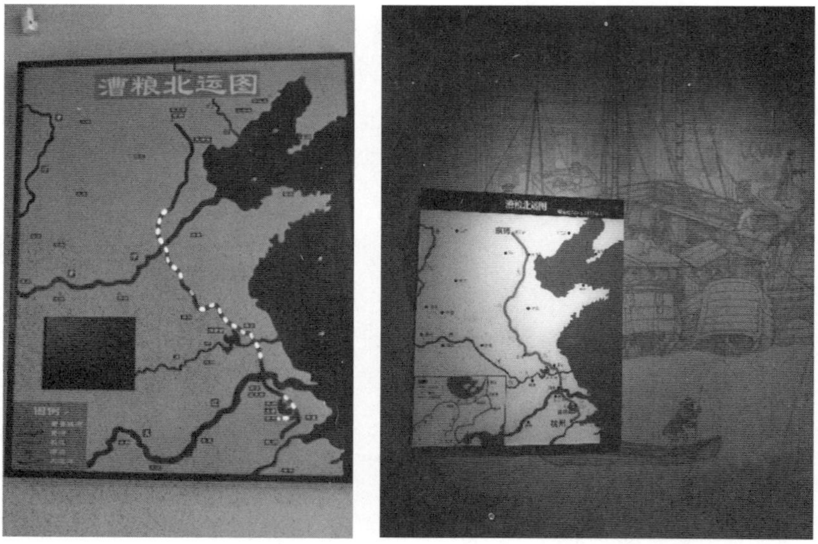

图八　改陈前后的漕粮北运图

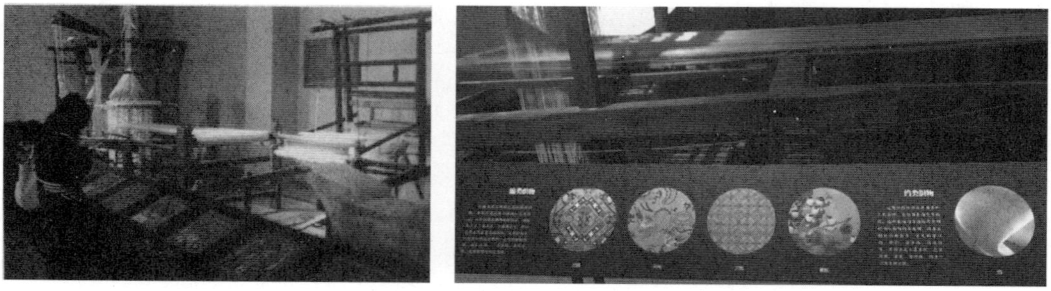

图九　改陈前后的大型织机前图案

人均用写真铜像模拟头像（图一〇），但是考虑到这样的创作与史料图像出入不小，而在不能忽视展览真实性的情况下，改陈后将写真人像全部撤下，以史料中的人像图片做展示。

图一〇　改陈前的写真头像

模型在展览中起到了辅助展品的作用，其在直观性以及传递信息方面均有重要效果。但是，由于模型的材质问题，随着时间的推移容易老化褪色甚至变形。如“吴兴赋”中嘉业藏书楼模型，其积灰严重，部分按钮老化失效，因此改陈后用意象化的书院情境来替代藏书楼模型，同时，在情境内嵌套匾额展品，既解决了模型陈旧问题，又充分利用展品营造了开放式的书院情境（图一一）。不仅如此，除了模型老化问题外，有一些模型在传递信息上并没有起到关键的作用，可以说只是“锦上添花”，同时观众的关注度较低，如“胡桑”板块中，对“蚕的一生”的阐释上，用图的形式代替了原来占地面积大的模型（图一二）；在“湖州桥影”板块中，同样也以图文展板的形式代替了桥拱模型。

图一一　改陈前后的嘉业藏书楼展示

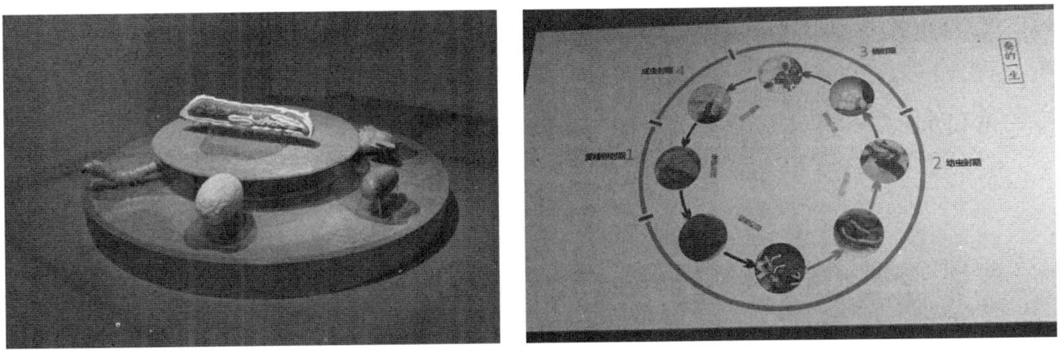

图一二　改陈前后的“蚕的一生”展示

（四）阐释亲切化

正如特芮南和本哈德于1979年在慕尼黑博物馆的一项研究发现，多数观众并不是有目标地、系统地来学习。他们四处参观，或被灯光、或被展品的外在所吸引，或被他们各自的兴趣和背景所引导。特芮南用了“主动的闲散”（active laziness）和“文化逛街”（cultural window-shopping）[①] 进行表述。对于地方博物馆的基本陈列而言，其陈列必须符合大众的兴趣原则和实用原则。而阐释亲切化、生活化恰能满足观众的“获取信息、娱乐消遣、获取知识、拓宽社交”等心理需求。如“吴兴赋”改陈后增加了大量湖州老照片，不仅有反映老式建筑的爱山台旧影、湖州老城区等，还有反映居民生活与劳作的缫丝图、踩石元宝图（图一三）等，这些似曾相识的景象拉近了当地居民的心理距离，能够引发他们“我原来住在这里”的感慨与对地方的认同。

图一三　踩石元宝图

地方博物馆的最终目标是居民参与、对话与共建。正如妮娜·西蒙（Nina Simon）在其著作《参与式博物馆》（The participatory museum）中将参与式的文化机构定义为“一个观众能够围绕其内容进行创作、分享并与他人交流的场所。”[②] 而博物馆展览中阐释的亲切化成为拉近观众距离的第一步。如针对展品抛出有趣的小问题，在“湖镜中心”板块中，观众会对“为什么镜子叫照子？”进行讨论，虽然答案即在问题下方，但这种提问模式却可以形成观众间的话题，引发交流。为了让历史内容不呆板严肃，在鱼米之乡板块中添加俏皮的“湖州食鱼歌”来缓解展览叙事的节奏。

二、主题－历史二元叙事框架的深化

改陈不是要把原有基本陈列从内容到形式，全部彻底否定，推倒重来，而是应辩证分析，实事求是予以取舍。“吴兴赋”原有陈列中的精华，尤其是主题划分、细节处理、精品文物等，经过10年历史和现实的检验，是得到观众普遍欢迎和认可的。改陈前“吴兴赋”陈列已经采用了依托于主题的，在主题内添加历史故事线的叙事框架，强调突出地方文化的多元性和差异性，强调突出地域的特色和优势。而在新展中，在保持原有主题不变的情况下，对分主题进行了深化（表一）。如在第三部分“富庶湖

① 赵冠群：《传播学与博物馆》，《中国文物报》，2010年3月24日第6版。

② Simon N. The participatory museum. California: Museum 2.0, 2010: 14.

州”主题下分设的四大部分中，又深化出 3～4 点小主题来让整个叙事更加明显。像这样适度地减弱陈列内容的时间逻辑感，将其分成围绕主题展开的一连串相对独立的小单元，较值得地方博物馆基本陈列借鉴。如果陈列内容间的逻辑性太强，会增添观众的紧张感，相对独立的故事安排能尊重观众的自主选择，激发观众的兴趣并引起共鸣，同时更利于观众对于内容安排的理解与消化。

表一　改陈前后叙事框架的变化

改造前	改造后
第一部分：清远山水	第一部分：清远山水
第二部分：历史概况	第二部分：历史概览
一、人文初开 二、城市变迁	一、人文初开 二、城市变迁
第三部分：富庶湖州	第三部分：富庶湖州
一、鱼米之乡	一、鱼米之乡 1. 治水兴利；2. 粮仓；3. 渔猎营生
二、湖丝天下	二、湖丝天下 1. 丝之源；2. 湖桑；3. 辑里丝；4. 湖绸
三、茶礼之邦	三、茶礼之邦 1. 茶之源；2. 茶之经；3. 茶之饮；4. 茶之俗
四、湖州镜	四、湖镜中心 1. 铜镜概览；2. 两宋湖州石家镜；3. 明清湖州薛家镜
第四部分：儒雅人生	第四部分：儒雅人生
一、湖风	一、湖风 1. 精致生活；2. 市井人家；3. 佛教信仰
二、书香 藏刻书与教育	二、书香 1. 藏书刻书；2. 教育科举；3. 望族名人
三、笔韵 湖笔与书画	三、笔韵 1. 书画名郡；2. 湖笔之都；3. 海派重镇
尾声：21 世纪湖州城市建设发展	尾声：我水晶晶的家乡

迪迪埃 · 梅乐福尔（Didier Maleuvre）对于博物馆展览有过一段很精彩的描写，他强调观众在参观博物馆时陷入的沉思和说教式的教育方式迥然不同，他说：“在博物馆里，观众可以尽享自由时光——他们可以自由地在展厅里漫步或驻足，对某些展品一开始可能心不在焉，而后却猛地恍然大悟，可以自由顺原路折回，也可自由放空、任意遐想，这一系列过程，就是与博物馆的交流过程。它是一种意识的节奏，能够消解现代观众这样的一种焦虑：即认为无终止的沉默就是无聊的前奏。”① 因此，正如“吴兴赋”展览的非线性叙事方式恰能满足观众与博物馆交流、自由选择以及激发想象与观点的心理与行为。

① 〔美〕爱德华 · P. 亚历山大、玛丽 · 亚历山大著，陈双双译：《博物馆变迁：博物馆历史与功能读本》，译林出版社，2014 年，第 5 页。

三、立足于居民的民俗生活

20 世纪 80 年代以来，全球有许多博物馆、展览馆、产业馆纷纷定名或归类为生活博物馆（Living Museum），这是一种趋势，其用意不在于为博物馆分类定位，而是从“文化和生活”的角度重新思考博物馆展陈、活动或教育能“更贴近生活”、展现更“真实的生活”；范围包括：居住文化、工艺、产业、休憩、嗜好、珍藏等的历史、社会、文化、民俗以及非物质文化遗产话题，它必须与地方结合，以真实的展现为基础，将居民的社群意识与集体的历史记忆，转化为行动力的表现，从而形成了地方的“博物馆文化”。

（一）小主题下添加民俗内容

民俗习惯以及非物质文化遗产技艺反映了地方居民的生活与处事的态度，成为地方性格塑造的重要因素。而目前很多地方博物馆策划基本陈列时，总会把历史陈列与民俗或非遗陈列分开，这样的做法未免会流于“两张皮”的尴尬境地，生活总是伴随着历史发展而不断书写的，任何抛弃了时代背景的民俗总会缺失时代根基，而遗漏了民俗的历史则会丧失生活的生气。因此，改陈后的“吴兴赋”陈列在基于大量民俗文物的基础上，广泛增加民俗与非物质文化遗产的相关内容，如在“鱼都”板块中添加“湖州水嬉”民俗活动，在“蚕桑”板块中添加“蚕事”与“蚕俗”的内容，在“湖绸”板块中添加“石元宝”的使用内容，在“茶礼之邦”下新开一个小主题“茶之俗”来讲熏豆茶和三合茶礼（图一四）等，在“湖州镜”板块中添加古代磨镜匠人的手艺（图一五）。

图一四　“茶之俗”小主题

图一五　古代磨镜匠人的手艺

同时还将非物质文化遗产，如湖州羽毛扇、湖笔等制作技艺也添加其中，娓娓道来。

（二）增加民俗展品的数量

民俗展品以市民生活中最平凡但富有意义的角度使我们得以一窥城市历史文化中最为独特之处，这是地方文化特色的一种凝练，同时在一定程度上可缓解地方博物馆藏品缺乏且单一的问题。“吴兴赋”陈列改陈后，展品数量从原来的500余件增加至800余件，其中增加的绝大部分为民俗文物。从这一点可以看到湖州博物馆首先从本地藏品搜集上进行着向真正的地方博物馆转型的尝试。

同时民俗展品来自于当地，来自于个人及家庭，以这种非常私人化的、情感化的民俗展品为主要展示对象，如此展陈具有一种强大的张力，越是在非常个人化、私密化的空间，以及具有生活痕迹的物品相碰撞时，越带给人一种强烈的共鸣，可谓是一种“没有设计的设计”。

（三）为当地居民而建的展览

在“博物馆文化”之下的地方博物馆不仅仅将其生硬地定义为地方市县一级的博物馆，同时地方博物馆被赋予了“博物馆情感”，它是以当下居民的生活、情感、集体记忆及认同为依归；回到生活的现场与地方感的塑造。同时其收藏、展示、诠释、研究、教育推广活动、信息与传播，必须和本地居民的生活产生联结。总之，地方博物馆是一座社区的、生态的、生活美学的博物馆，也是生态环境的博物馆[①]。

地方的故事绝不是静态地描述历史，更重要的是动态地讲述新的故事。市民不仅要体会历史留给他们的故事，更要亲自参与到故事的延续和创作中。

在公共化的过程中，博物馆越来越无法回避公众需求这个工作起点。如果缺乏与观众生活和感受的关联，展陈无疑将变得“可看可不看”，所以展览与市民诉求的关联越紧密越好，而在“吴兴赋”的改陈中抓住的就是湖州人看湖州这个情感关联。如“吴兴赋”的尾声视频主题从21世纪以来湖州城建发展的城市宣传片到“我水晶晶的家乡”关于湖州与湖州人的温馨片段的更改，便可以看出湖州博物馆为湖州居民而建的诚挚态度。

四、以主题为中心的多元展品集合

文物实物展品不再仅仅是欣赏的对象，也不再是博物馆展览中唯一的陈列要素，而成为故事叙述系统中的要素之一，扮演着故事叙述中物证的角色[②]。一般线性展览遵循着逻辑线索和时间进程，这在一定程度上影响着藏品的挑选与管理，即按照时间线索来挑选相应展品。观众在一个区域内只能看到一个时期的展品，这明显限制了观众的想象力，同一时期的展品容易“控制”观众，促使其机械地遵循时间规定的线路和逻辑去思考与地方相关的问题。而“吴兴赋”陈列所采用的主题-历史二元叙事打破了时间的框定，即一个主题下可以有各个历史时期的展品，这大大提高了展品的利用率，同时也体现了博物馆策展人员的学术素养。如在“鱼都”水市的小主题下，共有从宋到民国的13件与鱼以及鱼图案相关的展品（图一六），这同时也鼓励文物藏品管理以主题形式分类保藏的尝试。

---

① 王思怡：《展示谁的故事？地方博物馆的社会职责探讨——以日本三重县综合博物馆为例》，《中国博物馆协会博物馆学专业委员会2016年“博物馆的社会价值研究”学术研讨会论文集》，2016年，第110页。

② 严建强：《信息定位型展览：提升中国博物馆品质的契机》，《东南文化》2011年第2期。

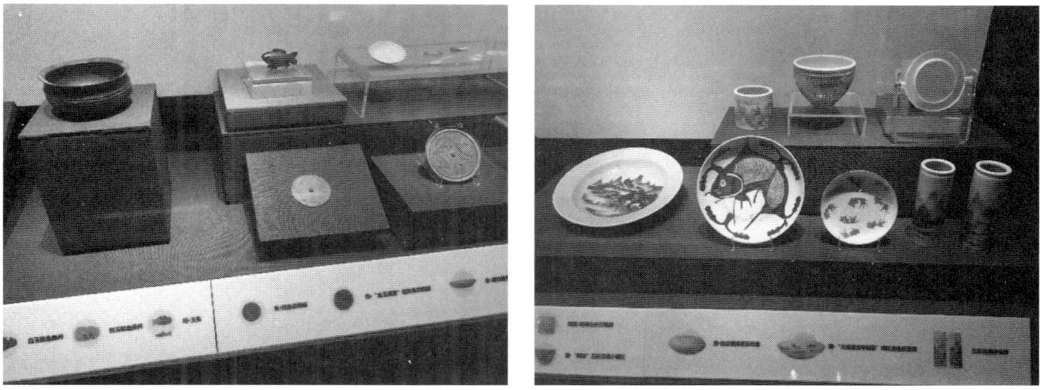

图一六　鱼都水市的不同年代展品

同时，在多元展品的组合中应更加关照添加生活类展品，以故事的形式“点状地”落在反映生活原貌的真实物品上，这种物的展示形式虽没有造成一个独立的“空间”，也不是原来意义上的“场所”，但是物品背后通常有一段平凡或不平凡的事件、故事来支撑，即通过日常生活物品也可营造出“场所精神”[①]的内涵，通过观众对物品的共鸣与记忆，放大平凡物的文化内涵和精神内涵，这种内涵正是一个社区、一个区域、一个民族或一个国家共同的记忆，所以集体记忆除了宏大叙事的展示教育，也应关照到贴近生活的生活百态。如“吴兴赋”陈列在改陈后，在市井生活中添加了“水镇新娘”的内容，以婚俗及婚礼用品来展现因水乡的特殊生活环境，以船代轿的水上迎亲的靓丽风景。看似普通的物品，却让私人情感散发出它最广泛的公共性，波动了人们内心深处的那根琴弦。

五、体验性的形式氛围的营造

如今的博物馆展览重点转移到如何打破传统的信息罗列方式，致力于开拓观众体验的可能性。正如胡珀 - 格林希尔（Hooper-Greenhill）所建议的“后博物馆”中，不仅应重视灌输知识性信息，更应关注到他们的情感因素和想象力。在当代博物馆实践中，一个成功的展示，需要具备新奇性、有趣味的美感，以及具有教育性等三个要素[②]。迈克 · 费瑟斯通（Mike Featherstone）在《消费文化与后现代主义》中也提到，“今天的博物馆，积极地为更多的普通观众群体提供展品，它们摈弃了专门展示高雅文化的招牌，力图使博物馆成为大场面的、感官知觉的、幻觉与蒙太奇的场所，使之成

① 著名挪威城市建筑学家诺伯舒兹（Christian Norberg-Schulz）曾在 1979 年提出了“场所精神”（GENIUS LOCI）的概念。其精神内涵可概括为去理论的、生活化的、感觉的（视觉、触觉、听觉、味觉等），即该场所符合当地的大地、地形、气候、人们生活的那种气质。

② 汉宝德：《博物馆管理》，田园城市文化事业有限公司，2000 年，第 52、53 页。

为人们获取亲临其境的体验场所，而不是聆听诲道原则、反复灌输符号等级知识的地方”[①]。而观众参观社会历史类陈列，不一定记得住太多的事件、人物和文字，这些内容通过书刊等其他渠道也可接触到。观众来博物馆的直接目标，主要是来感受一种身临其境的历史气氛，是来感受历史。这正是此类基本陈列特有的信息传递功能及其魅力之所在。此类陈列在改陈中，应力求克服传统展示形式的不足，运用各种手段来营造特有的历史氛围，感染观众[②]。而地方博物馆除了需要营造历史氛围外，更重要地是营造一种认同感与归属感，而形式上的有效把握正可以加强此功能。

（一）图版字体的美化

任何展览在经过 10～15 年的展陈后，其展板均会老化，不仅色彩上陈旧，同时一些信息已经被破坏或缺失。因此，对展板、说明牌、标签等的更新与美化成为形式改陈的基本手段。如改陈后的“吴兴赋”陈列，其一级标题图版扩大并与所有展板统一，这改变了原先的玻璃版不清晰且易反光的情况（图一七）。同时在标签上也添加了展品的形状、位置与标号，方便观众对应。

图一七　改陈前后的展板

---

① 〔英〕费瑟斯通著，刘精明译：《消费文化与后现代主义》，译林出版社，2000 年，第 102 页。

② 马英民：《论社会历史类基本陈列的改陈》，《北京博物馆学会第四届学术会议论文集》，2004 年，第 327 页。

（二）生动的表达形式

用可视化的设计方式将历史或考古专业理论与方法转译出来成为向观众有效传递信息的重要手段。如在讲述考古地层时，改陈前的“吴兴赋”陈列虽然设计了类似于地层的展示设计，但是并没有加以解释，使得抽象的设计并没有可视化，而改陈后，地层的概念不论是在展柜内部材质的模拟上，还是在辅以简单的说明上都更加清晰、直观、易理解（图一八）。同时，在历史概览板块的开头，改陈前是由一个个排列的时

图一八　改陈前后的地层展示

代门廊排列而成的“时空隧道”，这种单纯追求审美意象的方式使该场景的信息传达性为零；而改陈后，将门廊全部拆去，代之以时间轴为形式的造景墙面，墙面上用最为简洁的文字概括湖州历史的发展（图一九），为随后的展开做铺垫，这样便很好地用“为功能而设计”来替代“为设计而设计”。

图一九　改陈前后的时间展示

（三）贯通格局

空间布局影响观众在展览内的体验。柯林·罗（Colin Rowe）将建筑所产生的透明性分为两类，即“实质的透明性”（Literal transparency）和“现象的透明性”（Phenomenal transparency）。前者是字面上的，物理性的透明，如透过玻璃看东西；而后者是因位置的矛盾而产生，赋予知觉的现象，如甲物的背后有乙物，虽然物理上前面的甲物挡住了乙物，但我们却可以穿透甲物感觉后面有东西。而在博物馆展览语境中，格局安排的方式则体现了现象的透明性。贯通的格局可以让空间感变强的同时，还能让观众视野变宽。

如改陈后的“吴兴赋”陈列，在入口处打通展示区域后，观众步入陈列，一眼就能看到半径约 3 米的湖州山水格局模型（图二〇）。更加开阔的格局意味着空间，更反映在体验上。同时，借助技术手段，赵孟頫的《吴兴赋》手迹在投影墙上徐徐展开，而背景则是他的另一件绘画作品《吴兴清远图》，这样不仅开门见山点题，同时也能节省一定空间。同时，在“茶礼之邦”板块中的“顾渚督造贡茶盛会”处扩大进深，从而留出更大的空间给湖州镜的展示上。

除了空间上的贯通外，展柜的设置也能影响格局。如将书船从独立柜放至大通柜中，从而撤下独立柜，这样不仅使空间上的视觉范围扩大，也使动线更加明确。

图二〇 格局贯通后的序厅

（四）添加感官元素

如今的博物馆更多地考虑“身体”与体验以及视觉、听觉、嗅觉、味觉、本体感觉等感知体验之间的组合和复杂交互，关注其对观众在认知、情感等方面的潜在影响。感官体验可以说是博物馆体验中最直观与容易实现的情境创造，直接切入观众的想象与探索实境。深耕观众研究的福克（Falk）则明言：“从观众的观察中也验证了这个理念。观众会花费大部分的时间在看、摸、嗅与听，而不是阅读”[①]。如改陈后的“吴兴赋”陈列在反映古代湖州生物资源的情景再现中增加各类动物的叫声，同时在“教育科举”板块的嘉业藏书楼的刻板展示中开放触摸等。

六、结　　语

地方博物馆展陈设计的关注点不仅要从“物”转移到“人”，也要从珍奇异宝转移到关怀地方、致力于呈现文化的多元性上。地方博物馆在本质上，它追求的是找出这（地理或人文）社区范围内的居民在过去、现在生活的表现与未来的发展方向；它的目的不一定是要建立知识界不朽的真理或大理论，而是这个地方居民与自然、人文互动的原因、过程与成果，我们称之为在地知识[②]。也就是说，在当代博物馆中占大多数的地方博物馆，其任务仍为藏品的保存、诠释与呈现为主，目的也仍是教育公众为中心，

① 〔美〕Dr.John H.Falk, Dr.Lynn D.Dierking 著，林洁盈等译：《博物馆经验》，五观艺术管理有限公司，2001 年，第 131 页。

② 徐纯：《文化载具：博物馆的演进脚步》，台湾博物馆学会，2008 年，第 177 页。

但是运作的主体与客体内容已经不再是凭借珍奇异物等对象来取得观众价值观的认同，而是对自己居住地区所拥有的、不同于他人的缘由探索，这个客体可以是具体的物品，也可以是曾经存在过的概念或发生过的事件。不论呈现的方式为何，现在正是地方博物馆通过自身基本陈列的改陈，以全新的姿态来维护与珍视我们的在地知识。

作者简介：王思怡，浙江大学文化遗产与博物馆学研究所，博士研究生，浙江省杭州市天目山路148号，310028。

展·望：从临时展览选题看中国博物馆事业（2008—2017）

周墨兰

（金大陆展览装饰有限公司）

摘要：临时展览是博物馆从自身资源出发，适应社会发展和观众需要，在一定时空范围内围绕特定主题组织而成的展览形式。主题的选择对临时展览的意图传达和效果实现具有重要意义。文章以2008～2017年国家一级博物馆的临时展览为研究对象，对当前中国博物馆临时展览选题创作思路进行回顾与分析，进而总结出我国博物馆临时展览的选题趋向。在此基础上，文章对临时展览选题与中国博物馆事业进行展望，指出博物馆应注意选题创作与展品利用、选题立意与展品支持这两大问题，通过选题策划树立常新理念，不断探索博物馆在知识传播与价值引领、迎合观众与影响观众之间的平衡，从而推动我国博物馆事业创新发展。

关键词：中国博物馆　临时展览　选题

临时展览选题是博物馆基于藏品和观念形成的创作成果。选题策划不只是反映博物馆利用藏品的能力，更重要的是体现博物馆创作构思的意识。从根本上说，临时展览选题策划与博物馆事业发展程度相适应，一方面选题策划能力与创作意识受到博物馆整体环境影响，另一方面临时展览选题无时无刻不在反映着当前博物馆事业发展形势。未来临时展览选题的拓展和提升更是需要不断更新的博物馆理念来支持。

2008 年以来，全国公益性博物馆逐步实施免费开放，拉近了博物馆与观众的距离，加速了博物馆服务和融入社会的进程；与此同时，国家文物局启动了国家一级博物馆评估定级工作，在一定程度上促进了我国博物馆临时展览质量的提高，博物馆的运行状况及形象、品牌、效益等受到前所未有的关注。因此，文章以 2008～2017 年国家一级博物馆临时展览素材为依据，通过选题反观我国博物馆事业。

一、临时展览选题回顾

统计资料显示，目前我国博物馆每年举办近万个临时展览，内容涉及历史、艺术、自然、科技等题材。进一步分析展览内容背后所体现的选题构思，发现博物馆通常从本馆性质和馆藏资源出发，并结合学术热点、社会热点和节日主题进行选题策划。因此，根据选题思路，当前我国博物馆临时展览选题可分为以下几种。

（一）延伸扩展基本陈列的选题

延伸扩展基本陈列的选题是各类博物馆在临时展览策划过程中普遍采用的一种选题思路。这种选题并不是对基本陈列的简单补充，而是就某一方面或某一片段进行提炼、整合，形成既源于基本陈列内容又不同于基本陈列叙述的全新主题，从而丰富和深化基本陈列的主旨精神。例如浙江省博物馆《西风东渐——欧风美雨下的浙江社会》以浙江近代历史上的特定片段作为选题素材，从不同角度揭示出在“欧风美雨”的影响下，浙江近代百余年间的社会生活风貌和浙江人民探索近代化道路的奋斗历程，丰富拓展了基本陈列《钱塘潮——浙江现代革命历史陈列》。这种选题建立在博物馆从业者扎实的研究基础之上，反映出博物馆人立足本馆性质和任务，肩负延续历史记忆、传承地方文化的社会使命。

（二）表现馆藏特色的选题

表现馆藏特色的选题主要反映一个博物馆文物收藏特点和收藏厚度。苏州博物馆自 2008 年以来，至今已连续推出几十期馆藏明清书画典藏展，基本实现了馆藏文物的常态展示和定期更新。广东省博物馆长期致力于外销艺术品的收藏、研究、展示，《异趣 • 同辉——馆藏清代外销艺术精品展》即是此类藏品征集成果的集中亮相，展览在广东省博物馆展出后，又相继被多家博物馆引进。表现馆藏特色的选题反映出博物馆正以开放共享、不断更新的理念和态度回馈社会、回馈观众，不仅有利于扩大博物馆的文化辐射和社会影响，而且有利于实现文化资源的地区互动和全民共享，最终形成博物馆与社会和公众的良性互动，也为博物馆的可持续发展开辟了道路。

（三）聚焦学术热点的选题

聚焦学术热点的选题是博物馆运用其特有的展览语言，对学术研究成果进行深入浅出地解读，并将其应用于博物馆环境，转化为公共知识。首都博物馆《王后 母亲 女将——纪念殷墟妇好墓考古发掘四十周年特展》尽管学术特色明显，但设计者在创作思路和展览语言等方面都进行了细腻的处理。展览由“她是谁”引入，讲述她的时代、她的生活、她的故事、她的葬礼，通俗易懂且富有故事性，具有很强的吸引力。聚焦学术热点的选题不仅反映出博物馆与学界的良性互动，还体现出一个博物馆的专业能力和专业态度。我们看到博物馆正努力在专业研究和公共知识之间寻求平衡，展览选题及内容设计不断契合观众的认知结构。此类选题彰显出博物馆以公众感受程度、社会接受程度为核心的工作精神。

（四）关注社会热点的选题

关注社会热点的选题反映出博物馆正以一种全新的、主动的方式来展现自身价值和创造社会价值。博物馆存在于一定的社会背景和社会环境之中，是社会的重要组成部分，博物馆有意识地选取社会热点加以表现，体现出博物馆对时代、对社会的责任与担当。例如为纪念红军长征胜利八十周年，各地博物馆纷纷围绕主题策划展览，先后涌现出《革命理想高于天——中国工农红军标语展》、《信念·精神·传承——纪念红军长征胜利八十周年大型馆藏文物展》等一批优秀展览。社会进程的不同层面藉由博物馆生动诠释和动态记录，这与博物馆的建立初衷相契合。

（五）反映特定节日的选题

反映特定节日的选题是博物馆亲近公众的有益尝试，也使博物馆自身更具亲和力与吸引力。目前，我国博物馆临时展览选题表现的节日主要有以下几种：一是传统节日，包括春节、清明节、端午节、七夕节、中秋节；二是纪念节日，如青年节、建党节、建军节等；三是国际节日，如世界读书日、世界地球日、国际博物馆日等。当临时展览要表现节日主题时，展览选题将面临时效性的考验。特定节日有其时间限制，因此博物馆能否把握最佳时机选题构思和展览创作，实际上反映出博物馆对外部环境的反应速度。

二、临时展览选题趋向

通过对临时展览选题的回顾与分析，可以看出目前我国博物馆临时展览呈现出不断适应社会变化和观众需要的发展趋势。

（一）从单向思维到多元视角

过去博物馆在临时展览选题策划过程中多表现出单一性、局限性的特点，选题视野狭窄、构思视角僵化。如今一些博物馆突破了以往尴尬、被动的局面，有意识地将选题视线投向更为广阔的层面，向多元视角发展。

南京博物院《双栖双伴——遇上七夕节》从时下七夕节被赋予更多浪漫色彩的角度出发，构思巧妙地以传统画作中成对出现的花鸟鱼虫为切入点，表达当代人对幸福成双的渴求和憧憬，古老的节日因此而焕发出新的生机与活力。

深圳博物馆《圣诞使者——驯鹿的故事》以圣诞节为突破口，在博物馆内营造出浓郁的节日气氛，展览的主体则是驯鹿及其生存环境。通过挖掘驯鹿许多不为人知的故事，展览最终的价值导向落在了宣传驯鹿的科普知识，呼吁人们善待身边的自然环境。

北京自然博物馆《吉祥文化中的动植物》巧妙地将中国传统吉祥文化与自然博物馆的动植物标本相结合，不仅使观众从全新的角度领略了这些具有特殊含义的动植物所代表的文化内涵，而且发挥了自然博物馆的展品优势，体现了自然博物馆不断创新的策展理念。

首都博物馆《“假”如这样——真“假”藏品对比展》从时下民众关注的收藏节目切入，以真假文物对比作为选题思路，将电视栏目动态的知识表达转化为博物馆静态的知识传播，不仅为观众提供了近距离学习文物知识的机会，突出了社会性、热点性，而且对弘扬优秀传统文化、传播文物鉴赏知识、提升民间收藏水平同样具有积极意义。

（二）从讲述过去到关注现在

过去博物馆在进行展览选题构思时容易将思路局限于通过文物讲述过去。事实上，博物馆讲述过去应该是为了启示现在。如今一些博物馆在设计展览时已经注意到在讲述过去的同时更加关注现在，一方面我们正在经历的社会变化在博物馆的展览中有迹可循，另一方面当代生活也为博物馆的展览创作提供了灵感来源和现实素材。

南京博物院《博戏——中国体育文物展》以博物馆与体育相结合的创新视角，意在当下、展现当前的敏锐思维，为观众呈现出不同历史时段的中国传统体育文化，也为激战正酣的南京青奥会营造出浓厚的文化氛围。

通过中国丝绸博物馆的“年度时尚回顾系列展览”看时尚一年一年地变化，看服装从长到短、又从短回长，看花样从素到彩、再从彩到素，看风格从简到繁、又由繁及简。展览如同穿越时间的旅行，生动诠释出博物馆展览“意在当下”的精神和价值。

河南博物院紧跟电影《一九四二》脚步举办了同样以表现1942年大灾荒为内容的《福尔曼镜头下的中国·中原大灾难纪实影像》展览，启迪我们在当今时代背景之下要有直面灾难、正视历史的勇气，从而树立文化自信。

（三）从文物至尚到人文关怀

过去博物馆多以“物”为中心设计展览，这使得展览策划完全服从于文物展示，忽视了观众感受，导致展览的冰冷感和距离感直接影响了展览本质意义和深层价值的传达。如今，一些博物馆逐步改变文物至上的心态，将展览的关注点从“物”移向“人”，彰显出博物馆对参与其中的人予以尊重和关怀。

“咱们的博物馆”寒暑假特展是黑龙江省博物馆为丰富广大中小学生的假期生活特意举办的系列展览。从2009年暑假第一期展览推出至今，“咱们的博物馆”寒暑假特展已成为少年儿童在假期学习和活动的重要平台，诸多类型的活体动物展览使广大少年儿童丰富了知识、拓宽了视野，同时也将博物馆教育作为课堂教育体系之外最重要的教育渠道、这一崭新而持久的教育理念发挥得淋漓尽致。

北京自然博物馆在志愿者的节日特意为他们策划《我是明星——12·5国际志愿者日特展》实属可贵，它改变了以往以物为展览出发点的设计理念，将展览的重点投向了默默无闻的博物馆志愿者，体现出博物馆对志愿者工作的尊重和肯定，这种选题的创新思维和人文精神弥足珍贵。

（四）从孤立状态到合作引进

过去博物馆多从馆藏资源出发策划临时展览选题，随着社会的不断发展和整体进步，各国、各地区之间的联系日益紧密，文化交流广泛开展。在这种背景之下，近年来我国博物馆与国外博物馆之间的业务合作和展览交流有序进行，每年引进一批展现各地文化与艺术的临时展览，观众不必远赴重洋便可在国内一些知名博物馆中近距离接触世界著名博物馆的珍品，感受世界文化与艺术的丰富多样。馆际合作引进的选题不仅为博物馆的临时展览增添了新气象，还使得博物馆焕发生机与活力。

三、临时展览选题展望

当今时代博物馆临时展览总体呈现出不断适应社会变化和观众需要的发展趋势，但也存在原创选题数量欠缺和选题完成质量欠佳等问题。博物馆必须处理好选题创作与展品利用、选题立意与展品支持这两大问题，立足本馆特性，以展品支持为基础，合理组织内容结构，避免展览流于形式，切实提升展览数量、改进展览质量。同时，考虑选题对于博物馆的可操作性和观众的可接受程度，创新工作理念，找准发展定位，积极应对变革。

展览设计者应通过选题策划树立“策展”意识。选题策划意在探索选题创作与展品利用、选题立意与展品支持的实现途径，力图在概念和展品之间建立具有内在逻辑的联系，或以主题概念统领展品展示，或以展品组合推演主题概念，进而实现展览选题的立意表现、展览内容的精彩解读、展览效果的整体呈现以及展览影响的价值效应。

（一）选题创作与展品利用

展品是构成展览的基础，博物馆能否合理有效、恰当充分地利用展品关系着展览选题的创作数量和完成质量。基于展品形成的展览在策划过程中首先需要博物馆对展品信息进行解读，对展品信息解读的充分程度直接关系着展览主题的确定，因此博物馆要尽可能地挖掘展品信息、丰富展品内涵，为展览主题的提炼提供必要准备。在掌握展品信息后，展览策划者需要在纷繁复杂的信息中把握其内在逻辑关系，从而建立展品之间的联系，提炼展览的主题思想。在这一环节应注意基于展品信息推演而成的展览主题一定是自然合理的逻辑关系，而非牵强附会的概念转化。基于展品形成的展览要想达到预期效果，不仅要注意从解读展品信息到提炼展览主题的推演环节，还要注意主题与展品有机结合的关键环节。

（二）选题立意与展品支持

展览从最初构想到最终实现的过程中，每一个环节都离不开展品支持，否则选题立意将因缺少必要的展品支持而无从实现。基于概念形成的展览在策划过程中首先要确立展览主题，这是展览创作的起点，同时也是解释展览为何以此为题。只有在主题确定之后，展览策划者才能理清头绪，不致因创作进程的深入而偏离最初的设计意图。在主题的引领下，博物馆根据自身的藏品情况选择最能体现展览主题的展品，或者通过馆际合作的形式整合藏品资源，最大限度地获取展品支持。在这一环节，博物馆应合理区分必不可少的展品、可利用的展品以及辅助性展品。基于概念形成的展览要想达到预期效果，不仅要注意主题对展品的有效统领，还要注意展品与主题的最终回归。

（三）知识传播与价值引领

传播知识是博物馆的一项重要功能，展览提供的公共知识更具开放性和包容性，以适应观众不同层次的需求。展览选题要努力在专业知识领域和公共知识领域之间寻求平衡，避免选题出现狭隘、难懂的状况，避免观众对展览产生陌生感、距离感。此外，展览选题及具体内容阐释要努力做到通俗易懂、深入浅出，尽量贴近观众的认知结构，以宏观视野使观众在短时间内对展览有所感知，促使专业知识在博物馆展览的语境中转化为公共知识。

博物馆免费开放时代，知识普及程度和信息传播速度是以往任何时期都难以达到的，人们获取知识和信息的渠道多种多样，参观博物馆并非每个人必需的日常活动与文化消费行为。既然选择参观博物馆，那么观众更多的是为了寻求一种博物馆的参与体验。博物馆需要通过展览在与观众互动的过程中引导观众对过去、对现在有所思考和感悟，而不是简单地为观众呈现展览内容、介绍具体知识。博物馆最重要的是通过展览启发观众思考，促使观众的内心或行为受到影响。

为此，博物馆应该在观念上有所转变，将展览选题定位由知识的输出与接收上升为价值的引领与体验，努力在展览的价值引领与观众的参与体验之间建立联系。

（四）迎合观众与影响观众

临时展览是博物馆与观众进行沟通交流的重要方式，也是观众评价博物馆品质的重要依据。博物馆与观众能否实现良性互动，一方面取决于博物馆能够为观众提供何种品质的展览，另一方面取决于观众能够从展览中获得何种经验。

迎合观众是指展览选题要最大限度地与观众的认知结构相吻合。博物馆需要举办贴近观众文化心理的展览来联结观众、影响观众，进而传承文化记忆，留住文化根系。目前，仍有不少展览远离我们的社会心理和社会生活，其影响范围极其有限，存在价值受到相当大的挑战。当然，迎合观众不等于取悦观众，博物馆需要以恰当的方式为观众提供休闲娱乐和文化娱乐，绝不能以降低展览的品味和品质为代价。博物馆要致力于以优质的展览吸引观众、打动观众，并促使展览良好的品味和品质的标准形成。

影响观众是指展览选题要为观众创造深入思考和想象的精神空间。博物馆为观众提供了一个开放的空间来阅读展览，展览对观众的影响也是多层次的，如愉悦、教育、陶冶、提升等。衡量展览效果的标准不是有多少人观看展览，而是展览与多少人进行了对话。博物馆不只是收藏文物、展示文物的场所，还是人们通过文物与历史隔空对话、延续文化记忆的空间。同样，展览的最终目的不在于展示与观看展示，而在于给观众心理带来的变化。展览的魅力在于让人看见了过去、体验了现在、更畅想着未来，博物馆吸引人的秘密亦在于此。

四、结　　语

对临时展览选题的展望，实际上是对当前我国博物馆事业的审视与思考。目前，中国的多数人群还不是博物馆观众，如何培育观众市场、如何改变博物馆观众几乎是一个沉默的群体的现状，都是博物馆需要进一步探索和解决的问题。未来的博物馆不但要以更加包容、开放的心态对待社会环境和时代背景的发展变化，而且要在资源利用、创新思维等方面探索临时展览的可持续发展。这就要求博物馆走出故步自封的状态，以更加周到平等、更具亲和力和人文关怀的工作态度融入社会、融入公众，在满足专业人士需要与服务广大公众之间寻求平衡，在创造精神世界和反映现实世界之间追求平衡，在价值教育和文化娱乐之间达到平衡。

参考文献

陈成军：《一级博物馆原创性临展概念的思考》，《中国文物报》2013 年 2 月 6 日第 8 版。

陈成军：《2008—2009 年国家一级博物馆原创性临时展览初探》，《中国文物报》2013 年 9 月 18 日第 8 版，2013 年 10 月 2 日第 8 版，2013 年 10 月 16 日第 8 版。

国家文物局博物馆与社会文物司（科技司）：《中国博物馆重要陈列展览年度记录（2011—2012）》，译林出版社，2013 年。

黄玉亭：《试论博物馆临时展览的选题》，《上海市青浦区博物馆建馆五十周年纪念文集》，上海科学院出版社，2008 年。

蒋潇、王鹏远：《试论陈列展览的选题》，《中国博物馆》2004 年第 4 期。

李琳：《谈临时展览的选题》，《文物春秋》2005 年第 3 期。

路秀华：《对临时展览选题的思考》，《北京博物馆学会第四届学术会议论文集》，燕山出版社，2004 年。

齐玫：《博物馆陈列展览内容策划与实施》，文物出版社，2009 年。

宋晓丽：《博物馆临时展览选题的重要性》，《活力》2005 年第 6 期。

王鲁燕：《浅议博物馆专题展览的选题方法》，《上海鲁迅研究》2010 年第 4 期。

姚安：《博物馆策展实践》，科学出版社，2010 年。

翟战胜：《博物馆做好"三贴近"应从展览选题入手》，《博物馆理论与实践研讨会论文集》，三秦出版社，2007 年。

中国文物报社：《中国博物馆重要陈列展览年度记录（2009—2010》，中国文物出版社，2011 年。

作者简介：周墨兰，金大陆展览装饰有限公司，天津市津南区海河教育园同砚路 38 号南开大学津南校区，300350。

五、史海钩沉

清代中期徽州宗族婚礼习俗及相关社会生活管窥

——以天津博物馆藏《邵氏嫁女收支账册》为中心

姚　旸
（天津博物馆）

近年来，徽州文献的搜集利用呈现出多样化特点，与民俗文化、社会生活相关的文书史料愈益受到人们的关注。这些文书为研究者提供了众多具体、生动的原始资料，极大丰富了人们对于明清时期徽州社会的认识。天津博物馆现藏有清代道光时期徽州邵氏嫁女所录收支账册一部。该账册不同于以往发现的“嫁妆账”，更不同于“婚书”等旧式文约，它完整记录了朱姓与邵姓缔姻的全过程，内容涉及婚姻礼俗、钱财收支、嫁妆清单以及各项程式细则等多个方面。在已发现的徽州文书中，此类账册实属罕见。可以说，该部文书在具有较高文物价值的同时，更具有极高的文化价值。本文拟以该账册为基本史料，从社会文化史角度，对清代徽州宗族婚俗及社会生活作初步探讨。

一

天津博物馆收藏的这本《邵氏嫁女收支账册》（以下简称“账册”）共76页，版面尺幅22厘米×19厘米，除封皮虫蚀较为严重外，内中册页基本保存完好。该账册原无名称，起始即为“目录”，现用名系入藏时根据账册内容所定。关于账册创立时间，册内有着明确记载：一为“道光十五年岁次乙未孟夏月”；一为“道光十七年岁次丁酉季春月”。前者为纳吉定亲时间，而后者则为正式成婚时间，可见该账册系因成婚的不同阶段分别两次著录而成。至于成婚双方所在地点，账册内未有明确记载，但相关内容中仍有蛛丝马迹可寻。一方面，据账册所记，参加婚礼的女方亲友多来自“富溪”“江村”“草市”等处，据道光《休宁县志》记载，此三地分属清代徽州府休宁县之二十一都、十七都、十六都。此外，该账册《支钱账》中记有“隆阜过渡”一项开销，“隆阜”地近屯溪，与前述几处地点同属于休宁；另一方面，册内开载之嫁妆所需各项物品，基本购自“屯溪”与“岩镇”，两地皆为清代徽州主要商业市镇，前者属休宁县十六都，后者则位于歙县与休宁交界处。根据前述情况，我们基本可以推断出该账册的著录者，即婚姻中的女方应来自徽州休宁县，而该地恰正是清代徽州邵氏宗族生活的主要区域。

根据《账册》所载，女方来自一个庞大家族，族内有“莼房”“荔房”“葵房”等12个分支，此次婚礼的花费用度也在较大程度上参考了其他支派的经验。例如，在犒赏运送嫁妆人的问题上，《账册》内有“查七房账有折元子酒钱拾文，寿房账无，可以不必”字样，以此作为仿照办理的依据。这从一个侧面说明，同类的账册各房皆有，记录嫁娶收支在当时徽州宗族内应是较为普遍的现象。

从整体来看，该账册以婚礼进程及各项收支为经纬，条缕清晰，内涵丰富。据《账册》条目所载，其内容大致在于以下几个方面：

	《账册》条目	记录内容
1	送鞋样	双方互赠彩礼之种类、数量
2	礼单底	女家开与男家之礼单，包括“行聘”及“迎娶”过程中应备的各项物品、礼金
3	受聘	“受聘”日双方互赠彩礼之种类、数量
4	加笄	“加笄”日所需衣裳、首饰、赏封、花粉箱等诸物
5	收拜见礼	女家族内各房所赠礼金数
6	收送嫁	女家各亲友所赠礼品种类、数量
7	妆奁号目	妆奁内铺陈、衣箱及其他各项家具号目
8	妆奁物件	妆奁内首饰、衣裳、铺盖、铜器、锡器等各项物品名目
9	日子启底	骈俪语“日子书”全文
10	迎娶来人	“出室”日负责迎娶之各类人名目及人数
11	送嫁妆人	“出室”日负责运送嫁妆之各类人名目及人数
12	朱宅给各封赏	男家于“受聘”“出室”等过程中给佣仆雇工的赏酬
13	本家给各封赏	女家于“加笄”“出室”等过程中给佣仆雇工的赏酬
14	收银账	女家收银账目
15	支银账	女家支银账目
16	收钱账	女家收钱账目
17	支钱账	女家支钱账目
18	各事规则	婚礼各进程中迎送事项及招待方法
19	用席面总	招待各执事人等的用餐方法及费用
20	细账	购置各项嫁妆地点、花销的明细账目

古代士族婚姻，往往以“六礼”为范本，即纳采、问名、纳吉、纳征、请期、亲迎。明清时期，徽州礼义之风盛行，当地许多宗族在举行婚礼时往往仍依古礼为准，其间名目或有不同，但究其实质则基本一致，如“送鞋样”就是其中比较典型的一例。“送鞋样”或称“担鞋样”，是徽州地区极富特色的婚俗形式。男女双方交换庚帖后，男方须向女家赠送果饼糕酒，而女家则须询问男方所穿鞋样式，以“鞋”寓“谐”，象征婚姻和谐美满。事实上，这一过程即等同于六礼中的“纳采”，“乃古纳采、问名、问吉意，而并举之”。朱、邵二姓缔姻全过程长达两年，其间“纳采”“行聘”“加笄”“批书”“送嫁”等大小诸礼皆备，这些于《账册》名目内已有明确反映。然而，《账册》所表现的宗族婚姻礼仪尚不止如此。根据《各事规则》记载，女家族内人众于婚礼进程中往往各有分工，其举动亦有准则。其基本流程及人员分工如下：

①“接过早”

受聘日：通左、彤房、震房男丁并幼男俱接。震房行远婆托送客。得之婶、用平婶本房。（友恭）慎德兄 托俵糕

加笄、批书日：通左、彤房成房男妇并幼男及震房男丁俱接。惟左、彤房囡及震房妇女接吃上头酒。震房行远婆托送客，二酉婶提烛火。（友恭）慎德兄托记名字

出室日：通照上头日接，惟左、彤房囡及震房妇女只吃送嫁酒。

回门日：通左、彤、震房成房男丁俱接，幼男不接。女眷封轿门、提烛火三位。（友恭）印三房、文十房房长俱接，或接过早，或接夜饭，听便。余论人情接，或接过早，或接夜饭，皆可。

②“俵糯糕”

受聘日：族中到贺者不论亲疏槩照名字单俵糕一份；立房加送人情糕一角、果子花一件、果子一小盘；禄房一份照；寿房一份照；七房三份照。

③“送把烛”

老屋、敬成、香火楼上四两烛各一对；左、彤房成房者每送半斤烛一对、旺相一对；震房同居送四两烛一对，不同居不送。

④“送礼书”

通左、彤房成房者每送空书，男、妇共一对，内装散果子。

“婚礼合二姓之好，上承宗庙，下继后嗣，无贵非偶也。邑中姓多故族，世系，历唐宋以来两姓缔盟必数百年婚姻之旧，倘族类异等，即家巨万列朝绅蹇修不得通好焉。”[①] 徽州宗族历来重视婚姻中的族姓关系，他们深悉婚礼所蕴含的意味。对他们来说，一场隆重的婚礼不仅意味着男女双方共结连理，组成新的家庭，更代表着“两姓

① 道光《徽州府志》卷二之五，《舆地志 · 风俗》。

缔盟”的庄重过程，喻示者家族间的联合。因此，婚礼的筹备与举行已远远超越了家庭的范围，成为宗族内部全体成员共同参与的大事。正如《账册》所反映的，宗族中男女成员在婚礼中皆有着明确的职责，在两姓和亲的背景下，严整有序地完成着每一步骤。一场充满繁缛礼节的仪式，凸显了宗族对礼仪的追求。“昏礼者，礼之本也”，一场合乎“礼”的婚礼，不仅彰显了宗族自身的礼仪风范，更可作为两个宗族联结的良好开端。崇文尚礼的徽州宗族深谙其中意义，更明了仪式规范在其中的重要作用。因此，即便在婚礼热闹欢乐的情境中，他们仍坚持着长幼有序，男女有别，动静如轨，一准乎礼的规范要求。

二

除种种仪程规范之外，各项收支费用无疑是《账册》记载的另一主要内容。清中期以后，婚姻论财之风愈演愈烈，徽州地区也未能免俗，“结婚颇较贫富论门第，一切听命尊长”[①]，女家往往择取“家资之比我好”者作为婚配对象。在此背景下，徽州宗族尤其是那些富有财产的强宗大族每每将比拼彩礼作为夸示财富炫耀门庭的手段。据《收银账》记载，朱家在此次婚礼中仅现银一项就送与女方洋钱二百零八元，此外尚有作为聘礼的各类簪镯首饰及果酒烛糕等物，其费用可谓不赀。相比之下，女家花费也毫不逊色，仅嫁妆一项即用去银洋一百余元，其中金银珠宝首饰 58 件套，各种材质衣裳 50 件，铜器 14 件，锡器 24 件以及其他杂项物品 38 件套。相关契约文献显示，道光中期休宁地区每亩田价为漕银 18 两左右，而同一时期，银洋 1 元约折合漕平银 7 钱 5 分。如此算来，朱、邵两家婚礼所用银至少可在当地购买近 15 亩田地，这在耕地严重稀缺的徽州已是一个不小的数目。清末徽州知府刘汝骥在其所著《陶甓公牍》中曾指出，休宁婚俗存在八种陋习，其中之一即为女方于成婚前“开一礼单送男家去，靡费以二百元为中数”[②]。刘氏所论为光绪末年的情况，上距朱、邵联姻已近七十年。据现代学者研究，清代徽州婚姻彩礼一般随年代变迁而愈增愈多[③]。由此看来，清代中期徽州宗族婚礼中大量靡费钱财的情况就已十分显著，且其花费确已大大超越同时代的平均水平。此外，从一些细节中我们也可窥见此次婚礼的奢华。按照刘汝骥的说法，徽州地区直至清末，婚礼中动用鼓乐者仍不多见，“非素封大家不鼓乐”。但《账册》内容显示，朱、邵婚礼中不仅有八名乐人全程吹打跟随，还有“彩舆”“提灯”“甲头”“高照”“旺相”“齐眉”“厨司”“运装人”等众多名目执事人等侍候，其

---

① 刘汝骥：《陶甓公牍》卷一二，《法制·歙县婚娶》。

② 刘汝骥：《陶甓公牍》卷一二，《法制·休宁婚娶》。

③ 朱琳：《明清徽州婚姻彩礼略述》，《黄山学院学报》2005 年第 5 期。

排场之大可见一斑。《账册》中甚至对各色人等的待遇做了细致明确的纪录，其部分如下：

①“甲头”

受聘日：若不批书，无吃，亦无食。

上头日：早肉面一碗，两人到给二碗；中时例肉菜饭；夜饭代钱一百文。工食八折钱□二分、粉糕一份。

出室日：早肉面；中时例肉菜饭；夜饭代钱一百文。工食八折钱□□，无糕。

②“代厢”

受聘日：若不批书，无吃，亦无工食。

上头日：早肉面一碗，无中夜饭，工食钱一百文。

出室日：早肉面一碗；中时例肉菜饭；夜饭代钱一百文。工食钱四百文，无糕。

③“乐人”

上头日：六名吹打到时每给肉面一碗；中时例肉菜饭；去时六碗酒饭。

迎送盒担批书：二钱四分，九五平，无彩

待加笄席：二钱六分照

三盘：一钱照

回门日：六人夜间吹打，到时例肉菜饭，去时六碗酒饭。若夜深，随意席间盘六样，酒三注，本家给九折钱三钱六分，代糕钱二十八文。娇客赏封原封给与，上头日亲家宅送来司乐封，本家照重换给乐人，其原封以便三朝送去。

④“厨司”

早肉面约两碗；中时例肉约两份。上头若用吹打，亲家宅送来司厨封，本家照重换给厨司，其原封以便三朝送去。不用吹打，不必给，回门若用吹打，娇客赏司厨封原封给与。

⑤“运装人”

每人给寿桃钱拾四文，枣红棉线穿。

此次黎明轿到，本日运装，午时发亲。迎娶人到时每给肉面一碗，运装回来提灯、夫妇、管轿共十碗一席。众人待□□六碗酒席，俱馆备。查七房账有荤包户米桃鸭蛋等项，甚费事。寿房账自买六样，腌鸡、腌鱼、鲜□、米粉员等项，托馆代备。每桌六碗，吃亦费事。此次除馆备外，男临吃时每各给折食钱七十文，无他物，殊觉简便，亦无话说。夫、妇等俱给，惟管轿系店伙，无。

⑥“做事人”

早肉面一碗；中时例肉；夜饭席上余菜随意与吃。

外雇来者，无甚好差，每日给工钱四十二文；有好差者，不必给。早晨家下人送嫁装去，记留两人在家接客，及值送嫁席等事要紧。

由上述情况可以看出，此次婚礼参与人员职司分工甚细，除获取一定酬金外，皆可享受“馆备”的酒饭。试想，如非豪门巨族，谁又有此实力举办如此规模浩大且糜费甚多的豪华婚礼？可见，财产因素对宗族婚姻的影响明显加大。高昂的婚礼花费不仅使社会中下阶层无力担负，一些财力较弱的宗族也同样难以承受。婚礼重财不仅将影响婚俗本身，也势必将对宗族间关系以及宗族内部生活有所触动。

需要指出的是，徽州婚姻重财之风盛行不仅是受到社会大气候的影响，更与当地特别的经济文化背景有着密切的关系。徽州多山地，可耕地面积极为有限，传统农业难以养活不断孳生的人口。因此，众多徽州人不得不从小别离故土远赴异乡从事经商活动，民谚“前世不修，生在徽州；十三四岁，往外一丢”说的正是这种状况。在此背景下，明清时期徽州从商服贾之风特盛，“新安商人”的足迹遍及当时国内各个区域。其中，淮扬、江浙为当时中国经济最为发达地区，且与徽州地缘相近，很自然成为徽商经营的重心，“天下之民，寄命于农，徽民寄命于商，而商之通于徽者，取道有二：一从饶州鄱浮；一从浙省杭、严，皆壤地相邻，溪流一线，小舟如叶，鱼贯尾衔，昼夜不息”[①]。

大批徽商长年居于扬州、南京、苏州、杭州等城市，在经商的同时也渐习惯于奢靡。到清中期，徽商的奢侈生活达到顶峰，“衣物屋宇，穷极华靡，饮食器具，备求工巧，俳优妓乐，恒舞酣歌，宴会嬉游，殆无虚日，金钱珠贝，视为泥沙”[②]。他们在将经商所得源源运回徽州的同时，也在无形中将日常生活风气带入乡邦，其中休宁、歙县最近江浙，故受影响也最深，“大概歙近淮扬，休近苏松……而歙、休较侈。数十年前，虽富贵家妇人，衣裘者绝少，今则比比皆是，而珠翠之饰，亦颇奢矣。大抵由商于苏、扬者启其渐也”[③]。在徽州本地，徽商为炫耀财富，装点门楣，往往将大量钱财用于兴修宗祠、家宅，操办婚丧等方面。这种“竞尚奢丽”的做法对徽州原本纯朴的社会风气造成极大冲击，世家宗族渐渐放弃原本仅重门第，不论资财的婚姻观念，加入到贪富逐利的潮流之中。

除直接反映婚俗礼仪，社会风气之外，《账册》中一些细节隐含的信息也值得我们关注。如前文所述，女家所购嫁妆，全部来自屯溪与岩镇，二者为清代徽州市镇的代表，其中屯溪系“一邑总市，商牙辏集”，而岩镇则“百货具集，舆马负载，往来如

① 道光《休宁县志》卷一，《风俗》。

② 《清朝文献通考》卷二八。

③ 许承尧：《歙事闲谭》卷一八，《歙风俗礼教考》。

织”[①]。徽州地处万山之中，交通不便，但前述二镇濒临新安江及其支流，因而其与外界的联系相对便捷，各地特色商品不断沿水路进入徽州并囤积于此。据《细账》记载，嫁妆中靴帽等物主要购自屯溪“德裕号”京货店，布疋购自“太源号”，木器则购自“永泰号”。最重要的首饰、衣裳两类则均由岩镇购来，其中，仅衣装绸缎一项即用银42两。根据《嫁妆账》，其材质多为绉絮、绫絮、西纱、绉棉、沈细等。可以肯定的是，这些绸缎纱棉大多来自丝织业发达的江南地区，其中最具典型性的当属“沈细”。据史料记载，浙江濮院镇沈氏所织之绸质地精良，深受商家及使用者欢迎。随着其声名的不断提高，此类丝绸也由“濮绸”直接更名为“沈绸（细）”。更有意思的是，嫁妆中还有哔叽制成的外衣一件，而“哔叽”这种衣料原非中国所产，清代中前期才渐由欧洲及南洋等地输入。鸦片战争前，内地“哔叽”贩卖数量十分有限，其销售也基本集中于南京、苏州、湖州等几个城市。可见，清代中期岩镇、屯溪等徽州市镇与区域外商业联系已十分紧密，尤其是来自江南的各类产品大量占据了徽州主要市场。歙县、休宁地近江浙，两镇与江南各地的商品往来本就十分频繁，加之社会奢靡之风日盛，歙、休等地对来自江南的高档消费品的需求也相应增强，这无疑更加刺激了岩镇、屯溪等市镇的商品吞吐功能，使其日益发展成为商品集散中心。

综上所述，《账册》在记录婚俗仪式、支用开销的同时，也向我们透露出当时民间生活的点滴细节。透过泛黄的册页，当年婚礼火爆的场景以及丰富多彩的社会生活又渐渐重现在我们的眼前。一位著名学者曾指出，新民间文书的发现“为人们开启了明清以来社会文化史研究中的许多新课题，使得以往无从研究的诸多侧面，陡然间增添了不少内容翔实而生动的新史料”。我们有理由相信，天津博物馆收藏的这部《邵氏嫁女收支账册》必将焕发新的光彩，成为学术研究大厦的一块崭新基石。

作者简介：姚旸，天津博物馆，副研究馆员，天津市河西区平江道62号，300201。

附表一　收银账

收银事项	银数
送鞋样代甲酒	（银元）一两二钱
朱宅送来（本系二伯十洋，扣去子孙银二洋）	（洋钱）二百零八圆
寿房赠嫁	（纹银）二两余
七房赠嫁	（银元）四两
步云妹丈赠嫁	（洋钱）二圆
四妹赠嫁	（洋钱）二圆
加笄日拜见礼	（纹银）一两零六分
加笄日★	（银元）一两，钱五分

① 佘华瑞：《岩镇志草·志草发凡》。

附表二　收钱账

收钱事项	钱数
银账换人	六十千零七百七十四文
洋钱买物找进	七百七十六文
开发余剩	二千二百七十二文
共收钱六十三千八百二十二文	

附表三　支银账

支银事项	银数
首饰	四十七圆
衣裳并绸缎	三十圆二角五分
布	十三圆（找进钱★四文）
靴帽等两宗	四圆（找出钱六十六文）
糯米一石八斗	五圆（找出钱百九十文）
硃红箱扁四只	四圆（找出钱六百文）
换珠	九圆
额珠一颗	四圆
开发朱宅来人	十圆（受聘至回门止共找出钱一千三百十六文）
月老二人代席	二圆（受聘俵糕全送）
锡器并修旧件	二圆（找出钱四百六十五文）
糯糕两担	二圆（每担洋八角六分，找进钱三百零八文。受聘自蒸凑俵）
烛十斤	一圆（虚秤，每斤钱九十六文，找进钱百六十文）
送小盒两担（景韩兄，留耕堂）	二圆
装银包	一两零六分
银包又	二两，钱八分
银包又	二圆
嫁妆十器	（纹）十三两，钱三百六文
万顺酒馆	（纹）二十七两★
有序祠规	（元）三钱
著序祠规	（元）三钱
仲房堂规	（元）一钱
左房堂规	（元）一钱
修齐堂规	（元）三钱
成衣一百零四工（每工　献元八五兑纹九兑寔）	（纹）四两钱三百六文
支洋五十三圆三角一分，换钱六十千零七百七十四文	

附表四 支钱账

支钱事项	钱数
匠面★等	四千八百四十四文
头巾粽等（靴花两张自纸小柏枝花一对）	一千文
找糯米一担八斗	七百九十文
★十三斤	一千一百九十六文
酱二斤	一百三十六文
红枣三斤	一百五十文
箬皮十斤	三百文
红棉线	七十文
红头绳	十六文
切面五斤	一百四十文
★三斤	二百七十六文
烧酒一斤	五十六文
鸡蛋二十枚	一百文
★木	七文
切面十四斤	三百九十二文
★八斤	七百三十文
鲜鱼二尾	二百五十文
★油一斤	一百四十文
淡鸭蛋十个	七十文
鲜笋十斤	七十五文
酱油	一百十六文
豆腐	四十文
冰薑	十四文
送聘来人代面（计八名）	一百九十二文
送聘来人开发找零	二百三十二文
月老轿力	二百四十文
又代饭	八十四文
★二十八斤（俵糯糕用）	二千五百二十六文
烟一斤（酬芳侄媳帮）	九十六文
各宅送嫁开发	二千三百九十五文
绿花绫二尺二寸（镶鸳鸯枕用）	二百五十三文
蓝巴布四尺二寸（枕袱用）	一百五十七文
月余布四尺二寸（枕袱用）	九十二文
粘银账勾一副	五百六十六文

续表

支钱事项	钱数
粘银茶匙一副	一百文
银镶汤碗八支	四百四十八文
烧金八卦字八个	四百五十文
银八卦铃五个	七百文
点金银鸳鸯一对	四百五十文
烧金簪头一对	四十二文
烧金戒指二对	七十文
煮洗手镯一双	四十二文
点金茶匙一副	一百二十文
烧金点翠耳川一对	二百四十文
打银丝挖耳一枝	五百四十文
点金莲蓬钮一副	五十六文
点翠★芝一枝	七十文
烧金★方一枝	一百文
打花签二对	四十二文
烧金簪一枝	四十二文
翠帽花一副	四百五十文
翠点一个	一百文
翠点二十五个	五百二十文
绿缎七寸	三百三十六文
大红缎一尺二寸	五百零四文
白绫七寸	七十八文
天青缎一尺	五百二十文
宝蓝缎一尺	四百八十文
黄绿月缎共一尺五寸	七百二十文
鞋绳一斤	二百四十文
笋壳	四十九文
毡一张	二百四十文
鞋底纸三十张	八十一文
棉花十二两	一百六十文
银红光布一丈六尺	四百九十二文
土布八尺	一百七十六文
★鞋底十双（嫁装鞋纸底）	二百六十文
线九钱	三百零五文

续表

支钱事项	钱数
红绿蓝花线	一百六十八文
红绿棉线二裹	五十二文
紫绫一尺	一百二十文
紫衣★	十四文
女鞋木底四双	七十二文
女钉鞋底二双	一百十二文
白绫二尺	三百二十文
绿䌷一尺	七十文
水红䌷一尺	八十文
五色扣线	一百八十文
元缎双梁鞋三双	一千三百八十文
镶蝴蝶履二双	一千二百八十文
找箱扁四只	六百文
红描金饰匣两个	六百文
红绉炉瓶香匙箸橐一副	一百文
元辫六丈	三百六十文
五色辫	五百零九文
钮扣十七副	一百五十文
皮纸三十张	五十四文
五色线一两	三百二十文
找庄楼锡器埜	二百三十九文
找锡司店打新货并修旧件埜	二百二十六文
铜器一作	六百七十六文
剪一套	二百五十文
铜锁十一把	六百六十文
铜刀一柄	一百文
烟筒一枝	四百四十文
锡茶船一对	一百二十文
洒花大香璞两褂	九百三十一文
绿夏布盒袋一担	四百二十八文
青绫包头两个	二百二十八文
线络川一个	一百零六文
红绿巾两条	五十七文
花毛巾四条	四十六文

续表

支钱事项	钱数
洗面巾二条	七十二文
托鞋巾十四条	一百六十文
膝辫带二双	二百六十六文
描金小几一张	一百四十二文
瓶花一枝	一百文
大胡珠二十五粒	四十八文
江头绳	一百九十一文
江棉带二饼	八十四文
刷二副	一百五十文
元绉帽额二顶	一百三十五文
额一顶	三十五文
红丝棉二个	八十文
安息香五十枝	七十五文
胭脂	十四文
盖碗一对	二百二十文
油格一对	一百四十文
苧一斤	一百六十文
修盒盖一个	七十文
修锁	十四文
磨手镜一面	十文
菜油三斤 油路用	三百二十四文
席一条	一百二十文
币一捆	一百六十文
漂白标布七尺	二百三十八文
大红棉线一裹	七十文
蓝白棉线三裹	四十四文
水红纸四张	八十文
金贴封筒平★	一百十六文
墨屑水	七文
点心加笄（三盘并请批书席用）	一百六十二文
腌鸡一只（加笄三盘并谢书用）	九十文
腌鲤鱼一个	四十五文
捺面礼	一百文
★三斤	二百七十六文
鸡蛋三十枚	一百三十五文

续表

支钱事项	钱数
烟烛二对	四十八文
线七分	十八文
酒三架（三架二十注 四架二十注）	四百文
切面五斤	二百四十文
★一斤	一百文
腌鸡蛋十个	六十五文
烟半斤	四十八文
红头绳二两	八十四文
运装人折寿桃	三百七十八文
枣红棉线穿寿桃用	七文
点心送嫁席用	一百六十文
迎娶来人开发找零	一百四十八文
迎娶来人折食	一千八百九十文
★娘担两肩 开发	四百二十六文
酒（三架二十注 四架二十注）	五百二十文
甲头	一百九十六文
代厢	五百文
拜茶饼四百个	二千一百六十文
橙饼三十二个	一百十六文
桃干青豆	四十二文
鲜鱼一对	三百文
蹄包一对	二百七十六文
酱一斤	六十四文
葛粉三斤	一百三十八文
★三斤	二百七十六文
烟二斤	一百九十二文
糖二斤	一百八十四文
核桃二斤	七十二文
湘莲一斤	二百九十文
荸荠四斤	五十六文
送孝席开发	七百四十四文
代鱼（下回门请帖用）	二百文
代酒（三朝并下请帖）	八十文
木司钉四轿	二十四文
橙饼八个	二十四文

续表

支钱事项	钱数
青果三两	三十四文
腌鸡一只	九十五文
连鱼一尾（回门三盘用）	七十文
烟半斤	四十六文
水刺参一斤	二百四十文
猪肚两个	二百八十六文
★三斤	二百八十四文
腰石一副（因娇客不用馆菜，自备数肴）	三十四文
皮蛋三个	二十六文
瓜子半斤	三十二文
烛二斤半	二百八十八文
隆阜过渡（半家人去接）	一百文
点心（三盘及席上并零用）	三百三十文
酒（三架二十注 四架四十注）	六百四十文
★手盒一担开发	二百五十八文
朱宅来接人开发找零	二千一百三十六文
女从叩赏二字（内眷给）	一百四十文
回门例给乐人	三百二十四文
又代糕	二十八文
朱宅谢借四轿	一百文
★甲八斤	七百零四文
鲞鱼二斤三十两	一百六十九文
粉糕十六乘（上头俵并托盒用）	八百九十六文
代酒	四十文
粉糕一乘（配家中糕票用）	五十六文
毛鸡两对	八百文
找袍套料埜（另洋七元送娇客用）	五百七十文
找靴帽等埜	四十文
湘莲一斤	三百八十文
黑枣一斤	五十六文
多进两日工（花俚铺床等，狮俚送八卦等俱有出息，故未给工钱）	八十四文
平★六日工	二百五十二文
共支钱六十三千八百二十二文	

★为字迹漫漶不清之处或笔者未能辨识之字

清末新政与中国近代博物馆的移植

——以清末（1900—1911）东游官绅为考察中心

李　军

（深圳博物馆）

摘要：在经历了数十年的知识传播后，至维新运动时期，博物馆已被晚清先进知识分子视为是兴教育、开民智的重要工具，康有为、梁启超等人由此提出了在中国创设博物馆的主张，但近代博物馆真正被国人移植到国内则是在 1900 年之后。此一时期，教育近代化成为国家和社会改革的重要议题，而向日本学习则成为实现教育近代化的捷径。在此背景下，严修、罗振玉、陈毅、张謇等东游官绅均对日本的教育制度和博物馆事业给予了重点关注。经由这些东游官绅的影响，中国博物馆事业在清末取得了突破性的进展，这突出表现在两个方面，一是首次颁布了有关博物馆的国家制度，初步建立起了国家对博物馆的宏观管理体制；二是创立了中国人自办的第一批博物馆，有力地推动了中国近代博物馆运动的发展。

关键词：博物馆　东游官绅　知识传播　制度移植

19 世纪 40 年代，英文“museum”一词即已被汉译为“博物馆”[①]“博物院”[②]，这开启了近代博物馆知识在中国传播的大幕。在此后的数十年中，晚清士人域外游记中有关博物馆的记录、中文报刊中有关博物馆的报道、西方人在华创办的博物馆成为近代中国人认识博物馆的三条主要途径[③]。至维新运动时期，早期博物馆知识传播取得了重要的成果，博物馆被晚清先进知识分子视为是辅助学校教育、开启民智的重要工具。基于此，康有为、梁启超等人提出了设立博物馆的主张，这意味着近代博物馆在中国开始由知识传播阶段发展过渡到制度移植阶段，这可谓是中国近代博物馆发展史上的

---

① 陈建明：《汉语“博物馆”一词的产生与流传》，《回顾与展望：中国博物馆发展百年（2005 年中国博物馆学会学术研讨会论文集）》，紫禁城出版社，2005 年，第 211～218 页。

② Samuel Wells Williams. An English and Chinese Vocabulary, in The Court Dialect. Macao: printed at The Office of the Chinese Repository, 1844: 185.

③ 梁吉生：《论旧中国博物馆的历史意义》，《中国博物馆》1988 年第 2 期。

重要进展。但随着戊戌变法的失败，中国人移植近代博物馆的尝试暂时落空了。

清末（1900～1911）被认为是中国博物馆事业初步建立的时期[①]，也就是近代博物馆真正被国人移植到国内的历史时期。光绪二十六年（1900年）八国联军之役后，教育和工商业近代化进程加速，西学传播的内容和方式也发生了极大的变化，经由日本转口输入的西学数量急剧增长，成为了输入西学的主要部分[②]，向日本学习迅速成为清政府和先进知识分子努力实现近代化的重要途径，近代博物馆正是在这一时代背景下被移植到中国的。当前，学界关于清末中国博物馆史研究的重点几乎都集中于张謇和南通博物苑，而探讨这一时期近代博物馆如何被移植到中国、中国博物馆事业何以初步建立的专题文章则暂付阙如。有鉴于此，本文选取了清末东游官绅群体作为考察中心，分析他们有关博物馆的出洋考察记录、思想认识及回国后的博物馆实践，以此探讨这一时期中国近代博物馆的移植问题以及博物馆事业所取得的突破性进展，并管窥清末中国博物馆事业发展的全貌。

一

近代博物馆知识在中国的传播是中外文化交流的产物，晚清时期的域外游记因为包含大量有关博物馆的记录而成为中国早期博物馆知识传播的主要途径之一。域外游记主要包括出使外国的外交官所做的日记，清政府及地方官署派往外国考察人员所做的考察游记，以及因私到外国旅居的知识分子所做的私人游记三类。域外游记中开始出现有关博物馆的记录始于鸦片战争之后，因为在此之前，出洋的中国人大多是被生活所迫而出去谋生的，出洋的知识分子少之又少，留下的文字记录也少。因此，尽管至迟到19世纪40年代中期，英语“museum”一词后来被广泛使用的“博物馆”“博物院”两个汉语词汇业已出现，但此时的中国人很“可能不知道其为何物”[③]。目前一般认为，有记载的第一个见到博物馆实体的中国人是道光二十七年（1847年）至道光二十九年（1849年）“受外国花旗聘，舌耕海外”的林鍼[④]。在1849年写成的《西海纪游草》中，他“对美国博物馆做了较详实的记载”[⑤]。此后，中外交流日渐频繁，出使、

① 王宏均主编：《中国博物馆学基础（修订本）》，上海古籍出版社，2001年，第78页。

② 熊月之：《西学东渐与晚清社会》（修订版），中国人民大学出版社，2011年，第11页。

③ 陈建明：《汉语“博物馆”一词的产生与流传》，《2005年中国博物馆学会学术研讨会论文集》，紫禁城出版社，2005年，第213页。

④ 谢先良：《晚清域外游记中的博物馆》，中国美术学院硕士学位论文，2009年，第15页。

⑤ 王宏均主编：《中国博物馆学基础（修订本）》，上海古籍出版社，2001年，第72页。林鍼：《西海纪游草》，《西海纪游草、乘槎笔记、初使泰西记、航海述奇、欧美环游记》，岳麓书社，1985年，第30、31页。

游历、留学欧美和日本的中国人日益增多，斌椿的《乘槎笔记》、王韬的《漫游随录》、志刚的《初使泰西记》等域外游记，都留下了大量有关博物馆的记录。这些域外游记在19世纪八、九十年代曾经风行一时，为时人了解西方社会和文化做出了贡献，其中包含的博物馆知识也由此逐步向知识分子群体传播，晚清时期的域外游记因此成为近代中国人认识博物馆的重要途径之一。

目前，学界已经认识到晚清时期的域外游记在博物馆知识传播和中国近代博物馆起源方面曾产生过重要的影响。在早期域外游记等多路径的知识传播作用下，中国近代博物馆事业在维新运动时期取得了重要进展。其时代背景是，甲午战争以后民族危机和社会危机日益严重，维新思想由此蓬勃兴起，“教育救国”逐渐成为社会热点和朝野共识。这一时期，晚清先进知识分子通过早期博物馆知识的传播已经获得了对博物馆功能的认识，特别是对于博物馆教育功能的认识更是直接与当时救亡图存的社会运动相结合，博物馆由此被康有为、梁启超、李端棻等人视为辅助新式教育、开启民智、发展科学技术的重要工具，并由此促成了戊戌变法时期有关博物馆的舆论高潮。但由于戊戌变法的失败，维新派知识分子建设博物馆的构想没有能够实现。

同时，维新运动时期也是早期博物馆知识传播发生较大变化的时期。可以说，晚清时期，没有出洋经历的先进知识分子广泛、主动地接受包括博物馆知识在内的西方文化思想知识大致是从维新运动时期开始的。这是因为，在此之前的洋务运动时期，重点引进和传播的是西方自然科学和应用科学知识，西方文化、思想、制度方面的知识在中国的传播效果极为有限。梁启超曾总结说：“洪杨之役，借外力平内难，益震于西人之船坚炮利，于是上海有制造局之设，附以广方言馆，京师亦设同文馆，又有派学生留美之举，而目的专在养成通译人才，其学生之志量，亦莫或逾此。故数十年中，思想界无丝毫变化。”①

至维新运动时期，这种情况逐渐发生变化。这一时期，随着中西交往的扩大以及国内对西学认识的加深，这些曾经风行一时的域外游记由于浅显浮泛而不再能够满足人们的需要。也就是说，这些刊载了博物馆信息的域外游记大多数在戊戌变法前后这一时间段内被时代所超越，变成了历史的陈迹②。从这个意义上来说，当前对晚清域外游记的研究主要集中在内容研究、文本研究方面，尽管这类研究对于厘清中国早期博物馆知识传播以及晚清士人的博物馆观念、思想等具有重要意义，但为了厘清早期域

---

① 梁启超：《清代学术概论》，江苏文艺出版社，2007年，第90页。

② 尹德翔：《东海西海之间——晚清使西日记中的文化观察、认证与选择》，北京大学出版社，2009年，第2页。朱维铮也指出，晚清驻外外交人员所撰写的域外游记水平其实是有限的，“记叙未必可靠，议论或许肤浅，甚至曲学阿世，以挑剔攻讦异域政治文化为能事”。参见：朱维铮为郭嵩焘等著，王立诚编校的《郭嵩焘等使西记六种》（中西书局，2012年）所写的导言，第2、3页。

外游记对于中国近代博物馆运动的实际影响，未来的研究必须重点考察这些早期域外游记是否直接促成了近代博物馆在 20 世纪初被移植到中国，或者说两者之间是否存在直接的因果关系。

事实上，从早期域外游记传播的历史阶段来看，尽管早期的域外游记中出现了大量有关博物馆的记载，有的对博物馆的认识还较为深刻，但从传播效果[①]的角度来看，这些域外游记对 20 世纪初中国近代博物馆运动的实际效果可能较为有限。这是因为 1900 年以后，西学传播呈现出了新的特点，正如梁启超所说，八国联军之役后，“清室衰微益暴露，青年学子相率求学海外，而日本以接境故，赴者尤众。壬寅、癸卯间，译述之业特盛，定期出版之杂志不下数十种。日本每一新书出，译者动数家。新思想之输入，如火如荼矣”[②]。而中国人自办的第一批博物馆正是在 1900 年之后逐步建立起来的。从知识传播的角度来讲，博物馆知识的传播在清末进入了一个新的历史时期。在此之前，是中国人通过报刊、域外游记、西人在华博物馆等途径认知博物馆的阶段，而 1900 年以后中国人对于近代博物馆已经不仅仅是停留在认知和理解层面，而是进入了制度移植阶段。事实上，正如黄春雨教授所言：“自甲午战争后，日本博物馆的发展道路，开始对中国博物馆产生愈来愈大影响。”[③]同时，1900 年以后，“要学西方，先学日本，几成为国人共识”[④]，因此，这一时期中国近代博物馆运动也体现出类似的特征[⑤]。较为准确地说，这一时期中国近代博物馆的发展，既得益于戊戌变法以及变法之前的博物馆知识传播和社会舆论的影响，更是直接受到国外，特别是日本博物馆事业以及东游官绅博物馆经验的影响。事实上，在相关领域，已经有学者对东游官绅与中国近代博览事业的关系做出了初步的探讨，如宋美云[⑥]、江沛[⑦]等人就曾在探讨留日学生、东游官绅与直隶近代化的问题时，简略地提及直隶留日学生、东游官

① 郭庆光：《传播学教程》，中国人民大学出版社，2004 年，第 188～191 页。

② 梁启超：《清代学术概论》，江苏文艺出版社，2007 年，第 90 页。

③ 黄春雨：《传统文化与现代化视野下的中国博物馆发展史》，《中国博物馆》2015 年第 4 期。

④ 熊月之：《西学东渐与晚清社会》（修订版），中国人民大学出版社，2011 年，第 509 页。

⑤ 在近代图书馆史的研究中，吴稌年认为，中国近代图书馆学术思想存在一个“以日为师”的阶段，时间在清末民初，并指出这是以当时整个社会“以日为师”的氛围为背景的。参见吴稌年：《中国近代图书馆“西学东渐”阶段的学术思想特征》，《图书情报知识》2009 年第 5 期。张小莉也认为，新政时期，教育等领域的文化政策具有浓厚的仿日色彩。参见张小莉：《清末“新政”时期文化政策》，人民出版社，2010 年，第 340～344 页。

⑥ 宋美云：《归国留学生与天津近代企业》，《留学生与中外文化》，南开大学出版社，2005 年，第 128、129 页。

⑦ 江沛：《留日学生、东游官绅与直隶省的近代化进程：1900—1928》，《留学生与中外文化》，南开大学出版社，2005 年，第 451、452 页。

绅吸收并引进了日本近代商品陈列所、博览会理念，而这些学习和模仿推动了直隶的近代化进程。

当前学界关于 1900 年至 1911 年间中国近代博物馆史研究的重点几乎都集中于张謇和南通博物苑，而研究这一时期博物馆总体发展情况的专题文章则未见发表，这与学界对清末新政的看法和评价不无关系。不过，在近年的史学研究中，有关清末新政的研究逐渐成为热点，学界对新政的评价更趋客观平实。正是从这点出发，加强对 1900 年至 1911 年中国近代博物馆事业的研究，并在此基础上重新评价清末中国近代博物馆发展的成果，成为中国近代博物馆史研究的必然选择。

客观地说，清末可谓是中国近代博物馆事业取得了突破性进展的关键时期，这突出表现在两个方面：一是首次颁布了有关博物馆的国家制度，初步建立起了国家对博物馆的宏观管理体制；二是创立了中国人自办的第一批博物馆，有力地推动了中国近代博物馆运动的发展。而这些变化的发生几乎都与当时东游日本的官绅有着密切的联系，更准确地说，近代博物馆，特别是日本的博物馆制度、经验，是经由东游官绅被移植到中国，这是当时社会“以日为师”的整体氛围在博物馆领域的反映。具体来说，从博物馆宏观管理制度的建设方面来看，这一时期，“癸卯学制”由清政府颁布实施，这是中国第一个正式颁布实施的近代学制。在该学制中，“教育博物馆”被写入相关章程，这是博物馆第一次进入国家法规文件，而“癸卯学制”的制定实际上与陈毅、罗振玉等人考察日本学务有着密切的关系。光绪三十一年（1905 年），学部成立，在学部制定的学部官制、各省学务官制、教育会章程等国家教育行政制度中，博物馆均被纳入其中，这是中国第一次建立博物馆宏观管理体制，而学部官制的制定与严修等人赴日考察教育、借鉴日本教育经验相关[①]。从博物馆事业的具体发展来看，这一时期建设的湖南图书馆兼教育博物馆、天津考工厂、南通博物苑、天津教育品陈列馆、山东泰安教育博物馆等都与东游官绅有着密切的关系。

二

1900 年八国联军之役后，清政府逐步开启改革大门，教育近代化成为清末社会改革的重要举措之一。在 1900 年至 1911 年清政府出台的教育改革措施中，“癸卯学制”的颁布和学部的设立顺应了教育近代化的潮流，影响深远。在“癸卯学制”中，博物馆作为辅助学校教育的重要工具得到了国家层面的重视，第一次被写入了国家教育法规，成为清末兴学的重要规划。而根据文献资料记载，“癸卯学制”中有关博物馆的规定与陈毅、罗振玉等东游官绅有着密切的关系。

① 关晓红：《晚清学部研究》，广东教育出版社，2000 年，第 93 页。

“壬寅学制”失败后，清政府应管学大臣荣庆、张百熙请求，“派张之洞会同张百熙、荣庆，将现办大学堂章程一切事宜再行切实商订，并将各省学堂章程一律厘订”①。在此背景下，张之洞另搭班底，“当将保荐特科之陈毅②、胡钧③留京赞助”，“命意由之洞，而笔墨则悉以陈、胡主之”④。所以，王国维说：“今日奏定学校章程，学堂草创之者沔阳陈君毅，而南皮张尚书实成之。”⑤陈毅、胡钧之所以被张之洞委以重订学堂章程的重任，主要得益于两人对于日本教育制度的熟悉。在此之前，陈毅、胡钧、罗振玉等人曾受张之洞派遣于光绪二十七年（1901 年）赴日本考察学务，陈毅等人在日本的见闻从同行的罗振玉所著的《扶桑两月记》中可见一斑。该书较为详细地介绍了东京高等师范学校附设的教育博物馆，并认为教育博物馆“有裨于教育界甚巨”⑥。同一时期，罗振玉等人创办的《教育世界》发表了译介东京教育博物馆的文章，从历史沿革、陈列品、陈列法、参观人、经费等方面对东京教育博物馆作了全面的介绍⑦。在参考日本学制基础上写成的《学制私议》中，罗振玉关于博物馆事项的论述基本源自他对日本教育博物馆的考察。他提出，博物馆“京师及各省各府、厅、州、县各宜次第创立，而先立教育博物馆，搜集有关教育各品，以资考求”⑧。可以说，罗振玉关于教育博物馆的认识代表了当时先进知识分子的普遍看法，而且在当时的“张之洞学人圈”⑨中，罗

① 朱寿朋编，张静庐等校点：《光绪朝东华录》（五），中华书局，1958 年，总第 5036、5037 页。

② 陈毅（1873—？），字士可，湖北黄陂人，光绪二十五年秋至次年春首次赴日本，考察教育、行政；光绪二十七年冬，随罗振玉等人赴日考察学务，光绪二十八年为日本东邦协会会员，被张之洞保荐经济特科。光绪二十八、九年间，在日编译教科书及教育学等著作。参加陆胤：《政教存续与文教转型：近代学术史上的张之洞学人圈》，北京大学出版社，2015 年，第 329 页。

③ 胡钧（1870—1945），字千之，湖北沔阳人，曾赴日留学，回国后任自强学堂汉文教习，光绪二十七年冬，随罗振玉等赴日本考察学务。光绪二十八年保荐经济特科，派为两湖总师范学堂堂长。参加陆胤：《政教存续与文教转型：近代学术史上的张之洞学人圈》，北京大学出版社，2015 年，第 329 页。

④《记北京大学堂事》，《新民丛报》1903 年，第 38、39 号合本。

⑤ 王国维：《奏定经学科大学文科大学书后》，《教育世界》1906 年第 2 期总第 118 期。

⑥ 罗振玉：《扶桑两月记》，教育世界社，1902 年石印本，第 15 页。

⑦《东京教育博物馆述略》，《教育世界》1904 年第 25、26 期总第 67、68 号。《教育世界》1901 年由罗振玉等人在上海创办，是中国最早的教育刊物。它大量刊载日本及欧美先进教育理论和各级学校规程制度，为我国近代学制的规划和各级学堂章程的制定，提供了重要的参考资料。

⑧ 罗振玉：《私议学制》，《教育世界》1902 年第 6 期总第 24 期，转载刊登于《湖北学报》1903 年第 16 期。

⑨ 陆胤：《政教存续与文教转型：近代学术史上的张之洞学人圈》，北京大学出版社，2015 年，第 15～17 页。

振玉与张之洞、陈毅、胡钧等人交往密切，其有关教育博物馆的观念和思想必然相互影响。

张之洞、陈毅等人以壬寅学制为基础，取法日本，以湖北教育改革的经验为参考，增补修改，出台了癸卯学制[①]。光绪二十九年十一月二十六日（1904年1月13日），清政府颁布《奏定学堂章程》，又称“癸卯学制”，一般认为这是中国第一个经中央政府制定颁布，并在全国范围内实际推行的学制，它奠定了中国近代教育的基础。《奏定学堂章程》包括《学务纲要》《高等学堂章程》《优级师范学堂章程》等20余种章程，其中《优级师范学堂章程》明确指出优级师范学堂“应附设教育博物馆，广为搜罗中国及外国之学堂建筑模型图式、学校备品、教授用具、学生成绩品、学事统计规则、教育图书等类陈列馆中，供本学堂学生考校，并任外来人参观，以期教育之普及修改。”[②]该章程基本阐明了教育博物馆的特殊职能、陈列展览的主要内容和开放参观的基本形式，也从国家制度层面确立了教育博物馆的地位。

1905年，清政府确认振兴学务“必须有总汇之区，以资董率而专责成”，决定设立学部，荣庆任学部尚书，翰林院编修严修署理学部右侍郎[③]。学部的设立是清末教育改革的另一件大事，在中国教育史上具有里程碑意义，客观上对中国教育的近代化进程产生了积极而深远的影响。在学部制定的学部官制、各省学务官制、教育会章程等国家教育行政制度中，博物馆均被纳入其中，这是中国第一次建立博物馆宏观管理体制，该体制影响深远，基本为民国时期有关博物馆的教育行政体制沿用。

在学部短暂的历史中，荣庆任尚书的时间最长，但作为中央教育行政主官，荣庆对学务的相对隔膜，在他任职学部期间，对其决策帮助与影响最大的当推严修[④]。此外，学部初期从中央到地方教育行政体系卓有成效的建置，很大程度上依赖从各地调入的人员多是新教育界的知名人士，其中既有严修、罗振玉、林灏深等旧学素养深厚、曾到国外考察近代教育并有兴办新式学堂经历的官绅，也有路孝植、范源濂等归国留学生[⑤]。学部初期，日常行政事务由严修主持，除学部官制由陈毅起草外，大部分文件由罗振玉起草，张元济、李家驹、范源濂、陈宝泉等参与意见，再经严修修改，征得荣庆同意而决定奏发[⑥]。

学部成立后，即把制定官制等提上议事日程。负责草拟学部官制方案的陈毅，曾

---

① 关晓红：《晚清学部研究》，广东教育出版社，2000年，第56页。

② 《奏定优级师范学堂章程》，《中国近代教育史资料》（中册），人民教育出版社，1979年，第703页。

③ 朱寿朋编，张静庐等校点：《光绪朝东华录》（五），中华书局，1958年，总第5445页。

④ 关晓红：《晚清学部研究》，广东教育出版社，2000年，第157页。

⑤ 关晓红：《晚清学部研究》，广东教育出版社，2000年，第162页。

⑥ 关晓红：《晚清学部研究》，广东教育出版社，2000年，第164页。

参与“癸卯学制”的制定，而且是《奏定学堂章程》的主要撰稿人。为慎重起见，学部原拟派严修“赴日本调查文部省之规则及其现行章程”[①]，以为制定官制草案的参考，后未成行。替代的办法是“电致驻日本大臣调查该国文部省章程，详细造册送部，以凭参酌改良办理”[②]。严修此行未成，并未对学部定官制取法日本有所妨碍，因为此前严修曾于光绪二十八年（1902年）、光绪三十年（1904年）两度赴日考察教育，亲自参观过文部省各课，与文部省官员会晤，并十次聆听文部省参事松本介绍包括“文部各员之职掌”在内的中央教育行政概况[③]，熟悉日本教育行政的机构与运作[④]。同时，严修除系统考察日本学校教育体系外，还实地参观了教育博物馆，并做了较为详细的记录[⑤]。1904年至1905年，直隶工艺总局筹办天津教育品陈列馆，严修也曾参与其中[⑥]。此外，1901年以来，《教育世界》等国内报刊和赴日官绅游历所写游记，大量报道描述日本学制及教育情况；学部开创人员中，也不乏东渡考察的有心人士，他们直接参与官制草案的讨论和制定，为取法日本奠定了基础[⑦]。

在学部期间，先后提出过两套官制方案。首先制定的是《学部奏酌拟学部官制并归并国子监事宜改定额缺折》，该官制拟定学部设总务司、专门司、普通司、实业司、会计司共五司。专门司下设专门教务科、专门庶务科，其中专门庶务科“凡关于图书馆、博物馆、天文台、气象台等事均办理”；又于普通司下设师范教育科，“凡通俗教育家庭教育及教育博物馆等事务均隶之”；此外，实业司下属的建筑科则负责学部直辖各学堂图书馆、博物馆等建造、营缮和考核[⑧]。《学部奏酌拟学部官制并归并国子监事宜改定额缺折》正式颁布不到半年，适逢光绪三十二年（1906年）中央官制全面改革，学部将本部官制重加审订，略作修改，定为《学部官制草案》。在该方案中，学部设专门司、普通司、实业司、图书司共四司，博物馆事项仍归专门司办理，教育博物馆事项仍归普通司职掌。此外，“学部设艺师为奏补官，承尚书侍郎之命，掌筹划学部直辖各学堂图书馆、博物馆等之建造、营缮并考核全国学堂图书馆等之营造是否合度，其

---

① 《严侍郎将赴日本》，载《大公报》1906年1月8日。

② 《电查文部章程》，载《大公报》1906年2月3日。

③ 严修撰，武安隆、刘玉敏点注：《严修东游日记》，天津人民出版社，1995年，第179～199页。

④ 关晓红：《晚清学部研究》，广东教育出版社，2000年，第93页。

⑤ 严修撰，武安隆、刘玉敏点注：《严修东游日记》，天津人民出版社，1995年，第114页。

⑥ 李军：《晚清时期教育博物馆的引入与发展——以天津教育品陈列馆为例》《科学教育与博物馆》2015年第3期，第224、225页。

⑦ 关晓红：《晚清学部研究》，广东教育出版社，2000年，第93、94页。

⑧ 《学部奏酌拟学部官制并归并国子监事宜改定额缺折》，《中国近代教育史资料》（上册），人民教育出版社，1979年，第278、279页。

定额由学部尚书侍郎酌定，咨交阁议决定之。”[①] 但此后学部历年的职官录和财务报表都是按照第一套官制的体系制定。换言之，1906 年中央官制改革时拟订的《学部官制草案》根本没有付诸实行[②]。

学部官制通过机构设置与职能划分，建立了与《奏定学堂章程》的学制系统相配套的中央教育行政体系，为中国近代教育体系结构的形成奠定了基础，并由此掀开教育高速发展的序幕[③]。为推进地方学务发展，学部着手进行地方教育行政改革，并将构建省级教育行政机构等事项作为当务之急。1906 年《学部奏陈各省学务官制折》规定，各省业经裁撤之学务处即改为学务公所，学务公所分为总务课、专门课、普通课、实业课、图书课、会计课等六课。其中普通课办理“凡通俗教育、家庭教育、教育博物馆及与中小学堂相类之学堂一切事物”，而图书课“并管图书馆、博物馆等事务”[④]。此外，为规范和推动地方发展教育，1906 年《学部奏拟教育会章程折（附章程）》规定，“教育会设立之宗旨，期于辅助教育行政，图教育之普及，应与学务公所及劝学所联络一气”，而教育会应办之事务包括“筹设图书馆、教育品陈列馆，及教育品制造所，并搜集教育标本，刊行有关教育之书报等以益学界”[⑤]。

此外，在筹备立宪的过程中，清政府同样注意到了博物馆的作用。1905 年，清政府派遣载泽、端方、戴鸿慈等五大臣分两路出洋，考察东西各国政治。考察归国后，五大臣曾向清政府连上三道奏折，其中第三奏明确提出：“各国导民善法，拟请次第举办，曰图书馆，曰博物馆，曰万牲园，曰公园”[⑥]，提议设立博物馆。此后，在清政府公布的预备立宪筹备事宜中，博物馆被作为其中一项内容纳入国家规划。根据学部计划，该部宣统元年（1909 年，预备立宪第二年）应办的事项包括在“京师开办图书馆（附古物保存会）”，并责成各省督抚视具体情况，制定包括博物馆在内的专门教育分年筹备计划，并限在 1909 年年内送学部核定[⑦]。不过，由于清政府后被推翻，这些规划中提及有关建设博物馆的事项并未付诸实施。

---

① 《学部官制草案》，《中国近代教育史资料汇编·教育行政机构及教育团体》，上海教育出版社，1993 年，第 18 页。

② 关晓红：《晚清学部研究》，广东教育出版社，2000 年，第 100 页。

③ 关晓红：《晚清学部研究》，广东教育出版社，2000 年，第 101 页。

④ 《学部奏陈各省学务官制折》，《中国近代教育史资料》上册，人民教育出版社，1979 年，第 285 页。

⑤ 《学部奏拟教育会章程折（附章程）》，《中国近代教育史资料》上册，人民教育出版社，1979 年，第 361～364 页。

⑥ 《清实录·德宗景皇帝实录》，中华书局，2008 年，第 62388～62390 页。

⑦ 《奏报分年筹备事宜折》（1909 年 4 月 18 日），《中国近代教育史教学参考资料》（上册），人民出版社，1986 年，第 742～746 页。

三

清末是中国博物馆事业初步建立的重要历史时期，这一时期创办的博物馆或具有一定博物馆性质的展览机构主要有1904年建成开放的湖南图书馆兼教育博物馆、1903年建成开放的天津考工厂、1905年开始创办的南通博物苑、1905年建成开放的天津教育品陈列馆、光绪三十四年（1908年）建成的山东泰安教育博物馆[①]等。尽管这些博物馆的主事者不同，分布区域不同，类型也不同，但是受当时社会“以日为师”的整体氛围影响，国人在创办这些机构的过程受到了来自日本因素的影响较大[②]。事实上，这几座博物馆的主事者不仅都有东游日本、参访考察日本博物馆（博览会）的经历，而且在创办过程中也确实受到了日本博物馆经验的影响。

1. 张謇与南通博物苑

光绪二十九年（1903年）3月至7月，日本第五次国内劝业博览会（大阪博览会）在大阪召开，张謇受日方邀请前往参观。张謇抵达大阪的次日，即前往博览会，参观美术工艺、矿冶机械、教育、卫生数馆，此后又多次前往参观。在日本期间，除在大阪参观博览会外，张謇的行踪南至九州长崎，北至北海道，参观、考察了农学校博物馆、工厂、学校和其他机构[③]，首次对日本有了比较深入、全面的了解，对日本何以能一跃成为东亚头等强国作了认真的思考。张謇对近代博览事业的实际知识，也主要是通过这次日本之行而获得的[④]。

张謇起心创办博物苑，是因1903年日本之行参观各地博物馆而受到启发[⑤]。1905年，他根据在日本的考察所得，向学部和张之洞分别递呈《上学部请设博览馆议》和《上南

---

① 《教育·各省教育汇志·山东》，《东方杂志》1907年第4卷第7号。该报道说：“泰安创设教育博物馆，自日本购到教育品物多种，一一陈列，任人观览”。

② 黄春雨：《传统文化与现代化视野下的中国博物馆发展史》，《中国博物馆》2015年第4期。

③ 张謇研究中心等编：《张謇全集》（第6卷），江苏古籍出版社，1994年，第493～512页。

④ 马敏：《张謇与近代博览事业》，《博览会与近代中国》，华中师范大学出版社，2010年，第392页。

⑤ 吕济民：《中国博物馆历史发展概貌》，《中国博物馆史论》，紫禁城出版社，2004年，第3页；凌振荣：《南通博物苑的回顾与展望——纪念南通博物苑一百年暨中国博物馆事业发展百年》，《回顾与展望：中国博物馆发展百年》，紫禁城出版社，2005年，第5、6页；张文立：《张謇的建馆思想探析》，《回顾与展望：中国博物馆发展百年》，紫禁城出版社，2005年，第22页。宋伯胤：《张謇与南通博物苑——博物馆史事与任务之二》，《博物馆人丛语》，陕西人民出版社，2002年，第208页。

皮相国请京师建设帝国博览馆议》，建议清政府在京师及各行省兴办合图书馆和博物馆于一体的博览馆，并提议仿效日本先在京师建立一座帝室博览馆，公开清皇室内府收藏，任人观览①。张謇指出，广设博物馆、图书馆是各近代文明国家的通常做法，旨在彰显本国文化，博采各国精华，开化社会风气，意义十分重大。他说，“夫近今东西各邦，其所以为政治学术参考之大部以补助于学校者，为图书馆，为博物苑，大而都畿，小而州邑，莫不高阁广场，罗列物品，古今咸备，纵人参观。”而其中日本东京帝室博览馆的设立又别具一格，颇值得中国效仿，因此他接着说，“日本帝室博览馆之建设，其制则稍异于他国，且为他国所不及。盖其国家尽出其历代内府所藏，以公于国人，并许国人出其储藏，附为陈列，诚盛举也。我国今宜参用其法，特辟帝室博览馆于京师。”②张謇的呼吁并没有及时引起清政府的重视，于是张謇在南通率先进行创建博物馆的实践，是为南通博物苑。

2. 湖南图书馆兼教育博物馆

在湖南，光绪三十年正月二十九日（1904 年 3 月 15 日）《湖南官报》刊载《创设湖南图书馆兼教育博物馆募捐启》，筹备设立教育博物馆③。经湖南省学务处批准，修缮长沙城东定王台旧房为馆舍。湖南图书馆兼教育博物馆于当年正式建成开放，负责筹备事务的梁焕奎、魏肇文、胡元倓、陆鸿逵、梁焕彝、刘棣蔚、俞蕃同等人都有留学或游历日本、学习教育的经历④。其中，梁焕奎被认为是发起募捐创立湖南省图书馆兼教育博物馆的第一人⑤。梁焕奎（1868～1930）是近代湖南教育事业的开拓者，在创办湖南图书馆兼教育博物馆之前他曾作为留日学生监督赴日考察游历，对日本的教育进行了细致的考察。在此过程中，梁焕奎对日本的博物馆等社会教育设施表现出了浓厚兴趣。回国后，他把办博物馆、图书馆提到了“救国图强”的高度，并进行了努力实践⑥。该馆开放约一年的时间，教育博物馆部分被撤销。

---

① 《上学部请设博览馆议》、《上南皮相国请京师建设帝国博览馆议》，载《张季子九录·教育录》卷二，中华书局，1931 年，第 17、18 页。

② 张謇：《上南皮相国请京师建设帝国博览馆议》，《张謇全集》（第 4 卷），江苏古籍出版社，1994 年，第 273 页。

③ 《创设湖南图书馆兼教育博物馆募捐启》，《湖南官报》1904 年 3 月 15 日第 593 号。

④ 周德辉：《创建湖南图书馆若干历史问题考正》，《湖南图书馆百年纪念文集》，北京图书馆出版社，2004 年，第 122～125 页。

⑤ 梁秀雄、梁健雄：《我国第一个公共图书馆创建人梁焕奎》，《湖南文史》2004 年第 5 期。

⑥ 傅建球：《练锑业大王梁焕奎的教育思想与实践》，《中国职业技术教育》2011 年第 3 期。

3. 天津考工厂

周学熙是袁世凯的重要幕僚，1902 年为回避其父出任山东巡抚，旋来直隶，袁世凯委其总办银元局[①]。1903 年，袁世凯派周学熙赴日本考察。在日本期间，他参观了大阪第五次“国内劝业博览会”、京都物产陈列所、帝室博物馆、东京高等商业学校商品陈列所、大阪商品陈列所、高等工艺学校美术陈列所等，为此后创办天津考工厂奠定了思想基础。日本之行，虽往返仅两个多月，但对周学熙一生事业影响甚大。通过此次考察，周学熙认为，“日本维新最注意者，练兵、兴学、制造三事……学校、工场由于民间自谋者居多，十数年间，顿增十倍不止，其进步之速，为古今中外所罕见”[②]，并由此坚定了工艺与教育并重的思想。

归国后，周学熙向袁世凯建议成立直隶工艺总局，袁世凯采纳其建议并委任他为总办。直隶工艺总局以创兴工艺，提倡实业为宗旨，是直隶全省工学界之枢纽。为“为开通民智，提倡工商业之进步”[③]，周学熙等人“酌采日本成法，参以本省（直隶）现情”，拟定了举办考工厂的办法和章程[④]，并聘请了日本人盐田真为艺长[⑤]。考工厂的主要事务分为四项：一是庋设，搜集本省土产、外省货物、外国制品，分类陈列，标其价格、品质及产地，以供工商业家观览。二是考察，凡本地或各属工业家，或令陈其制品，或巡视其制法，与外国比较其得失。三是化验，设化学器具，凡有呈验化学品物及矿产者，均为分析试验，使知其原质，明其理化，以便设法制造。四是图书，凡关系工业上之书艺、标本、报告、新闻、杂志，以及商品目录、特许商牌等件，皆时加搜罗，以便工商家考证[⑥]。尽管考工厂这一称谓较为奇特，但实际上它是一所“劝工陈列所”、“商品陈列所”[⑦]，而在数十年后，中国博物馆协会的统计中，北平市、河

---

① 周学熙：《周止庵先生自叙年谱》，《周学熙集》，华中师范大学出版社，2011 年，第 678 页。

② 周学熙：《东游日记》跋，《周学熙集》，华中师范大学出版社，2011 年，第 42 页。

③ 周学熙：《工艺总局详报考工厂开办情形文并批》，《周学熙集》，华中师范大学出版社，2011 年，第 53、54 页。

④ 周学熙：《工艺总局周道等酌拟办法章程经费数目缮呈图折禀并批》，《周学熙集》，华中师范大学出版社，2011 年，第 47、48 页。

⑤ 周学熙：《聘请盐田真为天津考工厂艺长合同》，《周学熙集》，华中师范大学出版社，2011 年，第 49、50 页。

⑥ 周学熙：《工艺总局禀酌拟创设考工厂办法四条》，《周学熙集》，华中师范大学出版社，2011 年，第 51、52 页。

⑦ 陆惠元：《〈天津考工厂〉之争与近代博物馆概念》，《中国博物馆》1988 年第 4 期。

北省、山东省国货陈列馆、晋绥物产陈列馆等也被归入专门博物馆的行列[①]。由此来说，天津考工厂可以说是直隶工艺总局周学熙等人参照日本大阪第五次“国内劝业博览会”、商品陈列所经验[②]，结合直隶新政实情，创办的具有一定博物馆性质的陈列展示机构[③]。

4. 天津教育品陈列馆

在兴办直隶各项实业的过程中，周学熙有感于新式教育品、科学仪器对促进学校教育发展进步的重要作用，提出“学堂为人才根本，工艺为民生至计，二者固宜并重，而讲求之道亦属相资，工艺非学不兴，学非工艺不显。查外国学校，各科课程皆有教育物品、各种仪器具备，以供指授，故学堂工厂日新月异，竞出心裁。伏思天津为总汇之区，已立蒙小学堂、中学堂、高等专门各学堂，似宜设立教育品陈列馆，购置仪器、图画，任人纵观，以资启发”，并向直隶总督袁世凯建议，“拟就玉皇阁庙屋，修葺布置，设立教育品陈列馆”。此提议后经袁世凯同意，“谕准试办”。1904 年 10 月，周学熙“酌拟试办章程，并约估计开办及常年经费数目”，上报袁世凯。袁世凯认为，“设立教育品陈列馆为文明进化最要关键”，批准同意直隶工艺总局创办教育品陈列馆，并同意“所需经费准在银元局余利一成五项下拨领”[④]。

周学熙之所以提出创办教育品陈列馆，与其东游日本的经历不无关系，在日本期间，周学熙参观了大阪博览会，并实地接触到教育品陈列馆。他记录道，“教育馆，凡学校用品陈之”，几天后“又观学校教育品展览会各科，实绩仪器及学徒服物皆列之”[⑤]。“教育馆”、“学校教育品展览会”都具有教育博物馆性质，因而可以认为这是周学熙与教育博物馆最初的接触。此外，严修也曾参与该陈列馆的创办。1902 年，严修赴日本考察期间，曾实地参观教育博物馆（附设图书阅览室），并做了较为详细的记

① 中国博物馆协会编：《中国博物馆一览》，中国博物馆协会，1936 年，第 121～127、148、149 页。

② 徐苏斌：《20 世纪初开埠城市天津的日本受容——以考工厂（商品陈列所）及劝业会场为例》，《城市史研究》2014 年第 29 辑，社会科学文献出版社，第 195、196 页。

③ 陆惠元认为，天津考工厂是中国第一个博物馆（参见陆惠元：《天津考工厂是中国第一个博物馆》，《中国博物馆》1987 年第 1 期；陆惠元：《〈天津考工厂〉之争与近代博物馆概念》，《中国博物馆》1988 年第 4 期），但目前该观点并不为学界广泛承认。不过，应当承认天津考工厂是具有一定博物馆性质的展陈机构。

④ 周学熙：《直隶工艺总局酌拟教育品陈列馆试办章程并约估经费详文并批》，《周学熙集》，华中师范大学出版社，2011 年，第 74、75 页。

⑤ 周学熙：《东游日记》，《周学熙集》，华中师范大学出版社，2011 年，第 28 页。

录[①]。该教育博物馆与后来创办的天津教育品陈列馆有着诸多的相似之处。此外，为筹备教育博物馆开办事宜，周学熙建议“派两人赴日本选办陈列品”[②]，陈宝泉即在此列。陈宝泉至日本东京后，“屡就诸教育家访问教育博物馆事宜”，并将举办教育品陈列馆的意见分建筑、分类、陈列、许女子参观、在外国宜任派一留学生为委员等五条提交周学熙[③]，这些建议在天津教育品陈列馆实际举办中多被采纳。

四、小结与讨论

自19世纪40年代，英语“museum”被翻译成汉语“博物馆”、“博物院”起，近代博物馆在中国经历了较为漫长的知识传播过程[④]。伴随着晚清士人对近代博物馆认识的逐步加深，康有为、梁启超等维新派知识分子将博物馆主要被认为是辅助新式教育、发展科学技术的重要机构。基于此，康、梁在戊戌变法期间提出了在中国建设博物馆的主张。此种对博物馆功能的认识也影响到后一阶段的张謇等人，这是早期博物馆知识传播的重要成果之一。戊戌变法时期没有实现的博物馆理想终于在1900年之后成为现实。无论从国家制度建设还是从博物馆实践来看，近代博物馆真正成规模地被国人移植到中国都是在1900年之后。这一时期西学传播的路径发生了重大的变化，社会出现了“以日为师”的热潮，游历考察和留学日本、向日本学习成为引入新思想和新观念最重要的途径，这正是近代博物馆在清末发展和移植过程中所面对的时代背景，也是此一阶段博物馆史研究必须直接面对的问题。在此时代背景下，东游官绅作为连接日本博物馆制度、经验和国内博物馆建设实践的重要纽带，为全面考察这一时期中国博物馆事业发展情况提供了一个便利的切入点，使得研究可以兼顾外来经验和本土实践这两个在过去的研究中几乎没有被同时论及的知识维度。

未来的研究应当客观平实地考察并厘清日本经验对于清末中国博物馆事业的影响，在其他阶段的博物馆史研究中，同样应当注重考察来自异域的影响，这是中国近代博物馆史研究中无法回避的问题，也是正确认识中国近代博物馆产生、发展和转型的重

① 严修撰，武安隆、刘玉敏点注：《严修东游日记》，天津人民出版社，1995年，第114页。

② 周学熙：《直隶工艺总局酌拟教育品陈列馆试办章程并约估经费详文并批》，《周学熙集》，华中师范大学出版社，2011年，第74页。

③ 陈宝泉：《天津教育品陈列馆议绅陈宝泉上周总办意见书》，《教育杂志（天津）》1905年第5期。

④ 李军：《汉语“博物馆”、“博物院”的产生及使用——以19世纪外汉字典、中文报刊为中心》，《东南文化》2016年第3期。

要因素。同时，中国人的博物馆实践并不是完全照搬国外的经验和模本，而是汇聚了国人大量的思考和发明，是基本适应当时中国国情的创造性实践，这是研究过程中必须秉持的基本立场，也是未来的研究需要着力探讨和阐明之处。

作者简介：李军，深圳博物馆，副研究馆员，广东省深圳市福田区市民中心A区深圳博物馆，518026。

近代天津的洋行

——一份有关美孚洋行的文献考释

刘　翔

（天津博物馆）

摘要：近代天津洋行是当时相当活跃的一个社会经济因素，其经营业务种类丰富，涉及范围广泛。本文以一份涉及天津美孚洋行的不动产交易文献作为研究对象，对其进行考释。从中可获知美孚这一石油行业公司还曾从事地产交易中介的史实。该文献史料价值丰富，是研究当时天津洋行、近代土地买卖与登记制度以及金融货币史的珍贵的一手资料。

关键词：美孚洋行　地产中介　土地登记制度　抵押　汇率

近代洋行对开埠城市社会工商业的发展，起到了极大的促进作用。天津博物馆现藏有一份 1929 年与天津美孚洋行有关的历史文献。美孚从 1882 年诞生一直经营石油相关产品，目前已发展为世界石油化工巨头，2006 年为世界财富 500 强首位。而该文献的内容却比较有意思，是有关一桩地产交易，可以说与石油相隔十万八千里，美孚洋行在其中既不是买方，也不是卖方，而是“不务正业”地当了回地产中介，让人意想不到。从内容上看该文献难得一见，是比较珍贵的一手材料，它不仅对研究近代洋行，而且对研究近代土地买卖与登记制度以及税制、汇率等都具有极大的史料价值。

近代天津自开埠以来，受西方工业文明影响，其利于商业发展的地理位置迅速发挥出巨大优势，本身已相当发达的商业在近代工业飞速发展的刺激下，发生了质的改变，使天津在短时间内迅速成为北方第一，全国第二大工商业城市。在此过程中，形形色色的各国洋行可以说是推动天津工商贸易迅猛发展的一支生力军。所谓洋行，是中国人对外国在本地经营进出口贸易的公司之总称。西方资本主义国家强迫天津开埠的原因固然是多方面的，但扩大对中国的商业贸易，施行经济侵略，无疑是最重要的原因之一。所以在天津开埠当年，除了英法占领军之外，还来了 13 名外侨，其中有 4 人是英国洋行的老板，他们是广隆洋行的韩德森，密妥士洋行的密妥士，菲力普·摩尔洋行的瓦勒以及怡和洋行的麦克利恩[①]。他们一到天津，便立即抢占市场，开展业务活动。随后，在巨额利润的刺激下，外国商人不断来到天津寻找发财的机遇，越来越多的洋行在天津相继成立。

洋行从事的业务范围非常广泛，主要分为：

1. 商业贸易

以进出口贸易为主，进口方面，早期洋行以钟表、仪器、火器来引起封建地主阶级的兴趣，陆续又添加了药品、五金、玻璃器皿、机械、棉毛织品、洋针线、牙粉、糖、碱、烟、酒、电器、化学品、文化用品、化妆品等。后期有人造丝、汽车、汽油之类。军火的输入则是与洋行的存在相始终的[②]。出口方面，中国各地的土产品是主要对象，如蛋类、皮毛、猪鬃、马尾、头发、肠衣、山干货、废棉、草帽辫子等[③]。洋行在收购地开设工厂，雇佣廉价劳动力进行加工后出口到国外。

2. 物流运输

洋商们特地选择了沿海以及由海岸向内地河流航行的近代航运业。1867 年怡和洋行开始在天津开办航运业务，主要经营印度与中国沿海间的广州至天津和上海至天津两条航线，冬季天津封港，则在秦皇岛起卸。此外还代理世界各大轮船公司的客货揽载。1881 年太古洋行在天津设立分行，开辟了天津至上海和天津至香港两条航线。由于轮船承运货物时手续简便，节省时间，比中国木船所冒的风险又小，无论对中国商人还是对外国商人都有利。外国轮船不但切断了中国帆船与外国产品的联系，而且抢夺了沿海的土产贸易[④]。

3. 金融活动

实力雄厚的外国洋行也贷款给中国商人，而一些老牌洋行开始自设钱庄，直接与中国钱庄做对口生意，贷放的对象亦不再是零星散商，而是中国钱庄[⑤]。此外有的洋行

---

① 罗澍伟:《近代天津城市史》，中国社会科学出版社，1993 年，第 195 页。

② 天津市政协文史资料研究委员会:《天津的洋行与买办》，天津人民出版社，1987 年，第 12、13 页。

③ 天津市政协文史资料研究委员会:《天津的洋行与买办》，天津人民出版社，1987 年，第 15 页。

④ 罗澍伟:《近代天津城市史》，中国社会科学出版社，1993 年，第 199 页。

⑤ 高海燕:《外国在华洋行、银行与中国钱庄的近代化》，《浙江大学学报（人文社会科学版）》2003 年第 1 期，第 17 页。

还受外国保险公司委托，代理保险业务，如运输货物的保险等，从中赚取高额回扣，有时可达百分之三、四十。

4. 地产经营

一些洋行还从事地产买卖。最先有英人办的业兴地产公司，随后有英商先农公司、法商中法义隆公司、比商仪品公司、德商德兴公司等[①]。这类地产公司与官僚、地主、流氓勾结，乘机置买便宜土地或产业，再高价出租或售卖。

5. 其他业务

对于外商而言，只要能赚到钱，洋行几乎无所不为，无孔不入。诸如为债务纠纷估价、拍卖、公证等；从事进出口货物规格的检验；参与公用事业，如 1904 年比商洋行与津海关道唐绍仪订约承办天津电车、电灯公司。随后英人也拉上协兴军装行的陈协中开办了天津自来水厂[②]。

天津博物馆所藏文献是天津房管局保留的解放前业务存档，于 1954 年移交天津博物馆。该文献包含四页文书，第一页是地产卖契，第二页是美孚洋行出纳收据，第三页是登记费收据，第四页是不动产登记证明书。

以下为文献具体内容：

卖　契

立杜絕賣房地契人明忍堂孫寶珊、孫彩軒、孫晉卿同子侄今将祖遺民粮地基壹段計柒畝壹分貳厘伍毫，連磚房貳拾間、草房陸間，坐落大直沽村東。煩中說合情願賣與福厚堂李名下永遠納粮爲業。同中友人三面言明，賣價洋壹萬元整，其銀洋筆下交足不欠。自賣之後倘有遠近族人親友，以及兄弟子姪等爭奪爲礙者，有賣主及中友人一面承管，不與買主相干，永無返悔，恐後無憑，立此賣契爲證。

計開弓口四至：

東面長：柒拾陆弓，西面長：柒拾陆弓，南面寬：貳拾貳弓伍，北面寬：貳拾貳弓伍

東至買主，西至買主，南至買主，北至大道

中友人：孫作霖（画押）、孫從龍（画押）、劉莜齋（画押）、秦秀章（美孚行代表人）、劉彦林（私章）

代筆人：苗竹笙（画押）

---

① 天津市政协文史资料研究委员会：《天津的洋行与买办》，天津人民出版社，1987 年，第 19 页。

② 天津市政协文史资料研究委员会：《天津的洋行与买办》，天津人民出版社，1987 年，第 18 页。

公證人：律師張士駿（私章、画押）、律師劉恩祿（私章）

地保：畢祥（私章）

立杜絕賣房地契人：孫寶珊（画押）、孫彩軒（画押）、孫晉卿（画押）

時間：民國十八年五月十二日

卖契左侧粘有一张政府印制的买契，交契时间是民国十八年五月十二日，其上填有买主姓名、标的种类、地点、面积、买价、税额（大洋六百元）、卖主姓名等信息。

这张契约写明了卖主、买主、标的内容、坐落地点、交易价格、交易时间等。其后相关人员签字画押。一般此类卖契基本是中友人作为见证人，而这里中友人、公证人、地保三方共同见证交易完成，而且公证人还由两位律师充当，这种近乎繁琐的认真与正式，已经初具现代合同的严谨与法律意识，这在近代卖契当中还是比较少见的。在中友人中，我们还看到了美孚洋行代表人，其实美孚洋行在这里不仅仅是中友人这么简单，其还负责整件交易的中介工作，这将在后面详细介绍。卖契左上角盖有一印章，内容为“依照民国十一年五月二十一日大總統教令公布不動產登記條例此項產業應赴天津地方審判廳登記處並依法登記務保權利而免處罰”。说明当时不动产登记机关是天津地方审判厅，相当于地方法院。

美孚洋行出纳收据由中英文双语书写（表一），开具日期为1929年5月13日，编号为D字8854号，中文编号则用典型的具有中国商人特色的苏州码填写，体现出中西文化的强烈对比。买方福厚堂李以银行支票的方式支付给美孚洋行大洋1万元，支票号为F130333，支付银行为H + S BK.，从英文缩写上看应该是1880年就已经在天津设立分行的老牌银行——汇丰银行（Hongkong & Shanghai Banking Corporation）。由此可看出买方虽然为华人，但其同样具备现代商业与金融知识，推测其应该是接受过西方教育，而且很有可能是经常与洋人打交道的商人。

表一　美孚洋行出纳收据

<table>
<tr><td rowspan="2">如華文有錯以英文爲準</td><td rowspan="2">No.8854
CASHIER'S RECEIPT
station *Tien tsin* **date** *may 13* **192** *9*
Received *check # F130333 H + S BK.* Due
From *(mc.chi pu + philip H.e.Li) Fu Ho Tang Li*
Amounting to *$10,000^00* **(in words)** *Dollars Ten thousand only*
IN payment of
CREDIT
Date Paid
STANDARD OIL CO.OF NEW YORK
Pen xxxxxxxxxx
CASHIER</td><td colspan="3">收據</td></tr>
<tr><td>經福厚堂李交註人賬</td><td>爲還</td><td>第D字〨〨〥〤千号收到大洋壹萬元正</td></tr>
</table>

该收据是美孚洋行注销抵押登记的缴费证明，其中详列了四项收费细目，共缴费四角五分（表二）。

表二　登记费收据

據收費記登		
數號據收	號玖貳玖第	中華民國十八年五月十四日 （钤直隶天津地方法院之印） 天津地方法院登記處
數號件收	玖貳玖	
名姓人請聲	行孚美克約紐	
聲請標的	抵押權塗銷登記	
收費數額	登記費貳角 □□費壹角 代□費壹角 聲請書□費五分	
備考		

该不动产登记证明书是政府颁发给福厚堂李的官方文件，颁发时间为 1929 年 6 月 11 日，其上所列各个项目清晰明了，无需详述。该证明书在法律上保障了福厚堂李对该地产的合法所有权（表三）。相当于现在政府颁发的产权证。

表三　不动产登记证明书

不動產登記證明書	登記人姓名	登記號數	收件年月日及號數	不動產之標示	登記原因及其年月日	登記標的	權利先後欄數	登記年月日	
	福厚堂李	不動產登記簿第肆冊第壹零捌號	中華民國拾捌年伍月拾肆日 收件第玖叁零號	鄉五區大直沽東頭房地壹段 計地柒畝壹分貳厘伍毫，磚 瓦房貳拾間	民國拾捌年伍月拾貳日由孫 寶珊等立契賣給	所有權移轉登記	所有權部第貳欄	中華民國拾捌年陸月拾壹日	右證明登記完畢（钤直隶天津地方法院之印） 中華民國拾捌年陸月拾壹日　登記處 （钤天津地方法院登记处之印）

这份文献的四页文书初看好像并无什么大的联系，但经过仔细分析推敲后，会发现这四部分串联起整个事件的脉络，每页文书都是事件进程的一个关键节点，依此可勾勒出整桩交易的发展过程。1929 年 5 月 12 日买方福厚堂李与卖方孙宝珊、孙彩轩、孙晋卿等签订了一块地产的买卖契约，交易价格为大洋 1 万元。在这桩交易里，美孚洋行不仅是中友人，同时还是交易的中介人，其不仅垫付了交易款，而且还要负责去不动产登记机关为买卖双方办理相关过户手续。详解如下：

由于卖契中清清楚楚地写有“同中友人三面言明，卖价洋一万元整，其银洋笔下交足不欠。”也就是说卖方为了保护自己的利益，在当场没有拿到钱的情况下是不会签约的，既然已经签下卖契，卖主必然是拿到了钱，而这钱正是美孚洋行垫付的。也许有人会觉得洋行垫款对于自身风险会不会太大，如果买方不给他钱，可卖契已经签下属于福厚堂李了，洋行岂不是亏大了。不必担心，洋行自有办法。洋行在付给卖方大洋 1 万元的同时，也就拿到了卖契及该地产原来的不动产登记证明书（此时该登记证明书上标的所有人还是孙宝珊、孙彩轩、孙晋卿），在此基础上，洋行便可以在房地产管理部门开始办理相关手续了。首先，洋行在当天办理该地产抵押给洋行的抵押手续，取得该地产的他项权证，这也是洋行保障自身利益的关键环节。房地产的他项权是指除产权人及共有权人以外的其他团体或者个人对该房产涉及的权利，通常是指抵押权利，他项权证由他项权人持有。就像现在我们贷款买房一样，银行贷给我们钱，但是房产已经在房管局做了抵押登记，银行取得他项权证，如果我们不还贷款，银行收回房子。所以说美孚洋行拿到了该地产的他项权证，取得了抵押权，也就不怕买主不还钱。洋行在办理抵押的同时还为该交易做了登记，时间也是当天，因为买契交契时间就是 5 月 12 日。获取官方印制的买契，粘在卖契左侧，其实卖契与买契相类似，只不过一个是民间订立的，一个是采用官方标准格式订立的，而且后者同时也是办理相关登记手续的要件之一。

接下来洋行就是等待福厚堂李归还垫款，只要此步完成，洋行便可撤销抵押、报件申请办理过户手续。而事情正是如此发展的，在第二页文书——美孚洋行的出纳收据中，我们看到福厚堂李在 5 月 13 日（签订卖契的第二天）付给美孚洋行大洋一万元，也就是归还洋行先前的垫款。再看第三页文书——登记费收据，时间为 5 月 14 日，也就是收到福厚堂李支票的第二天，声请人是美孚洋行，声请标的内容为抵押权涂销登记，即撤销该地产抵押。可以看出洋行的办事效率颇高，拿到钱转天便撤销了抵押，同时一并完成了过户手续的办理工作。剩下的便是登记机关自己的事情了，经过一定的审核步骤和行政程序，完成该地产主人变更的登记工作，然后制作颁发新证。这也就是文献的最后一页——不动产登记证明书，其完成登记时间为 6 月 11 日，地产所有人已经变更为福厚堂李，整桩交易从签约到新证完成共用大约二十余天时间，交易至此全部结束。在此我们应特别注意，登记机关为洋行办理撤销抵押的收件号为 929

号，办理福厚堂李不动产登记证明书的收件号为930号，由此可证明洋行办理撤销抵押与地产过户手续是首尾相接同时办理的。

该文献记录了这桩地产交易的全部过程，是近代天津社会经济发展生动鲜活的见证物，文献中所包含的历史信息丰富详实。具有珍贵的史料价值。

首先，它反映出近代天津洋行业务种类丰富，涉及范围广泛，自身更像一个工贸经济实体，虽有自己的主营业务，但并不局限于此，凡是有条件做的都会涉足。美孚洋行就是一个典型的例子，天津美孚洋行正式名称为纽约标准石油公司（也称美国美孚石油公司）天津分公司。分公司辖区内，共交托120多家商号作代理店，包销美孚产品。美孚石油公司最初打入中国市场的是“老美孚”牌（原名“德富士”牌）煤油，其后“鹰牌”和“虎牌”煤油行销于市。至1937年七七事变前，美孚石油公司在华北地区的年销量达3万吨[①]，时至今日美孚的产品仍畅销世界。很难想象，如今的世界第一大石油公司在当时也曾如此地“全方位发展”，“涉足”房地产中介。由此可见，洋行在当时是相当活跃的一个社会经济因素，其为了追求利润的最大化，使尽浑身解数，把商人的本色发挥得淋漓尽致。洋行带来的西方商业理念以及在社会经济发展方面的积极拓展与钻营加速了近代天津工商业的资本主义化，这一点具体体现在美孚洋行的中介行为以及福厚堂李与洋行的支票结算方式上。其实文献中所反映出的整个交易过程与现代社会的商业运作行为几乎已无甚区别。近代天津工商业的经营形式和手段逐渐向近代资本主义商业转化，有限股份公司的出现、董事制度的实行、契约精神的建立，商业分工的细化、商业规模的扩大，完全颠覆了旧有商业模式。大量资本、人才、劳动力被吸引至津，寻求发展的空间与机遇。因此近代洋行在当时的中国可以视作一股先进的生产力，尽管其自身也存在一些缺陷，但其确实带来了现代工商业的技术、模式以及理念，同时还造就了一批具有现代气息的商业人才。

其次，这份文献是反映近代土地登记制度的实证。我国古代官府也对百姓占有的土地及使用情况进行登记，但其目的主要是为收取税赋而服务，而现代土地登记制度，是以确定土地权属为目的，两者存在本质区别。1922年，北京政府曾效法日本相关法律，制定并公布了《不动产登记条例》，但由于时局动荡，政府对于土地位置、面积等相关数据的采集经常流于形式，听凭业主自行申报，工作成效不佳。但其登记制度的框架已经建立起来，尚需不断完善。1928年南京政府着手拟定《土地法草案》，历时一年半于1930年获立法院会议通过，其中第二编为土地登记，这也是我国正式确立土地登记制度。该法1934年经修正于1936年在全国统一实施。美孚洋行经手的这桩交易正是发生在《土地法草案》着手制定和正式实施之间，这一过渡时期社会变革快速而繁复，各省在土地法执行上也并非完全一致。因此该文献所记录的有关土地登记制

① 天津市地方志编修委员会：《中国天津通鉴》上卷，中国青年出版社，2005年，第132页。

度的一些信息是比较重要的，例如从文书末尾所钤盖印章可以看出天津地方法院是政府指定的不动产登记机关，并不是我们习惯上认为的房管局，这与现在是有所区别的。此外政府管理部门相关文书的制式、规格、条目以及税费和部分手续费金额等都对研究这一时期天津土地登记制度具有重要的史料价值。

最后文献中还有一处细节值得注意，美孚洋行出纳收据是中英文双语书写，其中收款金额中文是“大洋壹萬元正”，英文则是“$10,000^{00}（Dollars Ten thousand only）”，一个是大洋，一个是美元，难道是搞错了？从书写方式上看，中文是大写繁体字，英文不仅是美元符号加阿拉伯数字，还特意标注文字叙述“Dollars Ten thousand only”（美元1万元整），可以说笔误是不可能的，那问题又该如何解释呢？笔者查阅了有关中国近代货币史及相关资料，20世纪30年代前后世界经济大萧条使世界许多国家放弃金本位并使本国货币贬值以应对经济危机，由于中国一直采用银本位的货币体系，因此在大萧条最初两年并没有受到较大影响，但1931年以后，仍坚持银本位的中国顿时陷入白银急剧升值随之白银大量外流、国际贸易逆差和国内通货紧缩的境地。中国工业和农业也因此出现严重的危机[①]。19世纪中后期至1931年之间，白银曾经历了相当长时间的贬值期。在《大萧条时期的中国——市场、国家与世界经济（1929—1937）》一书中，一张1880—1930年纽约银价、中国元与美元汇率图表为该问题做出解答，图表显示1929年大洋与美元的平均汇率为1∶1，答案往往就是这么简单直接，大洋1万元与美元1万元是相等的。可见这张收据从另一面也佐证了上面书中汇率图表的真实性，其实不仅如此，收据中涉及的支票、银行等相关信息都为研究中国货币史及近代金融发展提供了一手资料。

总之，这份文献鲜活而丰富，其所包含的洋行、金融、土地登记制度等信息，不仅反映了近代天津社会的经济发展，而且能为我们从事的研究工作提供极大的帮助，是一份难得的史料。

最后，有关该文献再说两个小问题，一个疑惑，一个遗憾。

疑惑是在卖契末尾相关参与人员均签字画押，但唯独缺少买主福厚堂李。笔者做一推测，可当闲谈：买主可能因故无法到场，因为在场相关人士都已签字，如果买主在场，身份又如此重要，没有理由不签字。他可能是由于重要事情、或因病、或在外地经商等无法到场，总之不管什么原因，也许正因为其知道无暇分身于该交易，才会请中介代其完成。作为交易中的友人应是买卖双方均信任之人，美孚洋行能担当此任，必定与福厚堂李相熟，也许就是生意上的伙伴，而其充当交易的代理中介也就顺理成章了。

---

① 城山智子：《大萧条时期的中国——市场、国家与世界经济（1929—1937）》，江苏人民出版社，2010年，第2页。

遗憾在于美孚洋行在这次交易中收取佣金数额未知，由于该文献是房管局所存业务档案，而佣金单据肯定不是登记手续的要件，因此自然不会在其中。我们也就无法得知洋行从中赚钱多少。其实该信息是比较重要的，它是直观反映当时中介行业的从业状况以及不动产市场行情的实证，希望以后能有这方面的发现。

作者简介：刘翔，天津博物馆，馆员，天津市河西区平江道 62 号，300201。

民国初期各阶层的收入水平与生活状况

杨兴隆
（天津博物馆）

摘要：民国初期，国人的经济收入水平在不同社会群体间差异巨大。处于社会上层者如政府官员、大学教授等月收入可达数百元，中产阶层如中学教师、报社编辑月入数十元至百元不等，处于社会底层的普通工人则只有十元左右。民初国人的收入水平，是判断人们生活状况的重要依据，也有助于准确认识当时国家经济社会的发展状况。

关键词：民国初年　收入水平　生活状况

民国初期，社会各群体收入水平差距悬殊，同一群体内部也因等级、行业不同而存在着明显差别。本文以官员、知识分子和工人三个社会群体为认识对象，对其收入水平及生活状况略作考察，以期有助于准确认识当时国家经济社会的发展状况。

一、官员群体的收入水平

民国初期，官员群体的薪俸依据等级被划分为多个级别，并因官员所处位置、事务不同而有所区别，呈现出高等官员薪俸高于普通官员，中央官员高于地方官员，文官高于武官的特点。除日常薪俸外，一些官员还享有公费、恤金待遇。总体来说，民国初期的官员属于高薪阶层。

（一）行政官员的收入

1. 官俸

民国初期，行政官员的官等分为特任、简任、荐任、委任四级九等，薪俸根据官等划分为十二级。按照北洋政府1912年10月16日公布的《中央行政官官俸法》，国务总理月俸为1500元，各部总长1000元。国务总理与各部总长以下的官员俸禄按照官等被分为600至50元不等的多个级别（表一）。

表一　行政官员官俸表[①]

	简任		荐任			委任			
	一等	二等	三等	四等	五等	六等	七等	八等	九等
一级	600		360			150			
二级		500	340			140			
三级		400		300		130			
四级				280			115		
五级					240		105		
六级					220		95		
七级					200			80	
八级								75	
九级								70	
十级									60
十一级									55
十二级									50

省县地方行政官员的俸给也有详细的规定，1913年9月20日财政部通电各省都督、民政长，公布了各省公署职员的官俸。民政长署职员俸给为：民政长（特任）800元，司长（简任）500元，秘书、科长、技正（荐任）200元，科员、技士（委任）100元。观察使署职员俸给为：观察使（简任）500元，科长、秘书、技正100元，科员、技士50元。县知事署职员俸给为：一等知事（荐任）300元，二等知事260元，三等知事240元，科员、技士50元[②]。

对于行政官员的收入，不仅在相应的数额等级上有着明确规定，在给俸、加俸、减俸的条件上也有额外规定：（一）简任、荐任、委任官在进至各该官最高之等、受至最高级之俸，且满五年以上，确有功绩的条件下，可以获得一定的年功加俸：简任官在700元以内，荐任官500元以内，委任官200元以内。（二）官员“休职、退官及死亡时，仍给以本月之全俸”，“退官者仍在续办公事清理余务时，照常给俸”，“休职者在休职期间中，仍给俸三分之一”[③]。（三）凡官员在一年之内“因病不能执务过九十日，或因私事不能执务过三十日者，须计其一年应得之俸，减其四分之一”[④]，但因公致疾和服丧者不算在内。（四）“文官每隔二年得进官或加秩；其劳绩异常的还可以提早进等

① 钱实甫：《北洋政府时期的政治制度》，中华书局，1984年，第353页。

② 《财政部通布公决各省公署官俸及办公经费》，《东方杂志》第10卷第5号。

③ 《公布中央行政官官俸法》，《东方杂志》第9卷第6号。

④ 《公布中央行政官官俸法》，《东方杂志》第9卷第6号。

或加俸。”[①]

从上述各级官员官俸数额可以看出，高等级官员高于低等级官员，中央官员高于地方官员，即便是科员、技士等最低等级的官员，月俸也有50元，相比同时期工人10元左右的月工资，收入已远超普通民众。而且官员在休职、退官的情况下仍能领有俸禄的一部分甚至全部，即便出现因病或私事而不能执行公务，也只是在达到一定日期的情况下减少其收入的一部分，相关规定是相当宽松的。

2. 公费

除定期定额俸给外，一些主要官员还享有公费。例如大总统在月俸两万四千元之外，还有公费、交际费各四万元，副总统在年俸十万元之外，也有每月两万元的公费。各地方官员也有一定的办公经费，例如财政部规定民政长署办公经费每月9400元，观察使署办公经费每月1200元，县署办公经费一等每月450元，二等每月360元，三等每月210元[②]。这些公费包括电报、调查杂费，纸墨、交际、雇员费和役食费等。各地道尹在俸给之外也领有公费，其中一等每年公费12000元（月支1000元），二等9600元（月支800元），三等7200元（月支600元）[③]。就各省行政机关的财政预算结构而言，除了官员俸给占到60%以上，“所谓的办公费也，车马费也，津贴费也……此外种种不必要之杂费，归合而计之，殆又占百分二三十”[④]。

3. 恤金

行政官员除了于在职时期领取官俸、公费等收入，在年满退职、离休或因公得病退职甚至因公死亡等情况下，其自身或家属还享有领取恤金的待遇。根据1914年3月2日中央政府公布的《文官恤金令》，行政官员可享有终身恤金、一次恤金和遗族恤金。领取终身恤金的对象为在职满十年的年满六十以上自请免官者，或因身体衰弱、残废而不胜职务者，以及虽在职未满十年，但因公受伤、受病而不胜职务者，恤金数额为退职时俸给的百分之六十。此外，官员在职满十年，每增一年便递次增加退职时俸给的六十分之一，因公受伤、受病者不仅可领取终身恤金，还可增给退职时俸给的一半。领取一次恤金的对象为在职满一年以上退职的官员，数额在其退职时一月

---

① 钱实甫：《北洋政府时期的政治制度》，中华书局，1984年，第354页。

② 《财政部通布公决各省公署官俸及办公经费》，《东方杂志》第10卷第5号。

③ 《政府公报》1914年8月31日第834号。

④ 《教育杂志》第22卷第6号，转引自马良玉：《民国时期政府官员群体述略》，吉林大学硕士学位论文，2006年，第24页。

俸额之范围内。领取遗族恤金的条件为在职满十年以上者死亡时或受终身恤金之退职者死亡时，家属可获得其终身恤金二分之一范围内的遗族恤金，在职未满十年者但因公致死或因公受伤、受病退职后死亡时，其家属可获得其终身恤金三分之二范围内的遗族恤金[①]。

（二）军官的收入

根据中央政府1912年8月19日公布的《陆军官佐士兵等级一览表》和10月20日公布的《海军官佐士兵等级表》，北洋政府时期陆、海军官佐等级分为三等九级，上等官佐有上将、中将、少将三级，中等官佐有上校、中校、少校三级，初等官佐有上尉、中尉、少尉三级。以常见的陆军军官为例，按照1912年8月11日参议院的议决案，陆军军官官俸分为现役俸和职务俸两种，具体官等对应的数额如表二所示。

表二　陆军军官官俸表[②]

	上等官佐			中等官佐						初等官佐						
	上将	中将	少将	上校一等	上校二等	中校一等	中校二等	少校一等	少校二等	上尉一等	上尉二等	上尉三等	中尉一等	中尉二等	少尉一等	少尉二等
现役俸	400	300	200	150	120	100	80	70	60	50	40	35	30	25	20	15
职务俸	600	500	400	300	250	220	200	150	120	70	60	50	40	30	25	20

（三）国会议员的收入

北洋政府时期，国会是国家最高立法机关，国会议员享有较高的政治地位。关于第一届国会议员的收入，在1913年国会制定的《议院法》中有明确规定。然而国会在讨论议员岁费的过程中，一些国会议员或出于自视甚高，或出于与中央行政官员的收入盲目攀比，对自身收入主张高薪巨额。一些议员提出了岁费5000元、6000元的方案，还有一些议员提议发给出席费、交际费等公费。议员的岁费问题引起了社会各界的高度关注，当时《申报》调查了欧洲各国议员的公费数目：英国、意大利、葡萄

① 详见《公布文官恤金令》，《东方杂志》第10卷第10号。

② 此表依据《申报》1912年8月12日所刊《陆军部新定官俸》制定。

牙、西班牙议员无俸，荷兰每年4175法郎，比利时4000法郎，土耳其6800法郎，瑞典1650法郎，挪威4150法郎……欧洲诸国议员岁俸“多在三五千佛郎之间，约合华银二三千元”，相较而言，国会议员动辄五六千元的岁费显然过高。《申报》直接批评“议员诸公方且诩诩自负，曰六百元（岁计七千二百元），曰八百元（岁计九千六百元，虽在法国无此巨也），任意索价，靡所底止”，“所谓最高立法机关之声价扫地尽矣”①。

1913年9月27日，《议院法》正式公布，规定国会议员岁费5000元，交际费议长每年5000元，副议长每年3000元②。普通国会议员的月收入就达到了400余元，相当于简任官的月俸水平。按照第一届国会862人来算，抛开其他杂费，仅议员薪俸一项每年就要开支430余万，这对于当时财政拮据的北洋政府而言无疑是一笔巨额开销，难怪有人讽刺当时议员“岂明知财政固窘而一己之挥霍不能减，专为个人计耶？果尔其良心在何处，其目中尚有国家乎？”③

需要指出的是，以上所述文官、武官、国会议员等官员的俸禄均只见于政府法规或官方文件，实际情况须视政府财政状况、地方政府实际执行状况等因素而定。例如民国初期中央政府财政危机，经常发生拖欠部员薪水及教育经费的事件，许多官员只能拿到本月薪水的一部分甚至拖延数月才可领取。此外，政府还会以银元加钞票或公债票的形式发放薪俸，由于钞票往往难以全额兑现，致使收入无形中缩水。时任教育部佥事的鲁迅曾在1913年9月27日的日记中记载“收本月俸百七十元，余七十元为公债票，未发”④，周作人在1914年任北大国史编纂处编纂一职时就遇到“北京中交票落价，一元只做五六折使用”⑤。

另一方面，一些官员，尤其是高级官员在领取官俸、公费、恤金等制度性收入之外，还存在大量其他收入，比较常见的途径有投资实业、兴办工厂、购买土地甚至贪污受贿等，这些收入往往要比自己的常规收入要高得多。

二、知识分子群体的收入水平

清末民初新学的推行和报刊媒体的发展，推动了教师、编辑、记者等现代知识分

① 《国会议员公费》，《申报》1913年6月12日，第一张。

② 关于第一届国会议员岁费制定问题，参见李学智：《国民第一届国会议员岁费的制定》，《近代史研究》2001年第6期。

③ 张东荪：《议员薪俸问题》，《庸言》第1卷第16号。

④ 鲁迅：《鲁迅全集》第15卷（日记），人民文学出版社，2005年，第77页。

⑤ 周作人：《知堂回想录》，三育图书有限公司，1980年，第315页。

子阶层的形成，这些知识分子享有较高的社会地位和经济收入。

（一）教师的收入

1917 年 5 月 3 日教育部公布了《国立大学职员任用及薪俸规程令》，规定国立大学的职员有校长、学长、正教授、预科教授、助教、讲师、外国教员、图书馆主任、庶务主任、校医及事务员等，并对各自薪俸数额做了详细的规定（表三）。

表三　国立大学职员薪俸表[①]

级别 职别	校长	学长	主任	一等事务员	二等事务员	正教授	本科教授	预科教授	助教	讲师
第一级	600	450	200	100	60	400	280	240	120	每小时二元至五元
第二级	500	400	180	90	50	380	260	220	100	
第三极	400	350	160	80	40	360	240	200	80	
第四级		300	140	70	30	340	180	180	70	
第五级			120			320	160	160	60	
第六级						300	140	140	50	

可以看出，除校长外，大学职员分为教务、事务两种类型，相同等级下，教员的收入要远高于事务员。此外，教育部还规定教师同样享有终身恤金的权利，校长、学长和教授连续任职满五年以上还可出国考察一次[②]。

当时公立大学基本是按照教育部所定标准来发放职员薪俸的。以北京大学为例，1917 年 4 月，周作人受聘暂任北大国史编纂处编纂一职，月薪 120 元，后担任北大文科教授，月薪“教授初级为 240 元，随后可以加到 280 元为止”[③]，这与教育部规定的本科教授最高工资为 280 元相符。胡适于同年 8 月被聘为北大文科教授，他在 10 月 25 日的家书中写道，“适在此上月所得薪俸为 260 元，本月加至 280 元”[④]。陈明远先生通过对北大薪俸存根等相关档案资料的搜集，系统地整理出北京大学 1919 到 1920 年间

① 中国第二历史档案馆编：《中华民国史档案资料汇编》第 3 辑（教育），江苏人民出版社，1981 年，第 166 页。

② 中国第二历史档案馆编：《中华民国史档案资料汇编》第 3 辑（教育），江苏人民出版社，1981 年，第 167 页。

③ 周作人：《知堂回想录》，三育图书有限公司，1980 年，第 329 页。

④ 耿云志、欧阳哲生编：《胡适书信集》，北京大学出版社，1996 年，第 111 页。

一些主要教员的薪俸，为我们了解当时大学教员的收入水平提供了重要参考：各科学长薪俸为每月 300 元或 350 元（如文科学长陈独秀 300 元，理科学长夏元瑮 350 元，法科学长王建祖 350 元，工科学长温宗禹 300 元）；教务长马寅初 280 元；图书馆主任李大钊 120 元；一些著名的教授如胡适、朱希祖、辜鸿铭、刘师培等均为最高薪俸 280 元，教授最高级之下以 20 元为级差次第减至 180 元；预科教授为 160 元或 140 元；助教 50 至 100 元不等；讲师由于按时计薪，不同教师收入也不尽相同[①]。总的来说，大学教员，尤其是大学教授作为社会的上层人物、作为高级知识分子，享有很高的社会地位和经济待遇，其工资收入甚至高于大部分官员。就全国而言，经济、政治、文化发达地区（如北京、上海等地）大学教员的收入要高于其他地区，公立大学教员的收入要高于私立大学，但这些收入差距是依据一个基本标准，控制在一定的范围内的，“在此标准上，各高校结合学校经费情况和自身需要以及所聘教师的学术水准、社会影响等，对其待遇进行调整”[②]。

相比大学职员的高薪俸，中、小学教员的收入要少很多。中学教员一般实行时薪制，“1922 年以前一般为每小时 5 角至 2 元。1922 年实行学制改革后，初中一般每小时 1 元至一元 2 角 5 分，高中一般每小时 1 元 7 角 5 分或 2 元”[③]。例如，周作人曾于 1913 年被浙江省立第五中学聘为外国语科教授，其聘书上写道“教授时间每周十四小时”，“月俸墨银 50 元”[④]，计算成时薪便是一元左右。与中学教员相比，小学教员的收入要更低一些，以直隶省（河北省）的小学教员收入为例，据统计，“初高等小学教员最多月薪 36 元，最少者 6 元，平均 21 元；初等小学教员月薪最高 21 元，最低 5 元，平均 13 元；乡村小学教员，每月不过四、五元而已”[⑤]。1917 年 2 月 6 日，教育部公布了《小学教员俸给规程令》，对各级教员的收入做了详细说明，并规定相关教员若受一级俸并确有劳绩则还可加俸，校长、正教员可递增至 80 元，专科正教员、专科教员可递增至 60 元，助教员可递增至 30 元。这一法令的出台使小学教员的收入有了一定提高，但教师实际收入水平还要看各地经济发展程度、政府重视程度和财政倾斜力度，因此地区差异性明显（表四）。

---

① 陈明远：《蔡元培主持北京大学期间的教员资格和薪俸标准》，《社会科学论坛》2011 年第 3 期。

② 葛福强：《民国高校教师待遇的历史考察（1912—1949）》，《宁波大学学报（教育科学版）》2012 年第 6 期。

③ 慈鸿飞：《二三十年代教师、公务员工资及生活状况考》，《近代史研究》1994 年第 3 期。

④ 周作人：《知堂回想录》，三育图书有限公司 1980 年，第 272 页。

⑤ 马嘶：《百年冷暖：20 世纪中国知识分子生活状况》，北京图书馆出版社，2003 年，第 25 页。

表四　小学教员俸给表①

职别 级别	1	2	3	4	5	6	7	8	9	10	11	12	13	14
校长及正教员	60	55	50	45	40	35	30	26	22	18	15	12	10	8
专科正教员及专科教员	40	35	30	26	22	18	15	12	10	8	6			
助教员	22	18	15	12	10	8	6	4						

总体来说，民国初年教师群体的收入属于当时社会的中上层，尤其是大学教授，享有很高的经济待遇，工作条件相对优越，这体现出政府对知识分子、对高等教育的尊重和重视，但另一方面也折射出高学历人才匮乏，民众受教育程度普遍不高的现状。此外，一些有影响力的教授往往还在其他学校兼职授课（胡适、梁漱溟等），创办杂志、发表文章或出版书籍（如《新青年》的同人），甚至在政府谋有职务（蔡元培、鲁迅等），这些知识分子的收入就更为可观。民国时期教师群体的高薪制度为知识分子提供了良好的物质条件，使之能够保持独立的人格，专心从事学术研究，也推动了中国近代教育事业的发展。

（二）出版界、报界编辑、记者、作家的收入

除了教师阶层，清末民初兴起的报社、出版社编辑、记者和作家等群体作为新型知识分子也具有相当的社会影响力，他们的收入同样存在多样性、差异性的特点。

戈公振在《中国报学史》一书中曾对民国初年报界编辑、记者等群体的收入做过系统总结：报馆总理月薪约在 300 元左右，总编辑（总主笔）在 150～300 元之间，编辑长约 150 元，编辑长之下有要闻编辑、地方新闻编辑和本埠编辑等，均为 80 元左右，副刊编辑则在 60 元左右；记者因职务性质、重要程度不同，收入也大不相同，特派员因专事发电或专事通信，月薪在 100 元左右，特约通信员多以篇计资，每文一篇约 10 元，驻在国内各要埠的访员专任者约 40 元，兼任者仅 10 元，本埠的特别访员在 40～60 元之间，普通访员则在 10～30 元之间；此外，缮译人员 50～80 元，校对、译电人员在 20 元左右②。可见，在报社各类人员内部，收入因工作性质和重要程度而异，那些“任务繁剧，责任重大，或具专门技巧者，其酬报自较高”③。

① 中国第二历史档案馆编：《中华民国史档案资料汇编》第 3 辑（教育），江苏人民出版社，1981 年，第 494 页。

② 戈公振：《中国报学史》，《民国丛书》第二编第 49 册，上海书店，1990 年，第 259、260 页。

③ 赵君豪：《中国近代之报业》，《民国丛书》第二编第 49 册，上海书店，1990 年，第 265 页。

以上所说只是大体状况，不同报社、出版社、书局因自身经济情况不同，所发薪资自然大为不同。张静庐在1915年任天津《公民日报》副刊编辑时就接到报社来信，称“因社中经费支绌，请半尽义务，月致车费四十金”①，1920年张静庐任泰东书局编辑时，更因书局经济困难，“每个月可拿到20元左右，但得三元二元分几次在柜上领取”②，可见经济之窘迫。相比而言，实力雄厚、影响力大的商务印书馆对职员所发薪资就高出不少。在商务印书馆经理张元济的日记中可以找到多条涉及用人和薪金的内容，如张在6月18日记到“王雷夏约到馆，薪水月五六十元”③，1913年4月2日记到“托李拔可约诸真长，请任编辑，月薪八十元”④。对于那些学历高、名气大、特别是在学界政界有影响力的人，商务印书馆更是不惜重金聘请，例如对邵裴子的聘金为160到200元，蒋梦麟的聘金为200到250元，胡适的聘金更是达到300元，相当于报馆经理的收入。

此外，一些文人、学者还通过编译书籍获取一定的生活收入。丁文江编写《动物学》一书，“全书计润400元”，“亲蘅茫编《代数》《几何》，700元”，“景阳编《三角》，400元”⑤，收入都颇为可观。对于编译著作的稿酬，出版社有着明确的规定，商务印书馆的标准是“最高等千字三元，次二元五角，次二元”⑥，1913年周作人将翻译的小说《黄蔷薇》送至商务印书馆，就以每千字二元得到了六十元的稿酬。但这一标准显然不适用于那些知识精英，学识越丰、名声越大的作者稿酬自然越高。1918年胡适对商务印书馆所投《东方》一稿就被允以千字6元，而“梁启超在《东方杂志》发表的文章，稿酬竟达千字20元”⑦。

三、工人群体的收入水平

工人作为社会的下层民众，不仅收入低下，且工作时间长、环境差，生活条件十分恶劣。1920年5月1日，《新青年》推出劳动节纪念号，里面记载了对各地各行业工人的调查情况，为我们了解当时工人群体的收入水平提供了参考资料。以下是一些主要城市中与人们日常生活相关行业的工人收入情况：1. 丝厂：无锡丝厂工人工资最多每日三角五分，最少每日八分；上海丝厂工人最多三角六分到四角，最少约一角五

① 张静庐：《在出版界二十年》，《民国丛书》第二编第86册，上海书店，1990年，第55页。

② 张静庐：《在出版界二十年》，《民国丛书》第二编第86册，上海书店，1990年，第101页。

③ 《张元济全集》第6卷（日记），商务印书馆，2008年，第3页。

④ 《张元济全集》第6卷（日记），商务印书馆，2008年，第13页。

⑤ 《张元济全集》第6卷（日记），商务印书馆，2008年，第8页。

⑥ 《张元济全集》第6卷（日记），商务印书馆，2008年，第12页。

⑦ 马嘶：《百年冷暖：20世纪中国知识分子生活状况》，北京图书馆出版社，2003年，第23页。

分。2. 纱厂：无锡纺纱厂工人工资最多每日三角五分最少一角；上海纱厂工头每月约二十元，工人每日三角左右。3. 织布厂：上海织布厂工人最多每日二角六分，最少每日八分。4. 面粉厂：北京面粉厂工人每月七八元至十一二元；无锡面粉厂工头每月约二十元，工人最多十元，最少四元。5. 榨油厂：无锡榨油厂工人每月最多十八元，最少十元。6. 自来水厂：北京自来水厂工人每月八元至十一元；上海自来水厂工人九元到十六元不等。7. 印刷厂：上海印刷厂工人多为每月七八元、十元左右；北京财政部印刷局职工八元至十五元不等。8. 造币厂：天津造币厂工人中，艺徒长夫每日一角起至二三角，工人自二角至二元，日支三四角者居最多数。9. 矿务局：唐山开滦矿务局工人中，头等气电机匠每日一元至一元八角五分，二等气电机匠二角五分至一元，井上小工二角至二角五分，井下小工二角五分至三角五分。10. 铁路工人：唐山京奉路制造厂工人中，匠目、工匠每日三角至一元八角，工徒自二角二分起，每年增薪一次①。

可以看出，民国初年工人群体的收入在不同行业、不同地区间的差异并不大，差异主要来自行业内部。一般来说，高级技工每月收入为数十元，工头为20元左右，而普通工人基本处于日入3、4角，月入10元左右的收入水平。这样的收入水平若仅用于个人生活尚可自足，要赡养家庭则显得捉襟见肘。1917年上海圣约翰大学的学生在对曹家渡的调查中发现“工人支持五口之家月须15元”，而针对普通工人十元左右的月收入，他们得出“非有一人以上在外谋生不可”②的结论（表五）。收入如此之低，家用尚且不敷，每日却要连续工作十余小时，有些工人还要遭受包工头的盘剥压榨，工人群体的生活水平可想而知。

表五　上海工人生活开支③

用途	粗工		精工	
	独身	五口之家	独身	五口之家
伙食	5.45元	11.10元	7.32元	15.06元
服装	1.19元	2.13元	2.31元	3.94元
房租	1.28元	2.78元	3.09元	5.02元
燃料	0.47元	1.92元	0.57元	2.51元
出外费	0.71元	0.85元	2.12元	2.15元
杂用	2.25元	2.56元	3.85元	7.17元
合计	11.85元	21.34元	19.26元	35.85元

---

① 以上数据均根据《新青年》第7卷第6号中《上海劳动状况》《北京劳动状况》《无锡各工厂劳动调查表》《唐山劳动状况》《天津造币总厂底工人状况》等文所得。

② 《曹家渡调查》,《约翰年刊》1921年。转引自张仲礼:《近代上海城市研究》，上海人民出版社，1990年，第747页。

③ 《曹家渡调查》,《约翰年刊》1921年。转引自张仲礼:《近代上海城市研究》，上海人民出版社，1990年，第748页。

四、民国初年国人的生活状况

一个国家、地区人民的生活状况与当地人民的收入水平和当时的物价水平息息相关。根据时人对上海物价的估算，1912～1926 年这 15 年间，上海物价指数“共上涨了 33%，涨落幅度最高达 10% 强”，这种情况“比起整个旧中国以后的几个时期来，仍不失为物价最稳定的时期”[①]。可以说整个北洋政府时期的物价基本较为稳定，涨落幅度不大，民众生活水平的高低主要取决于自身收入水平。

表六　民国初年上海的物价情况[②]

年度	1912	1913	1914	1915	1916	1917	1918	1919	1920	1921
指数	75.1	79.6	85.3	77.3	83.8	79.2	87.3	87.2	94.8	104.6
涨落率（%）		+6.0	+7.2	−9.4	+8.47	−5.6	+10.2	−0.1	+8.7	+10.3

衣食住行是人们生活的基本需要，尤其是衣食住，为日常必需开支。陈明远通过对大量资料的搜集，梳理出民国初年上海地区米、肉、糖、盐、油、布等衣食用品的价格，并计算出当时一块银元的实际购买力：1911～1919 年间，上海米价恒定为“每斤米 3.4 分钱，1 银元可以买 30 斤上等大米；猪肉每斤平均 1 角 2 分至 1 角 3 分钱，1 银元可以买 8 斤猪肉；棉布每市尺 1 角钱，1 银元可以买 10 尺棉布；白糖每斤 6 分钱，植物油每斤 7～9 分钱；食盐每斤 1～2 分钱。”而在 1920～1925 年间，物价水平有所提高，平均“每斤大米 5 分多钱，1 银元可以买 18 斤大米；猪肉每斤平均 1 角 4 分钱至 1 角 5 分钱，1 银元可以买 7 斤猪肉；棉布每市尺大约 1 角 2 分至 1 角 4 分钱，1 银元可以买 8 尺棉布；白糖每斤 1 角钱，植物油每斤 1 角 5 分钱，食盐每斤 2～3 分钱”[③]。由于上海地区的物价相对较高，因此内地地区的银元购买力要更高一些。在住房方面，根据美国学者甘博 1919 年前后在北京所做的针对 325 户家庭共 1217 人的社会调查，“租房的家庭每月支付 0.3～40 元的租金，月租金 1 元以下的家庭占 20%，2 元以下的占 54%，10 元以上的仅占 10%”，不同地段的房屋租金会有所不同，但就调查的所有家庭而言，“每间房的平均租金为每月 1.25 元”[④]。

---

① 中国科学院上海经济研究所，上海社会科学院经济研究所编：《上海解放前后物价资料汇编（1921—1957 年）》，上海人民出版社，1958 年，第 4 页。

② 中国科学院上海经济研究所，上海社会科学院经济研究所编：《上海解放前后物价资料汇编（1921—1957 年）》，上海人民出版社，1958 年，第 4 页。

③ 陈明远：《鲁迅时代何以为生》，陕西人民出版社，2011 年，第 264 页。

④〔美〕西德尼 · D · 甘博：《北京的社会调查》，中国书店，2010 年，第 393～395 页。

根据以上各种生活必需品的价格，结合当时各群体的收入情况，不难看出各阶层社会群体的生活状况。一般底层民众的家庭收入不高，仅能维持温饱生活，难有结余。1918 年清华大学外籍教师狄登麦对北京西北部 195 户家庭进行调查，发现“这些家庭的年收入从 30 元到 269 元不等，中间水平的家庭收入在每年 90 元到 109 元之间”①，通过对大量个案的研究，狄登麦认为一个五口之家如果每年收入达到 100 元，相对来说便能解决温饱。而 1914 年北京警察局划定的贫困标准是，“维持一个两口之家一年生活的费用是 65 元，四口之家一年的费用是 93 元”，处于这一标准之下的则被视为贫困②。两厢对照，基本吻合，普通工人、一些小学教师和地方低级公务员就属于这种挣扎在温饱线上下的社会底层人员。

中产阶层的生活水平则要好很多，除了食物、衣物等必不可少的款项外，每月还能在书籍、教育、娱乐等方面有所支出。当时有人专门为中等社会三四口人的家庭列了一张预算表，其中包括“房租十元，煤三元，工役三元，米四元，油二串，盐一串，菜一串，杂用十串”，这些杂用包括“烟酒、茶水、应酬、剃头、洗澡、阅报、阅书种种用费”，这样的预算合计每月“至少要三十多块钱”③。按照这样的标准，高级技工、中学教师、报社编辑、记者以及一些政府科员等人群可以过上中产阶级的生活。至于政府高级官员和大学教授等高薪阶层，其收入超出普通民众达数十倍，生活水平之高自不待言。

综上所述，民国初期不同群体收入水平体现了当时社会存在着巨大的贫富差异。官员群体的高薪制度和普通工人穷困生活状况的强烈反差，反映出中国传统社会官本位理念与封建制度的延续；知识分子阶层，特别是高级知识阶层的高收入，折射出民众受教育程度普遍低下，高学历人才匮乏的现状。由此可见，民国初期中国经济社会发展整体水平低下，中国社会由传统向现代的转型尚处于起步阶段。

作者简介：杨兴隆，天津博物馆，助理馆员，天津市河西区平江道 62 号，300201。

---

① 〔美〕西德尼 · D · 甘博:《北京的社会调查》，中国书店，2010 年，第 286 页。

② 〔美〕西德尼 · D · 甘博:《北京的社会调查》，中国书店，2010 年，第 289 页。

③ 《长沙社会面面观》,《新青年》第 7 卷第 1 号。

湖社画会与天津地区美术发展的现代化演进

赵艳玲
（天津博物馆）

摘要：湖社画会是20世纪二、三十年代中国北方地区最具影响力的中国画画家社团之一，其主要活动形式有：定期例会、开展教学、举办（或参与）展览。同时还创办刊物。湖社画会为天津培养了大批美术专门人才。它积极开展中外艺术交流，他们的开放性特征及世界眼光，极大地影响了天津地区的美术发展，画会组织的活动促进了天津与国内其它重要城市以及与世界的艺术交流与合作。拓展了天津文化艺术的传播路径与交流空间，让天津借助北京实现了更大范围的美术作品、艺术观念和思潮的交流、推广、互动和融通。

关键词：湖社　教学　展览　交流

民国时期成立了众多的传统文化社团，在北京地区以“中国画学研究会”和“湖社画会”影响最大。中国画学研究会成立于1920年，由金城（字北楼）、周肇祥等创立，该会针对“当代风行西画，古法浸湮”的现象，提出“精研古法，博择新知”的办会宗旨。1926年金北楼早逝，为了继承金北楼遗志，1927年1月15日，以金开藩等为首的湖社弟子成立了“湖社画会”，因金北楼旧号藕湖，金北楼生前为其入室弟子大都取“湖”字为号，故以“湖社”称之。湖社画会在创办初期便得到了社会的广泛支持，汇聚了一大批优秀的艺术家、教育家。由于湖社画会所推崇的艺术风格和它所取得的艺术成就，及对中国绘画事业的继承和发展所做出的突出贡献，在中国近代绘画史上所具有的独一无二的重要地位，因此被称为“中国近代绘画史的摇篮”。

湖社成立的理念是“提倡风雅、保存国粹”，主张从传统中寻找中国画改良和发展的方法，它秉承“中国画学研究会”“精研古法、博采新知”的艺术宗旨，并在此基础上进一步提出“应时事之要求，谋美术之提倡”“保存固有之国粹，发扬艺术之特长”“沟通世界美术之进行也”的主张。回顾历史它表现出了对中国优秀传统文化的重视，面向未来它表现出了类似艺术全球化的国际视野。湖社画会有自己明确的艺术宗旨，开放的艺术主张，具体的社会目的，并通过集团化的运作方式，产生了良好的社会影响，使之成为民国初年众多美术团体中极具代表性的一个。

湖社画会的主要活动形式有：定期例会、开展教学、举办（或参与）展览等。画会于每月的第一周和第三周定期举行例会，其组织结构和活动形式上已不是简单松散的文人雅集式的聚会，而具有一定的集团化和社会化特征，它的组织性质“既是画家联谊和学术研究的组织，也是一个从事国画教学活动的学校”①具有一定普及美育的社会公共教育功能，同时还出版刊物、举办展览。特别是举办展览，湖社期间主持举办或参与的展览，从展览的策划到运作实施都已具有明显的现代性特质②。

天津美术借助与北京湖社画会天时、地利、人和优势，一步步发展壮大了自己，并积极推动和加快了本地区美术发展的现代化步伐。

一、教学活动

教学课徒是湖社画会宣传自己艺术主张和促进自身发展壮大的重要手段之一。

画会定期举行例会，其中常有观摩古代名画的研究会，会中有不少会员会拿出家藏书画珍品供其他会员观摩，湖社画会里天津籍或主要活动于天津地区的会员很多，研究会和观摩会大大开阔了这些会员和学生们的眼界③，也是品鉴教学的方式之一。

天津的王学庸、蔡可南曾赴总会与胡佩衡学画。王学庸，字宪民，福山人，居天津，1927年从胡佩衡学山水，著有《画趣》、《习画日记》连载于《湖社月刊》。王学庸自学一年后于1927年的8月23日开始从天津赴北京师从胡佩衡学画山水，这一阶段的课程一直持续到9月22日，共授课13次左右。据王学庸讲述，在每次的授课过程中胡佩衡都要边讲边示范，每一点画，每一披擦，都解释得十分清晰。除此以外，胡佩衡还要时常评点王学庸的作业，并先后三次为其示范整幅画作的过程。蔡可南则从1931年7月利用公事闲暇的时间，赴北京从胡佩衡学习，此前，他一直是胡佩衡函授弟子，将自己的作品寄给胡佩衡，胡佩衡根据画面提出“醒语”再寄回。

1931年湖社天津分会成立，全称为“湖社画会天津国画传习社”，教师均由湖社成员担当，提出办学宗旨，固定授课时间，细化授课科目，教学形式比较系统和规范，已经具有较为明显的夜校或艺术专科学校的特征（图一）。其教育教学模式非常值得研

---

① 张朝晖：《湖社的历史及其价值》，《美术史论》1993年第3期。

② 包括刊登启示、征集作品、筹集费用、展览开闭幕，展览宣传（展后的追踪报道），展品售卖等方面。

③ 余铸云曾记录在会所亲见明代戴进仿燕文贵作品、王石谷仿巨然的《嵩山草堂图》以及丁云鹏青绿条幅等。《湖社月刊》余铸云：《中央公园湖社开会记》会员张其翼就是通过在湖社期间的学习和实践，奠定了良好的艺术基础，不仅成为北方中国画坛较有影响的画家，而且后来在天津美术学院培养了大批美术专业人才。此外，由于中国画学研究会和1936年成立的北平古物陈列所国画研究馆都与湖社有着实际和密切的关系，因此湖社的学员也经常向这些艺术团体的老师们请教。

究和提倡。“天津国画传习社”已经成为正规美术院校的有益补充，并承担了部分专业美术教育的职能，而且在培养中国画专门人才上效果更为直接和显著，成绩卓著的有孙润宇、黄士俊、左月丹、李耀斗、任清吉、魏梅君等（图二）。

图一　湖社画会课徒时情景，中间教授者为惠孝同，后排高者为金潜安，《湖社月刊》合订本第二期，第 169 页

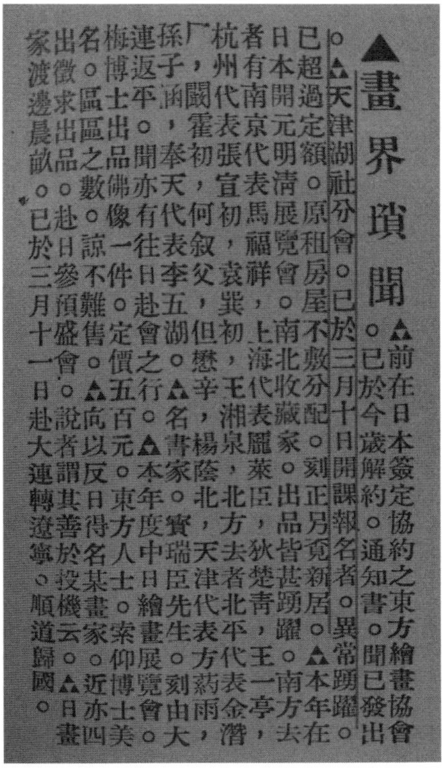

▲畫界瑣聞

▲前在日本簽定協約之東方繪畫協會○已於今歲解約○通知書○聞已發出○▲天津湖社分會○已於三月十日開課報名者○異常踴躍○已超過定額○原租房屋不敷分配○刻正另覓新居○▲本年在日本開元明清展覽會○南北收藏家○出品皆甚踴躍○南方去者有南京代表馬福祥，上海代表麗萊臣，狄楚青，王一亭，杭州代表張宣初，袁巽初，壬湘泉，北方去者北平代表金潛厂，闞霍初，何敘父，但懋辛，楊蔭北，天津代表方蒻雨，孫子涵，奉天代表李五湖○▲名書家○實瑞臣先生○刻由大連返平○聞亦有往日赴會之行○▲本年度中日繪畫展覽會○梅博士出品佛像一件○定價五百元○東方人士○棨仰博士美名○區區之數○諒不難售○▲向以反日得名某畫家○近亦四出徵求出品○赴日參預盛會○說者謂其善於投機云○▲日畫家渡邊晨畝○已於三月十一日赴大連轉遼寧○順道歸國○

图二 《湖社月刊》刊登的有关天津分会情况，内容摘自《湖社月刊》第 41 册，第 16 页（影印本上册，第 678 页）

1937 年日军占领天津，湖社画会天津分会逐渐中止了活动。但分会的主持者陈少梅、刘子久在分会停办以后亦筚路蓝缕，继续课徒授学，为天津培养了大批美术专业人才。此外会员李鹤筹、张其翼、秦仲文、刘凌沧、黄均等都曾在天津从事过美术教学，他们都为天津地区美术事业的发展做出了不可磨灭的贡献。

二、展览情况

组织展览是湖社画会的重要活动之一。从 1927 年到 1936 年湖社画会在北京地区除本会以外的北京饭店、辅仁大学美术系、燕京大学、位于东城区报房胡同的万国美术馆等地，以及个别会员的家里皆有不同规模的展览交流活动。在北京以外，国内则有天津、上海、大连、泰安、湛江等；国外则有日本、比利时、德国、英国、东南亚国家等[①]。天津籍或主要活动于天津地区的会员多有参加这些展览（图三）。

天津借助湖社画会的整体实力加大了与国内和世界其他城市、地区的艺术交流与合作。陈少梅还曾借助湖社画会的影响力在上海举办个人展览，同时在天津期间陈少梅也多次举办个人展览，并逐渐进入了自己绘画风格的成熟期。下文将重点介绍与天津相关的美术展览。

图三　湖社画会天津籍会员郭士隽山水画，选自湖社画会第一届毕业成绩纪念展（展览地点：天津日租界宫岛街湖社分会），图片引自《湖社月刊》第42册，第11页（影印本上册，第689页）

（一）湖社画会在天津举办或参与的展览

1930年6月，湖社画会在天津举行第四次成绩展，展览7天，200余名会员有作品参展，展出作品430余件，以两成手续费计算出售所得近3000元，成绩展在当时的京津地区造成了很大反响，天津女画家杨清我就是在天津看了湖社的展览后，辞去学校教务到北京拜陈少梅学画并加入湖社，之后开润鬻画，成为职业画家的。1930年6月13日至20日，湖社作为主要的协助团体参加了在天津日租界（花园公园）公会堂陕甘赈灾展览，成员作品占整个展览的四分之三，展会销售作品近80件，共得赈灾款600余元。1931年3月4日，“第一届毕业成绩纪念展”在天津日租界宫岛街湖社分会展出，展览7日，此次展览，学员参展30人，并与各导师作品编辑出版《湖社成绩专刊》。1936年2月，湖社画会应天津大亚细亚学会之邀在该会举行“迎春画展”。1938年9月7日至9日在天津市立美术馆举办“湖社绘画展览”，展出作品615件，参观人数达2438人。1939年12月1日至3日，于天津市立美术馆举办赈灾画展，湖社会员刘子久、刘维良、黄世俊等均有作品参展，展览参观人数5403人。1942年在天津两次举办画展。

此外，湖社天津分会或重要会员在天津举办的展览影响也很大。1936年5月，湖社天津分会在伏见街五十七号大亚细亚协会举行“国画展览”。1932年到1946年，陈少梅在天津数次举办个人画展，其中，1932年2月，在天津举办的画

---

① 吕鹏：《湖社研究》，文化艺术出版社，2010年，第74页。

展“各界名流云集”,《北洋画报》对其进行专门报道,发表评论文章,刊登作品照片,并且将陈少梅誉为“名手”。”1935 年 7 月 6 日,陈少梅在天津永安饭店举行画展。为湖社在天津的发展起到了积极的推广作用。

（二）天津籍或主要活动于天津地区的会员参加的国内展览（部分）

1929 年 4 月中华民国教育部于上海举办“第一次全国美术展览会”,1929 年 4 月 17 日湖社画会以社团名义参加了此次展览,举办了成立以来在北京地区以外的第一次独立展,参加此次展览的作品“有数百件之多,均系最精之品”,天津地区参展的画家及作品有:方药雨《观泉》,张湛湖《山水》、《青绿山水》两幅、《山水仿龚》、《山水仿文》、《山水仿大痴》,陈升湖《人物》两幅、《柳堤放翁》,惠拓湖《临石谷山水十张》、《山水》,李影湖《菊花》、《梅花四季》[①],刘浩湖《山水》。从教育部给出的展览会出品目录中显示的“出品人”(作者)名称可知他们都是以湖社画会会员的身份参展的。《湖社月刊》选印了部分作品。

中华民国教育部第二次全国美术展览会,天津地区参展的画家及作品有:刘维良《西园雅集图》、《人物》,李瑞龄(李鹤筹)《瓦雀枫叶》,徐宗浩《墨竹》参展。此外陈升湖(陈少梅)的学生王叔晖、黄均亦有作品参加,王叔晖《仕女》,黄均《桐荫琴趣》。[②]1929 年 11 月 1 日,湖社及上海王一亭与日本画家等在上海徐园举办“中日现代绘画展览会”同年以湖社为主,在辽宁大连开“中日现代绘画展览会”。此次上海大连两地的展览天津郭士隽均有参加。1933 年金潜庵携湖社成员在“上海湖社总部”举行展览,展出金石、古物及湖社同仁作品数百件,内有刘子久作品。1931 年 8 月 9 日,湖社画会在中山公园举行第五次成绩展。“刘子久的作品备受瞩目,开展仅一日,参展的三幅作品即告售罄”[③]。

（三）天津籍或主要活动于天津地区的会员参加的国外展览

在国际交流展中,湖社与日本的交流互动最为频繁,湖社是“代表北方与日本交流的中坚,与上海的王震、钱瘦铁一系可谓双峰对峙,并在集团性方面更胜一筹”[④]。

---

① 刘瑞宽:《中国美术的现代化》,生活·读书·新知三联书店,2008 年,第 356~376 页。

② 刘瑞宽:《中国美术的现代化》,生活·读书·新知三联书店,2008 年,第 380~390 页。

③ 何延喆、刘家晶:《刘子久》,河北教育出版社,2008 年,第 22 页。

④ 陈振镰:《近代中日绘画交流史比较研究》,安徽人民美术出版,2000 年,第 164 页。

1928 年冬湖社同日本画界在东京举行“唐宋元明古名画展览会”展览盛况空前，中方王一亭、天津方药雨、金潜庵赴日本参加活动。展览作品出自中日两国收藏家之手，日本朝日新闻社还为此次展览出版了《唐宋元明名画展号》。

1929 年“中日现代绘画展览会。惠孝同负责参展作品的接收[①]中国方面参展画家或主要活动于天津的有徐宗浩、徐世昌，天津地区湖社会员有方药雨、陈少梅、惠孝同、郭士隽等。陈少梅的《白香山像》引起注意，被观者评为“用笔酷似老莲”。展览会同时出品《中日现代绘画展览会出品目录》。

1931 年 4 月 28 日，日华联合画展即宋元明清画展，在东京上野公园美术馆开幕。中方天津的方药雨作为代表之一参加开幕式。古画“北平方面计二百零九件，天津方面及一百六十余件，”新画作品平津方面共计 500 余件，其中湖社的作品一部分出自同年 3 月在天津举行的第一届毕业成绩纪念展。在日期间，横山大观、渡边晨亩还宴请了金潜庵、孙子涵、严智开等。

其他比较有代表性的国际交流展：

1930 年比利时举行纪念建国百年国际博览会，书画展览于 6 月 16 日在比利时业斯美术会举行，国内画家作品共征得 180 余幅，湖社部分成员出品 20 件。作品受到参观者的喜爱，并有多幅出售。此次展览评出获奖画家 104 名，其中湖社成员获奖画家 17 名，天津的有惠拓湖、李枕湖、张湛湖。

1934 年 2 月，“柏林中国美术展览会”在柏林普鲁士美术院举行，邀请画家 160 余人，征集作品 600 余件，德国方面还出版有展览目录、画册。湖社会员天津地区参展的有刘饮湖、惠孝同。

1935 年 7 月 19 日，应瑞士政府及日内瓦市政府之邀，由刘海粟携带中国艺术作品 280 幅，在日内瓦历史美术馆举行“真的艺术”中国画展览，湖社会员参展天津地区的有王良生、刘子久、惠孝同等。

此外，1927 年湖社在北京举办“唐宋元明名画展览会”天津地区的罗振玉、沈瑞麟、陈宝琛、李宣倜、郭宗熙、徐世昌、丁士源、贺履之都有藏品参展[②]。

在 20 世纪画派林立、名家辈出的时代，天津如果仅仅以单个城市的面貌呈现其影响力会大打折扣，而如果和北京联合，情况就不一样了。天津通过借助北京湖社画会的整体实力，整合了资源，提高了影响力，通过湖社画会，天津地区的美术家参加的

---

① 在 1929 年 9 月 1 日出版的《湖社月刊》登出一则启示：“本会开中日联合绘画展览会，仅定于十月二十五日在沪举行，闭会后即移往大连开会，倘蒙北方诸大画家出品赞助，请于 9 月 30 日前交北平钱粮胡同十五号湖社、马大人胡同誉宅惠孝同家代收，以便汇集运往陈列，无任感盼。展览名称后改为“中日现代绘画展览会”。

② 天津古籍出版社编：《湖社月刊》中册，天津古籍出版社，2005 年，第 171 页。

展览样式更加多样，规模更加庞大，特别是对南亚和欧美地区的展览，使天津地区的美术家更广泛地推广和提升了自身的艺术影响力。

三、刊物影响

1927 年 11 月 15 日《湖社月刊》第一期正式出版，初为半月刊，1928 年 10 月 1 日改为月刊(以下简称月刊)，每月 1 日出版。至 1936 年 3 月《湖社月刊》共出版 100 期[①]，其宗旨是以“维持古文化、交换新智识为主，藉图保存固有之国粹，发扬艺术之特长”。从 1911 年到 1937 年六年间，国内各地发行的美术刊物约有 201 种，在数量上相当可观，但多数刊物在发行几期后就停刊了，创刊宗旨和理念也不清楚。《湖社月刊》是 20 世纪前半叶坚持时间最长的美术刊物之一，始终由胡佩衡主编。该刊介绍了许多古今画家，发表了大量古今绘画作品和画论著作，还旁及书法、篆刻、古董收藏、诗词、青铜器研究等，该书自发刊到停刊历经 10 年，连续出版百期之多，这在中国现代美术史上是十分少见的，具有相当的研究和学术价值。湖社画会比中国画学研究会成立的晚，但办刊却比中国画学研究会早，“为研究民国时期绘画艺术提供了大量的历史资料”“是一本综合性的图文并茂的文化艺术杂志”(图四)。

图四　宋夏圭《溪山霁雪图》出版于《湖社月刊》第三十一册(《湖社月刊》影印本中册，第 492 页)

① 林木《二十世纪二三十年代中国画画坛的国学回归潮》,《文艺研究》2005 年第 12 期记载“湖社”成立后，出版了《湖社月刊》一百五十期，有误。

《湖社月刊》的内容主要有三个部分一是古今优秀书画作品，以该社社员的收藏和作品为主，兼收社外名家所藏所作。二是连载书画篆刻方面的专业论文，均有一定的深度。三是刊登与书画有关的竹刻、碑拓等内容。该刊行销日本、美国、加拿大、古巴及东南亚等十几个国家和地区，是现代史上一本颇有名气的刊物。考古学家第一次为“天王接”定名，就是借月刊刊登出来的。它是以“专一的传播书画艺术，培养书画人才”① 为宗旨的刊物。

天津设有《湖社月刊》代售点，它的发行对于天津的书画爱好者来说影响很大。月刊采用单色坷罗版印刷工艺，油墨殷实，图片效果逼真，层次分明，书中有些图片虽经过了七、八十年的时间，但宣纸作品上的撒金点子依然可以看得清楚。刊中出版的古今书画是不错的临习资料，对于提高读者的鉴赏水平也大有裨益。《湖社月刊》还在国外发行，发行群体有日本的东京、大阪；东南亚地区的新加坡、菲律宾，马来西亚的吉隆坡、马六甲等；越南的安顺、安南；缅甸的仰光、以及古巴、加拿大、美国等地。为了方便英文读者，还在期刊封面和作品名称、作者等处注有简单的英文翻译，“湖社月刊”的英文为“Hu Sher Art Magazine”。刊中有会员的作品、文章选登。如刘子久在湖社画会时期其重要作品多发表于《湖社月刊》中（图五），数量共计 20 件。天津的王学庸著有《画趣》、《习画日记》连载于《湖社月刊》，蔡可南的《学画之心得》也刊于《湖社月刊》，1931 年惠孝同发表《卷头小语》。《湖社月刊》俨然成为天津地区画家对外宣传的重要窗口和工具（图六，图七）。

图五　《湖社月刊》出版的刘子久《仿燕文贵山水》（《湖社月刊》影印本上册，第 290 页）
原作后被日本人所购，现下落不明

① 王宏：《艺林旬刊》“艺林旬刊影印本出版前言”，天津古籍出版社，1993 年。

图六　《湖社月刊》出版的刘养浩山水画（《湖社月刊》影印本上册，第 270 页）此图与范宽的《溪山行旅图》构图颇为相似，可作为湖社会员对研习传统之重视的佐证，内有邓拙园题款）

图七　《湖社月刊》出版的方若山水画(《湖社月刊》影印本上册，第 115 页）

四、结　　语

湖社画会与天津有着不解之缘，天津籍或主要活动于天津地区的会员很多，湖社画会平时就设有观摩古代名画的研究会，画会的例会中也有不少会员拿出家藏书画珍品供其他会员观摩，大大开阔了会员和学生们的眼界。除了为包括天津在内的学员创造良好的学习条件，湖社画会还在天津筹建了规模最大、运行模式最为正规的分会，来津主持会务工作和教学的都是湖社总会的骨干分子，天津分会的建立，让天津地区的美术爱好者有了更多和湖社授课者以及学员之间面对面交流的机会和场所，并进一步密切了和北京总会的关系。通过在天津组办国画传习社（天津分会），湖社画会为天津培养了大批美术专业人才和书画爱好者，在普及美育的同时更是对天津地区绘画风格的形成影响深刻。如总会的骨干、分会的负责人陈少梅、刘子久等在天津授徒、开展书画活动，成为"京津画派"在天津的先驱者和奠基人。此外，会员李鹤筹、张其翼、秦仲文、刘凌沧、黄均等曾在天津美术学院或教学或兼课或短期讲学，他们都为天津地区美术事业的发展做出了不可磨灭的贡献。从某种意义上讲，这些会员及会员们走传统之路的学生们都可称得上是湖社艺术理念的实践者和延续者。他们的艺术实践和努力对民国时期天津地区重传统、遵古意的绘画审美取向的形成不无影响。

湖社画会积极开展中外艺术交流，他们的开放性特征及世界眼光，极大地影响了天津地区的美术发展。画会组织的活动促进了天津与国内其它重要城市以及与世界的艺术交流与合作，拓展了天津文化艺术的传播路径与交流空间，让天津借助北京实现了更大范围的美术作品、艺术观念和思潮的交流、推广、互动和融通。通过湖社画会，天津地区的美术家参加的展览样式更加多样，规模更加庞大，特别是对南亚和欧美地区的展览，使天津地区的美术家更广泛地推广和提升了自身的艺术影响力。湖社画会组织的展览具有明显的教育性、公益性、市场性和现代性特征。这种带有现代性质的展览会运行模式也积极地推动并加快了天津地区美术发展的现代化步伐。

《湖社月刊》在提高天津书画家鉴赏能力的同时也成为天津地区画家对外宣传的重要窗口和工具。

总之，眼界的开阔，美术专门人才的培养，艺术传播路径与交流空间的拓展，鉴赏能力的提高等都是湖社画会对天津美术发展影响的表征，而更为重要的是对"复古为更新"的观念和从传统中寻找中国画改良和发展的方法的继承，一批富有真知灼见的湖社会员们秉持传统而又锐意创新的从艺、治学态度影响了天津的美术发展，使天津地区后来的传统派画家多少都与湖社有着血缘上的关系[①]。他们以古为

① 湖社画会会员石谷风口述："刘饮湖老师比我年长 27 岁，长期任天津市立美术馆主任、馆长兼教师，从他学画的人很多，北平艺术院校中天津来的考生，多数都是刘老师的学生。他培养了许多成才的名画家，如刘继卣、孙克纲、杨敏湖、李枕湖、李影湖等，都受到他的教诲。我曾有机会多次向刘老师请教，他对后辈循循善诱、谆谆教导的音容笑貌，给我留下了深刻的印象，没齿难忘。"（湖社画会会员石谷风口述、鲍义来王恽忠整理，《亲历画坛八十年》，太原日报网 2014 年 5 月 6 日发布）

新，以宋元为宗，以振兴画学为己任，根植于传统而又不局囿于传统，在坚守艺术语言民族性的同时，将古法与今意融会贯通，最终寻找到与自身个性特点相契合的艺术表现形式，开创了天津地区民国时期乃至现代中国绘画借古开今储育新机的新局面。

作者简介：赵艳玲，天津博物馆，馆员，天津市河西区平江道 62 号，300201。

六、文物研究

从西汉刘贺墓说到中国古代的金银钱币

戴志强　李　君
（中国钱币博物馆　天津博物馆）

摘要：江西南昌西汉海昏侯刘贺墓出土大量金器，为我们研究和进一步认识西汉的黄金钱币提供了丰富的实物资料。文章认为刘贺墓出土的金饼、金板是实用器；马蹄金、麟趾金不是正式流通行用的货币，应属纪念币（章）的性质。文章对西汉金币形制和定名进行分析，认为武帝太始二年（公元前95年）并未铸造马蹄金、麟趾金的实用器，只是铸了少量的纪念币（章），以“班赐诸侯王”。同时文章对秦汉金饼的重量进行了关注，并从刘贺墓出土的马蹄金、麟趾金出发阐释了中国古代金银钱币也有正式发行的货币和货币文化的衍生物之分。

关键词：刘贺墓　马蹄金　麟趾金　金饼　金板

江西南昌西汉海昏侯刘贺墓出土大量金器，包括金饼285枚、马蹄金48枚、麟趾金25枚，另有金板20块。这些金器分别出土于墓之西室和头棺与外廓之间，为我们研究和进一步认识西汉的黄金钱币提供了丰富的实物资料，兹分析如下。

一、刘贺墓出土的钱币

1. 刘贺其人

刘贺（公元前92—前59年），其父是西汉第一代昌邑王刘髆，祖父是汉武帝刘彻，祖母是武帝后期最受宠的女人李夫人。刘贺4岁承袭父亲昌邑王之位，成为第二代昌邑王，18岁被拥立为帝，成为西汉第九位皇帝，但是在位仅27天，被以霍光为首的群臣废黜，29岁封海昏侯，成为第一代海昏侯，最后于33岁在封国病逝。一生经历了“王”“帝”“侯”的起伏跌宕。

以前所见正史的记载，多把他描写成荒淫无稽、不务正业的浪荡公子，《汉书》记载刘贺“行淫乱”。然这次刘贺墓的出土资料反映出的刘贺其人，则是“知书达理，爱好音律，情趣高雅”之人。所以考古学家认为，刘贺被废黜的原因，或许更多是因为辅佐他的昌邑群臣对朝中局势的误判，至使他过早地锋芒外露。他是政治斗争的失败者、牺牲者。

2. 刘贺墓出土金饼、金板是实用器

刘贺下葬于公元前 59 年，属西汉中后期，国力富庶，厚葬之风盛行。因此墓葬出土文物丰富，就钱币而言，包括有大量的实用器，譬如约有 200 万枚“五铢”铜钱，重达 10 吨左右。

在金器中，金饼和金板，亦应属于实用器之列。金饼的器形制作和以前所见的秦、汉金饼基本一致，在学界的认识也基本一致，应是一种黄金货币。在这次出土的金饼中还发现了墨书“……海昏侯臣贺……酎黄金……”的字样，可见它们曾作为酎金，在祭祀太庙时，作为供奉的金子助祭过。

这次出土的金板，无文，无修饰，呈薄片状，且大小、长短不一，毛边，没有任何后期加工的痕迹，应该是黄金的原坯料，不是正式制作的货币，却是财富的象征。

3. 对刘贺墓出土马蹄金、麟趾金的认识

刘贺墓出土的马蹄金、麟趾金不是正式流通的货币，应属纪念币（章）的性质。兹讨论如下：

（1）制作工艺。刘贺墓中出土的马蹄金和以前学界公认的作为货币的马蹄金器形虽然相仿，但制作工艺不同。以前所谓的马蹄金制作简洁，应是一次浇铸成形，符合流通币大量发行的制作特征。此墓出土的马蹄金则不同于以往，不仅制作规矩，而且工艺化的程度很高，浇铸成形后，每枚都由匠人做了精加工，不但加制有掐丝工艺的花边，而且镶嵌有琉璃薄片。该墓出土的麟趾金，加工工艺和马蹄金几乎一致，也制有掐丝工艺的花边，也镶嵌有琉璃薄片。这样的工艺很有现代制作的金镶玉纪念章的意思，如 2008 年北京奥运会的奖牌（章），有金、银、铜三等，分别镶嵌有玉片。这样的制作和普通流通币的特征完全不符，它不可能大批量生产，不会作为货币去流通使用，只能是小量的精工细琢，作为宝物收藏。

墓葬出土的情况也证明了这一点，出土的麟趾金、马蹄金整齐地排放在漆盒之中，和旁边的金饼截然分开，明显地显示出它不同一般的身份和地位，说明它不是普通的货币。

其实，一种新币铸行之前，先铸“镇库钱”“开炉钱”，在中国货币史上是屡见不鲜的事情，成为一种习俗。西汉文帝五年（公元前 175 年）铸四铢“半两”钱之初，便铸过特大型的“半两”镇库钱，直径达 68 毫米（图一），现在中国国家博物馆藏有实物），而普通四铢“半两”钱的直径只有 23 毫米左右（图二）。镇库钱是为了祀求钱币的铸行平安顺畅，那么，为了彰显祥瑞的黄金货币制度改革，自然会有更加隆重的

举措。

（2）文献资料。《汉书·武帝纪》曰，太始元年（公元前96年）三月武帝诏："有司议曰，往者朕郊见上帝，西登陇首，获白麟以馈宗庙，渥洼水出天马，泰山见黄金，宜改故名。今更黄金为麟趾褭蹄，以协瑞焉。因以班赐诸侯王。"应劭注："获白麟，有马瑞，故改铸黄金如麟趾褭蹄，以协嘉祉也。"[①]唐颜师古也曰："既云宜改故名，又曰更黄金为麟趾褭蹄，是则旧金虽有以斤两为名，而官有常形制，亦有今时吉字金铤之类矣。武帝欲表祥瑞，故改铸为麟足褭蹄之形，以易旧法耳。"[②]弃旧制，改铸麟趾金、褭蹄金，本意是要"表祥瑞"。所以在改铸麟趾金、褭蹄金之初，铸造赋予纪念性质的"币"或"章"，声势浩大地隆重纪念，大肆宣传，"班赐诸侯王"，也就成了情理中的事情。

（3）器物来源。据史书记载，刘贺的皇位虽被废除，但依然继承了"故王家"的财物。这里所谓的"故王家"，应是指刘贺之父昌邑王刘髆的财物。由此可以推测，刘贺墓出土的马蹄金、麟趾金应该是祖上遗物，或者是武帝赏赐给李夫人的，或者是赏赐给昌邑王刘髆的。

据河北省文物研究所发表的《河北定县40号汉墓发掘简报》[③]报导，定县八角廊村40号汉墓出土五铢钱千枚，金饼40枚，并有掐丝花边镶琉璃的大小马蹄金各2枚，掐丝花边镶琉璃的麟趾金1枚。该墓出土的马蹄金、麟趾金和刘贺墓所出者几乎一样，只是数量多少的区别。据报导该墓主人应是西汉中山怀王刘修，刘修去世于汉宣帝五凤三年，即公元前55年。海昏侯刘贺去世于公元前59年。可见刘贺与刘修二人去世时都处于汉宣帝刘询在位期间，前后相差四年。由此可见：刘贺墓所出马蹄金、麟趾金，和刘修墓所出者应是同一时期制造的同类产品，它们不是刘贺或刘修各自分别制造，而是武帝"班赐诸侯王"的遗物。

事实上，西汉武帝实行上林三官铸钱，即由中央集权铸币，各地诸侯王无权也不敢擅自铸造钱币。河北定县刘修墓出土马蹄金、麟趾金正好可以作为旁证，说明它们或是武帝在改铸马蹄金、麟趾金的纪念活动之后，分赐给各地侯王的纪念品，而殉葬数量的悬殊差别，恰恰反映了两者在汉家王室中的地位不同，与汉武帝的亲疏关系有别。

（4）铭文"上""中""下"的解释。在刘贺墓出土的马蹄金和麟趾金中，有的分别铸有铭文"上""中""下"字样，其含义耐人寻味。前说武帝实施上林三官铸钱，所以有人会联想到，"上"会不会是代表"上林苑"的意思，但除"上"之外，还有"中"和"下"，又作何解释，所以此说不通。

古钱的铭文，除记地、记年、记重、记值之外，还有一种是记方位、记炉座

① 《汉书》卷6,《武帝纪》，百衲本。

② 《汉书》卷6,《武帝纪》，百衲本。

③ 河北省文物研究所:《河北定县40号汉墓发掘简报》,《文物》1981年第8期。

的。如战国燕刀币的背面分别铸有“左”“中”“右”“内”“外”炉的，含义是指不同炉座的方位，方位之下再记数，即指炉次。细观刘贺墓出土马蹄金和麟趾金的铭文，“上”“中”“下”分别铸于不同的金币上，且字体大小不完全统一，说明它们不是出于同一匠人之手，而是出于不同的作坊，所以“上”“中”“下”应是不同作坊的代号，是记作坊所在地的方位。

二、从刘贺墓出土实物，对西汉金币形制和定名的再思考

黄盛璋在《关于马蹄金、麟趾金的定名、时代与源流》[①]一文中，把秦汉金饼分为三式：1 式为“圆形饼状，正背皆实而不空，有如干柿饼，所以宋代俗称为柿子金”[②]。2 式“正面为圆形（或不甚规则近似圆），背面中空，周壁向上斜收，口小底大，形如圆足兽蹄。”3 式“正面为椭圆形，背面中空，形如马蹄。”并认定：1 式是饼金，2 式是麟趾金，3 式是马蹄金。进而又提出：“根据考古出土实物所见，中山王刘胜与窦绾夫妇墓皆以大量 1 式饼金入殉，而无 2、3 式蹄形金饼，证实武帝太始二年前武帝时代官府所铸皆为饼金而非麟趾与马蹄金。”他的观点在学界，尤其是在钱币界颇有影响，一直沿用至今。但在实践中，2 式和 3 式往往很难区分。

刘贺墓的发掘和出土文物，为我们进一步认识西汉金币提供了重要的实物资料，引发我们对西汉金币的形制和定名作重新思考：

（1）刘贺墓出土 285 枚金饼，即黄盛璋文中所列之 1 式饼金，说明当时柿子金不仅还在铸行，而且是主要的金币实用器；

（2）刘贺墓出土 48 枚马蹄金和 25 枚麟趾金，前文已分析应属纪念币（章）性质，墓中虽未见实际行用的马蹄金和麟趾金，但其器形已见端倪。对照中国钱币博物馆藏三枚马蹄金实用器，可知黄盛璋文中所列之 2 式和 3 式者，即正面为圆形（或不甚规则近似圆）的，和正面为椭圆形的，它们和刘贺墓所出之麟趾金的形制相去甚远，所以均应属于马蹄金之列；

（3）刘贺墓所出麟趾金的形制，状如尖趾，颇有“白麟之趾”之意，和马蹄金的形制有很大区别。《汉书 · 严朱吾丘主父徐严终王贾传》记曰：“从上幸雍祠五畤，获白麟，一角而五蹄。”[③]《论衡·讲瑞篇》中也说：“武帝之时，西巡狩得白麟，一角而五趾。”[④]

---

① 黄盛璋：《关于马蹄金、麟趾金的定名、时代与源流》，《中国钱币》1985 年第 1 期。

② 北宋沈括在《梦溪笔谈》卷 21 中称之谓“柿子金”。

③《汉书》卷 64 下，《严朱吾丘主父徐严终王贾传》，百衲本。

④《论衡》卷 16，《讲瑞篇》，清《文渊阁四库全书》本。

可见麟足为五趾。以此为基准，我们可以认为：至今尚未发现真正的麟趾金实用器。

今由刘贺墓出土实物验证，墓中既未见马蹄金、麟趾金的实用器，而只见纪念币（章）性质的工艺品，或许可以说明：武帝太始二年（公元前95年）并未铸造马蹄金、麟趾金的实用器，只是铸了少量的纪念币（章），以“班赐诸侯王”。至于实用的马蹄金、麟趾金究竟始铸于何时？又，实用的麟趾金至今未见实物遗存，它们是否正式作为黄金货币铸行过？或许都是需要重新思考的问题，对此，我们期待会有新的考古发现来佐证。

三、秦汉金饼的重量

战国晚期，秦已铸行金饼（即所谓的“柿子金”），秦始皇统一六国，统一货币，明确上币为黄金，便是把战国秦的金饼推行到全国。汉承秦制，继续铸行金饼，而且铸行量很大，考古挖掘中所见西汉墓葬的大量出土，便是证明。

存世所见者，以大金饼为多，实测其重量，每枚并不能做到完全一致，重的有280克左右，轻的有250克左右，平均约为260余克，大约相当于西汉衡制的1斤（16两）。小金饼也曾见有实物，西汉中山靖王刘胜及其配偶窦绾墓曾出土小金饼69枚，其中刘胜墓出40枚，窦绾墓出29枚[①]。分有两种形制，一种为干柿子形，形制和大金饼（柿子金）基本一致；一种为薄片形金饼。每枚重约16～18克，约相当于汉时的衡制一两。这次刘贺墓出土的金饼中，又有重40克左右的，或约相当于汉时的衡制二两半，说明当时的金饼应是分有大、小几种规格。然而，除上述三等之外，是否还有其他等级，值得我们关注和进一步研究。

1974年4月至1975年6月，在西安西南郊的鱼化寨北石桥（汉武帝时期属上林苑范围）发现西汉马蹄金4枚和麟趾金2枚。据原文报道称，其中2枚马蹄金记有重量，1枚自铭一斤零六铢，实测重257.65克；1枚自铭十五两二十二铢，实测重251.9克[②]。中国钱币博物馆藏三枚马蹄金实用器，分别重：265.2克、287.3克、254.2克[③]（其中第三枚书中称“麟趾金”），可见大马蹄金仍是沿袭旧制，每枚的重量基本和大金饼相仿，没有做新的变革。

刘贺墓的正式挖掘报告尚未发表，现在所见到的报导，对于它们的重量有不同的说法：一说，马蹄金分大、小两等，大者重260克左右，小者重40克左右[④]，和金饼的

① 中国社会科学院考古研究所、河北省文物管理处：《满城汉墓发掘报告》，文物出版社，1980年。

② 李正德、傅嘉仪、晁华山：《西安汉上林苑发现的马蹄金和麟趾金》，《文物》1977年第11期。

③ 中国钱币博物馆：《中国钱币博物馆藏品选》，文物出版社，2010年。

④ 刘瑞：《试释海昏侯墓大马蹄金上的“上”“中”“下”》，《中国文物报》2016年2月26日。

重量规格大致等同；另说，大马蹄金重在 237.66 克～246.29 克[①]。它们的重量比实用器轻，其原因或许是：经过精加工，会因修磨减重；长时间的地下埋藏，掐丝工艺的花边会有损伤脱落；镶嵌的琉璃薄片也会损伤脱落。

有意思的是，麟趾金只有一个规格，刘文说重 100 克左右；张文说重在 76.12 克到 83.36 克之间。无论是刘说还是张说，都和柿子金、马蹄金的重量规格不合，由此可见：麟趾金的重量或是一种新的规格。我们有待刘贺墓发掘报告的正式发表，更希望得到其他西汉考古发掘资料提供新的证据，以便作进一步研究。

四、由刘贺墓出土马蹄金、麟趾金说到中国古代的金银钱币

前说刘贺墓出土的马蹄金、麟趾金属于金质纪念币（章）的性质，“纪念币（章）”是当今的称谓。在古钱中，把作为货币正式发行的钱币称之为“正用品”；把不行使货币职能，属于货币文化衍生物的钱币称之为“非正用品”，也可以统称之为“厌（压）胜钱”，它们往往是和民俗文化相结合，被赋予各不相同的功能。

中国的金属铸币源于实物货币，实物货币是具有两重性的，它既可以充当物物交换的媒介，又具有其原本的实用价值。譬如海贝，在取得实物货币职能以前，是一种装饰品，一种信物，据传妇女临产时，手中要握一枚贝，通过它祈求上苍，驱除邪魔，保佑母子平安。在古人的心目中，海贝是一种神器，一种信物，所以家家户户都需要。当海贝取得实物货币地位之后，这两种功能依然存在。

殷商时期的青铜仿贝是我国金属铸钱的鼻祖，我们称之为“原始铸币”。有意思的是，同处那个时期，河南安阳出土的青铜贝和山西保德出土的青铜贝，不仅器形有别，而且从考古发掘的资料，可以知道它们的用途也不一样。前者出于殷墟大墓[②]，它们不仅器形逼真，和小孔式海贝十分相仿，而且和真贝一样殉葬于墓室之中，因此它们应是作为货币、作为财富殉葬的。后者则是出土于车马坑，散落在马头附近，不仅器形偏大，而且只保留了海贝的腹部，是作为殉马的头饰随葬的[③]。由此可知，前者是“正用品”，后者是“非正用品”；前者行使货币的职能，后者行使厌胜钱的职能。

有意思的是：这种情况在金银贝币中也存在，中国钱币博物馆藏有战国时期中山国的金、银贝便具有不同的性质。金贝的器形完全仿真贝，一端穿有小孔，重 2.9 克，长 11 毫米、宽 7.5 毫米、厚 4.9 毫米，是缩小了的小孔式货贝。而银贝的器形则是仿

① 张荣：《马蹄金“上中下”之谜》，《中国收藏》2016 年第 6 期。

② 马得志等：《一九五三年安阳大司空村发掘报告》，《考古学报》1955 年第 1 期。

③ 吴振录：《保德县新发现的殷代青铜器》，《文物》1972 年第 4 期。

背磨式的海贝，和金贝相对而言，器形硕大，重 10.5 克，长 33.9 毫米、宽 22.6 毫米、厚 8.3 毫米。这样的现象和殷商晚期的青铜仿贝如出一辙，战国中山国出土的金贝应是仿制的贝货，银贝则是一种饰物，属于厌胜钱的性质，前者是“正用品”，后者是“非正用品”。另外，考古出土的还有为数众多的包金铜贝，它们不可能作为货币流通使用，应该属于殉葬用的冥币，也是“非正用品”，一种“厌胜钱”。

战国楚金版无疑是一种黄金称量货币，但在湖南长沙的马王堆汉墓中出土了大量的作为冥币殉葬的陶质金版，这种现象在湖北、湖南、江西等地的汉墓中多有发现。楚金版是“正用品”，陶质仿金版是“非正用品”。秦汉金饼（柿子金）也有类似的现象，在江南地区的汉墓中亦常有陶质的冥币出土。冥币是古代压胜钱的重要一支，而且自始至终伴随着货币的足迹从未中断。可见，不仅青铜铸币有冥币，金银货币也一样有冥币。

刘贺墓出土的马蹄金、麟趾金又一次证明：西汉的马蹄金、麟趾金也有不同的制作，体现不同的性质和用途，一种是正式发行的货币，一种则是货币文化的衍生物——“厌胜钱”。前引唐人颜师古的注文曰：“既云宜改故名，又曰更黄金为麟趾褭蹄，是则旧金虽有以斤两为名，而官有常形制，亦有今时吉字金铤之类矣。”这里说的“吉字金铤”便是一种“厌胜钱”性质的吉祥钱币。说明在唐朝，金银钱币亦一样有“正用品”和“非正用品”之分。由此，我们可以知道：货币和货币文化的衍生物都源于实物货币职能的两重性，它们自诞生之初，便结伴而来，又始终相伴而行，青铜铸币如此，金银钱币亦如此；它们共同组成了中国的钱币文化，创造了中国的钱币历史。

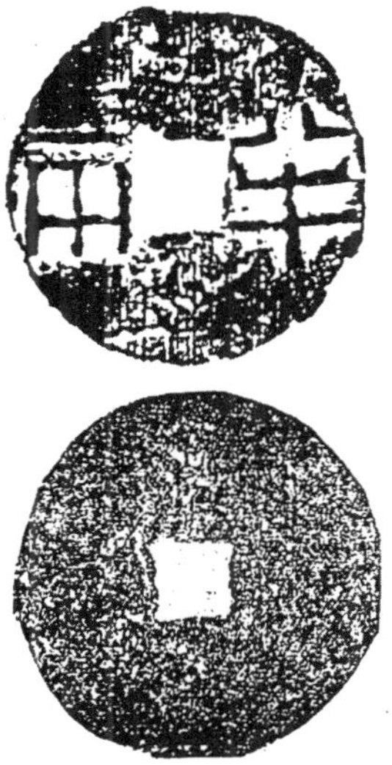

图一　特大型半两 直径 68 毫米

图二　普通西汉半两钱 直径 23 毫米

作者简介：戴志强，中国钱币博物馆，研究馆员，北京市西城区西交民巷 17 号，100031；
李君，天津博物馆，副研究馆员，天津市河西区平江道 62 号，300201。

天津博物馆藏玉器考辨

袁　伟

（天津博物馆）

摘要：本文对天津博物馆三件馆藏玉器的器形、纹饰、雕琢技法等方面进行了详细的阐述，并结合已有的科学考古发掘报告，参考历史文献，得出相关的结论，对不同的观点进行了分析，以期得到比较客观的认识。

关键词：双龙首云凤纹玉佩　双螭纹“宜子孙”玉璧　云纹玉卮

日前，阅读李惠新先生的《汉玉还是宋仿——天津博物馆藏玉断代及方法探讨》一文，他在文章中对天津博物馆三件馆藏玉器的断代问题提出异议，认为天津博物馆藏品白玉龙凤形佩（双龙首云凤纹玉佩）、白玉云纹玉杯（云纹玉卮）及白玉双螭纹宜子孙璧（双螭纹“宜子孙”玉璧）三件器物的年代均应定为汉代，而非宋仿①。笔者同意白玉龙凤形佩（双龙首云凤纹玉佩）的年代应定为汉代的观点，而其他两件器物断代的观点值得商榷，认为白玉云纹玉杯（云纹玉卮）及白玉双螭纹宜子孙璧（双螭纹“宜子孙”玉璧）两件器物的年代仍应为宋代，故撰文提出自己的看法，还望各位专家学者不吝赐教。

一、双龙首云凤纹玉佩

关于双龙首云凤纹玉佩的断代问题，笔者赞同李惠新先生的看法，认为白玉龙凤形佩（双龙首云凤纹玉佩）的年代应定为汉代。下面先介绍该藏品以及各地考古发掘的参照物，最后提出断代理由和意见：

（1）双龙首云凤纹玉佩（图一），长 11.2 厘米，宽 3.5 厘米，厚 0.4 厘米。白玉，片状双面透雕，整体采用细阴刻线雕琢，有细铊痕。两端琢回首双龙，龙首张口露齿，幅度极大，其上下唇相向翻卷，成一圆弧，并与龙佩上一出脊之圆弧相咬合，显得气势张扬。龙佩上端透雕相对峙的两只回首凤纹，下端雕一组对称的勾云纹。龙额头与

---

① 李惠新：《汉代还是宋仿——天津博物馆藏玉断代及方法探讨》，《收藏家》2017 年第 12 期。

耳尖成锥状，略上翘，岐角分叉，棱角十分鲜明。水滴形圆眼，出眼梢。上下边缘用打窪的方法形成轮廓线，边棱锋利。整件器物呈对称分布，造型优美，构图严谨①。

图一 双龙首云凤纹玉佩

（2）玉云龙饰佩（图二），长 10.5 厘米，宽 3.9 厘米，厚 0.4 厘米。西汉。白玉，扁平状，双龙合体成璜形，龙作回首状，龙身上下雕成云纹，整体透雕。阴线刻划细部，双面纹饰相同。江苏省扬州市邗江"妾莫书"墓出土②。

图二 玉云龙饰佩

（3）玉龙凤饰佩（图三），长 11.9 厘米，宽 4.9 厘米，厚 0.4 厘米。西汉。白玉，体扁平，双龙合体成璜形，龙回首，其上部雕琢一件出廓凤鸟，龙身下雕成云形。江

① 天津博物馆编：《天津博物馆藏玉》，文物出版社，2012 年，第 140 页。

② 卢兆荫主编：《中国玉器全集》卷四，河北美术出版社，1993 年，第 145 页。

苏省扬州市邗江“妾莫书”墓出土[①]。

图三　玉龙凤饰佩

（4）玉龙饰璜（图四），长 7.4 厘米。西汉。玉青色泛黄，作璜形薄片状，透雕而成。两端雕成龙首形，上下有卷云纹装饰。河南省永城市芒砀山僖山汉墓出土[②]。

图四　玉龙饰璜

（5）龙形玉佩（图五），长 8.2 厘米，高 3.1 厘米，厚 0.3 厘米。东汉。白玉，透雕，器做片状侧身龙形，龙回首而望，独角上竖前弯，眼睛以阴线刻划。周身刻如意形纹，天津市蓟县西关墓出土[③]。

---

① 卢兆荫主编：《中国玉器全集》卷四，河北美术出版社，1993 年，第 145 页。
② 卢兆荫主编：《中国玉器全集》卷四，河北美术出版社，1993 年，第 128 页。
③ 于平等主编：《中国出土玉器全集》卷一，科学出版社，2005 年，第 104 页。

图五　龙形玉佩

（6）龙形玉环（图六），最大径 5.5 厘米，孔 3.5 厘米，厚 0.4 厘米。西汉。白玉，局部黄褐色沁。玉龙首衔尾弯曲如环，龙口大张，上下唇前卷后翻，眉骨尖凸，浮雕上下尖利獠牙紧扣于卷曲如云的尾部。椭圆眼带梢，粗长的鬣毛飘卷与身体相连，龙体两面仅阴刻两卷云纹，意为龙鳞，断面呈长方形，环面微内凹，龙环设计奇特。安徽省天长市三角圩汉墓群出土[1]。

图六　龙形玉环

① 杨立新主编:《中国出土玉器全集》卷六，科学出版社，2005 年，第 129 页。

本馆所藏双龙首云凤纹佩的造型特征与江苏省扬州市邗江“妾莫书”墓出土的汉代玉云龙饰佩、汉代玉龙凤饰佩及河南省永城市芒砀山僖山汉墓出土的汉代玉龙饰璜的形制如出一辙，与天津市蓟州区西关墓出土的汉代龙形玉佩和安徽省天长市三角圩汉墓群出土的汉代龙形玉环虽整体器型略有不同，但龙纹的形制和雕琢技法有着异曲同工之妙。

战国与汉代玉龙凤形佩中的凤鸟往往作为辅助或陪衬的角色，成两两对称，或分或合附着于龙体之上，因此它的形象小巧婉约，而决无喧宾夺主之感。此件双龙首云凤纹玉佩的一对尖喙卷尾，曲折有致的凤鸟设计，正是符合这一特点。龙体上有勾云纹、网格纹等阴刻纹饰及凤尾处细密的丝束纹及简约而传神的水滴形圆眼，线条刻划精细，纹饰舒展流畅，具有“游丝毛雕”的特征。所谓“游丝毛雕”即明代高濂在《燕闲清赏笺》中指出，“汉人琢磨，妙在双钩，碾法婉转流动，细入秋毫，更无疏密不均交接断续，俨如游丝白描，毫无滞迹。”“双钩”雕刻工艺在汉玉中迄今也未发现，似乎并不存在。“细如秋毫”和“游线白描”则有之，也许这便是“游丝毛雕”一说的滥觞。汉玉中阴刻细线，其线条纤细，形若游丝，细如毛发，灵动飘逸，应即高濂所说的“游丝白描”，此种阴刻细线纹是用非常尖细坚硬的工具在玉器上进行雕刻，线条纤细如丝，有游动飘逸的独特神韵。若用力不均，会出现岔道和若断若续的“交接（跳刀）”，此技法非能工巧匠莫属。

汉代崇尚道家思想，浪漫与神话相融合是汉代艺术的一大特征，将神学观念融入现实，形成天人合一的理念，是汉代艺术的一种表现形式。汉代龙夸张奔放的运动节奏，充满了磅礴的气势和艺术感染力。天津博物馆藏双龙首云凤纹玉佩的器形、纹饰和雕琢技法等，正是符合这一特征。

另外，尤仁德先生在《古代玉器通论》一书中，将此件双龙首云凤纹玉佩（天津市艺术博物馆藏双龙形佩）与安徽省天长市三角圩汉墓群出土的龙形玉环（龙形佩）及江苏省徐州市狮子山王陵墓出土的玉龙形佩归为一类，他认为“从形象上几器大同，龙首呈张大口状，露齿，口角开过眼角，是汉代玉龙的重要造型特征”①。

在《集玉存珍》一书中，关于此件双龙首云凤纹玉佩的图版说明部分，徐春苓女士也曾提到：“也有专家认为此件玉器为汉代之物，非宋仿”②，说明当时该器最后确定年代的时候是有争议的。

综上所述，笔者根据双龙首云凤纹玉佩的器形、纹饰、雕琢技法等多方面的综合分析，并与科学考古的标准器相比对，同时参考了相关的文献资料，认为此双龙首云凤纹玉佩的年代定为汉代应该更加准确。

① 尤仁德：《古代玉器通论》，紫禁城出版社，2009年，第203～206页。

② 白文源主编：《集玉存珍》，文物出版社，2012年，第50、51页。

二、云纹玉卮

关于云纹玉卮的断代问题，笔者不赞同李惠新先生的看法，认为该云纹玉卮的年代还应定为宋代。下面先介绍该藏品，然后再介绍各地考古发掘的参照物、北京故宫博物院以及台北故宫博物院馆藏传世文物，最后提出断代不同看法的理由和意见：

（1）云纹玉卮（图七），高 11.2 厘米，口径 5.1 厘米，足径 4 厘米。浆白色，口沿平直，深漏斗形腹，环形出尾柄，器身阴刻兼浅浮雕卷云纹、勾连云纹、莲瓣纹及龙首纹等五层纹饰，底部为弦纹、丝束纹，高圈足，器形典雅清新①。

图七　云纹玉卮

① 天津博物馆：《天津博物馆藏玉》，文物出版社，2012 年，第 153 页。

（2）玉杯（图八），高 14.5 厘米，口径 6.4 厘米，足径 4.5 厘米。秦代。青玉，局部呈红褐色沁斑。由杯身和座足两部分组成，杯身呈上侈下敛的长圆筒形，平口圆底，豆形座足，与杯身环底黏接。杯身饰四层纹饰：最上层雕三组柿蒂纹，间以变形几何纹；第二层雕勾连谷纹；第三层为六组以阴线相隔的变形云纹；最下层为仰覆花瓣纹。足座鼓面上还雕出两条平置相交的 S 形阴线纹。此玉杯造型优美，雕琢工艺精湛，纹饰复杂多样，代表秦代玉器制作的最高水平，应为宫廷或高级贵族使用的玉器。陕西省西安市秦阿房宫遗址出土[①]。

图八　玉杯

① 卢兆荫主编：《中国玉器全集》卷四，河北美术出版社，1993 年，第 6 页。

（3）玉杯（图九），高 11.3 厘米，口径 4.5 厘米，足径 3.3 厘米。西汉前期。青玉，直口，深腹，三层纹饰，中间饰谷纹、勾连云纹，上下饰勾连云纹带。广西贵县罗泊湾一号墓出土[①]。

图九　玉杯

（4）铜承盘高足玉杯（图一〇），杯身高 7.8 厘米，口径 4.2 厘米，足径 2 厘米。

① 卢兆蓢主编：《中国玉器全集》卷四，河北美术出版社，1993 年，第 14 页。

西汉。青玉，直口，深腹，三层纹饰，上部饰云纹间花瓣纹，中部饰勾连谷钉云纹，下部饰花瓣纹。该高足玉杯应是《史记》所提及的夜间承接露水之物。广州南越王墓出土[①]。

图一〇　铜承盘高足玉杯

（5）高足玉杯（图一一），高 9.5 厘米，口径 6.3 厘米，足径 4.6 厘米。西汉。青玉，有灰褐色沁斑，高足，器表光素无纹。陕西咸阳市西郊大泉村汉昭帝平陵陪葬墓出土[②]。

（6）高足玉杯（图一二），高 11.7 厘米。西汉。玉呈黄色，三层工，上、下两组纹饰基本相同，饰宽连云纹及兽面纹，中间饰勾连云纹，三组纹饰间分别以弦纹间隔。江苏省徐州市狮子山王陵墓出土[③]。

（7）玉卮（图一三），高 5.9 厘米，直径 8.8 厘米。西汉。青玉，圆筒形，直壁，器表光素无纹，带环形出尾短柄。江苏省扬州市邗江甘泉巴家墩西汉墓出土[④]。

① 全洪主编:《中国出土玉器全集》卷十一，科学出版社，2005 年，第 142 页。

② 刘云辉主编:《中国出土玉器全集》卷十四，科学出版社，2005 年，第 155 页。

③ 殷志强、张敏主编:《中国出土玉器全集》卷七，科学出版社，2005 年，第 146 页。

④ 殷志强、张敏主编:《中国出土玉器全集》卷七，科学出版社，2005 年，第 145 页。

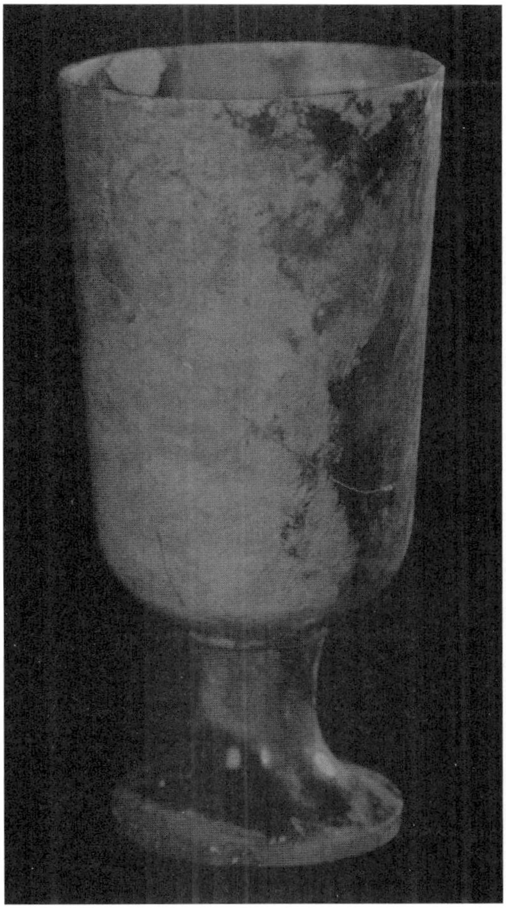

图一一　高足玉杯

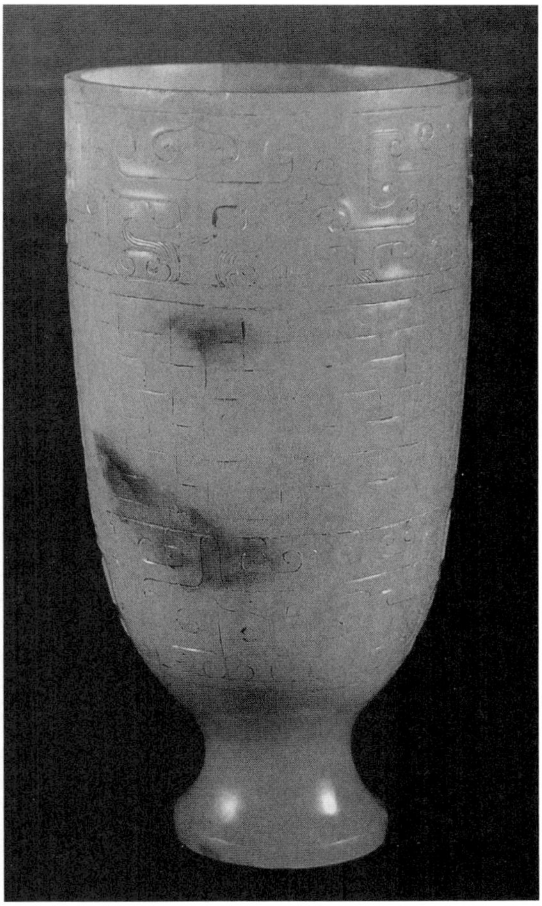

图一二　高足玉杯

图一三　玉卮

（8）云纹玉杯（图一四），高 12.3 厘米，口径 4.7 厘米，足径 3.1 厘米。汉代。青白玉，高足，以五条横饰带围绕器表，饰带中浅浮雕各式云纹、四瓣叶纹等五层纹饰。口缘处、柄之外侧、高足至器腹下端都因接触铜锈，而呈绿色沁斑，口缘处沁色绿中带蓝，环形出尾短柄。台北故宫博物院藏[①]。

图一四　云纹玉杯

（9）玉夔凤纹樽（图一五），高 12.3 厘米，口径 6.9 厘米，足径 6.8 厘米。汉代。白玉，有褐色沁斑，玉卮带盖，盖面弧凸，中心凸起一圆形钮，钮的外围凸雕三个旁

① 古方主编：《中国传世玉器全集》卷二，科学出版社，2010 年，第 132 页。

钮。器身表面雕琢带状夔凤纹和谷纹，间刻勾连云纹，一侧有环形出尾短柄，底有三个蹄形足。北京故宫博物院藏[①]。

图一五　玉夔凤纹樽

（10）玉云纹高足杯（图一六），高 9.7 厘米，口径 4.6 厘米。汉代。青白玉，局部有深褐色沁斑，直口，深腹，高足，带环形柄。杯身饰弦纹与流云纹，最下层为仰覆花瓣纹。北京故宫博物院藏[②]。

根据上述出土及传世玉杯的介绍，天津博物馆所藏云纹玉卮虽然从形制上看与

① 杨新主编：《故宫博物院藏文物珍品全集 · 玉器》上卷，商务印书馆（香港），1996 年，第 265 页。

② 杨新主编：《故宫博物院藏文物珍品全集 · 玉器》上卷，商务印书馆（香港），1996 年，第 264 页。

秦汉玉杯相近，但其纹饰、器形和雕琢技法都与秦汉玉杯有一定差异，其神韵也相去甚远。

图一六　玉云纹高足杯

从纹饰上看，秦汉玉杯上多饰有乳钉勾连云纹、卷云纹、变形龙纹、柿蒂纹等这些具有典型时代特征的纹饰。譬如：1997 年安徽省巢湖市北山头西汉墓出土的柿蒂纹玉盒（图一七）[①]，纹饰饱满古朴，构图简洁规整，具有典型的汉代制玉风格。安徽省天长市三角圩汉墓群出土的龙纹玉璜（图一八-1；图一八-2）[②]，阴刻卷云纹、束丝纹组成

① 李修松主编：《安徽省出土玉器精粹》，众志美术出版社，2004 年，第 172 页。

② 李修松主编：《安徽省出土玉器精粹》，众志美术出版社，2004 年，第 288 页。

的分解龙纹，中间凹槽将器面分为对称两部分，璜体上下出脊形成扉棱，这些特点是汉代玉器纹饰的一大特色。天津博物馆藏云纹玉卮的纹饰不具备上述特点，其腹壁上的花纹不似秦汉玉杯古朴的勾连云纹，而是具有明显宋代时代风格的莲瓣纹，纹饰过于繁缛，时代烙印鲜明，迥异于秦汉时期玉杯的庄重严肃。

图一七　柿蒂纹玉盒

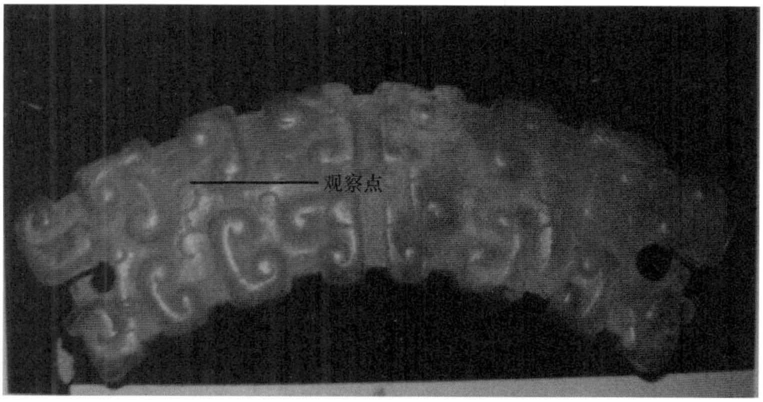

图一八-1　龙纹玉璜

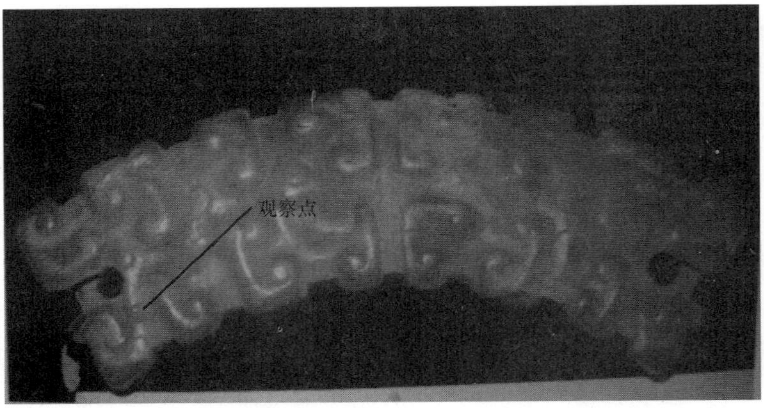

图一八-2　龙纹玉璜

从器形上看，秦汉玉杯腹壁较直，杯底处转折硬朗明显，足颈处弧度较大，器形挺拔中正，充满周正庄重之感。天津博物馆藏云纹玉卮腹壁有一定程度的斜收，足颈处弧度自然过渡，秀美流畅，与秦汉玉杯器形不同，符合宋代器形特征。宋代追求高尚的文人意境，在玉器制作上比较讲求细腻，纯真，器形流畅典雅清新，意境深邃的文人格调充满高雅闲适的情趣和世俗化的生活气息。因此，从器形来看，此件藏品也具有鲜明的宋代制玉风格。

从雕琢技法上看，汉代雕工刚劲有力，宋代雕工圆转滑软。尤仁德先生认为“天津市艺术博物馆藏传世品云纹杯（云纹玉卮），造型是按照汉代玉卮和玉杯综合变化而来，环状有尖柄，即很典型；云纹及变形云纹，仍有汉代遗泽。……仿古玉器的艺术风格，既有传统作品的造型技法、工艺特征，又有是时艺术追求。规矩尽而变化生，即不变中求变，模古中建新。如果用‘拙重’概括汉代玉器，那么宋仿汉玉则常见‘工致’，因为它极尽仿效之能事，但终不可达到‘绝对化’境地。因此，仿古玉器多具精致、典丽、规严与隽雅之风”[①]。张宏明先生认为“天津博物馆所藏玉杯制作规整，纹饰构图缜密。碾工精致，当非民间作坊所为，应是宋代宫廷玉工的精心制作，其形制既仿汉代高足玉杯的外形和云纹纹饰，又仿制唐代莲花纹的雕琢方式”[②]。

综上所述，天津博物馆所藏云纹玉卮从纹饰、器形和雕琢技法等方面分析，虽然其器形参照了秦汉时期的形制，但只具其形而未具其神韵，且纹饰滑软及细部刻划线条流畅，具有宋代的制玉风格，因此天津博物馆所藏云纹玉卮的年代仍应定为宋代。

---

① 尤仁德：《古代玉器通论》，紫禁城出版社，2009年，第258～261页。

② 陆建芳主编：《中国玉器通史·宋辽金元卷》，海天出版社，2014年，第46页。

三、双螭纹“宜子孙”玉璧

关于双螭纹“宜子孙”玉璧的断代问题，笔者不赞同李惠新先生的看法，认为该双螭纹“宜子孙”玉璧的年代还应定为宋代。下面先介绍该藏品，然后再介绍各地考古发掘的参照物、北京故宫博物院、台北故宫博物院以及天津博物馆馆藏传世文物，最后提出断代不同看法的理由和意见：

（1）双螭纹“宜子孙”玉璧（图一九），高9.7厘米，直径7.3厘米。白玉，采用镂空透雕技法，上部雕刻童子骑羊，下连透空璧，孔上下镂刻篆书“宜子孙”三字，两侧对称镂雕呈S形的盘曲双螭。天津博物馆藏[①]。

图一九　双螭纹“宜子孙”玉璧

① 古方主编：《中国传世玉器全集》卷二，科学出版社，2010年，第199页。

（2）“宜子孙”玉璧（图二〇），高 9 厘米，直径 7 厘米。东汉。青玉，双面透雕，采用阴线刻的技法雕琢。玉璧上端出廓雕单凤纹，“宜”字刻在凤鸟之下，璧身有一双螭虎，其头颈弯曲上浮，“子孙”两字刻在两螭虎之间，纹饰线条刚劲有力。江苏省扬州市邗江区甘泉老虎墩东汉墓出土[①]。

图二〇　“宜子孙”玉璧

（3）玉“宜子孙”谷纹璧（图二一），高 30 厘米，直径 20.7 厘米。东汉。青白玉，有褐斑。玉璧上方透雕双龙钮，钮中央镌刻铭文“宜子孙”三字。璧内区饰谷纹，外区饰螭龙纹，线条刻划刚劲有力。山东省青州市马家塚出土[②]。

（4）玉“长乐”谷纹璧（图二二），高 18.6 厘米，径 12.5 厘米。东汉。玉呈青褐色，局部有深褐色沁斑。玉璧出廓处透雕铭文“长乐”二字。北京故宫博物院藏[③]。

（5）玉“益寿”铭谷纹璧（图二三），高 13.2 厘米，直径 10.5 厘米。东汉。青玉，局部有深褐色沁斑。体扁平，两面纹饰相同，出廓处透雕一螭一龙，环抱“益寿”二字，璧中央有一圆孔，内外缘均饰一圈弦纹，内部浮雕谷纹。北京故宫博物院藏[④]。

---

① 殷志强、张敏主编：《中国出土玉器全集》卷七，科学出版社，2005 年，第 161 页。

② 卢兆荫主编：《中国玉器全集》卷四，河北美术出版社，1993 年，第 190 页。

③ 杨新主编：《故宫博物院藏文物珍品全集 · 玉器》上卷，商务印书馆（香港），1996 年，第 260 页。

④ 杨新主编：《故宫博物院藏文物珍品全集 · 玉器》上卷，商务印书馆（香港），1996 年，第 258 页。

图二一　玉“宜子孙”谷纹璧

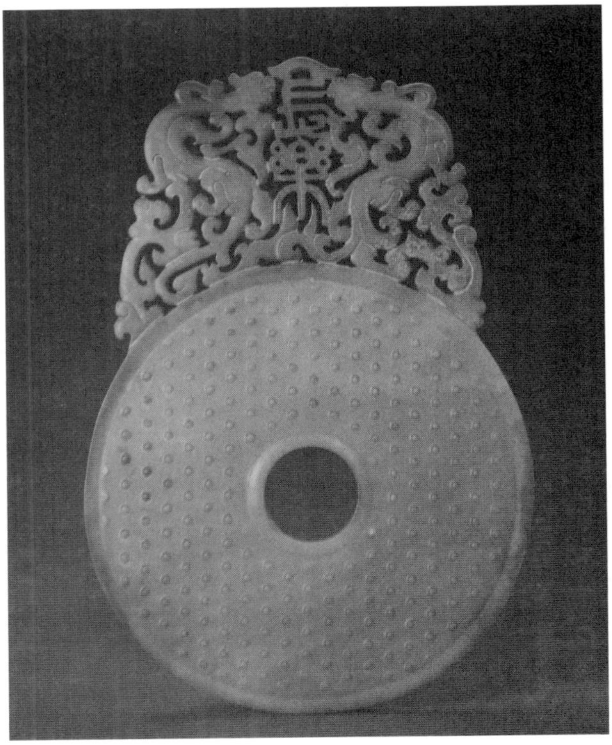

图二二　玉“长乐”谷纹璧

图二三　玉“益寿”铭谷纹璧

（6）螭凤纹“长乐”铭文玉璧（图二四），高16.5厘米，直径13.4厘米。东汉。玉呈青色，局部有褐色沁斑，半透明。璧分三区，内区为一中孔，中区饰乳钉纹，外区镂空螭凤纹，并在外区中轴上下镂雕“长乐”二字。台北故宫博物院藏①。

图二四　螭凤纹“长乐”铭文玉璧

① 古方主编：《中国传世玉器全集》卷二，科学出版社，2010年，第50页。

（7）谷纹双螭纹玉璧（图二五），高 15.7 厘米，直径 13.9 厘米。东汉。玉呈淡黄色，有黄褐色沁斑。玉璧上部出廓，镂雕对称双螭，螭眉上挑，身饰短阴线，小圆圈纹及细毛纹。璧内部双面纹饰相同，浮雕乳钉形谷纹。天津博物馆藏[①]。

图二五　谷纹双螭纹玉璧

根据上述出土及传世玉璧的介绍，天津博物馆所藏双螭纹“宜子孙”玉璧，虽然从形制上看与东汉时期“宜子孙”玉璧相近，但其纹饰和雕琢技法都与东汉时期“宜子孙”玉璧有一定差异。

上述七件玉璧均为出廓玉璧，所谓“出廓”指玉璧外缘处所附琢的各种纹饰。出廓玉璧始见于战国晚期，西汉时期数量不多，盛行于东汉时期。出廓玉璧较典型的纹饰有螭纹、龙纹、凤纹和吉祥语玉璧。出廓吉祥语玉璧并不多见，一般雕琢有“长乐”“益寿”“延年”“宜子孙”“长宜子孙”等象征吉祥的祝词，多用作悬挂装饰。璧内区多刻谷纹、乳钉纹，外缘和孔缘多有弦纹一周。璧上端出廓镂空透雕螭纹、龙纹、凤纹等，所雕琢动物纹饰的形象矫健有力。玉璧两面边缘减地打窪形成凹形廓边，线条刻划刚劲有力，多采用镂空透雕、浮雕、阴刻等技法雕饰，局部游丝刻小圆圈纹、羽毛纹等装饰。所雕吉祥语多为篆书，具有典型的汉代制玉风格。

① 天津博物馆：《天津博物馆藏玉》，文物出版社，2012 年，第 118 页。

天津博物馆所藏双螭纹“宜子孙”玉璧，构图繁缛，图案更趋于装饰化，仿照东汉时期玉璧的形制，但又不同于汉代疏朗的构图风格。玉璧的边廓线，模仿汉代玉璧的内外边起棱的雕琢技法，但轮廓线的锋利与刚劲已大大减弱，边廓线也不再整齐划一。该玉璧雕琢圆润，制作精细，采用镂空透雕的技法，将圆浑饱满的蟠螭形象表现出来，加上细部特征的刻划，完整、较为写实地展现了宋代肥壮蟠螭温顺的一面，这与汉代蟠螭的矫健凶猛形象截然不同。阴刻线条柔婉流利，缺乏汉代制玉线条粗犷，刚劲有力的特征。另外，该玉璧上端镂空透雕半椭圆形的童子骑羊及飘带卷云纹图案，充分体现了宋代玉匠在继承传统形制的基础上，勇于创新，灵活多变的审美情趣，巧妙地将宋代流行的童子形象融入进来，设计为童子骑羊的创新形式。我们再看童子骑羊和吉祥二字的关系，在汉语语音中，骑羊与吉祥属谐音字，此外宜子孙与童子的形象又相呼应，由此可见，当时玉工在制作过程中似乎并未刻意作假，只是将古代的造型和图纹，根据时人的审美需求进行雕琢，以满足文人喜爱古风的雅兴，巧夺天工地创造出雕琢工艺精湛的艺术佳作，具有典型的宋代制玉风格。因此，天津博物馆所藏双螭纹“宜子孙”玉璧的年代仍应定为宋代。

关于天津博物馆双螭纹“宜子孙”玉璧这件藏品，一直就受到各方面关注。“宜子孙”辟邪祈福类题材的古代艺术品，在传统吉祥文化中占据重要地位，是至今永恒的主题。汉代镜铭、玺印、吉语铭文玉器以及后来宋仿汉代玉器和乾隆仿古玉器玺印中屡见不鲜。就天津博物馆所藏这件双螭纹“宜子孙”玉璧，许多学者都发表过文章。早在 1993 年，云希正先生在《宜子孙璧赏析》一文中认为“扬州甘泉山老虎墩东汉墓出土的汉代宜子孙璧，纹饰线条刚劲有力，但器表面有绺道，边缘处做工也不够精细。天津博物馆藏宋代‘宜子孙’玉璧，玉质滋润，纹饰流畅生动，镂刻线条极佳，乍看似汉代做工，经仔细观察，尚缺乏汉代的刚劲和朴拙”[①]。

尤仁德先生在《中国古玉的文化学和美学论略》一文中，对这件双螭纹“宜子孙”玉璧也曾做过阐述，他认为“天津博物馆藏宋代双螭纹‘宜子孙’玉璧以汉代吉祥玉佩为样板，用单锋繁密细线，线条旋动流畅，刚柔相济，减弱形象的体积感，避开透视可能产生的变形，这种平面美，是中国古代雕刻艺术的一大特色”[②]。

陈立鼎、张宏明先生在《宋代玉璧的分类与鉴定》一文中，把这件“宜子孙”玉璧定为典型的宋代仿古玉，他们注意观察该玉璧的细部特征和变化，认为“宜子孙”三字，与汉代“宜子孙”玉璧上的篆字不同，篆字圆弧过分，显得呆滞”，对玉璧上的

① 云希正：《宜子孙璧赏析》，《中国宝石》1993 年第 3 期。

② 尤仁德：《中国古玉的文化学和美学论略》，《天津市艺术博物馆藏玉》，文物出版社、两木出版社合编，1993 年，第 11 页。

螭虎也认为“肥胖，温顺可爱，与汉代螭虎的凶猛形象相去甚远”[①]。

此外，还有一个重要信息，1993年4月国家文物局组织部分国家级文物鉴定委员巡回鉴定来津，鉴定确认所报一级品，据当年负责接待此项活动的同志告知，张永昌等先生看过此件双螭纹“宜子孙”玉璧后，认为不够汉代，定为宋仿，从此原天津市艺术博物馆1964年所列的一级品简目中的此件珍贵古玉，已改列为二级藏品。

综上所述，笔者认为天津博物馆所藏云纹玉卮和双螭纹“宜子孙”玉璧的年代定为宋代，是以科学考古发掘的标准器为依据，参照博物馆传世藏品进行比对，并参考了相关的文献资料作为佐证，从纹饰、器形和雕琢技法等方面进行综合考量，而得出的结论，并非年代上的“宁后勿前”。

由此可见，精确鉴定传世古代玉器，科学断代绝非一件易事，这就需要研究者熟知考古发掘品标准器和相关文献之外，还应正确地把握古玉的时代特征，要做到细致地分析和观察传世古代玉器所具有的普遍特征之外，还要能发现其所具有的特殊性，并随着新的考古资料的发现而不断修正自己原有的认识，同时还要有丰富的阅历和经验，大量过目、过手实物，才能提高鉴定水平和能力。

作者简介：袁伟，天津博物馆，副研究馆员，天津市河西区平江道62号，300201。

① 陈立鼎、张宏明：《宋代玉璧的分类与鉴定》，《收藏家》2013年第2期。

横天纵地弥纶四方

——天津博物馆藏五岳真形图臂搁赏析

张　旭

（天津市文物管理中心）

摘要：五岳真形图是中国道教传统图案，内含寓意深刻，本文通过对天津博物馆藏竹刻品的赏析对此图案进行浅析。

关键词：臂搁　五岳真形　天津博物馆

在天津博物馆工艺类藏品中，竹刻品种类丰富，尤以文房类笔筒、臂搁居多，臂搁是书案重要饰物，富书卷气。一般用去节之竹筒分劈成三段刻制，因是枕臂之用，宜浅刻平雕，以刻制书画为主。有镌座右铭以为警策，有刻所喜之诗画以作欣赏，有刊挚友亲人之赠言以为留念，故极受士人的偏爱。臂搁，又称"秘阁"，秘阁原为古代皇宫中的藏书之所，《资治通鉴・齐明帝建武二年》记载："癸丑，魏诏求遗书，祕阁所无，有益时用者，加以优赏。"《新唐书・段成式传》载："研精苦学，祕阁书籍，披阅皆遍。"后成为尚书省的别称。作为文房器具的臂搁应出现在北宋，时称笔几，北宋诗人谢薖（音科）《次韵郄（音切）子中所藏笔几》写道："小琴承臂笔纵横，章草真行随所欲。"推测当时的臂搁应为琴状。宋代林洪著《文房职方图赞》记载，称"竺秘阁"，形状为琴式。目前所见最早的臂搁实物是故宫博物院收藏的元代双螭纹玉臂搁，长 10 厘米，宽 3.4 厘米，两侧下卷，正面凸雕双螭衔灵芝图案，背面饰云纹[①]。明代臂搁较多，明高濂《遵生八笺》记载："臂搁，有以长样古玉璏为之者，甚多，而雕花紫檀者亦常有之。近有以玉为臂搁，上碾螭文、卧蚕、梅花等样，长六七寸者，有以竹雕花巧人物为之者，亦佳。"宁波博物馆、天一阁博物馆都藏有明代臂搁[②]。清代臂搁较多，以竹为主，牙木次之。

馆藏竹刻"五岳真形图臂搁"（图一）长 12.9 厘米，宽 9.5 厘米，覆瓦形，整个

---

① 故宫博物院编：《故宫博物院藏文物珍品全集・玉器》图 132，商务印书馆（香港），1995 年。

② 李军：《明清竹刻》，宁波出版社，2005 年。

器物包浆醇厚，正面刻有三列图文，左上为泰山符箓，下刻“东岳泰山，乃天帝之孙，群灵之府也，在兖州奉符县，是成兴公真人得道之处，长白、梁父二山为副。岳神姓岁讳崇，封号‘天齐仁圣帝’。岱岳者，主于世界人民官职及定生死之期，兼注贵贱之分、长短之事也。”左下为华山符箓，下刻“南岳衡山，在衡州衡山县，是太处真人得道之处，潜山、霍山为副。岳神姓崇讳覃，封号‘司天昭圣帝’。南岳者，主世界星象分野，兼水族鱼龙之事也。”中间一列上部刻有“东岳太灵苍光司命真君、南岳庆华紫光注生真君、中岳黄元大光合真真君、西岳素元耀魄大明真君、北岳郁微洞渊无极真君。”中部刻嵩山符箓，下刻“中岳嵩山，在西京河南府登封县，是寇谦真人得道之处。女几、少室二山为副。岳神姓恽讳樊，封号‘中天崇圣帝’。中岳者，主世界土地山川谷峪，兼牛羊食稻之种，管此事也。”最下部刻有“盖闻，乾坤之内，五岳者谓之神。五岳之中，岱岳为其祖，莫不应其造化。生于混沌之初，立自阴阳，镇乎乾坤之位。且五岳者，古经云分掌世界人间等事。”右上部为恒山符箓，下刻“北岳恒山，在定州曲阳县，是长桑公真人得道之处，天涯、崆峒二山为副。岳神姓晨讳咢，封号‘安天元圣帝’。北岳者，主世界江河淮济，兼四足负荷之类，管此事也。”右下为衡山符箓，下刻“西岳华山，在华州华阴县，是黄庐子真人得道之处。终南、太白二山为副。岳神姓姜讳坐，封号‘金天顺圣帝’。西岳者，主世界金银铜铁，兼羽翼飞禽之事也。”

图一　五岳真形图臂搁

背面刻有楷书“五岳图序　汉大夫平原东方朔曼倩甫撰。五岳真形者，山水之象也。盘曲回转陵阜，形势高下参差，长短卷舒，波流似於奋笔，锋芒畅乎岭崿。云林玄黄，有如书字之状。是以天真道君，下观规矩，拟纵趣向，因如字之韵，而随形而名山焉。子有东岳形，令人神安命延，存身长久，入山履川，百芝自聚。子有南岳形，五殟不加，辟除火光，谋恶我者，返还自伤。子有中岳形，所向惟利，致财巨亿，愿愿克合，不劳身力。子有西岳形，消辟五兵，入刃不伤，山川名神，尊奉司迎。子有北岳形，入水却灾，百毒灭伏，役使蛟龙，长享福禄。子尽有五岳形，横天纵地，弥纶四方，见我欢悦，人神攸同。昔黄帝征师诸侯，与蚩尤战于涿鹿之野，遂擒之。诸侯咸宗轩辕为天子，代神农氏，是为黄帝。天下有不顺者，从而征之，破山通道，未尝宁居。东至于海，登泰山及岱宗；西至崆峒，登鸡头；南至于江，登熊湘；北逐蝉粥金符釜山，而邑于涿鹿之阿。迁徙往来，无有常处。察四岳并有佐命之山，而南岳独孤峙而无辅。乃章祠三天太上道君，命霍山、潜山为储君。奏可。帝乃自造山，躬写形像，连五图之后。又命拜青城为丈人，署庐山为使者。形皆以次相续，此适始于黄帝耳。”（图二）

图二　五岳真形图臂搁背面

“岳”意为山高而尊，五岳一词始见于《周礼·春官·大宗伯》：“以血祭祭社稷、五祀、五岳。”《礼记·王制》记载：“天子祭天下名山大川，五岳视三公，四渎视诸侯。诸侯祭名山大川之在其地者。”这里的五岳并没有具体山名，泛指天下名山。《尔雅·释山》载：“泰山为东岳，华山为西岳，霍山为南岳，恒山为北岳，嵩高为中岳。”据《汉书·郊祀志》记载，直到汉宣帝神爵元年（公元前61年）颁诏，正式确定东岳为泰山、西岳为华山、南岳为霍山（即衡山）、北岳为常山（即恒山）、中岳为嵩山。东汉的郑玄对《周礼》的注释说：“五岳，东曰岱宗、南岳曰衡山、西曰华山、北岳曰恒山、中岳曰嵩山。”自此，五岳正式定名。

五岳起源可追溯于古代中国人对山川的崇拜，和对山神的祭祀联系在一起的。古人对高大险峻的山充满了神秘和畏惧，认为大山是神仙鬼怪和凶猛野兽出没的地方，山是神灵，不能随便进出，更不能随意冒犯。由此，古人对大山产生了崇拜。充满神圣感的大山，也成为王者们朝拜和祭祀的圣地，并产生了专门从事祭祀大山的祭司这一官职，主管四方神山，被称为太岳。《尚书·尧典》记载早在上古时期已经存在巡守四岳神山体系“岁二月，东巡守，至于岱宗，柴。望秩于山川，……五月南巡守，至于南岳，如岱礼。八月西巡守，至于西岳，如初。十有一月朔巡守，至于北岳，如西礼。归，格于艺祖，用特。五载一巡守，群后四朝。敷奏以言，明试以功，车服以庸。”战国时期楚国大量流行“山字镜”，梁廷枏认为其纹饰：“刻四山形以像四岳，此代形以字。”[①]有学者认为与古代山岳崇拜有关[②]，日本学者驹井和爱在《中国古镜的研究》中也提到，山字镜中的“山”字在甲骨文，金文中的写法与今天的山字写法几乎没有多大差别！山在中国古代往往与不动，安静，养物等观念结合在一起。因此在铜镜上使用的“山”字表示山的图形，具有强烈的吉祥寓意。

虽有学者认为“山”字纹从青铜器上勾连雷纹移植而来，是将勾连雷纹截去一小段，除去雷纹，则是斜行的山字纹[③]。笔者认为一种器物的出现，与社会生活的变化有密切的关系，而器物本身的形制与装饰特点，也会从某方面反映出其所包含的寓意和象征及对传统的继承和变革，特别是中国传统的器物，更加重视其中的内涵，因此山字镜应视为对自然的崇拜。

五岳是远古山神崇拜、五行观念和帝王巡猎封禅相结合的产物，后为道教所继承，被视为道教名山，如东岳泰山，《诗经·鲁颂》有“泰山岩岩，鲁邦所瞻”形容其高峻险峭，自古被视为天地万物交感通灵之处。西汉刘向《五经通义》云“泰山一名岱宗，言王者受命易姓报功告成必于岱宗也，东方万物始交代之处，宗长也，言为群岳之长。”《白虎通·封禅》引此说“王者易姓而起，必升封泰山何？教告之义也。始受命之时，改制应天，天下太平，功成封禅，以告太平也。所以必于泰山何？万物所交代之处也。”帝王因德受命，归为天子，泰山被视为离天最近的地方，自秦始皇起成为历代帝王举行封禅大典，永延帝祚的祭祀圣地。汉武帝曾七次上泰山祭天。此外五岳还有主死之说，1935 年山西同蒲路出土东汉熹平二年陶盆内有：“黄神生五岳，主生人录，召魂招魄，主死人薄。”[④]顾炎武《日知录》言道：“自哀平之际而谶讳之书出，然

① （清）梁廷枏：《藤花亭镜谱》。

② 王锋钧：《山字镜初探》，《考古与文物》2001 年第 1 期。

③ 陈佩芬：《中国青铜镜发展概述》，《中国青铜器全集》卷十六·铜镜，文物出版社，1998 年。

④ 郭沫若：《奴隶制时代》，人民出版社，1973 年。

后有如《盾甲开山图》所云：泰山在左，亢父在右，亢父知生，泰山主死。《博物志》所云：泰山一曰天孙，言为天帝之孙，主召人魂魄，知生命之长短也。”[①] 因而泰山成为五岳之长的至尊，其地位遥遥领先于其他四岳。

从唐垂拱四年（688 年）至天宝五年（746 年）朝廷加封泰山为天齐王，使其地位得以提高，宋祥符元年（1008 年）宋真宗封禅泰山，诏封泰山神为天齐仁圣王，宋真宗四年（1011 年）进封泰山神为“东岳天齐仁圣帝”元代受中原文化传统影响，对五岳神崇拜有加，继续加封为帝。明代洪武三年诏定岳镇封号，依古定制，并去前代所封名号，尊五岳为神。历次封号都伴随其他四岳。五岳神的权威由于国家权力支持而至高无上，庙宇遍布全国，深受民众信仰。因此在中国历史上五岳以其特有的宗教文化奠定了它在文化史上所具有的不可忽视的地位和作用。

五岳真形图最早见于《太平广记》卷三引《汉武帝内传》：“帝问：‘此书是仙灵之方耶？不审其目，可得瞻盼否？’王母出以示之曰：‘此五岳真形图也……诸仙佩之，皆如传章；道士执之，经行山川，百神群灵，尊奉亲迎。’”晋葛洪《抱朴子·遐览》载：“道书之重者，莫过于三皇文，五岳真形图也。古人仙官至人尊秘此道，非有仙名者不可授也。”

五岳的形图，特点各异，其图象表明什么，历来说法不一。有表示为五岳各自形状说；有代表“五行”说，即东岳图表示“木”，西岳图表示“金”，南岳图表示“火”，北岳图表示“水”，中岳图表示“土”；有表“四神”和土神的形象说。即东岳图绘的是青龙，西岳图绘的是白虎，南岳图绘的是朱雀，北岳图绘的是玄武（龟蛇），中岳图绘的是庙内住土神，而现代研究表明，五岳真形图属道教文化，就其表现形式和内容来看，是具体山岳的平面示意图[②]。

五岳真形图不仅见于文字记载，器物上也多有表现。目前所见最早带有五岳真形图的器物出现在唐代中期。唐高祖李渊，为表李家王朝正统，自称为老子后裔，尊老子为始祖，推崇道教。武德八年（625 年），颁布诏书叙三教先后曰：“老教、孔教，此土之基；释教后兴，宜崇客礼。今可老先，次孔，末后释宗。”[③] 唐贞观十一年（637年）唐太宗李世民颁布《道士女冠在僧尼之上》诏令，称“朕之本系起自柱下（即老子）”，道士女冠自今后以斋供行立，至于称谓可在僧尼之前，定道佛次序。乾封元年（666 年），唐高宗尊封老子为“太上玄元皇帝”。唐历代帝王皆以道教为“皇族宗教”，始终大力扶植和崇奉。

载初元年（690 年）武则天改唐为周，其虽自称弥勒转世，崇尚佛教，但为昭告天

---

① 顾炎武：《日知录》，陕西人民出版社，1998 年。

② 曹婉如、郑锡煌：《试论道教的五岳真形图》，《自然科学史研究》1987 年第 1 期。

③ （唐）道宣：《集古今佛道论衡》。

下其统治的正统性，天册万岁元年（696 年）武则天前往中岳嵩山封禅，在祭坛举行仪式，封埋玉册，她的封禅等于得到上天许可，其所做一切均属天命所归。圣历二年（696 年）武则天谒升仙太子庙并亲自撰文手书《升仙太子碑并序》，碑文气势恢弘，多道教僻语典故，主要讲述大周授命于天，歌颂武周国泰民安盛世景象，同时也表达武则天对“黄庭仙室，丹阙灵台；银宫雪合，玉树花开”和“出入太素，驰驱上清”的神仙世界的崇敬与向往。据唐人林宝《元和姓纂》记载“武氏出自姬姓，周平王少子生而有文在手曰“武”，遂以为氏。”因此武则天以周氏后裔自居，而升仙太子晋为周灵王之子，与武则天同为周氏后裔，武则天推崇升仙太子，其目的不仅是推崇道教，攀附神仙，更有强化政权的意图。

在此背景下，道教文化符号自然会被表现在器物上，值得注意的是这一时期都表现在日用生活器的铜镜。如上海博物馆藏天地含象五岳八卦纹镜，山字纹方钮，四边同形方框，以表示五岳，并有八卦纹围成方格，整体外圆内方，寓意天圆地方，五岳四渎（图三）。

图三 唐天地含象五岳八卦纹镜

五岳真形方镜，钮座为山形，上刻草纹，四角耸出各具形态的山峦，山间云气飞鸟，山上树木花草，充满仙境（图四）。

图四　唐五岳纹方镜

宋元时期五岳图形鲜见于器物。明代五岳图形器又开始出现，1984年在江苏太仓明代黄元会夫妇合葬墓女棺中出土一面铜镜[①]（图五），四方符箓钮，四周环绕图符，与馆藏臂搁图案相似。河南登封市嵩山中岳庙内存有此图的碑刻，据《泰安县志》金石卷记载，此碑刻于明洪武年间。

上海博物馆藏“大明万历五岳真形镜”方钮面上饰符箓，钮座双线圆圈内饰四符箓，外圈铭文镜背铭文“五岳巍巍切太清，上有真人守黄庭。朝饮玉泉餐芝英，亿万斯年保长生。”镜钮及符箓象征为五岳，正合乎自铭（图六）。

清朝统治者为更好巩固统治，将自己塑造成为以汉民族为主体的整个华夏传统的代表者，而慕古情怀正是中国悠久传统文化的一个基因。乾隆时期文人阶层兴起以文字训诂为核心，全面清理古代文献与文化的考据学风潮，为仿古器的制作提供动力，受此学士思潮的影响，乾隆帝亲自撰写《五瑞五器说》《圭瑁说》等考证文章，并下旨编撰《西清古鉴》《宁寿鉴古》等著录内府所藏古代铜器的著作。其实是在深刻理解古器物基础上的复现，因此五岳图形被表现在家具、瓷器、钱币上（图七至图九）。

① 苏州博物馆考古组、太仓县博物馆：《苏州太仓县明黄元会夫妇合葬墓》，《考古》1987年第3期。

图五　明五岳真形图镜

图六　大明万历五岳真形镜

图七　康熙黑漆金髹龙纹交椅局部

图八　清雍正仿龙泉青釉暗灵芝纹五岳真形图三孔扁瓶

图九　清五岳真形图花钱

馆藏竹刻五岳真形图臂搁，尺寸较常见臂搁短而宽，表现出以下时代特征：

中国文房用具，历经宋元明之后，到清代达到鼎盛。与前代相比，在注重实用功能同时，也重视其观赏性，故有“文玩”之称。清文玩不仅存世量多，构思精巧设计独到，达到登峰造极地步。清代文玩流行与繁荣，除文人追求窗明几净，赏心悦目的书斋环境之外，也是康雍乾三朝皇帝的爱好与推动。因此清代文房器陈设玩赏的功用大于实用需求。

清代文房器具的特点，是装饰纹样具有画意，与文玩作品的使用十分契合。清中期由于皇帝的倡导，许多工艺门类融入绘画之风，呈现出高雅的审美情趣；二是必有吉祥寓意，葛洪《抱朴子》载：“凡修道之士，栖陷山谷，须得五岳真形图佩之，则山中魑魅虎虫，一切妖毒皆莫能近。……故世人能佩此图渡江海、入山谷、夜行郊野、偶宿凶房，一切邪魔魑魅魍魉水怪山精，悉皆隐遁，不敢加害。家居供奉，横恶不起祯祥永集云。故此图不独用为佩轴，家居裱成画图，安奉亦可。”驱凶辟邪，以求居家安乐，永保祯祥是施五岳真形图的主要企盼；三是仿生造型，以竹为形，充满朴素自然情趣；四是融入仿古因素，仿古是清代的一个重要类型。

清代中期随着碑学的兴起与金石学的蓬勃发展，摹刻书法与金石碑文达到前所未有的境界。五岳真形图臂搁以河南登封嵩山中岳庙内的五岳真形图碑为本，作者用刀如握笔，在行刀之停、顿、快、慢中展现出书法的节奏感。

清中后期，竹刻各种技法基本齐备，再无创新，刻竹者本身善于画者渐少，多由专业画家代为设计，雕刻与绘画逐渐分离，刻竹者成为单纯的技工，多墨守前人之法，依图镌刻，只求笔情墨趣的相似，不求刀痕凿刻的精工，风骨气韵皆已失。早期高浮雕、透雕、圆雕为主导的嘉定派作品如笔筒、香筒等较为少见，浅刻技法盛行，摹刻名人字画、金石、肖像、碑帖文字的作品风靡，某些题材文人相互承袭，反复使用形成固式，作品以臂搁、扇骨、笔筒等为主，逐渐向商品化转变。且这件作品华山与衡山符篆说明相互颠倒，表明雕刻者照本临摹，缺乏一定的知识。

五岳真形图，是目前我国道教文化研究的重要资料，这五个符号，不仅见于书目抄绘，更见于日常用器中，历经千年，长久不衰，没有被滚滚历史所湮没，值得我们去关注研究。

作者简介：张旭，天津市文物管理中心，副研究馆员，天津市和平区大理道 44 号，300050。

清代天津大沽口营盘图考

尹学梅　王会娟
（天津博物馆）

摘要：晚清以来，北洋海防建设逐渐为清政府所加强，而大沽海口更是被看作控制京津门户的北洋要口，因此对大沽炮台的军事防务极为重视。天津博物馆藏有两幅清代天津大沽口营盘图，它们为我们研究这一时期大沽口海防的建设提供了直观生动的历史信息。

关键词：清代　北洋　大沽口　营盘图

晚清以来，清政府在进行海防建设中，逐步将北洋海防建设作为重点，而直隶为首都门户，"敌舟可以深入者，曰大沽口、北塘口为最要"①。大沽口位于今天津东南50千米的海河入海口处，西北距离北京170千米，东邻渤海，西为海河平原，隔河与塘沽相望；为南北运河、永定、大清、子牙五河入海处，北连辽东，有旅顺、大连为左翼，南走登莱，有威海卫为右翼，是北洋第一重镇，军事地位极为重要。因此，李鸿章加强北洋海防，首先就是整治大沽口炮台。

天津博物馆藏有两幅清代天津大沽口营盘图，均为一级文物，为我们研究这一时期大沽海防的建设提供了直观生动的历史信息。这两幅图均未标明作者及绘图年代、机构，也无收藏印章。笔者结合相关历史文献，试图对这两幅海防图作进一步考证，并解读舆图本身所蕴含的信息。

一、两幅图的基本情况

1. 大沽海口营盘全图（图一）

因图上粘有题签"大沽海口营盘全图"（以下简称《大沽营盘图》），故而以之命名。经有关部门鉴定绘制年代为"庚子事变"前。该图纸本设色，未注比例，单幅，纵66.5厘米，横134.5厘米。此图局部略有破损，有污渍，图中的方位为"上东下西，

① 张侠、杨志本等合编：《清末海军史料》，海洋出版社，1982年，第227页。

左北右南”。全图采用平立面结合的鸟瞰式形象画法，描绘了天津大沽口的地理形势和炮台的建筑布局情况。图上用灰格画方，但不计里程。整幅图绘制得精细生动，颜色多样，陆地和炮台的一部分建筑颜色为土黄色，海水表现为淡青色。部分建筑物表现为蓝色，表明其质地为砖或者石质。各式旗帜颜色丰富，为黄色、红色、黑色及多种色彩的组合。图中“贴说”甚少，只是标注了“招商局、外国引水房、草头沽、东沽、北岸”等几个地方。

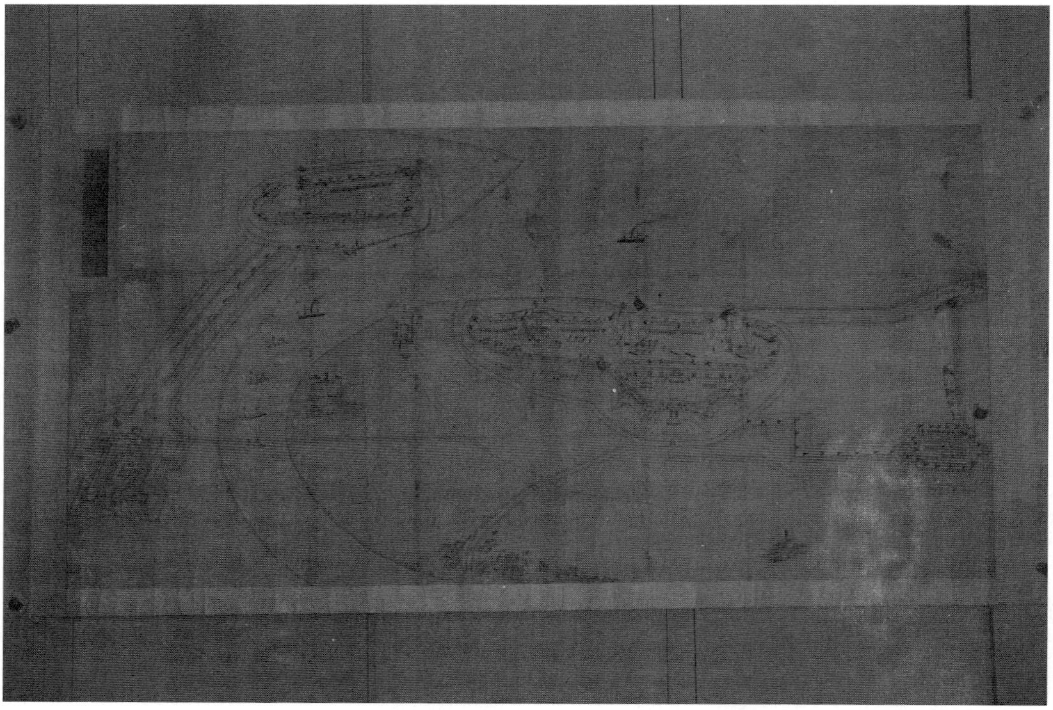

图一

在图中，海河从东南方向的入海口向西北方向蜿蜒深入内陆，河道中有“镇东”“镇西”“镇南”“镇北”4艘炮舰（蚊子船）依次驶入大沽口内，与两岸炮台相依护。这种新式炮舰，在当时各国海军中属于利器一类。“此式炮船……专防本国海口以作水炮台抵御铁甲，最为得力。”[①] 这四艘蚊子船以及之后并入的“镇中”“镇边”，成为北洋水师里的六镇炮船。在它们抵津之初，正是北洋水师创办之时，在几乎没有任何先进军舰的北洋海防里，用于近海防御的蚊子船成为了骨干力量。在大沽口，亦有招商局的“保大”号等轮船缓缓进入海河中，两艘民船在海河岸边各自忙碌着。

在海河南岸的主营盘，即南岸营盘（图二）巍峨耸立着“威”“镇”“海”字3座

① “论英使密商购回蚊船”，《李文忠公全集》，译署函稿，卷七。

主炮台，在“威”“镇”字两座炮台的后面则是一座长约500米左右的长炮台，与前面3座大炮台相互呼应。南岸炮台外筑有一圈防护营墙，其中外围后墙（即面向内陆的西面）为呈4个“人”字形的营墙，在墙上布置大炮，以便营墙两侧守军夹击来犯的敌人。营墙平台上筑造隔堆，建成平炮台，布置大炮，与炮台顶上的守军相互呼应，协助攻击敌人来控制海面与河道，亦提高了炮台自身抵御炮弹轰击的承受能力。营墙内侧用砖砌作券洞（有弧拱状门的窑洞），以便藏兵、藏械之用。营内有镇台游击都司守备公所4座，大药库3座，水雷营水雷库2座，大小兵营271间[①]。这些房屋建筑多为坐北朝南，也有一些为东西方向。南岸营盘在面向内陆的一侧修建有营门四座，其中在“人”字形后墙处的营门通往草头沽营盘，进而再从草头沽营盘处通往南滩新营盘。

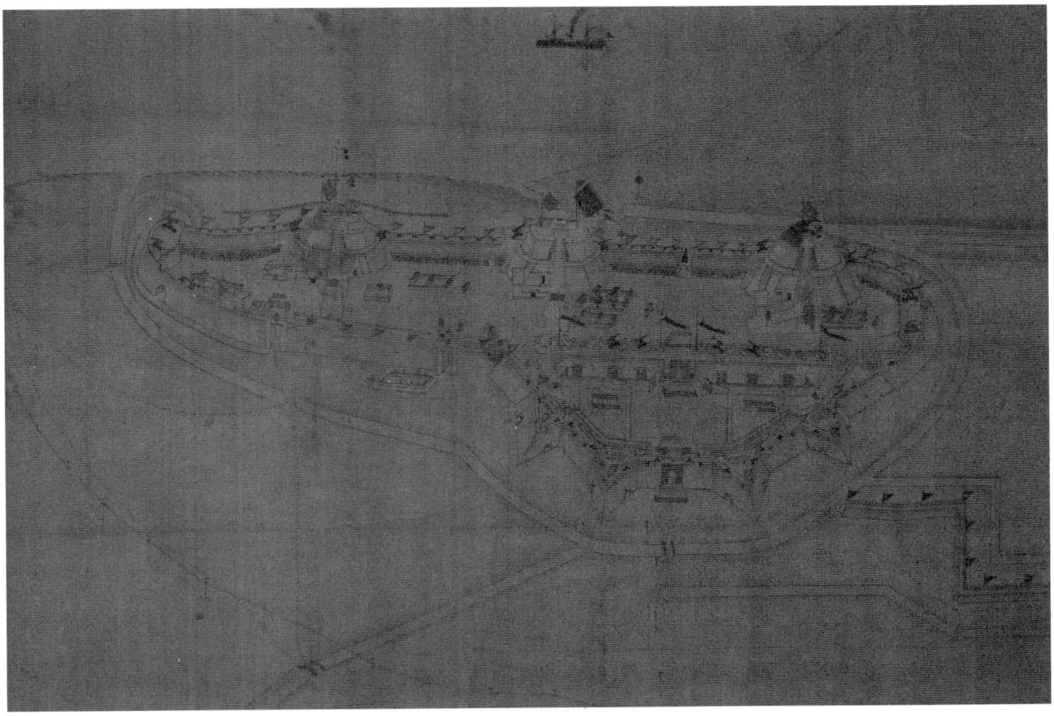

图二

在南岸主营盘正南方向不远处，沿着海岸线修建有南滩新营盘，由于篇幅的限制，此营盘只是画出极少部分营墙。在南岸主营盘西南方向不远处，为草头沽营盘。

在海河南岸距主炮台西北方向不远处还有招商局、外国引水房等机构的建筑。引水（引水人），又称领港、带水或领江，今称引航（引航员），既指近代以来新兴的一

① 馆藏《直隶各海口炮台图说》。

种职业，也指这一职业的从业者。这是随着经济和航运业的发展，逐渐从中分化出来的一项专门工作，不仅关系到港口作业的安全、秩序和效率，更事关江海防务机密。两次鸦片战争后，外籍引水人开始进入中国引水业，并逐步垄断了这一行业。图中外国引水房，正是外国在华势力取得中国引水业管理权的明证。

北岸营盘，“与南岸相隔一百余丈”①，与南岸营盘成相互犄角之势，建筑布局基本同南岸炮台，但面积较小，其内矗立着“门”字、“高”字2座主炮台；营墙上面修筑的隔堆、内侧的券洞清晰可见。另有营门一座，通往石头缝营盘。石头缝营盘，修建在北岸主营盘西北方向不远处，作为北岸炮台的后援力量。这两座炮台之间的通道也修建有防护营墙，以便敌人来犯时迅速增援。

大沽炮台装备了各种陆用大炮，尤其是先进的克虏伯转炮，格外引人注目。无论是南岸主炮台、草头沽炮台还是北岸炮台、石头缝炮台，外部不仅有坚固的围墙，也有充满海水的护台壕沟围绕在营墙外部，内部各式营房建筑规整有序。在整个大沽炮台营盘，各色旗帜迎风招展，在南岸营盘“镇”字主炮台上的一面“罗”字帅旗，尤为醒目。图中还绘有电报线、探照灯等军事辅助设施。

纵观全图，大沽炮台规划布局，整齐有序，建筑坚固。这幅《大沽海口营盘全图》把100多年前大沽口的某一时刻定格，鲜活地呈现在我们面前。但据图中细部有多处修改痕迹以及无驻防情况的贴签来看，推测此图应为未完成的草图。

2. 清光绪年间大沽炮台军事布防图（图三）

此图无题签，经有关部门鉴定绘制年代为清光绪年间，又根据图中所绘内容，定名为《大沽炮台军事布防图》（以下简称《大沽布防图》）。纸本设色，未注比例，单幅，纵64厘米，横89.5厘米。此图局部略有破损，部分“贴说”文字标注也略有残缺。《大沽布防图》四至标注明确：“上东下西，左北右南”，采用平立面结合的鸟瞰式形象画法，描绘了大沽海口的军事布防情况，其绘制的地理范围和炮台分布与《大沽营盘图》大致相同，但绘制风格却各有不同。整幅图绘制得较为简洁，着色轻浅，陆地和炮台的一部分建筑颜色为浅粉色，海水表现为淡蓝色。部分建筑物表现为深蓝色，表明其质地为砖或者石质。更为重要的是，图中有黄签“贴说”25处，详细注明了领兵将领、驻防兵种、人数和武器配备情况，还详细标出河口内外拦港沙、暗沙线、红表、黑表及河道内防御设施的具体位置。

比之大沽营盘图，大沽布防图涵盖的范围稍大，尤其是大沽口外的地理形势：有拦港沙一道，潮落不通轮舟，潮长亦不能进铁舰。作为进入天津的河道，海河依旧从

---

① 馆藏《直隶各海口炮台图说》。

入海口蜿蜒深入内陆。在河道中标示有"内红表以里至黑表一带，分别备设沈（沉）掽各磅水雷"，并有"制备守口系大铁锚鍊软木筏两道"[①]，即为在相应标示的位置放置了水雷和拦河木筏，以便打击来犯的敌船。从中亦可得知当时的大沽海口已经使用了多种不同尺寸的沉雷和碰雷，水雷作为防守海口的利器，对于海防有着重要意义。

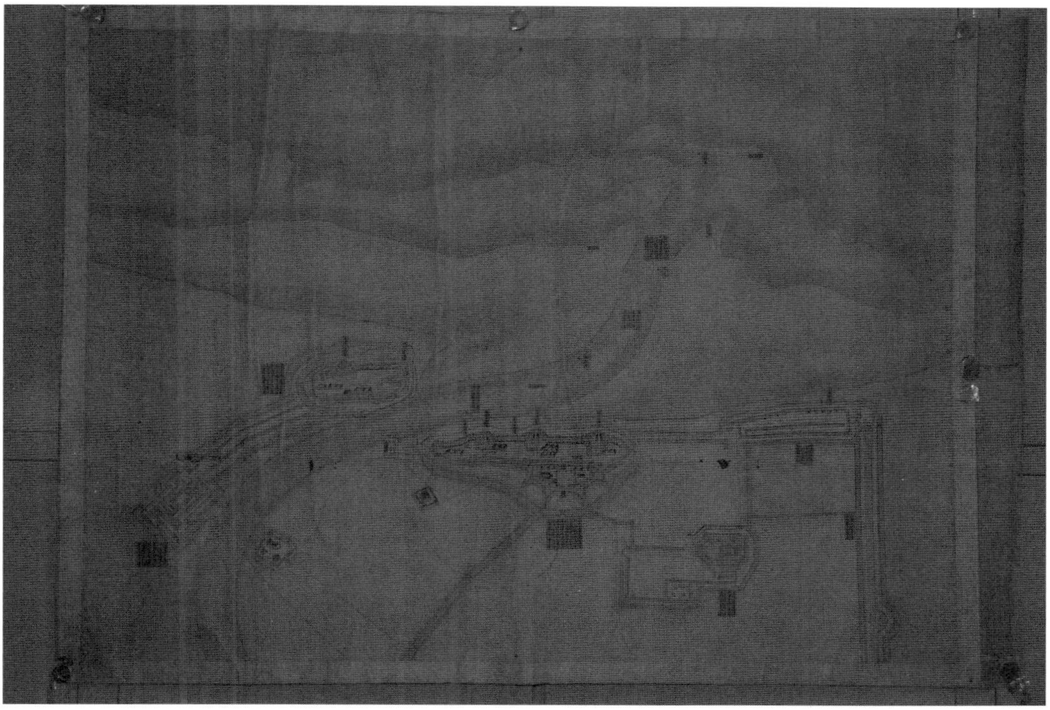

图三

关于炮台布局，两幅图基本一致。在海河南岸的主营（图四），矗立着"威""镇""海"字3座主炮台再加上"威""镇"字两座炮台后面的长炮台，即为贴说所提"南岸营盘大炮台四座"。南岸炮台外筑有一圈防护营墙，其中外围后墙呈"人"字形。营墙平台上又修建有大小平炮台43座，营墙内有砖砌的券洞。营盘内"台洞各处安设大小前后膛炮一百三十九尊"[②]，在面向海口的一侧还建有水雷直镜房、水雷电钟房等先进的设施。水雷直镜房装置有直测镜，"要放近窗门，用他测看海口里各雷位"[③]。直、斜镜两镜互相配合使用，来测量敌船所在位置，进而控制某号水雷的电门，以打击来犯之敌。而雷钟则是用来监控水雷的状态，无论是船只撞击水雷，亦或某号水雷被浪

① 图中"贴说"。

② 图中"贴说"。

③ （清）王平等：《水雷问道》，上海书局，1897年。

冲走，亦或电线出了问题，雷钟都会响起报警。南岸营盘由记名提督、大沽协副将罗荣光带协标练兵 1800 名，水雷营雷兵、水勇 208 名驻守在此①。水雷营专门负责布设水雷、电线等事项。

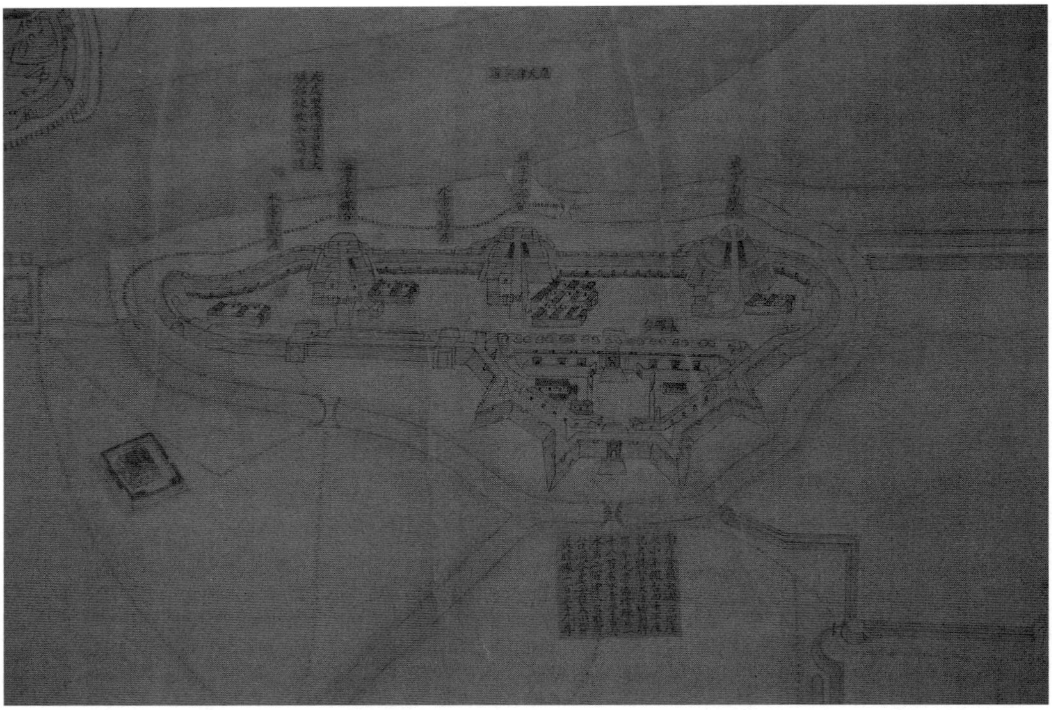

图四

在南岸主营盘正南方向不远的地方，有南滩新营盘，营盘内有水雷斜镜房，并建有“滨海平炮台十三□（推测应为‘座’），暂安设大小后膛炮位八尊”②；在其西南方向不远处有草头沽营盘，由“开花炮队营驻守，周围营墙安设大小前后膛炮五十一尊”。此外，在海河南岸距主炮台西北方向不远处还有招商局、外国引水房等机构的建筑。

在海河北岸，有“门”字、“高”字 2 座主炮台，大小平炮台 6 座，台洞各处安设大小前后膛炮 53 尊。北岸营盘由记名总兵刘祺带直字两营驻守③。在北岸主营盘西北方向不远处的石头缝营盘，由“副将史济源带保定练军左营驻守”④，以备随时增援

① 图中“贴说”。

② 图中“贴说”。

③ 图中“贴说”。

④ 图中“贴说”。

海口防务。

浏览此图，便可迅速知晓整个大沽炮台的军事布局，不同名目的统军将领率领各自的军队，号令统一，便于指挥；各支军队分守两岸炮台，分工明确，各有专职。这样的军事布局成为以后十几年内大沽炮台守军的布防格局。李鸿章历年筹划海防的用意也在于此："惟当于敌舟可以深入登岸处所，扼要守险，以杜窜越。守口之营，兵数不必甚多，但以坚守炮台为主，并分布水雷、旱雷制其冲突。其后路接应之师，须有大队以备游击。庶临事声援稍壮，而前敌军心益固。"[①]

二、绘制时间的考证

1.《大沽营盘图》

图中绘有通向大沽炮台的电报线，说明此图的绘制时间应该在光绪五年（1879年）之后。因为正是这一年，李鸿章出于天津沿海防务的需要，将电报线通到大沽、北塘炮台，"传令通信，莫不称便"[②]。大沽炮台遂成为当时大清国内最先实现通讯信息现代化的兵垒防营。

图中在进天津的河道中绘有"镇东""镇南""镇西""镇北"4艘炮舰，可知其绘制时间应在光绪六年至光绪二十年（1880—1894年）之间。据史料记载，4舰为光绪元年（1875年）南洋大臣向英国阿姆斯特朗公司所订购，于光绪五年十月（1879年）到达天津。李鸿章在津海关道郑藻如、候补道员许钤身、津海关税务司德璀琳和江海关税务司赫政等陪同下，亲自到大沽察验，并将其留用北洋。光绪六年四舰接替"龙骧"等四舰开始在渤海巡视。光绪二十年（1894年），四舰参与中日战争，负责防护威海、旅顺等要港，并于光绪二十一年（1895年）在威海卫被俘，后被编入了日本海军，长期充当着一些无关紧要的角色[③]。

又图中绘有"保大"轮船，系轮船招商局所属。这艘船为光绪元年（1875年）定造，同年八月二十日到达上海，当即请领牌照，九月初四航行长江[④]。光绪四年（1878年），开始航行北洋，担当上海、烟台、天津之间的运输。光绪十二年夏醇亲王奕譞和李鸿章大阅海军时还曾被租用承载随办馆员[⑤]。光绪十三年（1887年）五月，"保大"

---

① 张侠、杨志本等合编：《清末海军史料》，海洋出版社，1982年，第227页。

② 盛同颐：《盛宣怀行述》，《洋务运动》（八），上海人民出版社，1961年，第46页。

③ 陈悦：《北洋海军舰船志》，山东画报出版社，2009年，第19～29页。

④ 胡政、孙慎钦编著：《招商局史稿 外大事记》，社会科学文献出版社，2014年，第73页。

⑤ 张侠、杨志本等合编：《清末海军史料》，海洋出版社，1982年，第242页。

号由上海驶往天津途中，在山东荣城县青头山洋面触礁而毁[①]。故而此图的绘制时间应该在此之前。综上，这幅大沽海口营盘全图的绘制时间应该在光绪六年至光绪十三年（1880—1887 年）之间。

2.《大沽布防图》

图中有“水雷营驻守”说明此图绘制时间是在光绪七年（1881 年）以后，因为正是这一年大沽炮台设立了水雷营[②]，专门负责布雷事宜。又图中“此处制备守口系大铁锚鍊软木筏两道”，据《清史稿》志一百十三兵九记载：“八年，李鸿章于大沽、北塘砲台下埋伏水雷，大沽口内设拦河木筏……”[③]说明此图的绘制时间在光绪八年（1882 年）以后。图中标示有“长墙十八里，直达小站盛军驻营处”，说明此图的绘制时间应为光绪十年四月以后，正是这一年的四月初八日，周盛传率领所部将弁，由小站直达大沽炮台营墙外，开始挑筑 18 里长墙重濠，以便有警星速驰援[④]。光绪十四年（1888 年），罗荣光以直隶大沽协副将升为天津镇总兵官[⑤]，而图中标注此时罗荣光仍为大沽协副将[⑥]。综上，此图的绘制时间应该在光绪十年至光绪十四年（1884—1888 年）之间。此时的大沽炮台，自同治十年（1871 年）李鸿章首次巡查大沽、北塘炮台，计划仿效西方炮台式样重新修筑两地海口炮台开始，通过十几年不断扩充、完善两岸炮台、营垒布局，已经形成了较为先进和坚固的防御设施和周密的布防格局。

三、两幅图的重要价值

早在 19 世纪 70 年代初李鸿章就认识到天津地位的重要性，自从各国在华通商开埠后，公使进驻北京，天津成为外国人进出北京的要道，形同京师门户，关系极重，

---

① 胡政、孙慎钦编著：《招商局史稿 外大事记》，社会科学文献出版社，2014 年，第 98 页。

② 光绪十三年十一月十六日海防经费报销折，吴汝纶编：《李文忠公全书·奏稿》卷六十一，光绪乙巳年（1905 年）金陵刻本，第 16 页。

③《清史稿·志一百十三 兵九》（第 14 册），中华书局，1977 年，第 4100 页。

④ 刘佐亮：《传统与现代的交融——近代天津社会文化变迁》，天津社会科学院出版社，2013 年，第 181 页。

⑤《清实录·德宗景皇帝实录（四）》第五五册，中华书局，1985 年，第 510 页。

⑥ 同治九年（1870 年），李鸿章出任直隶总督，调罗荣光镇守大沽炮台，为大沽协副将。于辉、张东甲：《大沽炮台》，百花文艺出版社，1990 年。

而要保卫天津门户，“大沽海口南北炮台最为扼要”[①]，必须重新修建，加强布防。同治十年（1871年）秋，大沽炮台大规模的整修工程正式开始。同年十月，李鸿章改革大沽协营制度，拟定新营制章程，规定将天津厘捐每年收入作为修整大沽、北塘海口炮台专用经费，除每年常修以外，规定每10年大修一次，每5年小修一次[②]。至19世纪80年代，大沽炮台的改造工程已经日益完善，布局更为周密，在水上藏伏水雷，配备水师兵船，与陆路新式炮台相互呼应，这不仅巩固了大沽炮台的防御力量，而且扩大了炮台的防御范围。这两幅图为我们直观形象地展现了李鸿章对经营多年的大沽海口炮台军事防务的成果，是李鸿章技术强国思想的体现，两者结合起来看，更能让我们清楚了解当时大沽口的地理地貌、炮台的建造情形、先进的军事装备和驻军布防力量。此时，大沽口清军的防御能力空前强大，光绪十七年（1891年）山东候补知县萨承钰在勘查大沽炮台时甚至称五座炮台“势如五岳雄峙”[③]，对其威慑力给予了很高评价。大沽炮台巍立海滩，震慑津沽海外，在当时中国海疆建筑防御设施方面起到了示范作用。然而，几经修建的大沽炮台尽管达到了防御的顶峰，却终究没能抵挡住侵略者的脚步，在光绪二十六年（1900年）全部失陷。

另外，对照天津博物馆藏晚清《直隶海防各营及朝鲜旅顺金州防营月饷数目图说》来看，大沽炮台作为整个北洋海防体系中非常重要的一部分，更是一目了然。据《李鸿章遵呈海防图说折》，笔者推测这些舆图应是李鸿章检查各口炮台及沿海防务时派员所制，“详细查勘，绘图贴说汇呈，以便恭进在案”[④]。

大沽口炮台，今废墟尚存，其历史不乏在天津人们的记忆里。保存至今的这两幅天津大沽海口营盘图，成为我们研究晚清时期大沽海口的地理状况、军事布防的重要史料，集文献、文物、地理价值于一身，有待我们深入研究利用。

作者简介：尹学梅，天津博物馆，馆员；王会娟，天津博物馆，副研究馆员，天津市河西区平江道62号，300201。

① 裁并通商大臣酌议应办事宜折，吴汝纶编：《李文忠公全书·奏稿》卷十七，光绪乙巳年（1905年）金陵刻本，第12页。

② 刘佐亮：《传统与现代的交融——近代天津社会文化变迁》，天津社会科学院出版社，2013年，第177页。

③ 张侠、杨志本等合编：《清末海军史料》，海洋出版社，1982年，第271页。

④ 张侠、杨志本等合编：《清末海军史料》，海洋出版社，1982年，第229页。

一件馆藏“泥人张”彩塑的保护修复

刘根亮　张艳红

（天津博物馆）

摘要：本文主要描述了天津“泥人张”第二代传人张玉亭制作的“钟馗嫁妹”彩塑组中“挑担小鬼”的保护修复过程。彩塑“挑担小鬼”本体有多处断裂、残缺、裂纹和彩绘层脱落等病害，修复保护过程主要包括清理、加固、黏接和补配等步骤。经保护修复后的彩塑“挑担小鬼”基本恢复了原貌，且能满足展览展出要求。由于彩塑泥人受周围环境影响较大，特别是对光辐射敏感，因此，要加强泥人保存环境的监控和日常保养，以期最大限度延长彩塑文物寿命。

关键词：保护修复　彩塑　泥人张

天津“泥人张”彩塑作为我国第一批非物质文化遗产，是清朝道光年间发展起来的一种民间艺术，至今已有 180 余年历史，创始人为张明山（1826～1906）。“泥人张”彩塑创作题材广泛，有的作品反映了民间习俗和传统戏剧，有的出自于民间故事和神话小说，有的作品则直接取材于《水浒传》《红楼梦》《三国演义》等古典文学名著。“泥人张”作品写实生动，色彩艳丽适宜，特别讲究动作、神态以及服装、道具的细节处理，布局自然，线条流利，具有强烈的感染力。“钟馗嫁妹”彩塑组是天津“泥人张”第二代传人张玉亭 61 岁时所创作，堪称张玉亭的代表作。“钟馗嫁妹”彩塑组收藏于天津博物馆，具有三段式的结构布局，包括第一段 20 人的仪仗队，第二段小妹乘轿等 5 人，第三段钟馗骑驴等 4 人，共计 29 个形象[①]。作品塑造的人物众多，面目神态各异，既有夸张的表现又有各自的特点，充分显示出作者高超的艺术才能。该组彩塑创作之时，正值第二次直奉战争时期，天津城里到处抓壮丁、抢劫，官场中则贿赂公行、欺压诈骗事件层出不穷，张玉亭借传说故事中的“凶鬼、刀笔鬼、贪财鬼、落魄鬼、吃人鬼、大烟鬼、贪色鬼”等喻人世之黑暗与不平，以期扬善抑恶[②]。作品包括原故事中的钟馗兄妹和群鬼，在此基础上，增添了二十多个仪仗队员，皆上身穿着深蓝色的袄，下身

---

① 张鹏：《〈钟馗嫁妹〉研究之一——以清末民初天津泥人张的艺术作品为中心》，《天津美术学院学报》2011 年第 4 期。

② 张铜：《“泥人张”彩塑的创意取向与审美品位》，《美术研究》1995 年第 3 期。

穿着灰红色的裤子。另有五个小鬼形象，分别提灯、打伞、牵驴、挑担①。其中“挑担小鬼”彩塑上身全裸，肋骨清晰可见，脖上挂着汗巾，下嘴唇向上翘起，双目圆睁，表情生动夸张，极具现实主义色彩。肩挑木质扁担略有变形，扁担一边是金色宝剑和白花红底被卷，一边是雕花木箱子。本文主要介绍“挑担小鬼”彩塑的修复保护过程。

一、保存现状分析

文物材料的自然老化变质，其内在因素在于文物材料本身，外界因素只是为文物老化变质提供了一定的条件。一件文物能否长期保存，主要决定因素应是文物组成材料的各种特性。因此，修复保护前首先要了解“泥人张”彩塑的制作材料与工艺。“泥人张”彩塑为纯手工制作，用泥胎作为支撑材料，制作所用材料是含沙量低且无杂质的纯净胶泥，经风化、打浆、过滤、脱水，加以棉絮反复杂糅而成“熟泥”，其特点是黏合性强。辅助材料还有木材、竹藤、铅丝、纸张、绢花等。塑造好的作品阴干后经打磨、整理即可着色②。彩塑“挑担小鬼”保存现状较差，扶担子的右臂肘部有三处断裂，前人用胶黏剂将其黏接在一起，胶黏痕迹清晰可见。同时，黏接的茬口两侧彩绘层出现裂纹，且有脱落现象，如图一所示。右手手指仅保留拇指，其余四个手指均已缺失，露出泥胎中棉絮状纤维，如图二所示。左臂上部有一处断裂，左手小指断裂缺

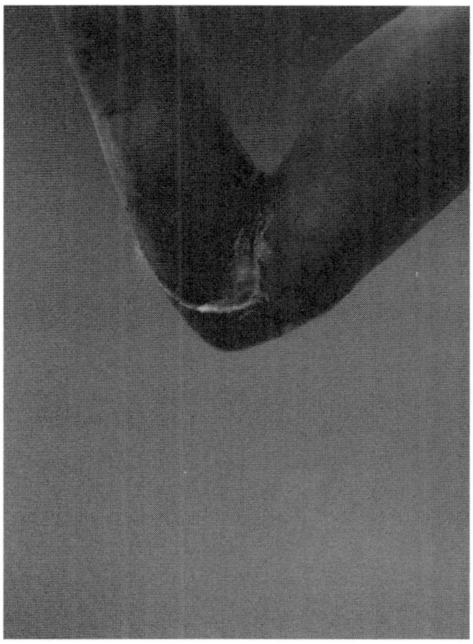

图一　右臂肘部断裂

图二　右手手指缺失

① 王志芳：《泥人张第二代传人张玉亭及其作品》，《收藏家》2011年第1期。

② 梁丽红：《“泥人张”泥塑生产工艺优化研究》，天津大学硕士学位论文，2009年。

失，如图三和图四所示。肩挑的宝剑剑柄上有多处裂痕，被卷上也有裂痕和彩绘脱落，如图五和图六所示。总而言之，彩塑“挑担小鬼”有多处残断、裂纹和彩绘层脱落等病害，亟待保护修复处理。

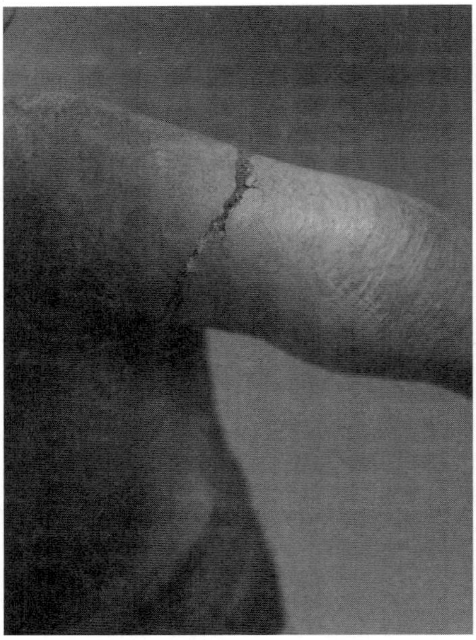

图三　左臂上部裂痕

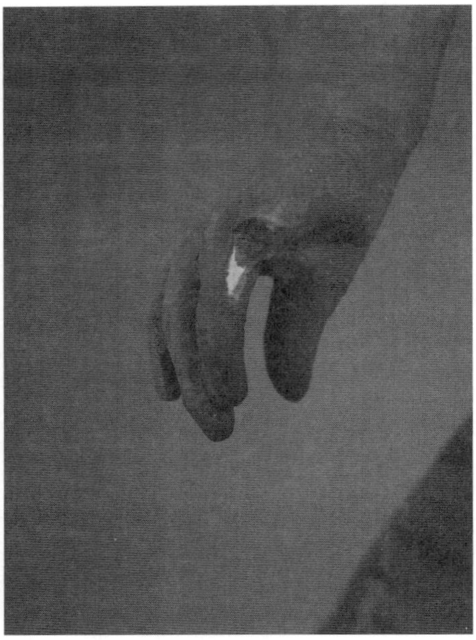

图四　左手手指缺失

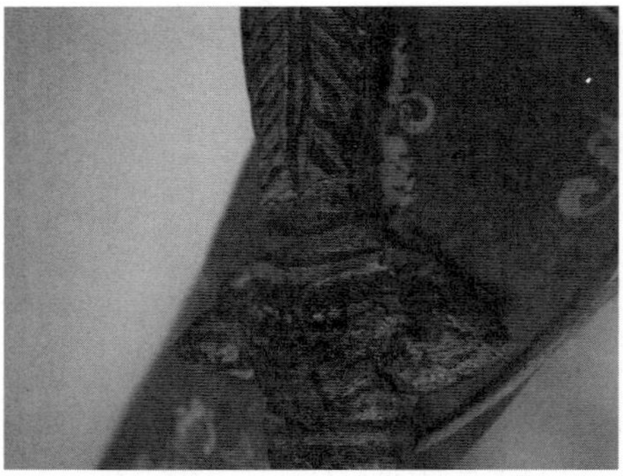

图五　宝剑剑柄裂痕

图六　被卷彩绘层脱落

二、保护修复处理

彩塑文物保护修复技术是为消除或减缓彩塑病害所实施的技术措施，包括清理、加固、黏接、补配以及保存环境的改善。修复原则包括真实性、可再处理性、最少干预、稳定性、修复材料相兼容性、可操作性等。真实性原则即保持原来的功能、形状，保存原来的结构、制作材料。可再处理性原则即保护处理材料使用后具有可再处理性，以备将来科技发展有更新更好的材料加以替换。最少干预原则即尽可能采取预防性保护措施，针对文物病害进行保护处理，在病害处理过程中尽量减少对文物本身材质和形状的干预。稳定性原则即保护修复所使用的材料的性质和保护效果应具有长期的稳定性。修复材料兼容性原则即用于保护处理的材料，经过反复实验对比证明与本体材料相兼容，不应出现“保护修复性”损害，修复后文物不留隐患；修复所用的材料，既能消除影响文物寿命的病害，又能防止或延缓病害的发生。可操作性原则即文物保护修复尽量选择价格合理，制造工艺简单，环保无污染，易于治理，保护方法简单可操作且符合经济条件的材料。根据彩塑“挑担小鬼”的保存现状，制定切实可行的保护修复方案。具体保护修复步骤如下：

1. 进行保护修复处理前，对彩绘陶器的基本信息进行详细调查和记录，包括对其历史沿革、真实性、完整性的考证，历史、艺术和科学价值的评估，并将其列入档案记录，作为保护修复工作的参考和效果衡量的依据。用图像和文字记录彩塑“挑担小鬼”的各种信息，包括年代、等级、尺寸、重量、病害、彩绘、来源、收藏单位、完残程度等，特别是对每种病害和典型彩绘进行拍照记录。

2. 清理时首先对主要的清理材料、方法、工艺及效果进行前期研究和评估。主要包括了解清理过程中化学试剂和工艺对彩塑文物的影响，以及清理完成后所用的化学试剂或其反应产物不会影响文物本体的可再处理性。清理方法以物理方法为主，辅以化学方法，物理方法尽量在显微镜或放大镜下进行。彩塑“挑担小鬼”需清理表面浮土等附着物，清理的工具有软毛刷、竹签、吸耳球等。

3. 对于彩绘层或泥胎表面开裂起翘部位，需要进行回贴加固。实施加固处理前，首先对所用加固材料、溶剂、浓度和加固工艺进行研究，并掌握加固过程的环境条件，从而进行加固效果的评估，尤其需要注意的是表面渗透加固对彩塑文物颜料可能的影响。对彩塑泥人彩绘层的加固处理一般采用低浓度丙烯酸树脂溶液，通过喷涂或点涂的方式，反复多次，直至达到理想效果。

4. 对于残断的部位进行黏接补配。黏接时，先将残片按照自下而上的顺序试拼，选择固化时间较长的胶水均匀涂抹在断口中部，合对茬口，用布带等固定。在完全固化前，可细部调整茬口。对缺失部位的补配需在尊重原作的基础上进行，用虫胶水溶解钛白粉后涂抹在缺失部位。为了加速固化，可加入少量生石膏，在固化前塑型。对出现裂缝或裂纹的部位，采用一定浓度的胶水填充，增加器物整体的力学稳定性。照此方法，将彩塑“挑担小鬼”已经缺失的手指依次补齐，对手臂旧断裂口进行补配，恢复其现实和美学功能。需要注意的是各种材料不同的热膨胀系数，对于组成彩绘泥塑的两种或两种以上的材料，热膨胀系数不同，各种材料在温度变化时的反应即体积变化也可能不同。如果对某些文物进行修复时忽视了这一问题，而采用了高性能黏合剂，当黏合剂固化后，在原开裂处黏接得很好，但随着温度的交替变化，在原本没有开裂的地方可能会出现新的裂隙。

5. 对补配部位上色做旧。主要采用丙烯颜料和无机矿物颜料相混合，使用毛笔轻轻勾画，保证补配部位和旁边区域的颜色过渡自然。上色做旧过程一定要遵从修复原则，不能随意创造，必须保留文物的历史信息，符合其原有的特征。彩塑泥人“挑担小鬼”修复前与修复后对比如图七和图八所示。

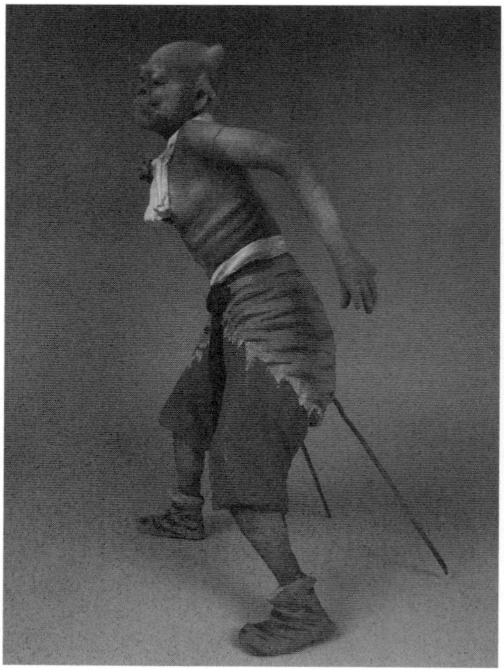

图七　修复前局部

图八　修复后整体

三、环境控制与日常保养

近些年，文物的预防性保护逐渐引起人们的重视，尤其是馆藏文物，由于其保存环境的可控制性，发展趋势是研究文物处在什么样的保存环境之中才能尽量延长其寿命。能对彩塑文物产生影响的环境因素主要有温湿度、光辐射、空气污染物等，它们与彩塑文物可能发生作用的方式略有相同，现分别予以介绍。

1. 温度。由于彩塑泥人通常会使用多种辅助材料，而这些材料的热膨胀系数不同，在温度骤变的情况下，局部的涨缩程度不同可能会导致彩塑泥人发生扭曲变形等病害。同时，空气的温度与相对湿度有着直接的联系，在绝对湿度不变的条件下，温度升高，相对湿度降低，空气就变得干燥，反之升高。因此，温度对彩塑材料的作用也可通过改变其周围环境的相对湿度来实现。

2. 湿度。湿度可能会导致彩塑文物材料发生一些化学变化，同时湿度骤变和干湿交替可能会引起彩塑文物发生干裂、变形和彩绘层起翘脱落等物理现象。特别是高湿环境，可能会导致虫霉等生物腐蚀，这是馆藏文物保存中经常遇到且比较棘手的问题。控制湿度是防止文物受到生物腐蚀的有效途径。

3. 光辐射。由馆藏文物对光线敏感程度分类可知，彩塑泥人属对光线敏感的藏品。光辐射可能导致彩塑颜料变色和褪色。颜料变色不仅与颜料的化学成分有关，与颜料载体的性质、光辐射、相对湿度等因素都有很大的关系。无机矿物颜料中的群青、赭石、土红等，它们在通常环境下的化学性质是非常稳定的，例如土红（Fe_2O_3）就是一种非常稳定的红色颜料，湿度、光照对它的影响非常小。但某些红色颜料，如密陀僧（PbO）、铅丹、朱砂等可能会有不同程度的变色现象，其中尤以铅丹的变色最为严重。铅丹的变色主要是 Pb_3O_4（橙红色）→ PbO_2（黑色）[①]，过去认为光照是其变色的主要因素，后来发现高湿度和微生物也是引起这类颜料变色的重要因素[②]。颜料褪色有时并不是颜料矿物分子结构发生了变化，仅仅是光辐射对颜料固色剂（动、植物胶类）发生了作用，所以颜料的褪色是光辐射对有机胶结材料的破坏，从而引起颜料的褪色。另外，染料属于有机化合物，由于其化学结构的特点，光辐射对染料的褪色作用符合光对有机材料引起光化学反应的一般特征，染料的光褪色是一个十分复杂的问题，是各种因素共同作用的结果。

4. 空气污染物和粉尘。包括含硫化合物、含氮化合物、碳氧化物、颗粒污染物等。这些物质具有迁移性、转化性、持久性、腐蚀性等特性。下面以二氧化硫、硫化氢和粉尘为例，说明空气污染物对彩塑文物的破坏作用。第一，二氧化硫是一种有刺激性气味的气体，它是大气中分布很广、危害性极强的一种酸性气体，因而常以它的含量作为评价大气污染的主要指标。大气中二氧化硫的最终产物是硫酸，二氧化硫极易被空气中细小的灰尘颗粒吸引，同时也可吸水氧化为硫酸悬浮在空气中；如果这些灰尘颗粒吸收了大量的水，由于重力过大，无法悬浮在空气中，则会变成酸雨降落到地面。不管这种硫酸以什么形式存在，均易被彩塑文物表面吸附，导致材料的变质。第二，硫化氢是一种无色具有臭鸡蛋味的气体，它的主要来源一是生物有机体的腐败，二是工厂企业在生产过程中向大气排放的硫化氢气体。硫化氢易被氧化为二氧化硫，从而发生与上述有关的对彩绘泥塑的破坏。此外，硫化氢能与多种彩绘颜料反应，如铅白、铅丹、石青和石绿等，这些颜料遇到硫化氢气体会迅速变成黑色的硫化铅或硫化铜。第三，空气中的粉尘会附着在文物表面，降低彩绘的色度，且在彩绘文物搬运、利用、保护过程中产生机械磨损。颗粒较小的飘尘吸附性好，会牢牢地吸附在彩绘泥塑表面，

---

① 李最雄：《莫高窟壁画中的红色颜料及其变色机理探讨》，《敦煌研究》1992 年第 3 期。

② 冯清平、张晓军等：《敦煌壁画色变中微生物因素的研究——Ⅱ. 微生物对模拟石窟壁画颜料的影响》，《微生物学报》1998 年第 2 期。

难以去除。特别是细小的黑色飘尘会使彩绘泥塑颜料层变色，形成一层黑色薄膜，如烟熏彩绘泥塑。有的粉尘具有极强的吸附性，会吸附和富集 H_2S、SO_2、H_2SO_4、HNO_3 等化学有害物质，当它们降落或被彩绘泥塑表面吸收时，就会发生各种化学腐蚀和降解作用，使文物表面受到侵蚀。

文物保护工作应坚持“以防为主，防治结合”的原则。馆藏文物首先要注意做好预防性保护工作，即从环境控制方面保证文物处于洁净稳定的环境中。1999～2003年，国家文物局组织有关专家进行了馆藏文物保存环境达标建设的相关研究，并编制《馆藏文物保存环境试行规范（草案）》，规定了彩绘泥塑类文物的保存环境：温度为20℃，日较差不得高于2℃～5℃，相对湿度为40%～50%，日波动值不得大于5%，光照水平≤50lx。此外，在日常管理中，应避免人为损坏，如将泥人保存在适当的囊匣中，囊匣的制作要根据文物的特定形状和受力情况，使用材料应保证不对文物产生损害。特别是使用的棉花、胶黏剂和布匹等有机材料，注意不要发霉生虫。为了防止霉菌和虫害等生物对彩塑产生破坏，在制作囊匣前，需对所用的棉花和糨糊等有机材料做防霉防虫处理。在囊匣保存文物的过程中，既可在囊匣中放置防霉纸，即用防霉剂浸泡制成的纸张，也可通过投放驱虫药剂，如天然樟脑或芸香草等天然中药，达到驱虫防虫的目的。

作者简介：刘根亮，天津博物馆，馆员；张艳红，天津博物馆，馆员，天津市河西区平江道62号，300201。

从邮品看安徽的社会主义建设

苏芃芃
（天津博物馆）

摘要：中华人民共和国成立后发行了多套包含安徽题材的邮品。其中一些反映了 1949 年以后，安徽在社会主义建设方面取得的成就。这些邮品记录了安徽从建国初期至今的发展历程，展示了安徽人民在党的领导下所取得的巨大成就，既有历史意义，又富有艺术性，具有较高的收藏价值。

关键词：安徽　社会主义建设　邮品

安徽，简称“皖”，于 1667 年建省，得名于“安庆府”与“徽州府”的首字，省会合肥。安徽地处长江、淮河中下游，东连江苏、浙江，西接湖北、河南，南邻江西，北靠山东。境内有巢湖，是中国五大淡水湖之一。中华人民共和国成立后发行了多套包含安徽题材的邮品。其中一些反映了安徽在社会主义建设方面取得的成就。

一

中华人民共和国成立后发行的第 1 枚安徽题材的邮票是特 5《伟大的祖国（第二组）建设》邮票中的“淮河水闸”，发行于 1952 年。1952 年是中华人民共和国成立的第 3 年，3 年间，在党的领导下，经过全国人民的共同努力，新生的国家政权得到巩固，工业、农业总产值都有大幅度增长，社会各方面也发生了巨大变化。为了反映中华人民共和国的建设成就，于当年 10 月 1 日，国庆 3 周年之际，邮电部发行了这套邮票，共 4 枚（图一）。邮票介绍了我国建国初期治理淮河、建设成渝铁路、建成玉门炼油厂和组建国营农场等方面的社会主义建设成就。其中第 1 枚邮票为“淮河水闸”，取材自安徽颍上县的润河集分水闸工程。淮河源自桐柏山，向东流经河南、安徽等省到江苏省入洪泽湖。1949 年以前，淮河经常发生水灾。中华人民共和国成立后，国家对淮河进行了全面治理。1950 年 10 月 14 日，政务院发布《关于治理淮河的决定》，11 月 6 日，治淮委员会在安徽省蚌埠成立。1951 年 5 月 15 日，毛泽东主席在授予治淮委员会等单位的锦旗上题词“一定要把淮河修好”。在中央的号召下，润河集分水闸枢纽工程于1951年2月开工兴建，于同年7月竣工，工程位于安徽颍上县润河集乡淮河干流上，由拦河坝、拦河闸、进湖闸等组成[①]。邮票图案描绘了拦河闸的雄姿，水闸上方是毛泽东同志的题词，整个画面气势雄伟，生动地表现了中华人民共和国水利建设所取得的伟大成就。近年来，这套邮票一直受到收藏者的喜爱和追捧，有较大的升值潜力。

图一　特5《伟大的祖国（第二组）建设》邮票

随后，我国又发行了多套类似题材的邮票，体现了祖国在治理淮河水患方面的成就，也展现了建国后安徽水利事业的发展。

1953年至1957年中华人民共和国开始实行第一个五年计划。它的基本任务是建立工业化的基础。到1956年，计划已基本完成。到1957年底，全国超额完成了“一五”计划，社会主义经济建设取得了巨大成就，充分显示了社会主义制度的优越性。1955年10月1日，为了宣传和展示第一个五年计划的伟大宏图，邮电部发行特13《努力完成第一个五年计划》邮票，共18枚。图案按顺序排列分别为“冶金”、“电力”、“煤矿”、“石油”、“机器制造”、“国防”、“纺织”、“讨论计划”、“农业”（1955年10月1日发行）、“畜牧”、“水利”（1955年12月15日）、“手工业”（1956年2月24日）、“商业”、“交通运输”、“地质勘察”、“高等教育”、“和平生活”（1955年12月15日）、

① 爱藏网：《特种邮票 特5伟大的祖国——建设（第二组）》，2016年2月26日，http://www.airmb.com/youpiao/zhishi/2016。

“工人疗养”（1956年2月24日）。这些图案，设计风格统一，均以吉祥如意的花纹作为边框装饰，形象地表达了对伟大祖国的美好祝愿。其中“水利”邮票的主图便是位于安徽的佛子岭水库大坝。它是中华人民共和国第一座钢筋混凝土连拱坝。佛子岭水库位于淮河支流淠河东源上游，于1952年1月开工建造，1954年11月5日竣工蓄水。它是建国初期中国自行设计的具有当时国际先进水平的大型连拱坝水库，作为淮河治理工程的重要组成部分，拦蓄了淠河的洪水，不仅大大提高了淠河中下游的防洪标准，而且还起到了辅助淮河干流蓄洪的作用[①]。水库几十年来在饮用、防洪、发电、航运、灌溉、养殖、旅游等方面为安徽人民做出了巨大贡献。

从1950年开始，经过几十年的艰苦努力，淮河流域的水患得到了彻底治理，这一带成为我国重要的粮棉和油料生产基地。1990年10月14日，为纪念淮河治理四十周年，邮电部发行JF28《治理淮河四十年》纪念邮资封一枚，上面印有毛主席亲笔题词“一定要把淮河修好”和佛子岭大坝的图案。这枚纪念邮资封在发行中出现了少见的错版。错误出现于背面的文字说明。封背面文字“……自一九五〇年十月起至今已四十年，目前淮河全流域已经初步建成了防洪……”，错版将“已四十年”和“已经初步”的两个“已”字，错印为“己”[②]。因为错版封非常少见，所以收藏界对其情有独钟。

二

1978年冬，安徽凤阳县小岗村18位农民带头搞起了包干到户，掀开了中国改革开放的序幕。进入21世纪以后，安徽各项事业迅速发展，开启了社会主义建设的新篇章。因此，我国发行了多套邮品，以纪念安徽在改革开放和新时期的建设中取得的成就。包括：

（1）2001-19《芜湖长江大桥》（T）邮票，2001年9月20日发行，全套2枚。

芜湖长江大桥位于安徽省芜湖市，是国家“九五”期间重点交通项目。它于1997年3月22日正式开工，2000年9月建成通车，采用低塔斜拉桥桥型。大桥工程采用了15项新技术、新结构、新材料、新工艺，大大提高了中国公、铁两用桥梁设计、制造、安装水平，其中有14项刷新了全国建桥记录。大桥荣获2001年度中国建筑工程最高

---

① 张乔：《1954年“新中国第一大坝”佛子岭水库建成》，2014年2月3日，央广网，http://china.cnr.cn/qqhygbw/201402/t20140203_514783553.shtml。

② 赵复兴：《关于JF28〈治淮错封〉那点事儿》，2013年1月17日，炒邮网，http://www.cjiyou.net/html/2013-02/315627.htm。

荣誉鲁班奖[①]。芜湖长江大桥是中国重载桥梁跨度发展的一个里程碑，它的建设成功表明中国已经跻身于世界大跨重载铁路桥梁的先进行列。

（2）PF151《安庆长江公路大桥》普通邮资封，发行于2005年7月18日。全套1枚。

安庆长江公路大桥位于安徽省安庆市迎江区和池州市大渡口之间，为五跨连续双塔双索面钢箱梁斜拉桥，全线按双向四车道、高速公路标准设计。2001年动工建设，2004年12月26日正式建成通车。安庆长江公路大桥是国家“十五”重点工程，也是安徽省“861”行动计划通达工程的重要组成部分，是安徽省连接大江南北的第三条通道[②]。大桥的通车，为安庆这座历史文化名城打通了向北、向东以及向南出海通道，从而为安庆发展开辟了新的坦途。

（3）2008-23《中国科学技术大学建校五十周年》（J）邮票。

中国科学技术大学位于安徽省合肥市，创建于1958年，是中国科学院所属的一所以前沿科学和高新技术为主、兼有特色管理和人文学科的综合性全国重点大学。为纪念中国科学技术大学50周年华诞，2008年9月20日发行2008-23《中国科学技术大学建校五十周年》（J）邮票，全套1枚（图二）。为了使这套邮票更为完美，设计师史渊精心设计，图案以数字50为背景，代表建校50周年，以中科大的校徽为主图，深蓝色的背景色为中科大校徽颜色，突出了邮票主题。从侧面体现了新时期安徽科技文化事业的迅速发展[③]。

图二　2008-23《中国科学技术大学建校五十周年》（J）邮票

① 芜湖长江大桥公路桥有限公司：《芜湖长江大桥》，2017年11月27日，芜湖长江大桥公路桥有限公司官网，http://www.whcjdq.cn/。

② 游米之：《安庆长江公路大桥》，《上海集邮》2005年第11期。

③ 爱藏网：《2008-23〈中国科学技术大学建校五十周年〉纪念邮票》，2016年2月26日，爱藏网，http://www.airmb.com/youpiao/jnyp/2016/0226/24962.html。

（4）JP153《农村改革发源地——小岗村》纪念邮资明信片。

2008 年是改革开放三十周年。为此，国家邮政局于同年 12 月 18 日发行了 JP153《农村改革发源地——小岗村》纪念邮资明信片，全套 1 枚，邮资图案是广阔的田野和缀满果实的果树，图片是大包干纪念馆外景和大型雕塑“十八颗红手印”。明信片展示了安徽对改革开放事业的重要作用。

三、结　　语

这些邮票记录了安徽从建国初期至今的发展历程，展示了安徽人民在党的领导下在社会主义建设方面所取得的巨大成就，既有历史意义，又富有艺术性，具有较高的收藏价值。

作者简介：苏芃芃，天津博物馆，馆员，天津市河西区平江道 62 号，300201。